TOUS TALENTUEUX

Éditions d'Organisation
Groupe Eyrolles
61, bd Saint-Germain
75240 Paris Cedex 05

www.editions-organisation.com
www.editions-eyrolles.com

TOUS TALENTUEUX

Développer les talents et les potentiels dans l'entreprise

Ouvrage dirigé par Jean-Marie PERETTI

Les auteurs

ABORD de CHATILLON Emmanuel, ACAR Jean-Rémy, ADAM Patrice,
AKANNI Alain, ALIS David, ARNAUD Jean-Pascal, ASSAM Ghanima,
BACHELARD Olivier, BALLOT Dominique, BARMEYER Christoph,
BELLOT Jean-Marc, BERNATCHEZ Jean-Claude, BESSEYRE des HORTS Charles-Henri,
BIBARD Laurent, BOFFA-COMBY Paule, BOUILLET Denis, BOURNOIS Frank,
BOYER Luc, BRASSEUR Martine, BROSETA Xavier, BROUILLET Jacques,
BRUNET Sylvie, de BRY Françoise, BURLEA-SCHIOPOIU Adriana, CABANES Corinne,
CAPPELLETTI Laurent, CERDIN Jean-Luc, CHOAIN Laurent, CHRISTIN Julie,
COLLE Rodolphe, COSSETTE Claude, COUGARD Alain, CRIAUD Dominique,
CUEVAS Fernando, DASKALOV Ognian, DAVOINE Éric, DELAYE Richard,
DENIAU Isabelle, DESMARAIS Céline, DOUTREBENTE Raphaël, DUFOUR Lucas,
DUYCK Jean-Yves, FÉRON Michel, FESSER-BLAESS Mireille, FORASACCO Corinne,
FORGET Louis, FOUDAD Yassine, FOUQUET Bernadette, FRIMOUSSE Soufyane,
GLÉE Catherine, GOURDON Christophe, GUERIN Serge, GUILLARD Alexandre,
GÜSEWELL Andréa, IGALENS Jacques, JACQUINOT Philippe, JENNANE Abdel-Ilah,
JORAS Michel, KACEM Hichem, KLARSFELD Alain, LEROUX Erick,
MAGNIEN Laurent, MALAN-MANIGNE Nathalie, MALAPRADE Valérie,
de MENDITTE Emmanuelle, MIRALLES Pierre, NICOLLIN Laurent, NOGUERA Florence,
PARADAS Agnès, PARISOT Ghislain, PELLISSIER-TANON Arnaud, PERETTI Jean-Marie,
PIVETTI Stéphanie, PONCIN Marc, PRUD'HOMME Lionel, ROGER Alain, ROUSSEL
Josse, RUILLIER Caroline, SALL HANNE Samba, SANDU Alexandra, SAPPE Robin,
SCHNEIDER Valérie, SCOUARNEC Aline, TEXIER Sophie,
THÉVENET Maurice, TRICOIRE Jean-Pascal, TZANOVA Silvia, VALAX Marc,
VASSILEVA Albena, VERCOUSTRE Dominique, VERGNE Jean-Luc,
VIANDIER Dominique, VILLEDIEU Daniel, VOYNNET FOURBOUL Catherine,
YANAT Zahir, ZERIBI-BENSLIMANE Olfa, ZOUANAT Hichem

EYROLLES

Éditions d'Organisation

Sommaire

Partie 3 : Comment les entreprises gèrent-elles les talents ?

Partie 4 : Le développement des talents ailleurs dans le monde

Les auteurs

ABORD de CHATILLON Emmanuel, maître de conférences HDR à l'Université de Savoie, coresponsable du pôle Travail et RH de l'IREGE et du groupe thématique Santé et sécurité du travail de l'AGRH. Ancien élève de l'École normale supérieure de Cachan. Publications : *Santé et sécurité au travail,* Vuibert (avec O. Bachelard, 2008) ; *Management de la santé et de la sécurité du travail,* L'Harmattan (avec O. Bachelard, 2005).

ACAR Jean-Rémy, président de Securitas Alert Services, division spécialisée dans la télésurveillance. Diplômé de l'ESSEC où il est intervenant vacataire, il a été directeur de région puis directeur général d'entreprises dans les secteurs de l'électronique et de la prestation de main-d'œuvre.

ADAM Patrice, directeur des ressources humaines de la Caisse nationale des Caisses d'épargne. Diplômé d'études supérieures de droit, a exercé des responsabilités RH chez Peugeot, Dunlop, Financière Agache, Gan et Moët & Chandon (LVMH). En 2004, il a intégré le Groupe Caisse d'épargne.

AKANNI Alain, professeur agrégé de Sciences de Gestion, directeur du Centre de recherche en gestion (CREGE) de la faculté des Sciences économiques et de gestion de l'université de Dakar, professeur associé au Centre Ouest-Africain de formation et d'études bancaires (COFEB), président de l'Université Catholique d'Afrique de l'Ouest à Ziguinchor (UCAO, UUZ). Consultant en en management et en GRH. Auteur de «Le financement des petites entreprises dans L'UMOA», in *Richesses de la diversité,* Vuibert 2006, «L'entreprise informelle et la gestion», in *La Méditerranée d'hier à demain,* Albiana 2003.

ALIS David, professeur des universités, directeur de l'IGR-IAE de Rennes, Vice-président du conseil d'administration et premier vice-président de l'Université de Rennes 1, Vice-président «Recherche» du réseau des IAE. Chercheur au Centre de recherche en économie et management, UMR CNRS. Auteur d'ouvrages et d'articles sur la flexibilité du temps de travail et la qualité de vie au travail.

ARNAUD Jean-Pascal, directeur des Ressources Humaines et Communication, Groupe Chantelle, vice-président European Club for Human Resources (ECHR). Co-auteur (avec P. Bouvard) de : *RH-Fiction et réalités* aux Éditions d'Organisation (2005)

ASSAM Ghanima, membre du Conseil d'administration de la SIBF (Société Inter-Bancaire de Formation) depuis 1991, membre permanent de la commission des ressources humaines à l'ABEF (Association professionnelle des banques et établissements financiers), DRH de la Caisse nationale d'épargne et de prévoyance-Banque, Alger, Algérie.

BACHELARD Olivier, après une expérience en entreprise (groupe SEB), intègre l'École de Management de Lyon avant de rejoindre le groupe ESC Saint-Étienne. Docteur en gestion, HDR, il gère le département gestion des ressources humaines. Axes de recherche : gestion de la diversité, GRH en PME, santé et sécurité au travail. Auteur de divers ouvrages dans ce domaine.

BALLOT Dominique, diplômé en psychologie et docteur en marketing, il a exercé des responsabilités de DRH dans des environnements internationaux pour les grands groupes industriels et commerciaux en France et à l'étranger, activités entrecoupées par un passage à l'université comme maître de conférences.

BARMEYER Christoph, professeur ordinaire à l'Université de Passau (Allemagne), titulaire de la chaire Communication Interculturelle et professeur affilié à l'École de Management de Strasbourg. Il a publié de nombreux ouvrages et articles sur le management interculturel et la GRH internationale et est également formateur en interculturel pour de nombreuses entreprises.

BELLOT Jean-Marc, est le fondateur et le dirigeant de Promarque/Organisation, prestataire de forces de vente externalisées.

BERNATCHEZ Jean-Claude, professeur, université du Québec à Trois-Rivières. Directeur d'un DESS en Relations de travail, président de l'Association internationale de recherche sur le travail et l'entreprise (AIRTE). Directeur de la *Revue internationale sur le travail et la société.* Auteur de diverses publications dont *L'appréciation des performances au travail,* publié aux Presses de l'Université du Québec en 2003. Ex-directeur d'entreprise, il intervient comme directeur académique du groupe Capital Humain.

BESSEYRE des HORTS Charles-Henri, Docteur en Sciences de Gestion et PhD (UCLA), professeur associé du groupe HEC depuis 1990, titulaire de la chaire de recherche HEC Toshiba «mobilité et organisation» (2004-2008), directeur scientifique du MS Management stratégique des RH. Recherches : relations GRH et stratégie d'entreprise, processus de changement et d'innovation, impact des TIC mobiles. Il a publié plusieurs ouvrages et articles dans des revues internationales et est activement impliqué dans des activités internationales de conseil et formation en Europe, Afrique, Asie, Amérique et Moyen-Orient.

BIBARD Laurent, directeur du pôle MBA de l'ESSEC, HDR en gestion, docteur en philosophie, docteur en économie, ESSEC. Axes de recherche : question des genres, responsabilité politique de l'économie. Auteur de *La sagesse et le féminin* (L'Harmattan, 2005), *Gestion, sciences et politique* (ESSEC, 2005). Consultant en gestion de projet, analyse organisationnelle et éthique.

BOFFA-COMBY Paule, dirigeante et fondatrice du cabinet PEMA-Partenaire, spécialisée dans le coaching de dirigeants et d'équipes et dans l'accompagnement de démarches mixité dans les organisations. Diplômée de l'EM-Lyon, coach certi-fiée, elle est l'auteure de *Promouvoir les talents*, Eyrolles, 2007, co-auteur de *Agir en Coach*, ESF, 2007 et auteure de différents articles sur le coaching, le management et la mixité.

BOUILLET Denis, consultant en management des hommes & des organisations, chargé d'enseignement à l'IAE de Lyon. Diplômé d'un Master 2 de Conseil en Ingé-nierie du Management (IAE de Lyon et ISEOR), d'un 3ᵉ cycle de GRH. Membre formateur et directeur de la Commission «Entreprise & Bien-être» de la Jeune chambre économique de Lyon.

BOURNOIS Frank, co-directeur du CIFFOP, Professeur à l'Université Panthéon-Assas (Paris 2), Visiting Professor à la Cranfield School of Management (UK). Membre du comité de rédaction de revues internationales dont *Journal of Manage-rial Psychology, Human Resource Management Journal, Journal of Management, Spiri-tuality and Religion*. Passionné par le management général, il conseille les directions générales de grands groupes pour la préparation de leurs futurs dirigeants.

BOYER Luc, directeur de recherche à l'Université de Paris-Dauphine et Université de Caen. Expert international (Banque mondiale, CEE). Directeur de publication de la revue académique *Management et Avenir*, directeur de collection (Éditions d'Orga-nisation, EMS), auteur de nombreux ouvrages tels : *Management des hommes*, Éditions d'Organisation, 2007 ; *L'observatoire des métiers* (avec Aline Scouarnec), EMS, 2006 ; *50 ans de management des organisations*, Éditions d'Organisation, 2006. A conduit avec Aline Scouarnec de nombreuses recherches en Prospective des métiers et publié de très nombreux articles.

BRASSEUR Martine, professeur des universités à l'université Paris-Descartes, direc-trice du CEDAG-Gestion (codirectrice EA 262), après dix-sept années à l'IAE d'Aix-en-Provence et au CEROG et une expérience professionnelle au sein de la société Airwell puis au CNPF. Travaux de recherche : apprentissage individuel et organisa-tionnel, coopération au travail. Coach professionnel certifié, elle étudie l'émergence et la professionnalisation de ce métier.

BROSETA Xavier, travaille depuis six ans au sein de la DRH du groupe Thales, comme DRH de différentes entités opérationnelles du groupe. Il a travaillé aupa-ravant durant cinq ans au ministère du Travail comme chef de mission du Fonds national de l'emploi, et durant deux ans au sein de la Caisse nationale d'assurance maladie.

BROUILLET Jacques, avocat en droit social et droit communautaire. Directeur associé au cabinet Fidal. Il enseigne régulièrement dans diverses universités et à l'ESSEC en droit social, GRH et droit européen. Président de l'IES (Institut euro-péen des juristes en droit social). Il a rédigé de nombreux articles et a contribué à plusieurs ouvrages collectifs.

BRUNET Sylvie, directrice des Affaires sociales du groupe ONET (plus de 50 000 salariés, offre globale de services), présidente de la CPNE (commission paritaire nationale de l'emploi) de la branche Propreté, intervenante en audit social à Euromed Marseille, membre du bureau de l'IAS et du conseil d'administration de l'ANDRH.

BURLEA-SCHIOPOIU Adriana, professeur des universités, professeur à l'Université de Craiova (Roumanie) et professeur invitée à l'IAE de Corte. Auteur de *Management des ressources humaines. Théorie et pratique,* Édition Universitaria, Craiova, 2004. Elle a dirigé *La Responsabilité sociale des entreprises,* Édition Universitaria, Craiova, 2008.

CABANES Corinne, Directeur Groupe Menway International, agence Sud-Ouest, Directeur Grands Projets France, animatrice du Réseau emploi durable (RED) et de la Pépinière des seniors. Spécialiste Emploi et coach de dirigeants.

CAPPELLETTI Laurent, maître de conférences HDR à l'IAE de Lyon, il dirige le Master «Consultant en Management» et est chef de département à l'ISEOR où il coordonne des recherches interventions au sein d'organisations variées. Il a publié une soixantaine de travaux, principalement en management, audit et contrôle.

CERDIN Jean-Luc, docteur habilité Sciences de Gestion, Chartered MCIPD, est professeur à l'ESSEC. Ses recherches sur l'expatriation et la gestion des carrières sont publiées dans des revues internationales. Il a contribué à des ouvrages collectifs et publié plusieurs livres dont *S'expatrier en toute connaissance de cause,* Éditions d'Organisation, 2007.

CHOAIN Laurent, a mené de front une carrière de dirigeant, d'entrepreneur, de consultant et de professeur. Directeur des Ressources Humaines du Groupe Caisse d'Épargne, il a été Vice-President Education & Development de Kempinski Hotels & Resorts, Directeur des Programmes Post-Graduates et de l'Executive Education de Reims Management School, et associé fondateur de Moments of Life.

CHRISTIN Julie, doctorante en GRH à l'IAE d'Aix-en-Provence travaille sur les intentions de départ à la retraite des salariés français. ATER à l'Université de la Méditerranée, en GRH, elle intervient également sur la gestion des seniors en formation initiale et continue.

COLLE Rodolphe, maître de conférences à l'IAE de Grenoble. Domaines de recherches : personnalisation de la GRH («GRH à la carte»), fidélisation des salariés, articulation vie privée/vie professionnelle. Il a publié divers articles, chapitres d'ouvrages et communications dans des congrès. Il enseigne la GRH à l'EPSCI (groupe ESSEC), l'IAE de Grenoble et l'IUT d'Aix-Marseille II.

COSSETTE Claude, Vice-président au développement organisationnel, Cascades Inc., Québec, Canada.

COUGARD Alain, ESSEC, après le contrôle de gestion et la conduite de projets, s'est orienté vers la fonction RH, comme responsable puis directeur RH dans trois groupes français et américain, avant de rejoindre le Conseil en rémunération chez Hewitt. Fondateur et dirigeant du cabinet Aster, il exerce une activité de conseil en organisation, management et GRH.

CRIAUD Dominique, ESC Toulouse, a débuté chez KPMG audit avant de rejoindre le cabinet de recrutement Michael Page. Il a été directeur exécutif en charge du développement des régions. Après treize ans dans le conseil, il a rejoint le groupe Lafuma comme DG d'une filiale. En 2007, il a créé le cabinet Talhunt-Chercheur de talents.

CUEVAS Fernando, docteur en psychosociologie des organisations, professeur de management à l'ESC Pau. Expérience professionnelle de dix années dans la banque, l'industrie et le secteur éducatif, de douze années comme consultant et formateur en entreprise et de seize années comme professeur. Il a publié une quarantaine d'articles sur le management.

DASKALOV Ognian, ingénieur commercial des services IT, Services Mita à Strasbourg. (1989-1993). Propriétaire et manager d'entreprises privées de produits de bureau et services en Bulgarie (depuis 1993).

DAVOINE Eric, professeur ordinaire à l'Université de Fribourg (Suisse), titulaire de la chaire RH et Organisation depuis 2003. Il a été assistant doctorant à Freiburg (Allemagne) et maître de conférences à l'Université de Haute-Alsace. Il a publié plusieurs ouvrages et articles sur le management interculturel et la GRH internationale. Il est vice-président international de l'AGRH.

de BRY Françoise, docteure ès Sciences économiques, HDR, ESDES, Ucly, Université de Lyon, titulaire de la chaire Éthique et Management, chercheure associée au laboratoire GREGOR (IAE de Paris), administratrice du Cercle d'études des affaires (CEA), directrice de la rédaction d'*Entreprise éthique*. Vice-présidente de l'IAS. Membre du comité de rédaction de *Qualitique*, co-auteure de *Entreprise et Éthique*, Seuil, 2001 (2ᵉ édition), auteure de différents articles sur l'éthique, la RSE, les femmes, et participation à différents ouvrages collectifs.

de MENDITTE Emmanuelle, maîtrise en Commerce international – Paris 1. Mastère Spécialisé RH – ESSEC. Après trois ans en Angleterre pour Alstom et Time Warner puis une responsabilité RH sur un périmètre international pour Altran, a rejoint AREVA T & D en tant que HR Development Manager Europe NMEA Asia.

DELAYE Richard, MBA, docteur en sciences de gestion, chercheur associé LIPSOR/ CNAM (ED415), intervient à l'IAE de Corse, Paris 13. Cofondateur de l'Observatoire économique des banlieues. Axes de recherche : lien intergénérationnel, RSE, dynamiques territoriales et de réseaux, Membre de l'AGRH, de l'IAS et de l'ADERSE, il dirige le réseau d'Écoles de commerce et de gestion (DGC).

DENIAU Isabelle, directrice Europe des Ressources Humaines et de la Communication chez Staples, diplômée du Master spécialisé RH de l'ESSEC. Précédemment consultante chez Hewitt, Responsable Marketing/Communication de DHL.

DESMARAIS Céline, maître de conférences à l'Université de Savoie, coordinatrice du groupe thématique de l'AGRH : GRH dans les services publics. Thème de recherche : Management Public et encadrement. Publications : *Gestion et rôle de l'encadrement territorial dans la conduite du changement*, 2003 ; *Mobiliser les RH*, 2003 (avec E. Abord de Chatillon et M. Meunier).

DOUTREBENTE Raphaël, juriste en droit social et diplômé de l'ESSEC M.E., actuellement Directeur des Ressources Humaines et de la Communication du groupe Brittany Ferries.

DUFOUR Lucas, professeur assistant à Sup de Co Montpellier, a publié des articles sur l'intégration des jeunes à bas niveau de qualification et deux ouvrages : *Le Risque dans sa diversité* et *Ressources Humaines en Euroméditerranée*. Il travaille également sur la communication en entreprise et le cynisme organisationnel.

DUYCK Jean-Yves, professeur en sciences de gestion à l'université de La Rochelle, a participé à la création du premier DESS Gestion du Personnel (IAE Bordeaux, 1976). Il a publié de nombreux articles sur la gestion des seniors et la place de la RH dans la stratégie des firmes. Il est membre du bureau de l'IAS et de la CA de l'AGRH.

FERON Michel, DEA en Économie (Sorbonne), Sup de Co Reims, il est professeur à Reims Management School, responsable du pôle «GRH et Organisations» et Directeur du Master of Science «Management stratégique des organismes de protection sociale». Recherches : l'instrumentation de la contribution des RH à la performance globale. Membre actif de l'AGRH, l'IAS, l'ADERSE et l'ANDRH.

FESSER-BLAESS Mireille, DRH, docteur en sciences de gestion, enseigne la GRH et le management du luxe en France et à l'étranger. Elle a contribué à différents articles et ouvrages liés au développement des RH et a publié, avec A Pellissier Tanon, *Les Hauts potentiels. Quelles qualités pour les dirigeants de demain ?* (Ed. d'Organisation, 2007).

FORASACCO Corinne, directeur de la prospective et de l'innovation RH du Groupe Caisse d'épargne. Diplômée de l'Executive MBA de l'ESSEC et d'un DESS de GRH, a occupé différentes fonctions opérationnelles Ressources Humaines.

FORGET Louis, ingénieur HEI Lille, consultant, Secrétaire Général de l'IAS. Professeur de GRH et à l'ESSEC M.E. et à l'École de Psychologues Praticiens (Institut Catholique de Paris). Coauteur de *Tous DRH*, *Tous Reconnus*, et *Tous différents* (Éditions d'Organisation, 2006, 2005, 2006). Il a occupé différentes fonctions opérationnelles et de DRH dans un grand groupe international.

FOUDAD Yassine, président de l'IAS Algérie, Expert en Ingénierie Formation, a été DRH, membre du directoire du groupe industriel des Corps Gras ENCG, président du conseil de surveillance du groupe GCAT, maître de Conférences à l'ENSAG d'Alger, à l'ISGP d'Alger. Auteur de divers articles relatifs à la GRH en Algérie et à l'Audit Social.

FOUQUET Bernadette, responsable du service juridique de l'Espace emploi international au service de l'expatriation de l'Office des Migrations Internationales (France). Conseillère EURES (EEI Paris).

FRIMOUSSE Soufyane, maître de conférences à l'IAE de Corse. Il travaille sur l'évolution de la fonction RH en Méditerranée, la diversité, l'audit social et la RSE, l'hybridation des pratiques... Coauteur d'articles dans *Management et avenir*, la *Revue française de gestion, Sciences de Gestion* et la *Revue internationale sur le travail et la société*.

GLÉE Catherine, maître de conférences à l'IAE de Lyon, où elle dirige le master Sciences du Management, programme RHO (Ressources Humaines et Organisation). Membre du Conseil Scientifique de l'université Jean Moulin-Lyon 3. Auteur de plusieurs communications dans des congrès scientifiques en France et à l'étranger, ses recherches portent sur la dynamique des parcours professionnels (ruptures et transitions, apprentissage de l'adulte, orientation professionnelle et gestion des carrières), ainsi que sur la méthodologie et l'épistémologie en sciences de gestion. A également conçu et piloté la mise en œuvre d'un programme d'accompagnement auprès de cadres en situation de transitions professionnelles.

GOURDON Christophe, ingénieur et IAE Paris, dirige un cabinet accompagnant les entreprises vers le changement, l'organisation et le développement durable à l'international. Il accompagne le développement personnel de cadres depuis dix ans. Il a été vice-président du Centre de certification international des auditeurs spécialisés (CCIAS). Auditeur IHEDN.

GUERIN Serge, docteur HDR en sciences de la communication, professeur de marketing et communication à l'ESG Paris. Consultant, co-fondateur et membre du comité de rédaction de la revue *Medias*. Auteur d'ouvrages dont *Manager les quinquas* (avec G. Fournier), Éditions d'Organisation (2ᵉ ed, 2008), *L'Invention des seniors*, Hachette (2007) et *Vive les vieux !* Éditions Michalon (2008).

GUILLARD Alexandre, docteur en sciences sociales (Université Paris IV Sorbonne) est directeur de projets et responsable organisation (Direction de l'innovation et de l'organisation, CNP Assurances) Axes de recherche : le capital humain et organisationnel, la conduite du changement. Il a publié plusieurs articles sur ces thèmes. Secrétaire général de l'Institut du capital humain, membre du conseil d'administration de l'IAS et de l'Afope.

GÜSEWELL Andrea, responsable des formations à l'interculturel dans le service de développement et formation au siège du groupe Bosch à Stuttgart.

IGALENS Jacques, professeur des universités, membre du LIRHE, professeur IAE de Toulouse. Président d'honneur de l'IAS et de l'AGRH, a publié de nombreux ouvrages dont *La communication interne*, Dunod (2006), *Audit social* (avec

J.-M. Peretti), Éditions d'Organisation (2008), *Tous Responsables*, Éditions d'Organisation (2003), *La responsabilité sociale de l'entreprise*, PUF, coll. Que sais-je, (2008) et cinquante articles dans des revues scientifiques françaises et internationales.

JACQUINOT Philippe, ESSEC, docteur en sciences économiques, dix ans d'expérience en contrôle financier dans des groupes internationaux, administrateur de sociétés, chercheur associé au GREGOR (IAE de Paris).

JENNANE Abdel-Ilah, docteur en Sciences économiques (programme doctoral ESSEC), directeur de l'Institut des Ressources Humaines (Maroc), consultant, enseignant, auteur de nombreux articles sur le management et la GRH au Maroc

JORAS Michel, docteur es Sciences de la Gestion, HDR. Enseignant chercheur en éthique des affaires à l'ESCE, Paris. Auteur de nombreux ouvrages parmi lesquels *Le bilan de compétences*, Puf, Que sais-je? 4ᵉ éd. (2008), *Responsabilité sociale de l'entreprise*, Éditions d'Organisation (2001), *Responsabilité sociétale de l'acheteur*, Éditions d'Organisation (2005), d'articles et d'ouvrages collectifs.

KACEM Hichem, titulaire d'un MBA International combiné de l'IAE Paris et de l'université Paris Dauphine, est actuellement directeur du réseau de Shell en Tunisie et directeur général d'une filiale de gestion et d'exploitation de stations-service. Auteur de plusieurs articles dans les domaines de la stratégie économique internationale et de la dimension humaine en entreprise, il a également donné une série de conférences sur ses tentatives de modélisation des instincts et comportements humains en société.

KLARSFELD Alain, professeur à l'ESC Toulouse et Responsable du mastère spécialisé «Responsable ressources humaines», chercheur au Centre de recherche européen sur l'emploi et les ressources humaines (CREER), groupe ESC Toulouse.

LEROUX Érick, maître de conférences à l'IUT de Saint-Denis. Il a publié plusieurs articles et communications sur la gestion des forces de vente.

MAGNIEN Laurent, consultant, formateur, coach et co-responsable de la faculté «leadership & management» au sein du cabinet Krauthammer, spécialisé dans l'accompagnement des dirigeants, managers et commerciaux. Co-auteur avec Daniel Eppling de *Quel manager êtes-vous?*, Éditions d'Organisation, 2005.

MALAN-MANIGNE Nathalie, DRH de CARI (BTP, 2 400 collaborateurs). Diplômée du CELSA, elle travaille depuis seize ans dans des environnements variés (distribution, télécoms, BTP) caractérisés par des problématiques RH liées à la forte croissance des effectifs. Elle est présidente du MGRH PACA.

MALAPRADE Valérie, après un début en contrôle de gestion, elle rejoint Alpha, cabinet de conseil leader auprès des partenaires sociaux pour établir et partager des diagnostics d'entreprises et prend ensuite en charge le développement des RH de cette entreprise. Aujourd'hui manager chez Aster, elle intervient sur les questions d'organisation, management et GRH.

MIRALLES Pierre, ingénieur ECP, docteur en sciences de gestion, chargé de cours à l'université Montpellier 2, chercheur au CREGOR. Il est spécialisé dans les stratégies de GRH, management des talents, management des connaissances.

NICOLLIN Laurent, dirigeant sportif.

NOGUERA Florence, maître de conférences à l'Université Montpellier 1, elle co-dirige le master 2 de MRH. Elle est chercheur à l'ERFI et chercheur associé à l'ISEOR. Elle conduit des recherches-interventions sur des problématiques de management et de GRH. Elle a publié une quarantaine de travaux de recherche dont, en 2006, *Management du temps de travail* (Dunod).

PARADAS Agnès, maître de conférences à l'Université d'Avignon et chercheur à l'ERFI, université de Montpellier 1. Ses recherches portent sur le management de la formation et du recrutement, le développement de la RSE dans les petites entreprises. Elle est l'auteur de plusieurs contributions à des ouvrages traitant de la responsabilité sociale ou de la GRH dans les PME.

PARISOT Ghislain, DRH du Crédit agricole du Nord-Est.

PELLISSIER-TANON Arnaud, maître de conférences, Université Paris 1-Panthéon-Sorbonne, chercheur au PRISM-ISO, auteur, avec Mireille Fesser, de *Les Hauts Potentiels. Quelles qualités pour les dirigeants de demain ?*, Éditions d'Organisation, 2007.

PERETTI Jean-Marie, professeur des universités, professeur à l'ESSEC et à l'IAE de Corte. Consultant en GRH et auditeur social. Président de l'IAS, président d'honneur de l'AGRH et président du conseil scientifique de l'ADERSE. Auteur de nombreux articles et ouvrages dont *Gestion des ressources humaines*, Vuibert, 15e édition, 2008.

PIVETTI Stéphanie, directrice Ressources Humaines du cabinet Corallis, établissement de Saint-Étienne spécialisé dans la gestion de GEIQ (Groupement d'employeurs pour l'insertion et la qualification). Licence de droit (Lyon III), Maîtrise de ressources humaines (IDRAC Lyon). Contact : s.pivetti@corallis.com.

PONCIN Marc, responsable national Ingénierie des compétences (Groupe Adecco Direction des Services de l'emploi). Concepteur du « Pass'compétences intérim » primé au prix de l'entreprise citoyenne. Il dirige une recherche sur la sécurisation des parcours d'emploi.

PRUD'HOMME Lionel, diplômé Sciences Po, MBA EM LYON, vice-président Human Resources EMEA depuis 2005 pour Carlson WagonLit, leader mondial du voyage d'affaires. Il a travaillé pour les fonctions RH et Finance dans des sociétés telles que Hewlett-Packard, Motorola, Suez et Alstom. Il a publié *Le CV du premier emploi*, First, 1997, et contribué à plusieurs ouvrages collectifs.

ROGER Alain, professeur des Universités à l'IAE de Lyon, dirige le Centre de recherche Magellan et l'équipe de recherche OREM. Co-éditeur de *Master Ressources Humaines*, Éditions Eska, 2007 et de *La gestion des carrières, enjeux et perspectives*, Vuibert, 2004, il a contribué à plusieurs ouvrages collectifs et à de nombreuses revues françaises et internationales.

ROUSSEL Josse, chercheur à l'EBS – European Business School, Paris, maître de conférences habilité à l'Université de Paris-8, chroniqueur au *Nouvel Économiste*. Co-président du groupe de travail «capital humain» de l'IAS, membre de l'EGOS et de EURAM. Auteur de *Vers l'entreprise numérique*, Gualino (2005) il a publié plusieurs articles et communications.

RUILLER Caroline, attachée temporaire d'enseignement et de recherche (ATER) à l'IGR-IAE de Rennes et doctorante à l'Université de Rennes 1, titulaire d'un Diplôme d'Études Approfondies (DEA) en sciences de gestion. Chercheur au Centre de recherche en économie et management, UMR-CNRS. Auteur d'articles de recherche sur la qualité de vie au travail et le soutien du supérieur, thème de sa thèse de doctorat.

SALL HANNE Samba, titulaire d'un DESS CAAE de l'IAE de Lyon, DESA en administration et gestion du personnel du CNAM de Paris et DEA en LCE (anglais) de la Sorbonne. Actuellement DRH d'Air Liquide pour la région Afrique de l'Ouest et Centrale.

SANDU Alexandra, manager du département des Ressources Humaines à l'Université de Craiova, Roumanie. Coauteur de *La Responsabilité sociale des entreprises*, Édition Universitaria, Craiova, 2008.

SAPPE Robin, diplômé Sciences Po et Master RH Essec, est directeur du développement des Ressources Humaines et de la Diversité chez CARI, entreprise nationale de construction. Auparavant, il a occupé différents postes dans le champ des sciences sociales (recherche, animation de réseaux,...) appliquées à la santé publique.

SCHNEIDER Valérie, déléguée régionale de Gemip, Centre de ressources des Groupement d'employeurs en Midi-Pyrénées, elle a dirigé des groupements d'employeurs et des GEIQ et coordonné le collectif d'organisation pour la conférence européenne sur les GE à Bruxelles en réponse aux principes de la flexicurité adoptés par la Commission européenne.

SCOUARNEC Aline, professeur agrégé des universités à l'IAE de Caen Basse-Normandie, spécialisée en GRH et Prospective appliquée. Elle a créé avec Luc Boyer la revue *Management et Avenir*, dont elle est rédacteur en chef. Auteur d'une quarantaine de communications, articles et chapitres d'ouvrage.

TEXIER Sophie, consultante en communication et développement durable, directrice artistique dans l'entreprise PSD Créations Eco et enseignante vacataire à l'université d'Avignon et des pays de Vaucluse.

THÉVENET Maurice, professeur au CNAM et à l'Essec. Il a publié de nombreux articles et ouvrages sur le management des personnes.

TRICOIRE Jean-Pascal, président du Directoire de Schneider Electric depuis 2006. Il rejoint Merlin Gerin (aujourd'hui Schneider Electric) en 1986 et assume des responsabilités opérationnelles en Italie, en Chine, en Afrique du Sud et aux États-Unis. De 2002 à fin 2003, il est vice-président exécutif de la division internationale (2002), puis COO (2004), et enfin CEO (2006).

TZANOVA Silvia, chercheur à l'Académie des Sciences de Bulgarie, docteur (jusqu'à 1995); Directeur Agence Média (1995-1997); manager de l'entreprise Force-Commerce (depuis 1997).

VALAX Marc, maître de conférences à l'IAE de Pau et des Pays de l'Adour, il dirige le Master de Commerce International. Ses axes de recherche sont l'empowerment, l'internationalisation de la FRH et la GRH dans différents environnements (secteur privé PME/fonction publique/national//international). Il a publié de nombreux articles, chapitres d'ouvrages et communications en France et en Argentine.

VASSILEVA Albena, professeur de linguistique et de communication, docteur, université de Sofia St. Kliment Ohridski. Directrice du Centre de communication interculturelle et de médiation.

VERCOUSTRE Dominique, président de Personnel Association, Directeur des Ressources Humaines de Beauté Prestige International.

VERGNE Jean-Luc, directeur des Ressources Humaines de PSA Peugeot Citroën. Membre du Comité de Direction Générale. Maîtrise de droit public de Bordeaux, il a rejoint PSA Peugeot Citroën en 1999 après une carrière chez Sanofi où il a été DRH de 1987 à 1992, puis DRH du groupe Elf Aquitaine. Elu DRH de l'année en 2001. Chevalier de la Légion d'Honneur, des Palmes académiques et du mérite agricole.

VIANDIER Dominique, vice-président du Conseil général du Val-d'Oise (95). Directeur des Ressources Humaines du Val d'Oise

VILLEDIEU Daniel, responsable de la politique jeune ouvrier au sein du service DRH de EIFFAGE Construction (branche bâtiment) au plan national. Après avoir débuté sa carrière comme ouvrier maçon dans l'artisanat, il entre chez Eiffage en 1979 en tant que chef de chantier puis devient conducteur de travaux, chef de département et entre enfin à la DRH du groupe.

VOYNNET FOURBOUL Catherine, maître de conférences à l'université Panthéon Assas, Directrice scientifique du CIFFOP. Consultante en management des ressources humaines et en audit social. Spécialiste des relations industrielles et de l'analyse de données qualitatives assistée par ordinateur. Membre du bureau de l'IAS, elle a écrit de nombreux articles et chapitres d'ouvrages.

YANAT Zahir, auditeur social, président d'honneur de l'IAS, VP de l'ADERSE et de l'AGRH. Diplômé Sciences Po Bordeaux, MBA INPED-HEC Montréal, docteur en sciences de gestion, HDR. Il est professeur de management à Bordeaux École de Management, auditeur et enseignant chercheur après 25 ans comme DRH et DG d'entreprises en Algérie. Auteur de nombreux articles et contributions à des ouvrages collectifs.

ZERIBI-BENSLIMANE Olfa, docteur ès sciences de gestion de l'Institut de Gestion et de l'IAE de Rennes, professeur à l'Institut des Hautes Études Commerciales de Carthage et directrice de l'école doctorale. Ses publications et communications portent sur la RSE, l'analyse des systèmes de santé, la gouvernance et le management public.

ZOUANAT Hichem, directeur des Ressources Humaines de Centrale Laitière/Danone (Maroc), président de la Fédération Méditerranéenne des Ressources Humaines (FMRH), président de l'Association Marocaine des Ressources Humaines (AGEF), membre la Commission Emploi de la CGEM, et auteur de plusieurs articles sur la GRH parus au Maroc.

Avant-propos

Jean-Marie PERETTI

Lorsque l'entreprise doit atteindre un haut niveau de performance dans un contexte de forte incertitude, le management des talents s'impose. Aujourd'hui, les entreprises se plaignent de la pénurie croissante de talents et nous devons nous interroger : pénurie de talents ou talents ignorés ? Réussir à identifier tous les talents, actuels ou futurs, est essentiel. Rendre tous les salariés talentueux devient pour les entreprises un impératif stratégique.

Cet ouvrage réunit les contributions et témoignages de dirigeants, de praticiens, d'experts, d'enseignants et de chercheurs passionnés par le développement des talents, ce grand enjeu des prochaines années. Que tous ceux qui ont accepté le défi de participer à cet ouvrage collectif en se pliant à des contraintes rigoureuses de délai et de longueur trouvent ici l'expression de mes remerciements.

Tous talentueux présente les analyses et les expériences, françaises et étrangères, susceptibles d'alimenter la réflexion et l'action des dirigeants. Il a été rédigé par des coauteurs fonctionnant en binômes ou trinômes :

- – dirigeants d'entreprises engagées dans le management des talents ;
- – enseignants-chercheurs mobilisés par le thème ou sur l'une de ses dimensions ;
- – DRH, auditeurs sociaux et consultants impliqués dans des pratiques innovantes.

Les cinquante chapitres rassemblent les regards croisés de ces acteurs du développement des talents. Ils sont répartis en quatre parties. La première partie de cet ouvrage est consacrée à la diversité des talents que recherchent les organisations, pour aujourd'hui et pour demain. La deuxième partie est consacrée aux spécificités du développement des talents des différentes catégories de candidats et de salariés. Être talentueux est, en effet, un objectif que partagent des populations très diverses.

Les talents à développer et les chemins pour y parvenir sont variés. La troisième partie est riche des témoignages d'entreprises qui présentent leurs politiques et leurs pratiques pour manager les talents, les identifier et les sélectionner, les organiser, les accompagner, les protéger et les fidéliser. Ces exemples illustrent les efforts pour rendre talentueux chaque collaborateur. La quatrième partie élargit le champ des témoignages aux expériences menées ailleurs dans le monde. Ce panorama témoigne des convergences internationales dans des contextes très divers.

Fruit d'une collaboration entre professionnels et universitaires, cet ouvrage a pour ambition d'aider les acteurs concernés à penser différemment le management des talents et à faire du développement des talents de tous les salariés une source de richesse. Il n'aurait pu voir le jour sans le talent de Christiane Deshais, assistante du département Management du Groupe ESSEC. Qu'elle trouve ici l'expression de la gratitude des coauteurs.

Jean-Marie Peretti

Professeur au groupe ESSEC et à l'IAE de Corse
Président de l'IAS (Institut International de l'Audit Social)
Président d'honneur de l'AGRH (Association francophone
de gestion des ressources humaines)

Chapitre 1

Tous talentueux : un défi à relever

Jean-Marie PERETTI

L'adjectif « talentueux », apparu à la fin du XIXᵉ siècle, est évoqué par Marcel Proust[1] en ces termes :

> « Il y a comme cela des mots nouveaux qu'on lance, mais ils ne durent pas. Dernièrement, j'ai lu comme cela qu'un écrivain était "talentueux". Comprenne qui pourra. Puis je ne l'ai plus jamais revu. »

Un siècle après, le mot « talentueux » a incontestablement duré. Est talentueux, selon les dictionnaires, « celui qui a des aptitudes remarquables pour réussir en quelque chose »[2], « celui qui a du talent »[3] ou même celui « qui a beaucoup de talent »[4].

Lorsque l'entreprise doit atteindre un haut niveau de performance dans un contexte de forte incertitude, le management des talents s'impose. Les entreprises se plaignent de la pénurie croissante de talents et nous devons nous interroger : pénurie de talents ou talents ignorés ? Réussir à rendre tous les salariés talentueux devient pour les entreprises un impératif stratégique.

Le titre de cet ouvrage exprime donc une ambition à fort enjeu stratégique : que chacun, dans l'entreprise, ait beaucoup de talent. Qu'est-ce qu'un salarié talentueux pour les entreprises aujourd'hui ? Il est dans un premier temps nécessaire d'identifier les différentes approches et composantes du talent. Le talent, selon *Le Robert*[5], a trois significations : don, aptitude « pour réussir » ; art, capacité, génie, faculté, instinct, qualité ; « aptitude particulière, dans une activité appréciée par le groupe social ». Les discours managériaux actuels utilisent le terme talent avec ces trois approches.

---

1. M. Proust, *Le Côté de Guermantes,* tome I.
2. A. Furetière.
3. *Grand Robert de la langue française*, édition 2001.
4. *Dictionnaire encyclopédique Quillet*, 1937.
5. tome VI, page 984.

La première partie de cet ouvrage est consacrée à la diversité des talents que recherchent les organisations, pour aujourd'hui et pour demain. La seconde partie est consacrée aux spécificités du développement des talents des différentes catégories de candidats et de salariés. Être talentueux est, en effet, un objectif que partagent des populations très diverses. Les talents à développer et les chemins pour y parvenir sont variés. La troisième partie est riche de témoignages d'entreprises qui présentent leurs politiques et pratiques pour manager les talents, les identifier et les sélectionner, les organiser, les accompagner, les protéger et les fidéliser. Ces exemples illustrent les efforts pour rendre talentueux chaque collaborateur. La quatrième partie élargit le champ des témoignages aux expériences menées ailleurs dans le monde. Ce panorama des pratiques témoigne des convergences internationales dans des contextes très divers.

1. La diversité du (des) talent(s)

Le constat est aujourd'hui mondial : les entreprises recherchent énergiquement des talents. Quelle est leur définition du talent ? La première partie de cet ouvrage explore le concept de talent dans sa diversité, son actualité et sa prospective, à travers huit contributions.

Éclaircir les notions de talent et de potentiel, souvent utilisées de façon indifférenciée, est nécessaire. Alain Roger et Denis Bouillet (chapitre 2) le font en lien avec la notion de compétence et proposent un schéma où le talent, défini comme la part exceptionnelle, excellente, différente de la compétence, est, pour partie, une composante du potentiel. Cette distinction est indispensable pour accompagner une mobilité professionnelle.

Raphaël Doutrebente et Louis Forget (chapitre 3), considèrent que les talents n'ont de valeur que celle que leur donnent ceux qui les reconnaissent. La relation de management conjugue les talents. Chacun, salarié et responsable hiérarchique, est client de l'autre pour développer les talents en ligne avec la stratégie de l'entreprise. Il est donc légitime de s'intéresser aux talents attendus chez un manager.

Pour Fernando Cuevas et Dominique Ballot (chapitre 4), ces talents sont nombreux et souvent contradictoires. Identifiant dix contradictions managériales, les auteurs font ressortir la nécessité de constituer des équipes diverses aux talents complémentaires. Le repérage des talents des managers est donc essentiel.

«Le talent soutenable est-il possible en entreprise ?» Françoise de Bry et Christophe Gourdon, à partir d'une réflexion sur la parabole des talents, s'interrogent sur la définition d'un talent «soutenable» (chapitre 5). Quelles sont les limites implicites et explicites à l'épanouissement du talent dans l'entreprise ? Encourager dans l'entreprise un talent soutenable, c'est reconnaître le talent de tous en le développant afin d'éviter les situations de stress, d'inconfort psychologique et de « burn out ».

Cécile Desmarais et Emmanuel Abord de Chatillon (chapitre 6) explorent les difficultés du repérage des managers talentueux. Ils soulignent que le talent managérial incorpore la prévention des risques psychosociaux. Ces risques sont devenus aujourd'hui inquiétants dans les entreprises. Le manager traducteur talentueux est en mesure d'appréhender les situations potentiellement risquées et de proposer des pistes de développement des ressources de ses collaborateurs leur permettant de mieux affronter la pénibilité du travail.

Le chapitre 7 est centré sur l'une des dimensions émergentes du talent, c'est-à-dire la prise en compte de la RSE (Responsabilité sociale de l'entreprise). Agnès Paradas et Sophie Texier, à partir d'un cas d'entreprise, présentent une action de développement de talents responsables. Les talents responsables se déclinent en savoir-devenir et doivent permettre une innovation permanente, clé de la réussite du développement durable.

Françoise de Bry et Paule Boffa-Comby étudient comment valoriser la diversité des talents sans la gommer (chapitre 8). Elles présentent les conditions favorables à l'émergence des talents féminins. Il faut provoquer un changement réel et profond sans heurter ni exclure, rééquilibrer les forces pour gagner en efficacité et en réactivité, (re) positionner constamment la mixité dans sa dimension stratégique et rendre concrets pour chacun les bénéfices attendus, tant humains qu'économiques.

Dans le chapitre 9, Jacques Igalens donne quelques conseils au manager hyper moderne. Il constate que le talent du griot est devenu essentiel pour être reconnu talentueux. S'appuyant sur quelques rappels de la théorie weickienne du sensemaking il définit la place du récit et, au-delà du récit, du talent du cadre « griot », c'est-à-dire talent de conteur, il inscrit le talent dans la logique « mintzberienne » des rôles de symbole et de leader. Avec la demande de sens (sensemaking) et de récit (storytelling) le cadre talentueux doit savoir raconter des histoires.

Luc Boyer et Aline Scouarnec concluent cette première partie consacrée à la diversité des talents par l'étude de l'indispensable articulation entre la prospective des métiers et des talents (chapitre 10). La prospective des talents est le prolongement opérationnel de la prospective des métiers. Elle conditionne l'efficacité de la recherche, du développement et de la fidélisation des talents pour demain.

2. Les talents de la diversité

Le titre de cet ouvrage exprime une ambition : que chacun ait beaucoup de talent. La deuxième partie de l'ouvrage est consacrée aux spécificités du développement des talents des différentes populations qui composent l'entreprise.

Les talents de la diversité, source de richesses, sont passés en revue. Le chapitre 11 est consacré aux personnes handicapées. Jean-Rémy Acar, Laurent Bibard et Dominique Viandier les considèrent tout aussi talentueuses que les personnes dites «normales». Une organisation qui ne recruterait que des clones de ses membres actuels est vouée à sa perte. «Il est essentiel que les membres à la fois intègrent et représentent, dans leur constitution collective, la diversité nécessaire qui rend une organisation désormais compatible avec un environnement changeant, pour le moins bigarré au niveau international, et imprévisible».

Ainsi, parmi les jeunes de banlieue existent des jeunes talentueux. Patrice Adam et Richard Delaye s'interrogent sur les pratiques de détection et d'encadrement à mettre en œuvre pour favoriser l'émergence de tous les talents (chapitre 12). Certains salariés sont souvent exclus des politiques RH dédiées aux talents. «Tous déconsidérés» pourrait-on même dire de certains métiers. Il faut alors des entreprises talentueuses pour faire émerger des talents et revaloriser des filières. Le témoignage de Jean-Rémy Acar et Laurent Bibard sur la «mutation du vigile à l'agent de sécurité» le montre (chapitre 13).

Être talentueux peut aussi dans l'entreprise être le fait des syndicalistes. L'hommage porté par Philippe Jacquinot et Arnaud Pellissier-Tanon à Arthur Staub (chapitre 14) l'illustre à travers une série de témoignages sur un homme dont l'honnêteté, alliée à ses compétences, fondait la confiance. Par fidélité à ses valeurs, par dévouement à sa communauté de vie, «il mettait toutes ses capacités à résoudre le problème auquel on était confronté», raconte le DRH qui «rêvait de l'avoir à la DRH»!

Lionel Prud'homme et Frank Bournois relient talents et communautés (chapitre 15). Ces deux notions, éloignées, se rapprochent avec la construction dans les entreprises de communautés de talents. Les auteurs soulignent les enjeux pour l'entreprise d'une certaine maîtrise de ces réseaux en plein essor.

Un senior peut-il être reconnu comme talentueux? Ses talents peuvent-ils être développés? Trois chapitres sont consacrés à cette population dont le poids dans les effectifs des entreprises croît durablement. Pour Julie Christin, Rodolphe Colle et Xavier Brossetta (chapitre 16), les talents des seniors requièrent une approche spécifique. La gestion par l'oubli, notamment pour la formation, limite les talents. Connaître la représentation des talents des seniors au travail est essentiel pour mettre en œuvre des politiques adaptées. L'étude présentée par Jean-Yves Duyck et Serge Guérin (chapitre 17) fait ressortir des représentations souvent négatives, rarement neutres ou positives et ouvre des pistes pour «partir à la découverte de talents occultés» car, concluent-ils, «les seniors ont du talent» notamment celui de «passeur». Dans le chapitre 18, «Les seniors dans l'entreprise: que de talents à mobiliser», Ghislain Parisot et Michel Féron présentent l'exemple du Crédit Agricole du Nord-Est. Regarder les seniors comme une ressource inexploitée, adopter une stratégie volontariste et créative, instaurer du changement organisationnel pour créer partout des opportunités d'apprentissage, est la clé des «seniors talentueux».

Érick Leroux et Jean-Marc Bellot abordent la gestion des talents d'une catégorie spécifique : les commerciaux (chapitre 19). Ils étudient tout particulièrement le cas des talents spécifiques des forces de vente externalisées.

Le chapitre 20 est consacré aux JSQ (jeunes sans qualification), ces jeunes dont le capital scolaire est faible. Lucas Dufour, Sylvie Brunet, Jean-Marie Peretti et Daniel Villedieu étudient les pratiques qui permettent d'identifier, intégrer et développer leurs talents trop souvent méprisés. Car «pour rendre les gens talentueux, il faut avant tout avoir la conviction que chacun peut l'être dans une certaine mesure et quels que soient son niveau et sa situation».

Catherine Glée et Marc Poncin (chapitre 21) illustrent cet acte de foi à travers la mise en valeur de talents laissés en friche, de profils atypiques et de talents ignorés de travailleurs intérimaires. Cette interrogation – «Que faites-vous de leurs talents ?» – et cette conviction – «Tous peuvent être talentueux» – concluent de façon appropriée cette deuxième partie.

3. Comment les entreprises gèrent-elles les talents ?

La troisième partie est riche de témoignages qui présentent les politiques et pratiques des entreprises pour manager les talents, les identifier et les sélectionner, les organiser, les accompagner, les protéger et les fidéliser. Les cas présentés illustrent la diversité des pratiques des entreprises pour rendre talentueux chaque collaborateur et répondre à des défis particuliers.

Dans le premier chapitre (22), Jean-Luc Vergne, DRH, présente la politique de diversité et d'égalité des chances développée par un grand groupe industriel PSA Peugeot Citroën, pour «conjuguer les talents». Le rôle des managers dans le développement des talents est essentiel.

David Alis et Caroline Ruillier mettent l'accent sur le soutien du supérieur hiérarchique pour développer le talent de ses collaborateurs (chapitre 23).

«Rendre les managers talentueux» est l'objectif de Martine Brasseur et Laurent Magnien (chapitre 24). Ils répondent à trois questions clés : qu'est-ce qu'un management talentueux ? Comment apprendre à manager avec talent ? Avec quel processus d'apprentissage ?

Florence Noguera, Dominique Criaud et Laurent Cappelletti présentent les enjeux économique et éthique du management des talents. Ils proposent un modèle de développement durable des talents (chapitre 25).

Le management des talents émerge dans un contexte d'incertitude concernant les besoins futurs de l'organisation (Cappelli, 2008). Une démarche GPEC favorisera l'épanouissement des talents. Alain Cougard et Valérie Malaprade (chapitre 26) montrent comment les accords GPEC et le suivi paritaire des actions mises en œuvre permettent d'orchestrer harmonieusement un ensemble de démarches individuelles et de valoriser les talents disponibles. Cette gestion des talents ne se limite pas aux frontières de l'entreprise. L'échelon territorial, dans le contexte des pôles de compétitivité, peut jouer un rôle essentiel.

Corinne Cabanes, Alain Klarsfeld et Valérie Schneider (chapitre 27), à travers le cas des groupements d'employeurs et du réseau emploi durable en Midi-Pyrénées, soulignent l'intérêt des dispositifs de mutualisation des talents.

Le chapitre 28 est également consacré à l'utilisation du groupement d'employeurs pour développer les talents. Olivier Bachelard et Stéphane Pivetti présentent le cas du GEIQ Agrologis à Saint-Étienne et font ressortir l'épanouissement personnel que la formule apporte au personnel.

Jean-Luc Cerdin et Emmanuelle de Menditte présentent les actions d'AREVA T & D pour recruter, intégrer et faire de chaque salarié un acteur. L'intégration du recrutement et de la gestion des carrières est essentielle (chapitre 29).

Les leviers de la fidélisation des talents sont étudiés par Jean-Luc Cerdin et Isabelle Deniau à partir d'une étude menée dans un groupe international de distribution. Une combinaison de pratiques RH favorise la rétention et l'implication organisationnelle des talents (chapitre 30).

Les secteurs qui connaissent des pénuries chroniques de talents doivent innover pour attirer, former, fidéliser les talents potentiels. Nathalie Malan-Manigne et Robin Sappe présentent la recherche et la mise en œuvre de solutions innovantes pour créer ses propres talents dans le secteur du BTP aujourd'hui (chapitre 31). L'exemple de CARI illustre l'accélération du développement des compétences dans un secteur traditionnel pour rendre tous les salariés talentueux.

Parmi les talents spécifiques, les expatriés demandent une gestion particulière. Le développement des talents des expatriés pose des problèmes spécifiques que Bernadette Fouquet et Marc Valax examinent dans le chapitre 32, et en particulier les programmes spécifiques pour la mobilité internationale des talents juniors avec leurs avantages et leurs limites.

Ces dernières années, le contexte juridique a profondément modifié la problématique du management des talents. Mireille Fesser-Blaess et Jacques Brouillet (chapitre 33) examinent les contraintes et atouts juridiques permettant la reconnaissance et le développement des talents.

Parmi les textes qui ont eu un impact sur la gestion des talents, la loi instituant le bilan de compétences a eu un rôle important. Michel Joras évoque «l'évolution du bilan de compétences au bilan des talents et des vertus». Ce bilan intègre l'évaluation des savoirs de résilience, des savoirs culturels et des savoirs être éthiques (chapitre 34).

Zahir Yanat défend l'idée que la guerre des talents n'aura pas lieu, dès lors que les entreprises mettent en place les prérequis d'un développement des compétences et d'un développement humaniste (chapitre 35).

Corinne Forasacco et Catherine Voynet-Fourboul, dans un chapitre consacré au développement des talents en entreprise, proposent l'étude des meilleures pratiques pour développer les talents (chapitre 36).

Laurent Choain, dans le chapitre 37, présente le cas du management des talents dans le Groupe Caisse d'épargne. Ce management nécessite une implication déterminante – soutenue en permanence par les dirigeants – des managers de proximité, « ce qui est la marque de fabrique des entreprises enthousiasmantes ».

L'application aux talents de l'approche Capital Humain est traitée par Alexandre Guillard et Josse Roussel dans le chapitre 38 (« Une nouvelle lecture du talent à l'aune du Capital Humain »).

Jean-Pascal Arnaud et Jean-Marie Peretti abordent deux thèmes : le rôle des acteurs externes dans le management des talents et les objectifs strictement internes ou plus larges d'un développement des talents (chapitre 37).

Pour conclure cette partie consacrée au développement des talents, Pierre Mirallès et Laurent Nicollin évoquent les pratiques permettant de « Protéger les talents pour les conduire à la performance » (chapitre 40). Le cocooning vise à protéger les talents contre les agressions de l'environnement et à les maintenir dans un état de plaisir et de confiance, pour créer les meilleures conditions pour la performance.

4. Le développement des talents ailleurs dans le monde

La quatrième partie élargit le panorama des pratiques actuelles aux expériences ailleurs dans le monde. Les pays retenus ne sont pas ceux auxquels une abondante littérature managériale est consacrée. Tout au contraire. À travers la diversité des contextes, transparaît une certaine convergence des pratiques et, dans le cas des multinationales étudiées, une hybridation.

Avec le cas d'une entreprise multinationale, le groupe allemand Bosch, Christoph Barmeyer, Éric Davoine et Andréa Güseweel (chapitre 41) traitent du développement des talents interculturels. Aujourd'hui, les talents de l'international ne sont plus ceux des seuls dirigeants et cadres supérieurs. Ils concernent tous les niveaux hiérarchiques.

Jean-Claude Bernatchez et Claude Cossette abordent la relève des talents à travers le cas du groupe papetier Cascades (chapitre 42).

Le cas de Shell Tunisie permet à Olfa Zeribi, Hichem Kacem et Soufyane Frimousse (chapitre 43) d'étudier «l'exploration et l'extraction de talents» dans la filiale tunisienne d'une multinationale.

La Bulgarie est un pays qui a connu une transition assez rapide du régime communiste vers la démocratie et a récemment rejoint l'Union européenne. Dans le chapitre 44, Albana Vassileva, Ognian Daslakov et Silvia Tzanova analysent l'évolution des trente dernières années et font ressortir que l'intérêt pour les talents est récent.

L'exemple de la politique de recrutement et de fidélisation d'Air Sénégal International, analysée par Alain Akanni et Samba Sall Hanne, fait ressortir les points de convergence avec les pratiques présentées dans la troisième partie et quelques spécificités du Sénégal (chapitre 45).

Les spécificités du développement des talents dans un autre des nouveaux pays ayant intégré l'Union européenne, la Roumanie, fait l'objet du chapitre 46. Adriana Burlea-Schiopoiu et Alexandra Sandu font ressortir combien les pratiques pour identifier, attirer, intégrer et fidéliser les talents sont nouvelles et s'inspirent des pratiques des entreprises occidentales.

Le développement économique actuel du Maroc entraîne une guerre des talents. Soufyane Frimousse, Abdel-Ilah Jennane et Hichem Zouanat (chapitre 47) examinent comment les grandes entreprises marocaines s'efforcent de détecter et fidéliser les talents. L'hybridation des pratiques est nécessaire pour attirer et fidéliser les talents dans un contexte de fort développement.

Ghanima Assam et Yassine Foudad mettent l'accent sur les risques croissants de fuite des talents rencontrés dans tous les contextes, en particulier dans le contexte algérien, et étudient le cas d'une banque publique pour développer et fidéliser les talents dans ce contexte (chapitre 48)

Jean-Pascal Tricoire et Charles-Henry Besseyre des Horts concluent ce tour du monde par le management des talents dans la zone Asie-Pacifique. Ils font ressortir les défis inédits que les entreprises rencontrent dans cette zone et les réponses apportées par le groupe Schneider Electric (chapitre 49).

Dans le chapitre 50, qui conclue cet ouvrage, Maurice Thévenet et Dominique Vercoustre répondent avec talent aux trois questions clés qui sous-tendent les chapitres précédents : pourquoi s'occuper des talents ? Quelles sont les pratiques de gestion des talents ? Quels sont les dangers et les limites de l'«hyperbole des talents» ?

À travers l'ensemble des contributions et témoignages des talents divers, universitaires et praticiens, qui ont accepté de participer à cet ouvrage collectif, des pistes apparaissent pour que chacun, dans l'entreprise, ait demain beaucoup de talent.

Partie 1

La diversité du (des) talent(s)

Chapitre 2

Talents et potentiel

Alain ROGER
Denis BOUILLET

La notion de talent est utilisée par les entreprises, les consultants ou les chercheurs en gestion des ressources humaines dans des sens très différents. Pour les uns, elle remplace la notion de ressources humaines, avec la volonté d'une approche plus positive, centrée sur l'avenir, alors que la notion de « ressource » évoque parfois une sorte de gisement dans lequel on pourrait puiser. Les « talents » sont alors l'ensemble des personnes compétentes et motivées dont l'organisation a besoin pour fonctionner dans de bonnes conditions. Pour d'autres, la notion de talent est beaucoup plus restrictive et s'apparente à celle de « haut potentiel ». Les « talents » sont une catégorie de personnel jugée comme pouvant accéder aux plus hauts postes de responsabilité de l'entreprise ou du moins à des postes de responsabilité significativement supérieurs à relativement court terme. Ce sont des personnes clés que l'entreprise cherche à fidéliser.

Il est difficile de comprendre les notions de talent et de potentiel sans se référer à celle de compétence. Plutôt qu'une approche qui assimile par métonymie le talent à la personne et considère que la personne est un talent, nous privilégions ici une approche selon laquelle une personne a des compétences ou des talents, en insistant sur le fait que les compétences ou les talents, tout comme le potentiel, ne peuvent être évalués dans l'absolu : on est compétent pour faire quelque chose dans un contexte donné. Des circonstances ou un environnement favorables permettent de révéler des talents ou des potentiels.

Dans une première partie, nous chercherons à éclaircir les notions de talent et de potentiel en montrant comment elles peuvent être liées à la notion de compétence. La deuxième partie développera l'intérêt de cette distinction dans une démarche d'accompagnement de la mobilité professionnelle.

1. Talent, compétence et potentiel

La confusion souvent faite entre les «talents» et les «hauts potentiels» peut s'expliquer par une certaine proximité dans leur définition et dans leurs conditions d'identification.

1.1. Talent et haut potentiel

La notion de talent, comme celle de «haut potentiel», suppose une forme d'excellence, une différence par rapport aux autres (Mirallès, 2007). Lorsqu'il s'agit de «haut potentiel», il est clair dans la plupart des entreprises qu'il s'agit de l'estimation de la capacité d'une personne à occuper à court ou moyen terme un poste de haute direction, à être meilleur que les autres pour mettre en œuvre ou développer les compétences attendues dans ce type de fonction. Roussillon (2006) ou Besseyre des Horts (1989) font ressortir que cette forme de valorisation d'une élite varie beaucoup selon les pays : elle est nettement plus répandue par exemple dans les entreprises américaines que dans les entreprises suédoises ou italiennes.

Le talent est aussi la reconnaissance qu'une personne est meilleure que les autres, mais dans un domaine précis. Il ne fait pas spécifiquement référence à une évolution ou à un parcours de carrière, mais il se rapproche plutôt de la notion d'expertise. Ainsi, certaines personnes peuvent avoir un talent pour analyser rapidement certains types de problèmes ou pour nouer des relations de confiance, comme d'autres ont un talent pour la musique ou pour le dessin. Le talent de Mozart ne se réduisait pas à sa compétence, précise Le Boterf (1994). Certains métiers demanderaient alors de dépasser le savoir-agir centré sur une production bien identifiée dans un cahier des charges (conducteur de machine, conseiller de clientèle…) car ils impliquent le sujet lui-même dans une œuvre ou une interprétation à fonction symbolique (poète, musicien…). Ces métiers à dominante talent exigent plus un «savoir exprimer» qu'un savoir-agir.

1.2. Le talent, inné ou acquis ?

Lorsque se pose la question de l'inné ou de l'acquis pour le potentiel ou pour le talent, les auteurs (Cadin et Guérin, 1999 ; Roussillon, 2006 ; Mirallès, 2007) s'accordent pour dire qu'une part de ces dispositions peut correspondre à des dons hérités par l'individu – «C'est sur le berceau que se penchent les fées» ; «aux âmes bien nées, la valeur n'attend pas le nombre des années» –, mais que c'est la confrontation à des situations, à des environnements favorables qui permet de les développer. Tout comme le potentiel, le talent est parfois caché. Il peut se révéler lors d'une occasion particulière, d'un événement inattendu ou d'un bilan de compétences utilisant des méthodes adaptées. Le talent et le potentiel supposent pour s'exprimer non seulement une compétence, mais aussi une volonté individuelle. Il peut rester en friche s'il n'est pas cultivé. «Le potentiel, ça se cultive», souligne

Plassart (1989). Comme pour un grand musicien ou un grand champion sportif, les compétences exceptionnelles d'un salarié supposent un entraînement intensif pour se développer.

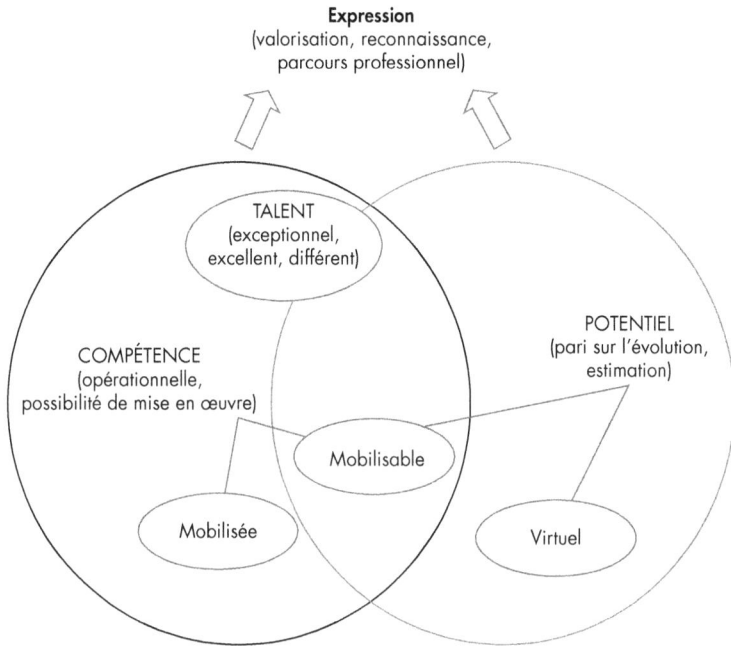

Expression
(valorisation, reconnaissance,
parcours professionnel)

TALENT
(exceptionnel,
excellent, différent)

POTENTIEL
(pari sur l'évolution,
estimation)

COMPÉTENCE
(opérationnelle,
possibilité de mise en œuvre)

Mobilisable

Mobilisée

Virtuel

Figure 2.1 – Compétence, talent et potentiel

La figure 2.1 illustre la relation entre les notions de talent, de compétence et de potentiel : les talents sont considérés comme un sous-ensemble des compétences, celles dans lesquelles la personne excelle, dans lesquelles elle se distingue des autres. Contrairement à d'autres compétences qui peuvent être acquises par l'expérience ou par la formation, ils supposent au départ des dons, des qualités personnelles. Comme les autres compétences, certains talents sont mobilisés, mis en application dans les entreprises. D'autres, potentiellement mobilisables ne sont pas utilisés, soit parce qu'ils sont ignorés par l'entreprise, soit parce qu'ils ne correspondent pas à ses besoins à un moment donné. L'entreprise dispose d'un potentiel actuel, d'une sorte de réserve de compétences qu'elle pourra mobiliser lorsqu'elle en aura besoin. Le salarié a lui aussi une réserve de compétences qui lui garantit une certaine employabilité.

1.3. Développement du potentiel

La notion de potentiel dépasse celle de compétences mobilisables pour inclure ce qu'on pourrait appeler un potentiel de développement, des compétences «virtuelles» dont on pense qu'elles pourraient être développées dans l'avenir. Le potentiel de développement se caractérise donc par une sorte de pari sur la capacité et la volonté de la personne pour développer de nouvelles compétences dans un contexte organisationnel donné, en tenant compte de l'environnement extraprofessionnel, notamment familial, qui peut représenter un frein, mais aussi un soutien pour la réalisation de ce potentiel et l'acquisition de compétences opérationnelles. Chapelier, Sartori et Schmidt (1999) considèrent que, contrairement à la notion de compétence, le potentiel intègre une dimension psychologique, celle de la motivation, et ils insistent sur le fait que le potentiel est un pronostic sur l'individu qui implique l'évaluateur, qui se développe au cours du temps, et qui est toujours relatif à un poste donné ou une fonction : «le potentiel à quoi?» demande Roussillon (2006) qui insiste sur l'importance de préciser l'objet du potentiel.

Le processus d'apprentissage et de développement qui se traduit par la réalisation de ce potentiel de développement suppose souvent un accompagnement et le soutien de formateurs ou de coachs, et il s'inscrit dans une démarche de gestion des parcours professionnels. La validation des compétences acquises est un élément important de la valorisation et de la reconnaissance individuelle dans les organisations. Pour favoriser le développement de leurs collaborateurs, les managers doivent leur faire confiance, leur donner confiance, mais Mirallès (2007) met en garde contre une tentation de les cocooner pour les protéger, de les mettre dans un climat de confort où on pense qu'ils pourraient s'épanouir : pour développer le talent, il faut maintenir l'individu en tension vers la recherche de la performance.

1.4. Évaluer les potentiels

L'évaluation du potentiel, et notamment celle des «hauts potentiels», présente aussi certains risques : on constate par exemple que chez Thomson, qui a tenté de réunir tous ses cadres à haut potentiel en leur annonçant qu'ils étaient «labellisés», «ils se sont, soit endormis sur leurs lauriers, soit impatientés, estimant qu'on ne leur proposait rien en rapport avec leur élection». Les risques de l'évaluation du potentiel sont aussi ressentis par de nombreux cadres qui ont des réticences à porter un tel jugement (Roger et Tremblay, 1992) : une première réticence réside dans la conscience que, dans ce pari sur l'avenir, il reste toujours une part de subjectivité et que la personne évaluée reste maître de son destin, qu'elle détermine son comportement en fonction de ses aspirations personnelles et de l'analyse qu'elle fait de son environnement à un moment donné. Une deuxième réticence est liée à la crainte des conséquences que peut avoir une formalisation des jugements portés : les carrières individuelles sont souvent construites à partir de ce jugement, donnant ainsi à certains un avantage compétitif par rapport à leurs collègues.

Les évaluateurs se posent alors des questions éthiques liées à leur responsabilité, notamment lorsqu'ils ont à évaluer le «potentiel ultime» d'un individu. Si vous ne faites pas partie des «hauts potentiels», vous aurez beau avoir des résultats excellents, votre performance sera tout juste remarquée, soulignent Fesser et Pellissier-Tanon (2007).

1.5. Compétences individuelles et compétences collectives

L'accent mis sur les compétences, les talents ou le potentiel fait ressortir les dimensions individuelles de la gestion des ressources humaines. Thévenet et ses collègues (2007) se demandent, en se référant à l'exemple du sport, si ces dimensions ne sont pas parfois surestimées et n'occultent pas l'importance des valeurs partagées et de la capacité à travailler ensemble dans un collectif efficace. Ces deux dimensions sont complémentaires, et il est important, au-delà des compétences individuelles, de prendre en compte les compétences collectives liées à la qualité de la circulation de l'information dans un groupe, de la coopération et de la communication, du partage des connaissances et du savoir-faire entre ses membres (Retour, 2002).

2. Talents, potentiels et accompagnement de la mobilité professionnelle

Le parti pris énoncé en son temps par Pascal, selon lequel il y aurait dans l'homme et dans chacun de nous de quoi aller plus loin, peut être repris par un consultant en évolution professionnelle pour indiquer que l'homme porte en lui des richesses et une caractéristique intrinsèque : la capacité à se développer par l'apprentissage et à s'adapter à son environnement. Le consultant cherche alors à identifier les talents pour développer le potentiel des personnes qu'il accompagne. Dans une démarche de mobilité interne ou externe, la notion de compétence est alors centrale. Elle est une condition essentielle de l'employabilité d'un individu, de sa capacité à s'insérer sur le marché de l'emploi ou à évoluer dans une organisation identifiée.

2.1. Les compétences : bilan...

La démarche classique d'accompagnement à la mobilité s'appuie d'abord sur un bilan de compétences. Il s'agit d'inventorier les compétences disponibles et transférables dans le futur du candidat à la mobilité. Le consultant l'encourage à se raconter, à décrire, à l'aide d'un support méthodologique, l'ensemble des missions et réalisations dans les différents postes qu'il a occupés lors de son parcours professionnel afin d'extraire l'ensemble des compétences et des qualités mobilisées lors de ces multiples expériences, en situation de réussite mais aussi en situation d'échec. Durant cette période, il va alterner un travail personnel conséquent à l'écrit, des tests ou des mises en situation, et des entretiens de restitution en face-à-face avec son consultant. Dans ce travail d'effet miroir, de rigueur bienveillante, le consultant adopte une posture neutre, autrement dit l'absence de tout jugement et le respect de la confidentialité des échanges. Ces conditions autorisent un rapport de confiance entre lui et le candidat.

Il se peut que, durant cette identification des compétences et des qualités de la personne qu'il accompagne, le consultant découvre des talents particuliers, mélanges combinatoires de compétences (savoir-faire) et de qualités intrinsèques (savoir être) de la personne dans un contexte donné résultant d'une interaction entre les compétences, les qualités de la personne, les caractéristiques du poste, de l'entreprise et de son environnement. Si les compétences nécessaires pour occuper un poste peuvent être déterminées – voire mesurées – à partir d'une définition de fonction, cette analyse ne suffit pas lorsqu'il s'agit de reconnaître un talent. Le talent est toujours attribué par un regard extérieur (le regard des autres) et pluriel. Il ne repose pas sur un socle solide, tangible, objectif, mesurable. Un individu est reconnu comme possédant, par exemple, un talent de leader s'il est capable mieux que les autres de conduire une équipe. Cette reconnaissance vient de l'entourage de la personne : hiérarchie, collègues ou subordonnés, une sorte de regard à 360 degrés. Cette reconnaissance multiple permet de limiter la subjectivité de l'évaluation du talent. Il est d'ailleurs difficile de revendiquer pour soi ce différentiel positif, comme on peut le faire de la maîtrise d'une simple compétence. Une personne peut réaliser elle-même qu'elle arrive facilement à entraîner et à convaincre les autres, mais son talent de leader ne sera reconnu dans l'entreprise que par un faisceau de convergences, par les regards croisés de ses managers, de ses collaborateurs, voire de ses amis ou de membres de sa famille et de consultants avec qui il travaille.

2.2. ... et prospective

Le candidat et son consultant peuvent alors définir ensemble les zones de confort et de satisfaction au travail, autrement dit les ancrages professionnels et les forces motrices utiles pour développer le potentiel d'évolution d'un individu et chercher à définir son emploi «idéal». Au-delà des compétences maîtrisées, il s'agit d'identifier les compétences nouvelles qui peuvent être développées dans le cadre d'un projet professionnel et qui correspondent à des opportunités souhaitées et réalistes par rapport au marché du travail interne ou externe. Au-delà de ce que la personne peut faire aujourd'hui ou de ce qu'on pense qu'elle pourrait faire demain, on cherche à repérer ce qui lui convient le mieux par rapport à ses valeurs et à ses aspirations. Concrètement, ce travail prospectif peut se faire à partir de questions telles que : quelle direction souhaitez-vous donner à votre parcours professionnel ? Comment vous voyez-vous dans 5, 10, 15 ou 20 ans ? Quelles difficultés pourraient vous empêcher d'atteindre les objectifs à court ou à long terme ? Les carences seront reconnues comme autant d'axes d'amélioration possibles, dans une approche constructive en évitant toute idée de sanction. Le but est de comprendre pour quoi on est fait, c'est-à-dire les domaines au sein desquels on va pouvoir se développer aisément et parvenir à un bon niveau de performance. L'accord de l'intéressé, sa confiance dans le consultant, sa complicité, sont alors indispensables pour éviter les résistances et les comportements de rejet.

2.3. Vers un projet idéal

L'identification de l'ensemble des compétences, des talents et du potentiel autoriseront l'élargissement du champ des possibles, c'est-à-dire de la co-construction d'un projet professionnel dépassant la simple réplique à l'identique du poste occupé précédemment.

Le projet «idéal», établi en co-construction par le candidat à la mobilité et son consultant, doit être confronté au marché de l'emploi dans le cas d'une mobilité externe, ou aux opportunités offertes par l'entreprise (bourse des emplois) dans le cas d'une mobilité interne. Les limites du projet peuvent alors apparaître et, pour mieux se préparer, il est utile de définir un plan de substitution. Le candidat à la mobilité sera prêt à mettre en œuvre ce plan alternatif si ses efforts échouent, à un moment où il risque de se trouver dans une phase de découragement. C'est pour lui une source de confiance et de sécurité.

Pour favoriser la mobilité et améliorer l'adéquation homme/poste, notre démarche propose donc un changement profond basé sur la volonté de réaliser son idéal, une évolution vers un rêve, parfois appelée «RêVolution»[1] : dans un premier temps, une prise de conscience de sa situation, mais aussi une part de rêve, d'idéal ; et dans un second temps, la décision d'agir, de transformer. La première phase est fondée sur la réflexion, l'expression, la valorisation et la reconnaissance du parcours professionnel. Elle est matérialisée par un bilan de compétences, inventaire des compétences et des talents éventuels débouchant sur une estimation du potentiel, des compétences que l'on pourrait développer. Il faut alors bâtir un projet pour le développement de ce potentiel, puis un plan d'action permettant la réalisation de son projet.

Ce processus est décrit dans la figure 2.2 qui présente le processus d'accompagnement fondé sur cette analyse : à partir d'une identification des compétences, talents et potentiels, le consultant et le candidat à la mobilité construisent ensemble un projet idéal, puis le révisent éventuellement et préparent des projets alternatifs en tenant compte du marché du travail (interne ou externe) et de critères personnels (mobilité géographique, ancres de carrière…). Ils mettent en action ce projet qui à son tour conduit à développer de nouvelles compétences.

---

1. http://www.revolution.org/.

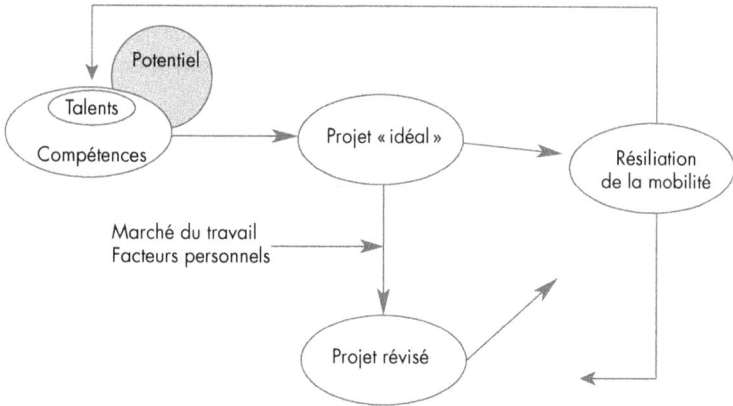

Figure 2.2 - Processus d'accompagnement de la mobilité professionnelle

Pour piloter son parcours professionnel, l'individu ne peut se contenter d'être spectateur. Il doit être acteur pour identifier ses talents et développer son potentiel. Le rôle du consultant, presque sa responsabilité sociale, est alors de favoriser, voire de provoquer cette «RêVolition» chez ses candidats, de provoquer chez eux la prise de conscience ainsi que la décision d'agir afin d'arriver à ce qu'ils prennent en charge eux-mêmes leur propre employabilité. Au-delà de ce qu'ils sont, il s'agit de leur permettre, dans la mesure du possible, de devenir ce qu'ils voudraient être.

Chapitre 3

Conjuguer les talents
dans la relation de management

Raphaël DOUTREBENTE
Louis FORGET

Les talents n'ont de valeur et d'importance que celles que leur donnent ceux qui les reconnaissent et en bénéficient. Leur développement renforce la performance, mais ils supposent un accompagnement et une gestion spécifiques.

Nous proposons de considérer la relation hiérarchique, conjonction et rencontre de talents de part et d'autre, avec une démarche dynamique d'enrichissement de cette relation, de création de valeur continue, de développement des partenaires et de satisfaction partagée.

Dans des structures remodelées en permanence, avec un éclatement des modes de travail, la relation manager/managé demande de plus en plus de liens, mais aussi d'autonomie, de responsabilisation et de diversité. Elle doit être continuellement modifiée, rééquilibrée, et valorisée par chacun, en la basant sur une démarche marketing réciproque : chacun étant à la fois client et fournisseur de l'autre, les talents des uns *font* les talents des autres, les talents des uns *sont* les talents des autres. Et réciproquement !

1. Marketing et relation hiérarchique

1.1. Quelques conditions importantes

- Une grille de lecture et des référentiels d'emploi sont indispensables.
- Les relations hiérarchiques dépendent en particulier d'attitudes internes.
- Les compétences managériales, conditionnant la qualité de ces relations, se traduisent par des comportements observables qui sont difficiles et lents à faire évoluer.

- Manager et collaborateur doivent être considérés, chacun, à la fois comme client et fournisseur l'un de l'autre.
- Une véritable dynamique continue d'échanges, génératrice de talents doit s'établir et être enrichie. Ceci ne peut se faire qu'à travers une relation individualisée, sémantisée, riche, ouverte, équilibrée, objectivée, sans soupçon de manipulation.
- Étudier cette relation avec l'image du couple « produit/marché », bien connu en marketing (cf. section ci-dessous).

1.2. Notion et esprit marketing, la relation client-fournisseur

Le marketing interne, son application au management et l'étude de la relation client/fournisseur dans ce domaine datent au moins des trente dernières années. Cette démarche s'est inscrite, en particulier, de façon essentielle, dans la démarche Qualité Totale. Elle repose sur l'aptitude de l'organisation et de chacun à satisfaire les besoins d'utilisateurs, non seulement externes, mais aussi internes à l'entreprise.

L'évolution des relations de management dans le sens d'une autonomie croissante des acteurs et de leur responsabilisation a une influence continue et importante sur la relation contribution/satisfaction que nous proposons d'aborder ici.

On peut considérer le marketing comme un état d'esprit (et une philosophie) partagé par tous, basé sur la croyance que nos objectifs sont atteints de façon optimale si nous pouvons, de la façon la meilleure possible : identifier, anticiper, orienter, satisfaire, les besoins et les désirs de nos clients.

Le marketing c'est la recherche de la satisfaction d'attentes explicites et implicites, et l'ensemble des impératifs qu'il entraîne implique, en fait, la totalité du système entreprise.

Le marketing est fondamentalement basé sur la quantité et la qualité des relations, des informations et des communications. En partant du client final (marketing externe, RSE…) nous pouvons remonter dans la structure en considérant que chaque fonction, avec la même philosophie et les mêmes termes, possède un ou plusieurs clients. Le concept marketing doit imprégner toutes les communications, aussi bien horizontales que verticales, aussi bien entre fonctions et services qu'entre individus (concept de transversalité).

Cette grille de lecture peut être appliquée à la relation manager/collaborateur, chacun étant à la fois client et fournisseur de l'autre. Condition importante : un individu va mettre toute son énergie et ses talents à satisfaire, avec la motivation et la qualité nécessaires, ses « clients » internes ou externes s'il reçoit lui-même de ses « fournisseurs » la satisfaction et la reconnaissance attendues de ses besoins.

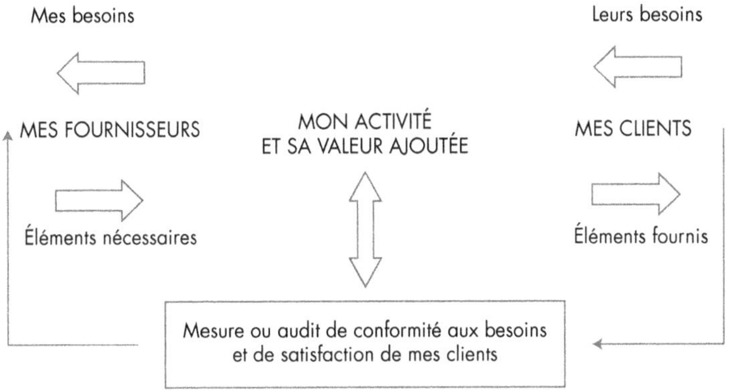

Mes besoins   Leurs besoins

MES FOURNISSEURS   MON ACTIVITÉ ET SA VALEUR AJOUTÉE   MES CLIENTS

Éléments nécessaires   Éléments fournis

Mesure ou audit de conformité aux besoins et de satisfaction de mes clients

Figure 3.1 – La relation clients/fournisseurs : schéma de base

1.3. Une conséquence : l'évolution de la culture et de l'organisation de l'entreprise

Une conséquence de cette démarche marketing est l'évolution de la culture et de l'organisation de l'entreprise vers :

- l'enrichissement des relations d'interdépendance au sein des processus de travail entre les personnes ou les groupes qui se fournissent les uns aux autres des biens, des services et des informations ;

- traditionnellement cette coordination a été assurée essentiellement par des procédures établies, mais ces procédures sont rapidement pesantes ou obsolètes dans des organisations mouvantes, dans des structures en réseau, dans des systèmes basés sur une utilisation de plus en plus accélérée de processus de décisions rapides, de techniques d'information et de communication élaborées ;

- ces procédures doivent donc être réinventées, faire appel à de nouveaux talents, aller vers de mutuelles adaptations en continu, pour être cohérentes avec une démarche de responsabilisation à tous les niveaux et un indépendantisme « calculé » ;

- le développement de relations type client/fournisseur dans les relations hiérarchiques, et d'une façon générale dans les relations de pouvoir dans la structure. Il s'agit, pour beaucoup d'entreprises d'une véritable mutation de l'organisation et des hommes qui doit viser à :
  - généraliser l'esprit marketing et l'intégrer à la relation managériale ;
  - développer les négociations d'objectifs, de spécifications, de méthodes et d'actions, entre les équipes et les individus eux-mêmes dans une démarche de développement et d'autonomie croissante ;
  - assurer la performance grâce au respect des engagements convenus et de l'équité ;

- procéder à un constat objectif des résultats et à une analyse rigoureuse des problèmes pour corriger et prévenir les erreurs et les dysfonctionnements ;
- donner à chacun les moyens de progresser, d'être reconnu et satisfait en fonction de ses attentes et de ses résultats ;
- mettre en place les conditions permettant et incitant les personnes à « se dépasser ».

Cette approche nécessite l'engagement et l'implication de l'encadrement et de tous, mais avant tout, d'attitudes et de comportements adaptés ;

- en matière de gestion des ressources humaines, le choix et l'accompagnement des managers capables d'établir avec leurs collaborateurs une telle dynamique de progrès – en particulier les leaders qui ont la mission importante de développer les hauts potentiels (les talents).

1.4. Une contrainte : la dynamique du marketing hiérarchique dépend des attitudes et des comportements

Les valeurs de base, les croyances, les préjugés, entraînent de façon assez systématique des fonctions d'ajustement qui sont personnelles : les attitudes. Mais l'évolution des compétences comportementales attendues se fait avec le temps, suppose la présence de motivation et une capacité de remise en cause personnelle. Dans ce domaine, la « gestation » des talents à développer est lente et volontariste.

Les comportements en situation de travail dépendent (avec une approche un peu rapide) des intentions, des représentations personnelles et des dispositions à agir, en accord avec les attitudes et la personnalité, ainsi que des compétences disponibles et mobilisables : pouvons-nous parler de talents ?

Dans la relation hiérarchique, il s'agit donc de développer des attitudes entraînant des comportements orientés systématiquement vers son client interne, avec une optimisation permanente de qualité et de recherche de satisfaction, pour pouvoir augmenter le prix payé (dans toutes ses composantes) par ce client interne (collaborateur ou manager) à son fournisseur (manager ou collaborateur).

Qui sont les clients ? Le collaborateur est client de son manager, le manager est client de son collaborateur. Il s'agit donc d'un marketing « réciproque ». Chaque client dans la relation hiérarchique nécessite un marketing mix particulier !

Nous avons mentionné précédemment que le marketing est un état d'esprit basé sur la croyance que les objectifs communs sont atteints de façon optimale si chacun agit, de la façon la meilleure possible pour identifier, anticiper, orienter, satisfaire, les besoins et les désirs de l'autre.

Les termes de l'échange : le rapport contribution/rétribution (prix payé/satisfaction)

P/S est le rapport entre le prix payé (en rétribution, mais aussi en fidélité, reconnaissance, etc.) et la satisfaction apportée suivant demandes, besoins et désirs.

La notion de contribution/rétribution (C/R) étant perçue habituellement dans le sens collaborateur/manager, nous préférons ici utiliser les termes prix payé/satisfaction parce que cette relation est réversible et s'applique aux deux acteurs, dans les deux sens (C. Zarrouk, 1984).

On peut dire que la mission du manager est de satisfaire les besoins personnels du collaborateur (satisfaction au sens large) en fonction de sa contribution ; de la même façon, le collaborateur doit, par son apport, « payer le prix » de la satisfaction de son manager.

Cette relation contribution/rétribution devient de plus en plus qualitative, parce que, compte tenu de l'évolution des systèmes d'organisation et des rapports homme-travail, les procédures sont moins nombreuses et plus flexibles.

▶ Un impératif : l'équité.

> « Ratio d'équité : rapport entre les perceptions que le salarié a de ce qu'il reçoit de l'entreprise (sa rétribution) et de ce qu'il lui apporte (sa contribution), ou entre les perceptions que le salarié a de ce que d'autres, dans ou hors entreprise, donnent ou reçoivent. » (Peretti, 2005).

▶ Un objectif : la performance commune et la satisfaction de chacun en fonction des valeurs perçues.

▶ Une obligation : la reconnaissance.

P : le prix payé

Il s'agit de la contribution (par exemple par le collaborateur) :

▶ contribution de base : acccomplissement satisfaisant, visant la performance et la qualité, des missions et des activités de la fonction ;

▶ contribution à la créativité, à l'innovation et au progrès : il s'agit en particulier des actions ou idées qui entraînent de la valeur ajoutée (il faut que cette amélioration soit perçue comme telle par d'autres sinon elle sert à se faire plaisir, ce qui est également utile mais souvent inefficace !). On trouve dans ce type de contribution au travail commun la participation active au travail d'équipe, le rôle constructif, les propositions et informations, directement ou via le réseau, etc. ;

▶ contribution à la rentabilité : souci des marges et optimisation des coûts, soin apporté à l'utilisation des ressources et des matériels mis à disposition pour la fonction… ;

- contribution à l'image : pour chaque équipe, contribution positive à l'image ressentie par ses clients internes et externes ;
- contributions «exceptionnelles» qui permettent de repérer et de mettre en situation certaines personnes en évolution rapide ;
- fidélité : probabilité pour le manager et l'entreprise de conserver son collaborateur avec toute son énergie, mais aussi confiance dans le manager ressentie par le collaborateur ;
- publicité : expression dans son entourage, par le collaborateur, de la satisfaction qu'il éprouve à travailler dans l'entreprise avec ce manager, mais aussi expression, par le manager de la satisfaction qu'il a de travailler avec ce collaborateur.

S : la satisfaction apportée

- Au collaborateur : reconnaissance, rétribution, avantages divers, formation, sécurité de l'emploi, nature du travail, évolution personnelle passée, perspectives d'évolution, conditions de travail, environnement, mobilité, information, formation, communication, relations avec son manager, etc. (liste non exhaustive). Un renforcement du dépassement personnel repose sur la qualité du feed-back.
- Au manager : performance individuelle et d'équipe, implication, enthousiasme, reconnaissance de ses qualités de manager, etc.

1.5. La dynamique de croissance et de progrès

Cette dynamique se développe dans la relation réciproque hiérarchique, dans l'expression de l'échange et dans son développement. La rapidité du parcours entre deux étapes, est une affaire de talents des deux côtés. Il faut, pour les deux parties :

- que P (prix payé) soit équivalent à S (satisfaction) en termes de valeur perçue, en considérant que des subjectivités de part et d'autre sont présentes et/ou à découvrir, et que la notion fondamentale toujours essentielle est celle de l'équité ;
- que P et S soient maximisés au regard de chacun ;
- que des objectifs de développement tendant à augmenter en même temps P et S soient voulus, définis et négociés.

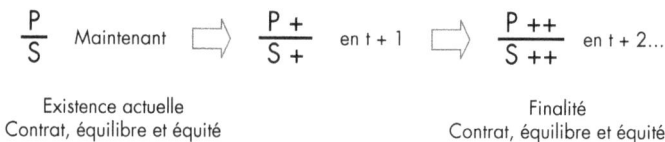

$$\frac{P}{S} \text{ Maintenant} \Rightarrow \frac{P+}{S+} \text{ en } t+1 \Rightarrow \frac{P++}{S++} \text{ en } t+2...$$

Existence actuelle
Contrat, équilibre et équité

Finalité
Contrat, équilibre et équité

Figure 3.2 – La dynamique de croissance et de progrès

La rapidité du parcours entre deux étapes, n'est-ce pas une affaire de talents, des deux côtés ?

Les organisations changent mais les représentations que s'en font les acteurs sont très lentes à évoluer. L'«obéissance» ou la «crainte» sont toujours – implicitement ou explicitement – requises, et chacun protège son territoire… Pour une véritable dynamique de développement et de progrès il faut créer un territoire commun, le cultiver et obtenir, saison après saison, une récolte de plus en plus abondante.

2. Brittany Ferries : les talents au service de tous

Avant toute chose, la direction générale d'une entreprise doit fixer ses objectifs et les définir. Il convient que ces derniers soient transposables à l'ensemble des collaborateurs, c'est-à-dire compris et acceptés. Une politique commerciale claire et compréhensible est le début – ou la clé – du succès.

L'expérience de Brittany Ferries en est la preuve. Cette entreprise de près de 3 000 salariés a été créée au début des années 1970 par Alexis Gourvennec, un personnage charismatique à qui la Bretagne doit son désenclavement et le développement des universités à Brest. Les opportunités ont été saisies à tout moment. Les vents et marées ont apporté régulièrement leur lot de succès et d'ennuis, et, quels que soient ces événements, le Président était toujours à la barre. L'ensemble des salariés, porté par ce père fondateur, imagine que son *«ora et labora»* quotidien suffirait pour les mettre à l'abri du besoin et de la concurrence.

2.1. L'année 2006, un tournant

En 2006, un audit interne auprès de cinquante collaborateurs (du DG à l'employé fraîchement embauché, en passant par le commandant d'un navire de 2 500 passagers au délégué syndical…) révèle notamment une crainte majeure : «Qu'allons-nous devenir si notre Président, affaibli, disparaît ?» La situation économique de l'entreprise, mise à mal par la concurrence sur le moyen et long terme, impose une réaction, et la direction générale, par volonté de pérenniser une entreprise à forte notoriété, décide de lancer une vraie politique de reconquête des marchés.

Le plan «Horizon 2010» présenté à l'automne 2007 à l'ensemble du personnel définit les objectifs suivants :

- commerciaux, à chacune des directions commerciales concernées ;
- financiers, en termes de marge ;
- de maîtrise des coûts ;
- de productivité, expliqués et justifiés.

2.2. Un accompagnement managérial indispensable

Tout ceci n'est réalisable qu'avec l'accompagnement des managers par un programme de formation ambitieux. Plusieurs modules de formation sont décidés à l'issue de l'audit. Les trois principaux – dispensés à plus de cinq cents managers – sont en cours de réalisation. L'ensemble de ce programme orienté sur la relation managériale au quotidien a pour but ultime d'optimiser le rapport P/S (prix payé/satisfaction apportée) et rendre l'encadrement autonome dans la gestion des ressources humaines.

Premier module : cohésion d'équipe

Il s'agit de réunir les équipes de management pour leur permettre de développer leurs compétences comportementales et faire un réel travail en profondeur, au risque de remettre en cause des réflexes ayant des effets négatifs sur la gestion au quotidien des équipes.

Le module est axé sur quatre thèmes :
- la personne : partir de la connaissance de soi, ses compétences, l'équilibre, l'adhésion, la confiance, le climat social, l'individu/force de proposition, l'épanouissement dans le choix ;
- l'équipe : la complémentarité, la communication, la motivation et la responsabilité, l'esprit d'équipe, le respect des engagements et la reconnaissance, la valorisation de l'autre ;
- le groupe : le leadership, les relations hiérarchiques, le leadership de participation et d'orientation, la gestion par objectifs ;
- la cohésion dans leur métier, la cohésion dans le groupe et les relations inter-métiers.

Deuxième module : relations sociales et communication interne

Dans ce module, les participants doivent travailler sur la finalité, le rôle et la pratique de la communication interne. Est également abordé aussi de façon très intensive le rôle de la hiérarchie dans les relations sociales (les relations sociales concernent les rapports au quotidien avec les équipes).

Viennent ensuite les relations avec les organisations syndicales dédiées à la direction des ressources humaines pour tout ce qui concerne les problèmes collectifs. L'autre but cherché est de sensibiliser les managers à leur rôle, et à celui des délégués et élus du personnel. Ceci est fondamental, surtout après la signature d'un accord de dialogue social rappelant la complémentarité entre le rôle de la hiérarchie et celui des organisations syndicales.

Troisième module : évaluation annuelle

Les thèmes abordés sont :
- définir des objectifs et évaluation de leur importance ;

- définition des finalités de l'évaluation, savoir récompenser ou faire évoluer les collaborateurs ;
- avec l'aide du hiérarchique, analyser et expliquer aux collaborateurs ce qui fonctionne et ce qui doit être revu, pour développer les performances individuelles, collectives ainsi que celles de l'entreprise.

3. Conclusion

L'ensemble de ce programme met en avant l'individu. Nous devons aussi retenir de ce programme que nous ne pouvons faire progresser notre équipe qu'à l'unique et seule condition d'avoir opéré régulièrement un travail de remise en cause quasi quotidien. Se remettre en cause, c'est aussi une nécessité pour le hiérarchique, apprécier ses points de progrès et ses points de fonctionnement efficients. C'est après ce travail que nous pouvons être en mesure de définir des objectifs à nos collaborateurs.

Il faut se rappeler en permanence que les objectifs doivent être définis avant tout au niveau supérieur de l'entreprise pour être déclinés ensuite à chacun. Nous touchons ainsi à une difficulté majeure : l'humain dans sa richesse et sa diversité ; savoir marier les équipes, les motiver, tendre vers l'unité de « tous au service de tous ».

Demain, le hiérarchique devra veiller à ce que chacun soit à la bonne place, que les recrutements soient bien définis dans le contenu, la description des postes et dans les compétences des collaborateurs. Une fois ces paramètres établis, il conviendra de tenir compte des aptitudes et des motivations de chacun pour un meilleur développement et de détecter, de développer et d'accompagner les talents spécifiques dont Brittany Ferries aura besoin.

Les perspectives de carrière de chacun doivent être intégrées par la direction comme moteur de progrès et d'évolution pour l'entreprise. Tout ceci doit prendre corps dans un entretien annuel, préparé par l'évalué et l'évaluateur.

La réforme, politique avant toute chose, de mise en place d'une GPEC trouve alors tout son sens. Devront se marier dans ce type de projet d'entreprise le binôme indispensable : compétence et qualification des collaborateurs et des managers au service d'une stratégie d'entreprise.

L'avenir des entreprises passe par la valorisation des êtres humains, qu'ils soient internes ou externes.

Chapitre 4

Les talents contradictoires des managers

Fernando CUEVAS
Dominique BALLOT

Qu'est-ce qu'un talent ? Question difficile. Certains parlent de capacité, d'aptitude, de facilité, de faculté, de dextérité, d'aisance, d'habileté (donc des compétences individuelles), d'autres de vertu, de don, d'intelligence, de lucidité (donc des qualités humaines), d'autres de métier, de maîtrise, de tour de main, d'art, de maestria (donc des qualités techniques), d'avantages, de différence (qui sont des contributions à l'entreprise), de remarquable (qui provoque l'admiration), etc.

Ces qualificatifs dans leur grande majorité font référence aux compétences. Autrement dit, le talent est perceptible par ses résultats et interprété au travers des compétences supposées qui le supportent. Dans ce cas, le talent serait la capacité, innée et acquise, de combiner et d'appliquer les savoirs, les savoir-faire, les savoir être, dans une situation précise. Une personne que nous avons interviewée nous a dit « sur dix chefs de cuisine, qui disposeraient des mêmes ingrédients, un seul ferait un plat talentueux ».

Dans ce chapitre, nous allons réfléchir sur les systèmes qu'une entreprise doit mettre en place pour bien manager les talents : les repérer, les développer, savoir motiver et retenir les hommes talentueux, etc. Nous présenterons ensuite des cas réels de révélation de talents pour illustrer nos propos, puis présenterons finalement dix talents sous forme de contradiction pour mettre en exergue la dynamique des talents.

1. Le management des talents

1.1. Des compétences cruciales aux postes cruciaux

La réussite des entreprises passe alors par les compétences cruciales que devraient avoir les personnes occupant des postes stratégiques. Disposer des compétences cruciales qui font la différence est par définition rare. Maurice Thévenet considère que seulement 5 % des personnes peuvent être considérées comme disposant de talents extraordinaires.

En plus des capacités de l'individu, la place occupée est importante. Ce sont les compétences et les places qui sont cruciales, à court terme et surtout à long terme. Les segments de l'entreprise créent des valeurs différentes. C'est l'individu, mais aussi le poste qui sont cruciaux. La grande majorité des postes cruciaux se trouvent au sommet de la hiérarchie (des grands médecins, des chercheurs, des financiers, etc.). Mais il n'est pas rare de trouver des postes cruciaux chez les opérationnels : par exemple les livreurs des entreprises de messagerie, qui sont au contact direct du client, qui doivent renseigner et parfois répondre rapidement à des demandes complexes.

Combien de fois avons-nous entendu dire : « C'est l'homme de la situation ! » ? L'opportunité permet de révéler le talent. Il y a donc une contingence dans la valeur du talent. La valeur du talent d'une personne est contextuelle.

La dimension d'un poste dépend largement du talent de son titulaire. Le talent permet de transformer un poste en poste crucial, surtout lors des moments difficiles. Ceci demande d'être deux fois talentueux ! Une fois pour savoir repérer l'opportunité et une fois pour la développer d'une façon extraordinaire.

1.2. Développer le talent

À notre avis le talent est la résultante de :
- l'inné (le « don ») ;
- la formation ;
- l'entraînement ;
- l'expérience.

Zinedine Zidane, un des plus talentueux footballeurs français, est allé à l'école de football de l'AS Cannes. Il s'y entraînait déjà plus que ses co-équipiers. Il a participé à des matchs de la Ligue des champions, du championnat d'Europe des nations et bien évidemment à trois coupes du monde.

Le talent inné se révèle et se développe donc grâce aux autres trois facteurs : formation, entraînement et expérience. À cette triade, nous pouvons ajouter des aspects psychologiques tels que l'audace et la motivation. Un gagnant est une personne qui a identifié ses talents, qui a travaillé avec acharnement pour les développer et qui a trouvé une situation pertinente pour les utiliser.

Lors des relations personnelles avec d'autres personnes, certains talentueux deviennent capricieux voire méprisants. Mais ils ne sont pas non plus épargnés, car les moins talentueux souvent, par jalousie, vont « leur mettre des bâtons dans les roues », et, même en étant entourés par des gens positifs, ils risquent de vivre des problèmes de communication car leur niveau intellectuel et leurs expériences intéressantes sont en grand décalage avec la majorité des autres personnes.

Si l'entreprise cherche à retenir les hommes talentueux, elle doit répondre à leurs souhaits :

- obtenir une grande autonomie. Ils demandent une confiance et une liberté d'action non entravée par des règles et des procédures bureaucratiques ;
- réaliser un travail stimulant, avec des challenges clairs qui demandent un effort de leur part et qui ne sont pas impossibles. Les talentueux n'aiment pas échouer ;
- relever des nouveaux défis, autrement dit échapper à toute routine ;
- être traités avec équité. Ils demandent une égalité des chances, à savoir une chance de prouver l'inégalité de leur talent par rapport aux autres ;
- disposer des ressources nécessaires à leurs projets ;
- l'évaluation objective de leurs contributions. Cette question est très difficile car souvent la performance est due aussi au reste de l'équipe, ou au fruit d'une série de facteurs, notamment externes à l'entreprise et prenant parfois des années à se concrétiser. Une difficulté de ces évaluations est que celles-ci sont souvent faites par des non-spécialistes du domaine ou, selon eux, par des gens moins talentueux qu'eux !
- et surtout, avoir le sentiment de toujours progresser dans leurs compétences.

Nous allons nous arrêter sur cet aspect de développement des compétences car à notre avis il est encore plus important que la politique salariale.

Les personnes talentueuses aiment – et ont besoin de – disposer d'une autonomie pour conduire leurs actions, mais aussi pour le choix d'investissement de leurs talents. L'idéal est que les talentueux définissent eux-mêmes leur chemin vers la réussite. Le rôle des dirigeants consistera à communiquer en grands traits la stratégie de l'entreprise. De cette façon, les talentueux vont pouvoir découvrir des opportunités de développement correspondant à la stratégie de l'entreprise et définir le rôle qui leur permettra d'apporter la contribution attendue par l'entreprise.

Avant de traiter des talents contradictoires des managers, nous souhaitons émettre une réserve sur le mot « talent ». Les salariés talentueux ne sont ni des surhommes, ni des génies. Ce sont simplement des personnes, à la limite de l'extraordinaire, qui sont capables de faire aisément ce qui est difficile aux autres. Il n'y a rien de magique dans tout cela, mais seulement une capacité à manifester des compétences difficiles et contradictoires, à savoir faire quelque chose et son contraire afin de pouvoir s'adapter aux différentes situations complexes.

2. Exemples de talents révélés

Une entreprise industrielle de Savoie, filiale de Merlin Gerin – devenu Schneider Electric – voulait fêter le millionième appareil produit en organisant une grande fête partagée entre les clients et le personnel. L'objectif était bien sûr de placer le client au cœur de l'entreprise et de remercier le personnel pour son travail. Le principe était d'arrêter la production pendant une journée afin que le personnel puisse animer cette journée. Le fil conducteur était de permettre à chaque personne de se présenter de façon originale en montrant un talent caché. L'entreprise s'est révélé être une véritable bourse aux talents : poètes, caricaturistes, chanteurs, dessinateurs, musiciens, compteurs, magiciens, acrobates, etc.

Quelle peut être l'utilité pour l'entreprise d'une telle démarche ?

Le DRH avait à ce moment-là des difficultés avec le management d'un chef d'atelier gérant environ une centaine d'ouvrières. Ce bon technicien, confronté à des problèmes de cadence, et probablement peu épaulé par sa direction, était pris à partie par les ouvrières, qui ont vite su utiliser son talon d'Achille – en l'occurrence un trait physique. Il était chauve, et pour cacher sa calvitie portait une perruque. Ce qui n'était pas un problème quand tout marchait bien l'est devenu quand les relations se sont tendues.

Le DRH ayant appris que son chef d'atelier avait payé ses études en étant le soir pianiste de jazz dans des boîtes, il l'imagine immédiatement sur scène. Lorsque le personnel, et plus particulièrement celui de son atelier, l'a découvert pianiste, les regards – d'abord moqueurs – sont devenus interrogateurs, puis admiratifs. La perruque était oubliée, et les difficultés aussi : seul le talent éclatait.

Cet épiphénomène est révélateur de la nécessité dans l'organisation d'appréhender de façon globale tous les acteurs, même si cette approche fait encore débat pour éviter la confusion entre sphère privée et publique. L'entreprise a intérêt, indépendamment de l'exemple présenté, à faire révéler les talents périphériques qui sont des ciments de cohésion sociale et de performance aussi éloignés soient-ils de la dimension professionnelle.

Les talents révélés peuvent contribuer directement aux buts de l'entreprise, comme c'est le cas des talents exprimés lors de l'organisation de l'événement décidé par l'entreprise, ou indirectement, comme c'est le cas du talent de pianiste qui lui a permis d'améliorer les relations humaines dans son équipe.

Les talents périphériques peuvent être aussi des éléments essentiels dans le recrutement. Nous entendons ici par «périphériques», les talents improbables dans un contexte considéré, et qui deviennent déterminants dans la réussite d'un projet.

Une entreprise auvergnate, leader mondial dans le secteur du pneumatique préférait dans ses usines des ouvriers plutôt qualifiés en ébénisterie que dans le caoutchouc. Les qualités recherchées n'étaient pas la connaissance de la matière acquise par la formation (ou l'expérience), mais des qualités personnelles comme la précision et la minutie, compétences plus innées qu'acquises.

Il n'est pas inutile ici de rappeler que les sportifs, les militaires, les marins, les humanitaires, etc. – toutes personnes ayant vécu des expériences engageantes fortes –, peuvent présenter pour les entreprises des atouts certains, mais pas forcément évidents immédiatement.

La DRH d'une enseigne de distribution était une remarquable architecte pour constituer des équipes performantes. Cette compétence rare, elle l'avait acquise comme responsable d'une organisation humanitaire. Comble de la drôlerie, cette compétence était valorisée par l'entreprise comme gage de disponibilité, bien qu'elle soit issue du secteur non lucratif.

3. Les talents contradictoires des managers

L'évaluation globale est la clé de la motivation, de la fidélité et du développement. Cette évaluation se confronte à la difficulté que les talents se présentent sous forme de contradiction : chaque comportement a son contraire, et l'un comme l'autre s'avèrent être des atouts selon les situations.

3.1. Savoir obéir tout en sachant manifester son désaccord

L'autonomie d'un collaborateur est efficace d'autant plus qu'il a compris les directives. Il doit être conscient qu'il a l'obligation de respecter la décision prise par son supérieur hiérarchique, mais s'il considère que la directive est erronée, il doit prévenir son supérieur hiérarchique des risques possibles.

3.2. Savoir écouter et savoir parler

Un communicateur de talent sait à quel moment il doit écouter et à quel moment s'exprimer. Nous remarquons que les managers préfèrent souvent parler plutôt qu'écouter. Or, dans les relations professionnelles comme dans toute relation humaine, quelqu'un qui a le talent de l'écoute peut mieux aider son entourage.

3.3. Savoir respecter et savoir interpréter les règles

Le manager doit savoir – pour lui comme pour ses collaborateurs – respecter la lettre de la règle, mais il doit en comprendre l'esprit pour l'interpréter si besoin, évitant ainsi l'écueil de la bureaucratisation. Il doit avoir le talent de savoir transgresser sans créer des dysfonctionnements à la suite.

3.4. Savoir déléguer et savoir centraliser

Il faut savoir déléguer, c'est-à-dire confier des décisions, mais aussi savoir centraliser et assumer directement la responsabilité de l'élaboration de certaines décisions qui relèvent du poste occupé de manière intrinsèque.

3.5. Savoir prendre des risques et savoir trouver des éléments de sécurité

Comme les marchés, les technologies, les réglementations, etc. changent sans cesse, le manager se voit dans l'obligation de prendre des décisions dans une forte incertitude. Celle-ci crée le risque de l'erreur. Le manager doit avoir le talent pour repérer les éléments qui apportent de la sécurité, et savoir bien les déployer.

3.6. Savoir faire des évaluations objectives (plutôt quantitatives) et subjectives (plutôt qualitatives)

Il est important de mesurer l'activité pour pouvoir l'évaluer, mais des éléments non mesurables sont aussi importants au moment de tirer des enseignements du passé. S'il y a une grande méfiance par rapport aux évaluations subjectives, elles sont néanmoins indispensables.

3.7. Savoir travailler en équipe et en solo

En équipe, il existe une créativité collective grâce à une dynamique sociale, mais la créativité individuelle est elle aussi nécessaire à l'entreprise. Un manager doit avoir le talent de la créativité en sachant se concentrer.

3.8. Savoir conduire des changements et apporter de la stabilité organisationnelle

Le besoin de l'adaptation à l'environnement implique des changements importants dans le fonctionnement de l'entreprise. Tout le monde doit montrer des nouveaux comportements. Néanmoins les personnes ressentent un besoin de faire des pauses pour «digérer» les évolutions, voire les révolutions.

3.9. Savoir être dans l'action (concret) sans négliger la réflexion (abstrait)

Les cadres se plaignent que les décisions prises lors des réunions ne sont pas concrétisées. L'action permet de transformer la réalité, et la réflexion permet de comprendre et mieux encore envisager des améliorations.

3.10. Savoir concilier l'économique et l'humain

Bien que les deux valeurs soient habituellement opposées et présentées comme incompatibles, nous pouvons émettre l'hypothèse que le respect de ces dernières finit par établir une relation d'étayage.

4. Conclusion

Il est important de développer les talents des managers. Au-delà du talent lui-même (ou pôle d'une contradiction) nous considérons qu'un bon manager doit développer les deux pôles, c'est-à-dire disposer d'outils qui lui permettent de s'adapter aux réalités changeantes et complexes. Le vrai talent serait alors de savoir faire une chose et son contraire, de savoir choisir le talent approprié à la situation, et de manifester une « plasticité » de comportement et non une rigidité : tomber dans le piège de la solution unique et définitive empêcherait l'adaptation indispensable à ces situations changeantes.

Or nous observons traditionnellement dans les entreprises une tendance à la survalorisation d'un des pôles : « Je souhaite que mes collaborateurs sachent travailler en équipe. ». Oui, mais savent-ils aussi travailler seuls ? « Je souhaite mieux communiquer, apprenez-moi à parler en public. » Mais savez-vous écouter ?

Le risque serait de laisser certains managers avec leurs certitudes monopôlaires, incapables d'une dialectique, ne pouvant comprendre la versatilité des autres personnes.

Lors des débats que nous avons organisés avec des managers, la question du choix est apparue fréquemment. Les avis sont partagés : pour certains, la formation doit avoir pour but de combler les lacunes des personnes et rééquilibrer les deux pôles du talent ; pour d'autres, il vaut mieux investir là où le cadre est plus fort et ne pas perdre du temps à travailler un terrain qui ne serait pas fertile. Dans ce dernier cas, pour affronter les situations changeantes et complexes, l'entreprise devra alors faire appel aux talents organisationnels. Autrement dit, faire travailler ensemble différentes personnes se complétant.

Quelle que soit la méthode retenue, l'important est qu'une personne, ou une organisation, puisse disposer des deux pôles de la contradiction et éviter toute survalorisation d'un des pôles.

Chapitre 5

Talent soutenable et entreprise

Françoise de BRY
Christophe GOURDON

La question qui forme le cœur de ce chapitre est : le talent soutenable est-il possible en entreprise ?

1. L'intérêt de l'entreprise

Selon l'article 6 de la déclaration des droits de l'Homme et du Citoyen de 1789, «la loi est l'expression de la volonté générale. Tous les citoyens ont le droit d'y concourir personnellement, ou par leurs représentants à sa formation. Elle doit être la même pour tous, soit qu'elle protège, soit qu'elle punisse. Tous les citoyens étant égaux à ses yeux, sont donc également admissibles à toutes dignités, places et emplois publics, selon leur capacité, et sans autre distinction que celle de leurs vertus ou de leurs talents.»

Faut-il assimiler vertu et talent ? Ce dernier terme n'a pas été repris dans la Déclaration universelle de 1948, dont l'article 21 §2 souligne quant à lui que «toute personne a droit à accéder, dans des conditions d'égalité, aux fonctions publiques de son pays.» Si l'égalité est une condition nécessaire, le talent n'est pas de même nature chez tous les individus et ne concerne pas uniquement les hauts potentiels. Il appartient au DRH et au personnel de direction de tenir compte des spécificités de chacun : chacun a du talent, chacun a sa place dans l'entreprise.

1.1. La pyramide des talents

Dans les méandres des définitions de la littérature actuelle, nous illustrons le talent au sens large et sa spécificité dans l'entreprise à travers la figure 5.1.

Transcendance

Génie

Virtuosité

Expertise

Compétence

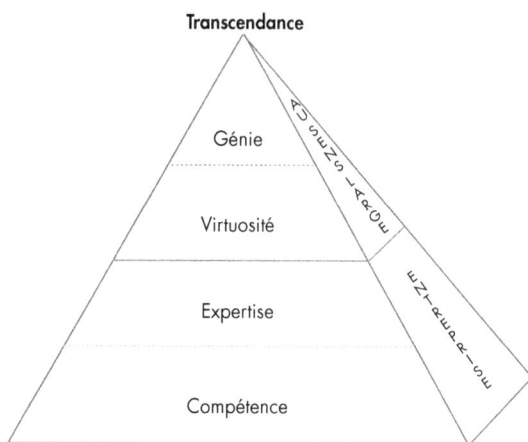

Figure 5.1 – La pyramide des talents

L'approche au sens large du talent décline la virtuosité, le génie déjà très rare et un état de transcendance qui s'élève au-dessus. Les deux niveaux caractérisant le talent dans l'entreprise sont la compétence et l'expertise.

1.2. Le talent repose sur l'égalité des chances

Conformément à la Constitution française, le principe de l'égalité des chances doit prévaloir. Chacun, quel que soit son niveau d'embauche, doit pouvoir exprimer, développer son talent pour faire carrière dans l'entreprise. Mais ce principe est insuffisant, car cette égalité théorique des chances suppose que des mécanismes de redistribution viennent corriger les inégalités de naissance, notamment dans le domaine social. Le talent ne peut se développer qu'en s'appuyant sur un environnement social favorable : famille, éducation, école… Tous les individus ne jouissent pas à la naissance des mêmes chances : la reproduction sociale joue un rôle déterminant, et il semble bien aujourd'hui que l'ascenseur social est en panne.

Le philosophe américain Rawls (1971) énonce qu'on ne peut pas traiter de façon égale des situations inégales. C'est ainsi que l'on peut justifier la discrimination positive et la politique des quotas. Pour certaines catégories d'individus, défavorisés pour des raisons diverses, donc dans une situation d'inégalité, l'écart avec les populations favorisées ne peut être comblé que par des politiques spécifiques.

> « Aujourd'hui une égalité soutenable nécessite des ressources importantes (éducation, formation, sécurisation des parcours professionnels, logement, santé) et donc un travail de relégitimation de la fiscalité, ce qui implique que l'individu n'oublie pas ce qu'il doit à la société » (Savidan, 2007).

L'égalité des chances est une condition nécessaire à l'expression du talent, mais non suffisante. Aussi, dans l'entreprise, la gestion des talents ne doit pas se concentrer sur les hauts potentiels, mais sur l'ensemble du personnel. Il appartient à la firme de définir les critères d'identification des talents, de les sélectionner et de les développer.

1.3. L'expression du talent

Le talent doit être soutenu par l'énergie, et l'énergie sans talent ne trouve pas de sens. Son expression est fonction de la pression subie et de l'environnement. Une relation de ce type peut alors s'établir :

$$\text{Expression du talent} = \text{potentiel talentueux} - (\text{mauvaise pression} \times \text{environnement})$$

▪ L'expression du talent représente l'énergie positive ou productive, le potentiel talentueux et l'énergie interne et individuelle.

▪ La pression est dépendante des directions, du (des) marché(s) et de l'environnement sociétal. Plus elle est déplacée, plus grand est le gaspillage. La stimulation reste une pression positive et constructive.

Le management soutenable des talents varie selon la taille de l'entreprise, mais n'est pas plus aisé dans les petites structures où la sensibilité aux difficultés est critique (logique de survie !) que dans les groupes internationaux où il est parfois considéré comme dangereux, ainsi que le souligne le tableau 5.1.

Tableau 5.1 – Expression du talent et taille de l'entreprise

Taille de l'entreprise	Expression du talent	Épanouissement du talent
Individuelle	Indispensable	Difficile
TPE	Nécessaire	Naturel
PME-PMI	Avec discrétion	À risques
Groupe national	À géométrie variable	Sensible
Groupe international	Indispensable	Parfois dangereux

2. Les limites implicites et explicites à l'épanouissement du talent dans l'entreprise

Les critères de jugement du talent sont éminemment subjectifs. Deux professeurs en management de l'université de Stanford précisent que «ces incertitudes et ces faiblesses humaines signifient que l'évaluation des talents des aptitudes pratiquée par la plupart des organisations dans le cadre de leur politique de recrutement est sujette aux erreurs et aux partis pris» (Pfeffer & Sutton). Ils ajoutent qu'une autre raison explique la difficulté d'évaluer les talents. Elle tient au fait que le talent n'est pas fixé une fois pour toutes à la naissance et qu'il dépend notamment de la motivation, de l'expérience et la manière dont l'individu est dirigé. «Le talent est beaucoup plus malléable qu'on veut bien le croire» (id.).

Le cas présenté maintenant explicite les réticences à exprimer son talent et justifie le gaspillage des talents quand l'environnement n'est pas propice,

2.1. Un cas concret : la crainte face au talent

Un service d'information et de réponse aux réclamations clients traverse des crises multiples, tout le monde (externe et interne) se plaint. De nombreuses cellules de crises, des réunions stériles se multiplient… Vladimir, organisateur talentueux, est chargé de rétablir la situation. Après avoir pris connaissance des éléments du dossier, il procède à des interviews auprès de l'ensemble du personnel impliqué et propose une synthèse (quelques pages) contenant un plan d'action sur trois mois.

Cette approche pertinente et trop fluide est naturellement rejetée par la direction qui préfère une lourde et coûteuse étude. Celle-ci s'étale sur deux mois et assène un document de plus de cent pages proposant une année minimum de charge avec l'occupation permanente de pseudo-consultants (les réelles difficultés n'apparaissent évidemment pas dans ce roman…).

Dans cet exemple, transparaît une appréhension ou une crainte face au talent. En effet Vladimir dérange puisqu'il :

– clarifie et détruit tout alibi pour ne pas atteindre les objectifs fixés ;

– relativise l'importance du problème dont beaucoup se nourrissent ;

– donne moins d'importance médiatique à ce centre de crise.

Sa fluidité intrigue, déstabilise et est perçue comme un obstacle pour ceux qui ne souhaitent pas avancer. En supposant un Vladimir virtuose, cette aisance favoriserait la motivation de l'entreprise, pourtant vecteur indispensable à la bonne marche de celle-ci et surtout à la résolution de l'équation posée.

Cependant cette appréhension trouve quelques raisons acceptables. Le virtuose est assez souvent ingérable ; son autonomie, son indépendance, son appétence d'initiatives sont difficiles à contrôler. Les personnes talentueuses peuvent aussi refuser la cohabitation. La recherche harmonieuse d'un équilibre, même instable, sera toujours une solution efficiente.

D'ailleurs, interrogeons-nous sur les raisons pour lesquelles certains artistes n'ont été reconnus qu'après leur mort. L'explication semble tenir au fait que ces individus talentueux ne répondaient pas aux attentes culturelles et/ou morales… de l'époque. Il faut que le regard sur la peinture, la musique ou autres se modifie pour que le talent d'un individu soit reconnu. Combien de talents sont-ils définitivement restés dans l'ombre ?

De manière explicite, on peut s'interroger sur les limites du talent de chacun : est-il illimité ou atteint-il à un moment ou à un autre son plafond ?

2.2. « *On presse le citron et on jette l'écorce* » *(Voltaire)*

Un fort QI n'est pas synonyme de talent, et des chercheurs y ajoutent le QE (quotient émotionnel), soit la conscience et le management de ses émotions. Le talent se réduirait alors à la relation suivante :

$$Talent = QI \times QE$$

Mais une philosophe et physicienne américaine, Danah Zohar (1990) constate que cette forme d'intelligence est difficile à quantifier. Elle ajoute ainsi le QS (quotient spirituel) qui prend en considération les valeurs personnelles, le sens de la vie, les croyances religieuses…

Finalement, le talent peut se définir par la relation entre ces trois quotients :

$$Talent = QI \times QE \times QS$$

Peut-on arriver à la limite de son talent ? Voltaire, à la suite de ses rapports difficiles avec le roi Frédéric de Prusse, écrivait «on presse le citron et on jette l'écorce». Exploiter quelqu'un, c'est en extraire au maximum ce dont on peut profiter sans se préoccuper du reste, tout comme l'écorce du citron est impitoyablement jetée une fois que tout le jus en est extrait.

Cette pratique est courante dans certaines entreprises lorsque la direction estime que tel ou tel «employé tend à s'élever à son niveau d'incompétence». Ce «principe de Peter» (Peter & Hull, 1969) est suivi de son corollaire : «Avec le temps, tout poste sera occupé par un incompétent incapable d'en assumer la responsabilité.» En conclusion, à terme, selon ce principe, nous sommes tous condamnés à être incompétents, c'est le postulat, pour ne pas dire le sophisme de ce livre. Cependant la compétence du personnel d'une entreprise se répartit selon une «loi normale» (au sens statistique du terme) : 10 % sont super-incompétents ; 20 % sont incompétents ; 40 % sont modérément compétents ; 20 % sont compétents et 10 % super-compétents.

Les auteurs soulignent donc que les 80 % au centre de la courbe restent au sein de la hiérarchie, mais pas les 20 % aux extrêmes : c'est la «défoliation hiérarchique». «Si le renvoi des 10 % super-incompétents semble évident, celui des 10 % super-compétents n'en est pas moins logique». Pourquoi la super-compétence est-elle plus inquiétante que l'incompétence, c'est parce qu'un super-compétent outrepasse ses fonctions et bouleverse ainsi la hiérarchie. Elle déroge au premier commandement : «La hiérarchie doit se maintenir». Pour éviter cet écueil, ils proposent «l'incompétence créatrice», c'est-à-dire ménager des espaces d'incompétence qui permettraient d'éviter une proposition de promotion.

Le principe de Dilbert est encore plus redoutable que le précédent pour le fonctionnement de l'entreprise. Il s'énonce ainsi : «Les gens les moins compétents sont systématiquement affectés aux postes où ils risquent de causer le moins de dégâts : l'encadrement. »

Si le principe de Peter garantit qu'un dirigeant incompétent serait compétent s'il occupait le poste d'un de ses subordonnés, dans une entreprise « dilbertienne » au contraire, les dirigeants sont ceux qui étaient les plus nuls aux postes subordonnés. En particulier, ils ne comprennent rien à la technologie et manquent de bon sens dans les cas les plus graves. Réciproquement, les employés les plus compétents ne sont en aucun cas promus, car irremplaçables à leurs postes actuels, dans une logique contraire à celle du principe de Peter.

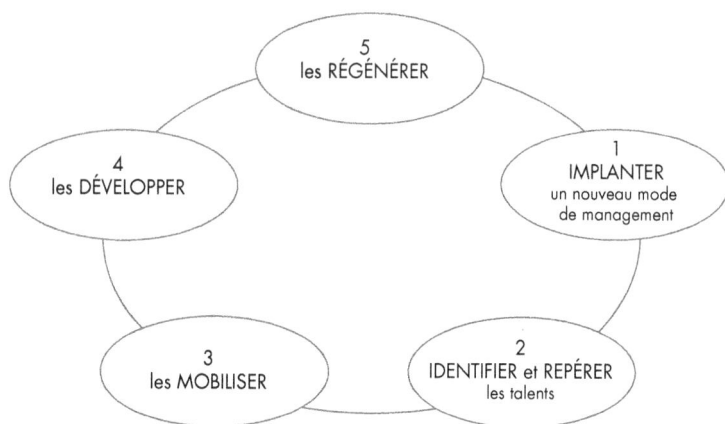

Figure 5.2 – Le management des talents

3. Conclusion

Des solutions existent : il faut changer le système entrepreneurial. Si les individus peuvent atteindre leur niveau d'incompétence, c'est parce qu'il existe dans l'entreprise une guerre des talents, une concurrence qui fait que chacun veut atteindre le niveau le plus élevé dans son organisation. Il ne s'agit en fait que d'une question de prestige de la fonction. Or, tout poste nécessite un talent et il n'y a aucune raison de considérer que le talent est une aptitude particulière et rare. Il n'est pas souhaitable d'établir une relation d'ordre entre les différents postes. Le succès tient essentiellement à l'adéquation entre la personne et sa fonction.

Il faut encourager dans l'entreprise un talent soutenable, c'est-à-dire reconnaître le talent de chacun sans peur, en le développant afin d'éviter que les individus se retrouvent dans des situations de stress, d'inconfort psychologique, en limite de « burn out », parce qu'ils ne se sentent plus compétents pour occuper leur poste et répondre à la demande de l'entreprise.

Chapitre 6

Les managers et leurs rôles : la traduction, un talent et une ressource

Céline DESMARAIS
Emmanuel ABORD de CHATILLON

Les managers sont souvent considérés comme des salariés à part. Ils gagnent plus et semblent travailler différemment. Cependant, cette catégorie de salariés semble loin d'être homogène. Du dirigeant au manager de proximité, du cadre de l'industrie à celui appartenant à la fonction publique, les enjeux et les contraintes paraissent bien différents. Ils sont partout, semblent à l'origine de tout ce qui se fait dans l'organisation et paraissent au cœur de la stratégie, mais aussi de la décision – voire de la pensée (!) – managériale.

Et pourtant le travail du manager ne se laisse pas définir facilement : le manager se réunit, il dirige, il communique, il représente, examine des dossiers, donne son avis… mais tout cela est-ce bien du travail ?

Le manager, comme les autres salariés, souffre au travail. Ses souffrances se laissent peu facilement cerner, il n'a pas d'accidents du travail, mais plutôt des accidents de trajet, il n'a pas mal au dos, mais en a plutôt plein le dos des responsabilités qui lui pèsent plus que d'éventuelles charges lourdes. Il est donc plus victime de stress que de TMS, plus de burn out que de silicose. Mais le manager a un rôle largement différent des autres salariés. Il n'est pas seulement victime de souffrances au travail, mais aussi et surtout en charge de les réduire. Même si parfois il est soupçonné d'en être à l'origine…

Ce chapitre se propose de s'interroger sur ce qui fait la performance du manager en matière de management de la santé au travail. Il s'agit ici de mettre en évidence ce qui, dans l'activité d'encadrement, est susceptible d'améliorer l'activité des collectifs de travail. Pour cela, après avoir examiné ce que sont les rôles des managers, nous proposerons de caractériser le rôle de « traduction ». Ce talent très particulier, qui repose sur une capacité à interpréter et gérer les situations, est en effet susceptible d'engendrer des ressources au service d'un meilleur management des équipes de travail.

1. Être manager : une fonction, une activité ou un rôle ?

L'encadrement a ceci de spécifique qu'il ne se laisse pas saisir sans difficulté. La littérature a abordé son rôle de deux manières : soit par le contenu du travail, soit par les processus.

1.1. Les approches des rôles des managers en termes de contenu

Les rôles des managers sont classiquement abordés par la description d'un ensemble d'activités ou de fonctions. Deux perspectives sont opposées, la représentation fonctionnaliste initiée par Fayol (1916) et l'approche interactionniste et émergente, popularisée par Mintzberg (1973).

La conception fonctionnaliste définit les rôles comme une émanation de la structure formelle. Le rôle est rattaché au statut. Il est écrit à l'avance et le manager se contente de le «jouer». Le rôle rattache chaque position professionnelle aux finalités globales de l'organisation. Dans cette approche, les rôles sont donc confondus avec les prescriptions.

La conception interactionniste définit au contraire les rôles comme émergeant des conduites et interactions des acteurs. Dans ce cadre, l'exercice d'un rôle n'est jamais solitaire. Il n'y a pas de conduite de rôle sans rencontre d'acteurs pourvus de rôles complémentaires. Les règles ne pouvant totalement dicter les conduites, la pièce jouée par le titulaire du rôle est au moins en partie improvisée. Ce sont les rôles adoptés par les uns et les autres, qui vont déterminer la nature des statuts.

En ce qui concerne les rôles des managers, la conception par les activités, popularisée par Mintzberg (1973) se rattache à ce cadre. Cette conception met l'accent sur les aspects informels de l'organisation et les dimensions visibles de l'activité d'encadrement. L'image qui se dégage de l'analyse des activités est celle d'un manager, homme de communication et d'image, spontané, actif et volontaire, enchaînant les décisions en fonction des événements. Cependant cette conception est critiquée pour son caractère exclusivement inductif et son manque de fondements théoriques. L'attention ne porte que sur les aspects observables. La dimension mentale de l'activité d'encadrement n'est pas prise en compte.

Au-delà de la représentation statique de leur contenu, l'analyse des rôles ne peut se désintéresser de la manière dont ceux-ci se construisent.

1.2. *L'approche des rôles en termes de processus*

Dans la théorie des rôles, ceux-ci sont caractérisés en tant que processus : un titulaire de rôle se situe au cœur d'un ensemble d'attentes souvent peu explicites et parfois contradictoires, auxquelles il doit s'adapter. Il subit ainsi le système de contraintes porté par son statut, même s'il dispose d'une marge d'interprétation (Alis, 1997).

Ces travaux tendent à se focaliser sur les notions de «conflit de rôle», conséquence de l'émission simultanée de deux attentes de rôle contradictoires et «d'ambiguïté de rôle», incertitude de l'individu, relative aux activités et aux comportements attendus par son ensemble interactionnel. Dans cette approche, le conflit et l'ambiguïté doivent être corrigés pour permettre un retour à l'équilibre du système et ne pas affecter négativement les réactions affectives et comportementales. Au-delà de ces limites, la théorie des rôles présente la vertu de mettre l'accent sur le système de prescriptions dans lequel les managers sont insérés et avec lequel ils doivent composer.

Les approches existantes des rôles des managers présentent ainsi un certain nombre de limites. Il semblerait donc nécessaire de développer une approche plus intégrée des rôles, tant en ce qui concerne les contenus des rôles que les processus de leur construction. C'est ce que permet le concept de traduction qui fait l'objet de cette deuxième section.

2. La traduction : un talent qui incorpore la prévention des risques psychosociaux

Le développement des nouvelles pathologies du travail (violences au travail, harcèlement, stress, addictions…) interpelle le manager. Placé en première ligne, il se doit de mettre en œuvre de nouvelles compétences susceptibles de prévenir l'apparition de ces souffrances. Ce talent difficile à identifier repose sur une capacité à interpréter et gérer les situations que nous qualifions de rôle de «traduction». Après avoir identifié les différentes dimensions de ce rôle et les modes de gestion des souffrances qui découlent des principales théories de la souffrance au travail, nous montrerons comment ce talent constitue le substrat d'une action pertinente de prévention.

2.1. *La traduction : un talent qui émerge d'une compréhension du rôle du manager à travers la théorie de la régulation sociale*

La théorie de la régulation sociale (Reynaud, 1988, 1989) permet de dépasser la dualité action/structure. Elle met l'accent sur le fait que l'organisation est en construction permanente et que cette construction repose sur la régulation conjointe (processus collectif de production et de transformation des règles qui prend en compte la régulation de contrôle émanant des autorités supérieures, et la régulation autonome produite par les exécutants, le groupe se fixant lui-même un certain nombre de règles). Dans ce contexte, le manager est un acteur central : si son action est contrainte par des règles de contrôle, il contribue cependant à faire évoluer les règles réelles. Cette activité de régulation conjointe du manager se situe dans un système général de prescriptions (figure 6.1).

Le manager n'est plus seulement chargé de favoriser la régulation conjointe entre les règles institutionnelles et les règles autonomes de l'organisation, il assure également une régulation qui prend en compte les différentes parties prenantes. Le rôle peut alors être défini comme un ensemble de comportements et d'attitudes qui résultent de processus d'ajustements mutuels entre le manager et le système de prescriptions contradictoires et ambiguës dans lequel il prend place.

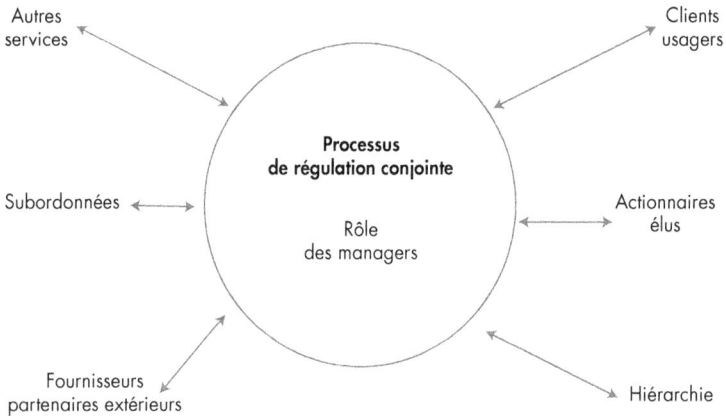

Autres services — Clients usagers — Processus de régulation conjointe — Rôle des managers — Subordonnées — Actionnaires élus — Fournisseurs partenaires extérieurs — Hiérarchie

Figure 6.1 – Construction des rôles des managers : le système de prescriptions

Dans ce cadre théorique, un rôle essentiel du manager est le rôle de traduction, qui consiste à articuler les différentes règles, attentes et prescriptions dans un ensemble cohérent. Cette traduction va bien au-delà de la reformulation des consignes hiérarchiques pour faciliter leur compréhension et leur appropriation : elle consiste à articuler des logiques contradictoires, à leur donner du sens, à les intégrer dans le cadre d'une logique flexible et évolutive en fonction des pressions subies et des ressources développées pour résister à ces pressions.

Ce rôle suppose ainsi une capacité d'interprétation aiguë des différents signaux de l'environnement et une reformulation constante des problèmes posés dans un ensemble articulé. Le rôle de traduction est un talent au cœur du fonctionnement des organisations, car il permet d'en réduire les contradictions.

2.2. Les modes de gestion du risque psychosocial et leurs limites

L'analyse des comportements managériaux associés aux souffrances psychosociales pose la question de la nature de l'action managériale de prévention. Les différentes conceptions théoriques amènent à considérer un ensemble de pistes d'action susceptibles de conforter l'importance du rôle de traduction dans ce mécanisme.

De fait, l'émergence de souffrances psychosociales est le plus souvent envisagée comme le résultat d'un déséquilibre entre ce que subit l'individu et ce qu'il est en capacité d'absorber.

> La conception de Cannon (1932), poursuivie par Selye (1950), conçoit le stress comme une réaction physiologique à une variation importante de l'environnement. Le management du risque repose alors sur l'identification, puis l'éradication des sources potentielles du stress, mais comme ces sources sont éparses, ces démarches restent largement vaines.

> Dans une perspective plus large, Lazarus et Folkman (1984) tentent d'appréhender ce qui fait qu'un individu perçoit un événement comme pénalisant et comment il s'y adapte. La souffrance est alors le fruit de cette interaction entre un individu et son environnement. Ce qui compte alors, ce sont les perceptions que l'individu possède des situations qu'il vit en fonction de ses caractéristiques personnelles. Son management repose alors sur une analyse complexe et individualisée de cette interaction particulièrement difficile à mettre en œuvre.

> Le modèle le plus répandu est celui de Karasek (1979). Il envisage le stress professionnel comme une inadéquation de la situation de travail aux capacités de l'individu à l'affronter. Le gestionnaire dispose alors de trois leviers d'action potentiels : la réduction des exigences adressées à l'individu, la fourniture de marges de manœuvre complémentaires ou celle d'un soutien social. Si l'apport d'un soutien social complémentaire peut être utile, il reste diffus et difficile à évaluer. L'action sur les exigences ou sur les marges de manœuvre suppose encore une individualisation des pratiques qui ne peut que reposer sur une analyse très fine, bien souvent irréalisable.

> Le modèle «Effort/Récompense» de Siegrist (1996), définit la souffrance psychosociale comme un déséquilibre entre un effort important associé à un volume de récompense faible. L'action managériale doit alors se construire sur une évaluation de l'équité perçue de l'action, évaluation qui dépend intimement de la perception que possède l'individu de sa situation de travail et qui reste largement opaque pour le manager.

Ces différentes conceptions envisagent la souffrance psychosociale comme le résultat d'un dysfonctionnement ou d'un ajustement. Dans ce cadre, l'action managériale reste problématique. Il s'agit pour le manager d'agir pour que les choses ne se produisent pas, de mettre en œuvre des dispositifs évitant ces pathologies.

2.3. Le rôle de traduction : un rôle créateur de ressources

La notion de ressources, qui trouve son origine gestionnaire dans la comptabilité et l'analyse financière, a largement été mobilisée par les chercheurs en stratégie d'entreprise (et notamment Barney, 1991), en sciences sociales et en sciences de gestion.

En matière de souffrance psychosociale, l'introduction du concept de ressources et de sa conservation permet deux apports essentiels : d'une part cela permet d'homogénéiser les deux parties de l'équilibre éventuel, et d'autre part cela introduit une dimension individuelle susceptible de constituer un objet de gestion. Les ressources (Hobfoll, 1989) sont un objet dont on peut envisager l'émergence, l'évolution ou la raréfaction d'une manière simple et intelligible.

Pour Hobfoll (2001), la souffrance au travail a trois origines :
– des menaces sur les ressources de l'individu ;
– une perte réelle de ressources ;
– un gain insuffisant de ressources à l'aune des investissements réalisés.

Ainsi, la perte d'une ressource constitue la principale cause de difficulté. Mais les ressources peuvent être mobilisées pour prévenir la perte éventuelle de ressources. Elles constituent donc le maillon central qui unifie la compréhension de l'émergence de la souffrance. Cette conception théorique envisage la souffrance au travail dans une perspective qui intègre l'interprétation individuelle, mais aussi organisationnelle et culturelle de l'environnement par l'individu.

Le rôle de traduction s'inscrit donc au cœur du management des ressources individuelles et collectives. Il se situe à la source du développement des interactions susceptibles de renforcer le soutien organisationnel et d'affirmer l'autonomie des acteurs vis-à-vis de leur situation de travail. Ce rôle constitue alors un talent central, créateur de ressources chez le manager comme chez ses collaborateurs.

Dans ce cadre, il ne s'agit donc pas seulement de s'arrêter sur l'adéquation entre l'individu et son environnement, mais plus sur la manière dont l'individu intègre les différentes contraintes. Cette conception de la traduction comme une ressource managériale considère l'individu comme un acteur de sa situation de travail, en capacité d'intervenir sur celle-ci. La traduction envisagée comme une ressource apparaît donc bien comme un levier permettant de mieux comprendre non seulement l'émergence de la souffrance, mais aussi la manière de la traiter, de la gérer en se focalisant sur la création ou le maintien des ressources existantes chez les individus.

3. Conclusion

La compréhension de la souffrance psychologique au travail dans le cadre théorique de la théorie des ressources permet de renverser la problématique pathogénique de la santé au travail. La notion de ressources conduit également à mieux comprendre comment un individu peut contribuer à l'évaluation de ses conditions de travail. Le rôle de traduction constitue alors un moyen explicite de renforcer la production collective de ressources.

Le talent du manager qui réussit à exercer ce rôle peut ainsi constituer une nouvelle forme de ressource, fondée sur la capacité du manager à travailler avec autrui et sur sa capacité à engendrer des situations interpersonnelles adaptées.

Le manager traducteur talentueux est alors en mesure d'appréhender les situations potentiellement risquées, mais également de proposer des pistes de développement des ressources de ses collaborateurs, leur permettant ainsi de mieux affronter la pénibilité du travail contemporain.

Chapitre 7

Communiquer au service des talents responsables en PME

Agnès PARADAS
Sophie TEXIER

> *« Pour avoir du talent, il faut être convaincu qu'on en possède. »*
> Gustave Flaubert

L'engouement pour la notion de développement durable touche aujourd'hui les populations, les entreprises, les collectivités et les pouvoirs publics. Si les dirigeants, pivots des petites organisations (Julien (dir.), 2005), apparaissent comme les premiers supports de ce développement, il s'agit également de favoriser les actions auprès de tous les salariés et parties prenantes.

Développer des talents responsables dans l'entreprise, c'est mobiliser des aptitudes ou des capacités, naturelles ou à acquérir. Ainsi, certains font, à l'image de Monsieur Jourdain, du développement durable sans le savoir (Quairel et Auberger, 2005), et l'enjeu sera alors de pouvoir mettre en évidence ces comportements et les valoriser. D'autres se situeront plutôt dans l'acquisition de ces talents. Dans tous les cas, multiplier les talents responsables par le biais de la formation professionnelle dans les PME peut constituer un des enjeux majeurs du développement durable, d'autant plus que les caractéristiques et spécificités des petites structures facilitent l'influence directe de ces formations sur la stratégie et l'organisation (Paradas, 2007).

Très souvent, le développement durable est aussi une affaire de communication : d'un simple outil de recherche d'avantage concurrentiel par l'image, la communication est devenue une attestation d'un véritable effort responsable. Face à ce changement, les agences de communication retrouvent leur mission première : être au cœur d'une vision globale de l'action.

Il s'agira ainsi dans ce chapitre, qui trouve sa place en lisière de la thématique centrale de l'ouvrage, d'expliquer et d'illustrer les spécificités des actions de développement des talents responsables mais aussi l'évolution de la tâche des prestataires chargés de communiquer sur ces actions. Pour cela, trois grands principes seront successivement évoqués : la légitimité, la transparence associée à la cohérence et la proximité.

1. À la recherche d'une légitimité

1.1. La mise en cohérence des valeurs

La légitimité est un concept essentiel dans la démarche responsable, dans le sens où la crédibilité et la confiance se développent sur la base du partage de valeurs (Capron, 2005). Les conseils en communication responsable se doivent donc de rester irréprochables dans leur propre activité.

Au départ, la petite entreprise familiale de communication présentait des activités très traditionnelles. Progressivement, convaincus de l'importance d'agir de manière responsable, les dirigeants de cette entreprise vont appliquer leurs valeurs personnelles dans leur activité. Il n'est plus possible de faire n'importe quoi, n'importe comment en se contentant de surfer sur la mode. La recherche de légitimité, de mise en cohérence des valeurs se situe donc à la fois entre la vie privée et la vie professionnelle des dirigeants, mais aussi entre l'entreprise prestataire et les PME clientes, et entre les PME et leurs clients.

Cette détermination a plusieurs conséquences. Il s'agit d'abord de développer ses propres talents pour pouvoir les diffuser ensuite. Ainsi, les dirigeants de l'entreprise de communication se déplacent dans de nombreuses formations, réunions, échangent avec d'autres conseils en communication, visitent des pôles exemplaires, tout cela pour pouvoir intégrer un concept multiforme et très évolutif.

Progressivement, des réseaux se forment. Non seulement entre les entreprises de conseil en communication, mais aussi avec tous les partenaires susceptibles de proposer des prestations adaptées, que ce soit dans le domaine des économies d'énergie, du recyclable, des transports, bilan carbone…

Les collaborations qui se mettent en place se font dans le même état d'esprit, à la recherche de partenariats responsables auprès d'organismes sensibilisés, par exemple avec des structures d'accompagnement à la création, qui permettent d'avoir une véritable prise sur le développement durable dans une perspective stratégique.

1.2. Répondre à la demande des entreprises

Mais la légitimité ne passe pas que par les valeurs humaines. Il s'agit également de s'assurer d'un véritable retour sur investissement afin de répondre à la demande des PME. Même s'il est reconnu aujourd'hui que les dirigeants de PME ne placent pas la maximisation des profits au premier plan de leurs préoccupations (Marchesnay et Carrier, 2005, Ferrier, 2002, Wtterwulghe, 1998), la variable financière ne peut être négligée. Le développement de talents responsables dans l'entreprise passe donc aussi par la mise en évidence de certains avantages liés au développement durable, même si ces derniers peuvent se décliner de nombreuses façons, en satisfaction personnelle, en réputation, en amélioration de la légitimité et de la négociation locale, en implication des salariés ou en réduction des gaspillages… Entre conviction et utilitarisme, l'entreprise devient porteuse d'un message durable, qui modifie progressivement les comportements dans une boucle vertueuse.

Mais cette légitimité, tout comme les actions de diffusion de démarches responsables, repose également sur des référentiels communs. La base de réflexion des prestataires reste le respect du triptyque économie/environnement/social, dans une volonté de préserver les ressources pour les générations futures. Une fois ces fondements acceptés, le reste des actions va être très contingent. Les PME constituent un monde très hétérogène, les réflexions doivent être menées au cas par cas. Les formes des interventions seront également variées : depuis la formation-action au coaching ou à l'accompagnement, en passant par de la sensibilisation ou de courts séminaires généraux. Les destinataires pourront eux aussi être choisis en fonction de la situation et des objectifs : le dirigeant, certains salariés, quelques responsables fonctionnels comme le responsable de la qualité ou des personnes en charge de la communication. Si la base du référentiel est relativement admise, les mises en application se révèlent très flexibles. Elles font pourtant l'objet d'un certain consensus entre les différentes parties prenantes, nécessaire lui aussi à la garantie de légitimité.

2. La légitimité décrite est largement associée à la cohérence et la transparence

2.1. La cohérence des actions

La cohérence des actions est une priorité pour réussir durablement. En effet, il ne paraît pas envisageable de communiquer de manière responsable sur des actions qui ne le sont pas. À l'inverse, le soutien d'actions responsables par l'éco-communication renforce et crédibilise le message. Il s'agit donc de développer les talents responsables en amont des actions de communication.

Modifier son positionnement en termes de conseil, vouloir s'engager dans une perspective de développement durable, ne remet pas seulement en cause le contenu ou la technique. Cela modifie également les modalités d'action. C'est une réflexion différente qui s'engage, et ne place plus la communication en aval du processus, mais bien au cœur de la démarche.

Les clients vont être sollicités beaucoup plus en amont : une discussion, un premier audit doivent s'engager afin de faire participer les acteurs à la communication dans une perspective très globale. Et l'un des rôles de la société de communication va d'abord être un rôle de diffusion de la conviction. Tous les responsables de PME ne seront pas des convaincus. Selon leur profil, leur histoire, leurs expériences et la situation de leur entreprise, ils vont présenter des attitudes variées face à l'enjeu durable.

2.2. La transparence

L'honnêteté dans le message diffusé apparaît fondamentale. La transparence devient une condition de réussite de la communication. Les PME sont souvent fortement encastrées dans leur territoire, le maintien de leur réputation est souvent essentiel (Granovetter, 1985 ; Spence et al. 2003). Et au-delà, cette transparence semble favoriser la diffusion des valeurs responsables à l'extérieur des PME, auprès des différentes parties prenantes.

La réflexion commune menée en amont vise soit à échanger sur les actions responsables qui pourront être valorisées, soit à pointer certaines actions qui jusque-là n'étaient pas identifiées comme appartenant au développement durable. La première démarche est souvent une démarche de définition… Et de nombreux Monsieur Jourdain se révèlent. Par exemple, lorsqu'ils offrent naturellement des conditions de travail adaptées à leurs salariés.

L'attitude des réfractaires peut également donner lieu à une analyse intéressante. Certains sont opposés à cette démarche qu'ils considèrent comme une mode et qu'ils ne prennent pas au sérieux. Il ne s'agit pas d'aller à contre-courant de ces convictions. Mais les conseillers en communication responsables peuvent souvent mettre en place des actions qui, sans être explicitement nommées, sont tout à fait responsables… et réellement économiques pour les clients (par exemple le remplacement de mailings coûteux par du marketing direct, plus ciblé et moins dépensier). Restera à savoir, en fonction des cas, s'il est pertinent de mettre en évidence auprès des clients ces évolutions à travers le prisme du développement durable ou s'il n'est pas utile d'essayer de convaincre. Très souvent, pourtant, l'éclairage du sens des premières actions inconscientes est un pas important vers une sensibilisation de clients peu concernés a priori.

La diffusion des pratiques semble être conditionnée par la forte proximité existant dans le contexte étudié.

3. Dans un cadre de proximité

Le développement durable concerne notre planète dans des considérations lointaines, et s'inscrit pourtant dans une proximité très forte des valeurs, de la représentation de chacun, des relations interpersonnelles, de l'action quotidienne, de l'encastrement dans le territoire et de la construction de capital social (Perrini, 2006). Cette proximité s'affirme plus encore dans les PME. L'entreprise de communication va à la fois devoir tenir compte de cette proximité et l'utiliser pour amplifier son impact sur les modifications de comportement.

Le rôle du conseil apparaît d'abord comme un rôle pédagogique. Échanger, comprendre et faire comprendre seront les bases de développement de talents responsables. Les agences de communication deviennent des coachs et assurent un service après-vente. En aval de la mise en place des communications et des formations, une véritable relation durable doit s'installer et permettre une diffusion encore plus large de l'esprit développement durable par les PME clientes qui vont, à leur tour, avoir une place d'ambassadeurs.

Différentes proximités (Torres, 2008) interviennent dans ce processus et créent le lien nécessaire à sa réussite. La proximité spatiale, d'abord, qui permet de circonscrire clairement les actions et de les rendre plus visibles. La proximité relationnelle, également, qui permet la création d'un lien, puis de réseaux, essentiels à la diffusion des talents responsables. La proximité représentative (Paradas, 2008), enfin, qui permet une mise en cohérence des référentiels et des valeurs, et l'existence d'un fil directeur indispensable à la poursuite et la propagation de l'esprit «durable».

Les actions engagées en sensibilisation et formation sont principalement des actions de proximité. Toutefois, elles peuvent également se décliner en actions de formations plus formelles et plus générales.

Toutes les observations présentées dans ce chapitre montrent l'évidente nécessité de considérer le développement de talents responsables comme un système, une approche globale, non linéaire, difficile à morceler.

Enfin, une fois que l'entreprise a intégré le fait que le développement durable n'est pas une contrainte mais une façon différente et satisfaisante de réfléchir ses modes de production, de consommation, de vie, alors le processus devient intéressant en termes de création et d'invention car tout est à faire dans tous les domaines. Les compétences responsables se déclinent ainsi plus que toutes autres en «savoir devenir» et doivent permettre une innovation permanente, clé de la réussite de la diffusion du développement durable dans les organisations.

Chapitre 8

Optimiser les talents des femmes : valeur ajoutée ou contrainte ?

Françoise de BRY
Paule BOFFA-COMBY

Alors que les filles sont plus diplômées que les garçons, qu'elles comptent pour la moitié de la population active et pour 30 % des cadres environ, une seule femme dirige une entreprise du CAC 40 et sept femmes seulement occupent le premier rôle dans les 5 000 premières entreprises françaises. La proportion d'administratrices est de 7 % (F. de Bry et J. Ballet, 2006), dont certaines sont des représentantes du personnel sans droit de vote.

Sur le terrain du salaire, enfin, malgré une multiplicité de textes juridiques sur l'égalité professionnelle, une différence de rémunération moyenne de 20 % demeure (Catalyst), et l'écart se creuse au fur et à mesure que l'on monte dans la hiérarchie. À niveau de formation, d'expérience, de catégorie socioprofessionnelle et d'âge équivalents, il reste un écart de 10 % entre les femmes et les hommes.

Comment, devant ces paradoxes, ne pas être surpris de constater que, malgré les incitations légales et sociétales, malgré les débuts d'une «guerre des talents» et malgré les résultats probants des études menées auprès d'équipes mixtes en termes de performances économiques et humaines, le vivier considérable des talents féminins reste si largement sous-exploité ou sous-valorisé ?

L'évolution des modes managériaux et les prises de conscience des bénéfices issus de la diversité (notamment de genre) peuvent-ils suffire à générer un meilleur équilibre dans le partage des rôles et responsabilités au sein des entreprises ? Peut-on – ou doit-on – accélérer le repérage et favoriser la valorisation des talents au féminin pour permettre à l'entreprise de «marcher sur ses deux jambes» (J.-P. Bailly in Boffa-Comby, 2007) vers une plus grande efficacité ?

© Groupe Eyrolles

1. Des conditions favorables à l'émergence des talents féminins

La mise en exergue de certains concepts comme l'intelligence émotionnelle ou les valeurs féminines émergentes tend à réhabiliter – voire à sublimer – la place des femmes dans l'entreprise. Ces nouveaux concepts créent-ils des conditions favorables au rééquilibrage des genres dans les entreprises et les postes à responsabilités, ou représentent-ils, au contraire, un leurre potentiellement contre-productif ?

1.1. La théorie de l'intelligence émotionnelle

Pour Daniel Goleman (1995) « le management est une affaire de cœur ». Les études réalisées par différents chercheurs révèlent ainsi qu'il existe un lien évident entre le succès d'une entreprise et l'intelligence émotionnelle de ses dirigeants. Selon l'auteur, les émotions, longtemps considérées comme des parasites dans le monde du travail, deviennent la clé de la réussite, de l'excellence.

Certains auteurs, notamment des psychosociologues, y voient un nouveau mode de gestion sociale de l'entreprise d'où sont exclues la hiérarchie et l'autorité, et où règne le management participatif, la convivialité, une nouvelle relation au pouvoir particulièrement bien adaptée au monde économique d'aujourd'hui. D'autres y voient la fin du modèle masculin et pensent ainsi démontrer la supériorité du modèle féminin dans le monde du travail.

Cette théorie pourrait-elle ainsi démontrer l'intérêt de la présence des femmes dans l'entreprise ? Ainsi, Goleman (1998) constate que « les filles sont préparées par leur éducation à être plus attentives aux sentiments et à leurs nuances que les garçons ». Cela pourrait les prédisposer à posséder une intelligence émotionnelle supérieure à celle des hommes. Il semble reconnaître une tendance à la différence : « Une analyse de l'intelligence émotionnelle chez des milliers d'hommes et de femmes montre que les femmes sont généralement plus conscientes de leurs émotions, montrent plus d'empathie et sont plus à l'aise dans les rapports interpersonnels. Les hommes, en revanche, montrent plus de confiance en eux, d'optimisme, s'adaptent plus facilement et gèrent mieux leur stress » (1998).

Faut-il, pour autant, conclure à une supériorité « absolue » des femmes dans les nouvelles clés de réussite du monde des affaires ? Évitant cet écueil, Daniel Goleman souligne dès son premier ouvrage que « les similitudes l'emportent généralement de loin sur les différences » ou encore que les études montrent également que « toute personne, à condition d'adopter la bonne approche, peut développer son intelligence émotionnelle ». Il faut, en effet, distinguer l'intelligence émotionnelle qui est un potentiel, une capacité à apprendre diverses aptitudes pratiques, de la compétence émotionnelle, qui correspond à la traduction de ce potentiel dans des compétences appliquées. Ainsi, selon Goleman, si des différences entre individus transparaissent, elles ne découlent pas d'un quelconque phénomène génétique. Elles proviennent essentiellement des expériences de vie de chacun et du construit social dans lequel se déroulent ces expériences.

1.2. L'émergence des « qualités masculines » et « féminines »

Pourtant, le présupposé des différences entre les hommes et les femmes est tenace, et Burke (1998) met en avant le thème des valeurs. Dès l'introduction, le discours de l'auteur est net, il invite au renouvellement des modes de management par l'utilisation de ce qu'il nomme les «valeurs féminines» :

> « Le besoin d'écrire ce livre est né du désir de tirer la sonnette d'alarme pour tenter de réduire les dégâts provoqués par ce que j'observe : une gestion trop autoritaire (trop masculine) des crises que nous traversons. Certes, ce n'est certainement pas la cause unique des crises, mais je le crois, l'un de ses facteurs essentiels » (2008).

Tableau 8.1 – Valeurs masculines et féminines selon Mike Burke

Valeurs masculines	Valeurs féminines
Valeurs de force physique, de puissance matérielle	Valeurs d'ascendant psychologique, d'influence non coercitive physiquement
Objectifs d'expansion et de croissance, de valorisation des gagnants	Priorité à l'équilibre d'une entité sociale par la compensation des perdants
Esprit d'agressivité, de compétition individuelle, de conflit désiré	Emphase sur la coopération, le mutualisme et l'assistance aux faibles
Mentalité binaire, les choses sont noires ou blanches, vraies ou fausses, sans les nuances de la vie	Importance d'une intégration au débat de la complexité et de l'ambiguïté
L'essentiel, c'est le rationnel purement intellectuel, quantifiable, chiffrable et analysable	Ascendant de la perception intuitive, à l'esprit de synthèse systémique

Source : Burke, *op. cit.* p. 26.

Selon l'auteur, l'essentiel est de reconnaître que les valeurs masculines sont basées sur la force physique, économique et technologique, tandis que les valeurs féminines sont de l'ordre de l'affectif et de l'éthique. Mais, ce sont les valeurs, et non les hommes et les femmes, qui sont différentes de ce point de vue.

Parler de valeurs féminines et de valeurs masculines incite facilement à un amalgame avec les femmes et les hommes. Mike Burke souligne à plusieurs reprises la différence entre genres et valeurs.

> « Il va de soi que ces termes désignent ce que notre culture a pour usage de nommer ainsi et non des caractéristiques attribuées par la nature à l'un ou l'autre des deux sexes. Il ne sera donc pas question dans ce livre de personnes physiques, hommes ou femmes, quand nous utiliserons ces deux adjectifs. Mais il sera question de savoir ce qu'a en tête celui, homme ou femme, qui décide, commande, planifie et en général se sert du pouvoir ; plutôt des valeurs de traditions masculines ou plutôt des valeurs féminines » (1998).

Les valeurs ne sont pas a priori « biologiquement » masculines ou féminines. Puisque les valeurs féminines sont souvent perçues comme un moyen adéquat de gérer les crises, de dénouer des situations inextricables, particulièrement fréquentes dans les environnements complexes des entreprises aujourd'hui, certains auteurs montrent qu'à bien des égards, les valeurs féminines seraient supérieures aux valeurs masculines. De là à affirmer l'avènement d'une future domination des femmes… Le pas serait dangereux à franchir. Car mettre en exergue les valeurs féminines, c'est aussi courir le risque d'enfermer les femmes dans un nouveau stéréotype de comportement.

2. Au-delà du genre, le talent

Si les évolutions mentionnées précédemment participent à ouvrir l'entreprise à des expressions nouvelles de leadership et de talents, elles ne garantissent pas, à elles seules, un rééquilibrage réel des genres dans les postes à responsabilités.

2.1. Manager par les talents : une évolution des process et des comportements

Si l'unanimité se fait autour de la nécessité managériale de placer « la bonne personne au bon endroit au bon moment » pour assurer la compétitivité et la performance de l'entreprise dans un environnement fortement concurrentiel, passer de la volonté à l'action demande courage et persévérance.

> Comme le souligne Bruno Lafont, PDG du groupe Lafarge, « la diversité au sein de l'entreprise (…) est le résultat d'un savant mélange qui enrichit, sans exclure, qui trouve un équilibre. Mais cela ne se décrète pas, cela se construit avec le temps. » (…) « Il y a des murs d'ignorance à faire tomber, même si c'est une tâche difficile. Pour y parvenir, il est indispensable de vérifier que tout se passe bien, que les obstacles sont identifiés, sous surveillance. »

S'appuyer sur une large palette de talents féminins et masculins implique effectivement un double engagement en faveur d'une part, d'un réexamen approfondi et volontaire des différents processus de l'entreprise (recrutement, évaluation et promotion), et d'autre part d'une réelle évolution des comportements (de la recherche de son semblable à la prise de risque pour plus d'efficacité collective).

Au-delà des idées et des mots, cela suppose de s'assurer qu'à tous les niveaux de l'entreprise et dans tout ce qui fait le quotidien au travail (modes de décisions, de fonctionnement et d'actions), les talents personnels ont les mêmes chances d'être repérés et valorisés, quel que soit le genre.

Transformer la mixité en un atout stratégique demande à chacun, cadres dirigeants et management intermédiaire en tête, de savoir dépasser ses a priori et ses appréhensions ponctuelles face à la différence pour reconnaître le talent là où il se trouve.

Il s'agit par exemple d'être en mesure, comme le précise Laurence Parisot[1], de « penser la différence hommes/femmes pour l'appréhender et la faire vivre de la manière la plus féconde possible » en considérant les différences individuelles comme une source réelle de performance, d'intelligence collective et de ressorts pour l'entreprise. Ceci revient à être conscient que focaliser l'attention sur les forces et les talents de chacun, même s'ils ne s'expriment pas comme à l'habitude, même s'ils remettent en question certains us et coutumes, même s'ils questionnent certaines règles du jeu explicites ou implicites, c'est servir la pérennité de l'entreprise.

Manager par l'excellence, puisqu'il s'agit de cela, c'est passer d'une culture de la conformité à une culture de la valeur ajoutée, pour être en mesure de répondre à de nouvelles attentes des consommateurs, à de nouvelles exigences des collaborateurs, à des tendances anticipées. Manager par l'excellence, c'est faire évoluer l'entreprise avec son temps et son environnement.

2.2. Repérer les filtres de perception pour optimiser la performance

Transformer les différences individuelles en sources de richesses plus que de conflits nécessite, avant toute autre chose, une volonté claire et assumée au plus haut niveau de l'entreprise. Gagner en créativité, en souplesse et en réactivité sur le moyen/long terme implique en effet d'investir dans le court/moyen terme pour prévenir les conflits et décoder certains a priori et « filtres de perception » individuels.

Ainsi, favoriser la progression des talents féminins dans l'entreprise pour bénéficier de la richesse de la mixité passe, par exemple, par le questionnement de certains

---

1. Présidente du Medef.

processus et de leur finalité (allongement de la période de repérage des potentiels, mise en place de revues spécifiques des talents féminins tant qu'une masse critique n'est pas atteinte, questionnement des compétences visées par l'obligation de mobilité ou le parcours de carrière type, etc.).

Cela engendre également la mise en place d'actions en faveur d'une évolution des comportements, par exemple concrétisées par des sessions de formation ou de sensibilisation à destination des hauts dirigeants (à 93 % masculins), du management intermédiaire et des équipes ressources humaines pour faciliter le repérage, la valorisation et l'accompagnement des potentiels «au féminin».

Concomitamment, des actions de mentoring, de formations et de coaching peuvent aider les femmes dans leur positionnement, leur capacité à oser prendre des responsabilités nouvelles dans des environnements parfois à forte dominance masculine, ou encore à mettre en œuvre dans la durée et avec des résultats un style de leadership et de management qui leur est personnel.

2.3. Deux conditions sine qua non

Communiquer efficacement et honnêtement

Combinaison complexe de facteurs tant éducatifs que socioculturels, tant historiques qu'économiques, etc., la situation actuelle ne pourra évoluer qu'avec l'implication de tous, sur la base d'une posture claire d'ouverture et de respect mutuel. Ainsi, toute tentative de culpabilisation tendant à désigner l'un des acteurs – hommes, femmes et entreprises – comme seul responsable d'un déséquilibre constaté, toute velléité de simplification à l'extrême ou de bipolarisation de la question en un combat hommes/femmes, se montreraient fortement contre-productives.

Une communication claire et réaliste est en revanche nécessaire, tout comme le courage de dire les choses comme elles sont.

> «À un moment, pour changer les choses, il faudra choisir des femmes compétentes, et les promouvoir, quitte à les imposer, comme on a pu le faire pour la diversité culturelle. Cela veut dire les soutenir, rendre possible. Et aussi, en cas d'échec, le reconnaître parce qu'autrement cela pourrait décrédibiliser complètement toute l'approche», témoigne Jean-Pascal Tricoire, PDG de Schneider Electric.

Une forte volonté managériale

Provoquer un changement réel et profond sans heurter ni exclure, rééquilibrer les forces pour gagner en efficacité et en réactivité, demande enfin et surtout de savoir (re) positionner constamment la mixité dans sa dimension stratégique et de rendre concrets pour chacun les bénéfices attendus, tant humains qu'économiques.

L'avènement de nouvelles valeurs et de nouveaux modes de management, concomitants aux évolutions socioculturelles, notamment perceptibles au travers de l'augmentation du phénomène des «doubles carrières» et de l'émergence d'un nouveau rapport à l'entreprise chez les jeunes générations, semble œuvrer en faveur de l'expression de certaines compétences jusque-là sous-exploitées ou sous-valorisées dans le monde économique.

L'ouverture des plus grandes écoles aux jeunes femmes, désormais acquise, commence parallèlement à démontrer quelques résultats visibles au travers de brillantes réussites féminines. Ces réussites participent à lever la tangibilité, réputée immuable du célèbre «plafond de verre». Une tendance favorable que confirme la capacité des femmes à s'illustrer dans un mode de «self made women» tout autant que de développeuse de fortunes ou d'affaires existantes. Une réalité dont les organisations auraient tort de se priver.

Si la tendance est ainsi favorable, garantir une durabilité du rééquilibrage au sein des postes à responsabilités demande toutefois temps et persévérance. Cela passe inévitablement, l'expérience le prouve, par une forte volonté managériale, doublée d'une implication de tous les acteurs, en faveur d'une évolution des comportements tout autant que des processus. Dès lors la mixité pourra révéler tous ses avantages et être une véritable chance… pour l'entreprise et pour chacun(e).

Chapitre 9

De la prospective des métiers à la prospective des talents

Luc BOYER
Aline SCOUARNEC

Recherche de faits émergents permettant de dresser les futurs possibles en termes de compétences, d'activités, de formation, etc., capacité de détection précoce de signaux faibles des changements à venir, la prospective métier permet corollairement de se poser, en fonction des scénarios retenus, la question de la gestion des talents, ou plus précisément de la prospective des talents. Quels sont les talents dont la firme doit se doter à court, moyen ou long terme ? Comment anticiper les besoins futurs de talents ? Afin de mettre en évidence tout l'intérêt d'articuler la prospective des métiers et des talents, nous présenterons brièvement le champ de la prospective, puis nous définirons ce que nous entendons par prospective métier, pour terminer par quelques pistes de réflexion sur la prospective des talents.

1. Champ de la prospective métier

1.1. Perspective historique

Parler de prospective métier, c'est se positionner dans le champ de la gestion des ressources humaines et y inclure une dimension temporelle et les ressources d'une organisation. Une perspective historique permet de mettre en perspective l'évolution de la gestion de l'emploi. Hérités des démarches de planification stratégique, les modèles de gestion prévisionnelle apparaissent à la fin des années 1960. Leur objectif premier est de calculer le nombre de personnes nécessaires à chaque niveau de qualification. La gestion prévisionnelle des effectifs est une méthode plus quantitative que qualitative, qui a pour objectif d'adapter le volume d'emploi aux évolutions prévisibles de l'entreprise (environnement, marché, etc.). C'est une démarche d'anticipation des effectifs. Parallèlement aux démarches de prévision des effectifs, se développent des approches plus centrées sur l'individu.

Les années 1990 verront apparaître un autre niveau : celui de la gestion prévisionnelle des emplois et des compétences. Nous en retiendrons la définition donnée par l'association Développement et Emploi, spécialisée dans le domaine de la gestion des compétences.

> « La gestion prévisionnelle et préventive des emplois et des compétences, c'est la conception, la mise en œuvre et le suivi de politiques et de plans d'actions cohérents visant à réduire de façon anticipée les écarts entre les besoins et les ressources humaines de l'entreprise (en termes d'effectifs et de compétences) en fonction de son plan stratégique (ou au moins d'objectifs à moyen terme bien identifiés) et impliquant le salarié dans le cadre d'un projet d'évolution professionnelle. »

De nombreuses critiques ont été faites de ces modèles dits de GPEC (Dubois, Defélix, Retour, 1997 ; Scouarnec, 2000). La critique repose en particulier sur le caractère trop instrumental des démarches mises en place dans les organisations (Brabet, 1996).

1.2. Définition

Un premier travail de délimitation du concept de métier paraît nécessaire. Classiquement, le métier peut être défini comme un ensemble de compétences directement applicables par un individu ou par une firme. Cependant, trois approches complémentaires de la notion de métier peuvent être mises en évidence : le métier individuel, relié au concept de compétence individuelle ; la compétence de l'entreprise identifiée comme son ou un de ses métiers ; une vision plus sectorielle, marquée par les syndicats professionnels, et que l'on pourrait rapprocher de la notion de filière. Dans la suite de notre travail, nous allons privilégier l'approche individuelle du métier.

Il nous semble que la prospective métier – de par les caractéristiques propres à toute démarche prospective : une approche globale, longue, rationnelle, d'appropriation et une vision pour l'action – permet d'éviter les critiques faites aux modèles classiques de GPEC et peut être comprise comme un dépassement de ces démarches, dans le sens d'une orientation beaucoup plus orientée sur la création de sens, de valeur (Scouarnec, 2002) que sur le simple instrumentalisme. L'avantage de la prospective métier, c'est qu'elle permet, au travers d'un historique des métiers, de repérer les tendances d'évolution des métiers individuels et collectifs et une mise en perspective permettant de mieux saisir les mutations sur une longue période. Elle relativise également l'importance du présent dans la détermination du futur. De nombreuses erreurs de prospective découlent en fait du privilège conceptuel accordé à un événement contingent : notre situation présente. Même si la prospective envisage, à la différence de la prévision, les déconnexions avec le passé, les ruptures, elle ne peut faire abstraction de ce passé dans les hypothèses d'évolution à venir. La visibilité du gestionnaire de ressources humaines, mais aussi du salarié, dépend du travail itératif et permanent dans cet espace-temps : passé/présent/futur.

Nous poserons donc comme définition de la prospective métier les éléments suivants : la prospective métier est une démarche d'anticipation des futurs possibles en termes de compétences, d'activités, de responsabilités d'un métier. Elle permet ainsi d'imaginer les possibles savoirs et qualifications, expertises ou savoir-faire professionnel, comportements et savoir être, qui seront demain les plus à même de servir l'individu et l'organisation. Elle nécessite pour cela une coconstruction par les acteurs-experts du (ou des) métier(s) analysés du devenir possible de ce (ou ces) métier(s). Elle englobe ainsi une réflexion sur le métier individuel et sur l'organisation du travail.

Nous retenons donc une approche dite «prospective» des métiers qui nous permet de mettre en évidence des métiers en émergence, en transformation et en obsolescence. Il nous semble en effet important de montrer la dialectique possible Individu/Organisation par l'intermédiaire d'exercices métier réalisés de manière intra ou inter organisationnelle. Cette dialectique toujours questionnée, parce que mettant en relation la gestion des ressources humaines et la stratégie globale de l'entreprise, semble pouvoir s'exprimer au travers de la prospective métier, telle que nous l'avons définie.

Nous terminerons en soulignant que la prospective métier s'insère dans cette quête de sens et de valeur substantielle mise en évidence tant sur le plan académique que pratique. S'engager dans une réflexion en prospective métier, c'est créer du sens dans une organisation. En effet, une co-construction des avenirs possibles en termes de compétences, d'activités, de responsabilités ne peut que donner une meilleure visibilité aux acteurs. En cela, la création de valeur dite substantielle apparaît parce qu'elle optimise la relation Individu/Organisation.

2. De la prospective des métiers à celle des talents

2.1. Rechercher et gérer les talents

De nombreux travaux ont été conduits sur la définition et la construction des talents, voire des génies. Si les chercheurs s'accordent généralement pour définir le génie d'un homme comme relevant de l'inné, les opinions divergent en matière de talents. L'environnement et l'hérédité jouent un rôle, mais il est difficile, voire impossible de déterminer la part exacte de chacun. Pratiquement, pour le manager (le DRH), on peut avancer qu'il pourra chercher les talents qui lui sont ou seront nécessaires, soit dans un contexte de développement personnel, soit sur le marché à partir des compétences disponibles.

Curieusement, pratiquement toutes les études montrent un fort décalage entre la perception des directions, qui considèrent prioritaires la recherche et la gestion des talents d'une part, et d'autre part concrètement le peu de temps d'implication consacré à cette recherche. Peut-être simplement parce que la menace (le manque de talents) à très court terme est faible par rapport à d'autres contraintes ou périls. Selon une étude de DDI[1] (Development Dimension International), réalisée en collaboration avec le département études de *The Economist*, plus de la moitié des dirigeants pense que les performances de leurs entreprises vont bientôt décliner parce qu'ils n'ont pas les bons talents. La moitié des cadres dirigeants interrogés jugent leur entreprise «pas du tout à la hauteur» en matière de développement des leaders et plus de la moitié «moyenne» ou «faible» en ce qui concerne l'identification des talents[2]. Pour Philippe Cavat, directeur général de DDI France, «c'est un enseignement important. Les cadres dirigeants se jugent eux-mêmes assez faibles sur deux aspects essentiels du développement des talents : l'identification et le développement des dirigeants de demain».

Suivant l'analyse des métiers, en terme de prospective, le DRH est confronté schématiquement à deux ou trois types d'orientation.

▶ Si les métiers étudiés sont appelés à évoluer en termes de contenu (élargissement ou approfondissement des connaissances par exemple), l'approche sera du type maintenance. Il y aura lieu de dresser le référentiel de compétences (ou plus exactement le différentiel de compétences) exigées par les emplois restructurés à court ou moyen terme. Nous sommes encore, pour une part, dans une approche GPEC. À partir de ces différences à combler, des parcours de formation professionnelle pourront être étudiés, mis au point, plus ou moins individualisés à vocation qualifiante ou diplômante (la VAE pouvant être un moyen parmi d'autres).

▶ Le deuxième cas concerne les métiers en rupture (liés soit au cœur de métier de l'entreprise, soit à des changements brutaux technologiques ou environnementaux, changements retenus dans les scénarios), la recherche sera double. Existe-t-il dans l'entreprise des talents insuffisamment connus et capables d'évoluer profondément (en termes de savoir ou savoir-faire, mais aussi souvent de comportement, comme cela se trouve dans le cas du passage d'une gestion bureaucratique – autocentrée – à une gestion orientée client) ? Un bilan de compétences (sans référence à l'emploi actuellement occupé) peut être une aide sérieuse.

▶ Ensuite, la recherche sur le marché de nouvelles compétences nécessaires pour

---

1. www.indicerh.net : le management des talents est en panne.
2. Étude conduite entre septembre et octobre 2007 auprès de 412 cadres dirigeants en Europe (40 % des cadres dirigeants consultés étaient européens), en Amérique du Nord, en Asie et en Australie.

le futur devient souvent indispensable. Le choc démographique, pour un pays comme la France, pourrait accélérer ce mouvement. La résolution de ce délicat problème nécessite la maîtrise d'au moins trois éléments :
- d'abord être très précis sur le type de compétences recherchées (référentiel, lié à l'observatoire des métiers),
- ensuite cibler le plus précisément possible où sont les ressources éventuelles externes disponibles. Dans certains cas extrêmes, la création d'écoles ou formations internes pourra être envisagée,

Un exemple nous est donné par Cap Gemini. Confrontée à un besoin considérable, pour les dix prochaines années, en ingénieurs hautement qualifiés en TIC, cette organisation prévoit d'organiser un fort recrutement – voire une recherche appliquée – décentralisée en Inde.

- enfin, l'intégration de nouveaux talents demandera dans un grand nombre de cas la remise en cause du management, de l'organisation et souvent une partie de la culture existante dans l'entreprise.

L'acceptation de la diversité – allant même jusqu'à la favoriser – est souvent souhaitable. La rémunération (le salaire) reste toujours un élément déterminant, mais pas forcément discriminant. Dans ce domaine, par exemple, la prise en compte des besoins individuels (système de type cafétéria plan, « self-service » qui concerne la formation, l'évaluation ou la rémunération), pourra être un atout sérieux.

Une fois les talents nécessaires à la marche future de l'entreprise attirés et recrutés, leur fidélisation sera une des préoccupations constantes du manager. Il reste très souvent à inventer un nouveau système d'information et de communication, interactif, une gestion des ressources humaines garantissant une certaine forme de tranquillité sociale. À défaut d'une assurance-emploi, rarement crédible à long terme, il y aura lieu de renforcer en permanence le niveau de compétences, gage pour l'entreprise du maintien de son gap technologique et signal fort d'employabilité permanente pour le personnel possédant le talent recherché.

2.2. Articuler prospective des métiers et prospective des talents

L'articulation entre la prospective des métiers et celle des talents est ainsi posée et elle intéresse par définition de nombreux acteurs :
- les salariés qui exercent leurs talents dans un ou plusieurs métiers et qui souhaitent connaître les compétences qui leur seront demandées à l'avenir ;
- les responsables hiérarchiques de ces mêmes salariés, soucieux de s'assurer que les compétences requises par les activités futures de l'entreprise seront bien détenues par des collaborateurs talentueux ;
- les directions des ressources humaines qui ont en charge la régulation du personnel de l'entreprise et notamment l'évolution des salariés (attirer, fidéliser et développer des talents) ;

- les organismes de formation interne ou externe aux entreprises soucieux de proposer des programmes pédagogiques visant à faire évoluer dans le sens attendu par le marché de l'emploi les talents des participants, en formation initiale ou continue;
- les autorités politiques très sensibles à l'évolution de la compétitivité du pays dont ils ont la responsabilité.

«Aborder la question du métier de nos jours peut paraître surprenant à l'époque des incertitudes récurrentes sur l'emploi, des mobilités imposées aux salariés par les politiques de flexibilité, des trente-cinq heures en France et des logiques de pluriactivités. Pourquoi donc s'appesantir sur l'amour d'un métier bien à soi, quand les aléas du marché, les nouvelles technologies et les menaces de la mondialisation donnent aux individus le sentiment d'être sauvagement jetés dans le changement et les stratégies d'ajustement pour tenter d'y conserver une place? Mais c'est précisément dans cette période d'économie dominante sur la société, où les anciens repères sociaux liés aux activités productives paraissent ébranlés, qu'il s'agit de retrouver les voies fortes d'une possible construction de soi par un travail, source de compréhension mutuelle et de légitimité collective.» [1]

Dans un tel contexte, nous considérons que la résurgence du concept de métier induit l'intérêt porté au talent, tel que nous l'avons défini précédemment. Anticiper les métiers, adopter une posture prospective en GRH nécessite une réflexion sur les talents de demain. On l'aura compris, la prospective des talents n'est que le prolongement opérationnel de la prospective des métiers: celle-ci peut vite se révéler un exercice passionnant, mais inefficace si la recherche et la fidélisation des talents correspondants ne l'accompagnent pas.

---

1. R. Sainsaulieu, en préface de l'ouvrage de Florence Osty, *Le désir de métier* (2002).

Chapitre 10

Le talent du griot : un défi pour le manager hyper moderne

Jacques IGALENS

> « Les griots se distinguent des autres membres de leur caste par le fait qu'ils sont des gens dont la vocation réside précisément dans la parole : déploiements oratoires, chansons épiques et généalogiques, chants lyriques, langages mélodieux, ou percutants mais toujours rythmés par des instruments de musique, parole gestuelle du corps dansant ses peines et ses joies. Ce sont là autant de manifestations de la parole agissante des griots. Les pulsions, les tendances, les affects et les sentiments bloqués par les coercitions sociales ou libérés et valorisés par les normes culturelles s'y trouvent également exaltés. Ainsi donc toutes les conditions de l'humain trouvent leur expression dans la parole du griot. »[1]

Dans nos sociétés occidentales, l'art de raconter des histoires se limite souvent au registre des loisirs. On raconte des histoires aux enfants pour les endormir, on raconte des histoires aux adultes pour les amuser. Mais pourquoi raconter des histoires dans le cadre des relations de travail, à part les « brèves » de la cafétéria ou les rumeurs qui circulent de bureau à bureau et dont la fonction divertissante semble bien établie ? La science de la gestion ne s'est-elle pas construite sur des raisonnements rationnels, des mesures les plus exactes possibles, des lois qui permettent de comprendre des relations causales et qui ainsi donnent un fondement scientifique à l'action du manager ?

L'un des modèles le plus utilisé en gestion est connu sous le nom de roue de Deming. À la base des « systèmes de management », ce modèle repose sur quatre étapes : *plan, do, check, act*. Planifier, agir, contrôler et réagir, avec, à chaque étape, une base factuelle fondée sur des indicateurs et des mesures. Dans un autre registre, quand on demande à un manager d'évaluer chacun de ses subordonnés une fois par an, on exige de lui qu'il trouve des objec-

1. Sory Camara, *Gens de la parole. Essai sur la condition et le rôle des griots dans la société malinké,* collection Hommes et sociétés, ACCT Khartala et SAEC 1992, p. 11.

tifs quantifiés qui permettront de fonder une base objective à son jugement. Lorsqu'un cadre rencontre un problème, on lui apprend à analyser les faits et à adopter une démarche de type hypothético-déductif, à l'opposé des contes, des fables et des histoires qui nous éloignent de la réalité.

Qui n'a pas entendu, au moins une fois dans sa vie professionnelle, cette injonction : «Ne me racontez pas d'histoires, je veux la vérité» ou bien : «Des faits, des faits, pas des histoires!» Affabulateur, faiseur d'histoires ne sonnent pas précisément comme des compliments dans les organisations contemporaines. Le griot de la société malinké présenté en exergue, assis sous son arbre à palabres, ne constitue pas non plus la représentation du cadre qui s'impose spontanément dans l'esprit d'un étudiant d'école commerciale. Et pourtant, depuis qu'elle existe, l'humanité a su cultiver l'art de raconter des histoires, un art partout au cœur du lien social. L'art de raconter des histoires, le storytelling, est d'ores et déjà à l'œuvre dans de nombreux domaines qui n'ont rien à voir avec les industries du divertissement – le monde politique en constitue certainement l'exemple le plus frappant[1]. Concernant la gestion, le marketing a ouvert la voie et «en moins de quinze ans, le marketing est passé du produit au logo puis du logo à la story ; de l'image de marque (brand image) à l'histoire de la marque (brand story).»[2] P. Hetzel analyse remarquablement les innovations singulières de marques, aussi bien locales que globales, qui ont su tirer parti de la stimulation des cinq sens du consommateur. Indéniablement dans l'air du temps, ces marques qui font référence en matière de tendances offrent une mine d'idées nées de l'expérience. Elles reposent sur la compréhension et l'interprétation qui permettent au consommateur de donner sens à son environnement et à son vécu en matière de consommation, elles racontent des histoires[3]. Nous nous intéresserons davantage, dans ce chapitre, au management qu'à la gestion, et nous aborderons les relations qu'entretiennent entre elles les personnes qui travaillent ensemble dans une unité de travail – bureau, site industriel, agence commerciale, etc. Bien entendu, la relation hiérarchique entre le manager et ses collaborateurs constitue la facette la plus importante de ces relations.

De nombreux auteurs se sont déjà penchés sur les différents rôles du cadre-manager, c'est-à-dire du cadre encadrant des collaborateurs. Mintzberg notamment a mis en évidence dix rôles du cadre, dont trois sont classés dans la rubrique des rôles interpersonnels (Mintzberg, 2002). Il s'agit des rôles suivants : agent de liaison, symbole de l'organisation et leader. Dans

1. C. Salmon, *Storytelling, la machine à fabriquer des histoires et à formater les esprits,* La Découverte, 2007, p. 6.
2. *Op. cit.,* p. 36.
3. P. Hetzel, *Planet conso,* Éditions d'Organisation, 2002.

cette logique des « rôles », autrement dit dans le travail de construction de la fonction, c'est sans doute la notion de « symbole » qui soutient le plus grand nombre des positionnements dynamiques formulés par l'auteur. Le symbole, en ce qu'il vaut pour autre chose, qu'il représente et modifie, en lui transférant en même temps certaines de ses caractéristiques propres, est le concept fort de cette famille des « rôles » ; il contient la logique de développement de tous les autres ; c'est par sa fonction symbolique que le cadre est « leader », c'est aussi par elle qu'il est « entrepreneur » ou « décideur », ou détenteur de tout autre rôle que Mintzberg lui attribue.

C'est dans la logique « mintzbergienne » des rôles de symbole et de leader que nous situons le talent du conteur et nous rappellerons, dans un premier temps, que l'un des défis auquel est confronté le manager occidental contemporain est le défi du sens, le « sensemaking ». Nous montrerons ensuite comment le talent du griot, c'est-à-dire l'art de raconter des histoires, peut l'aider à relever ce défi. Nous terminerons par quelques conseils de nature à l'aider à acquérir ce talent particulier.

1. Le sensemaking

Au siècle précédent, l'organisation et le manager occidental ont dû répondre à deux attentes essentielles de la part des salariés : attente de satisfactions par rapport à l'emploi et attente de motivation par rapport au travail. La satisfaction est un état d'esprit qui se traduit par une évaluation positive, pouvant porter indifféremment sur divers aspects de la situation au travail, la rémunération, les conditions de travail, les collègues, les supérieurs, la direction, etc.

L'une des difficultés théorique et pratique de la satisfaction provient de la multiplicité des facettes auxquelles on peut valablement l'appliquer. Or, il va de soi que la satisfaction ne saurait être obtenue sur la totalité des facettes possibles et imaginables. Dès lors, de nombreux problèmes doivent être résolus : existe-t-il une hiérarchie des facettes ? La satisfaction dans certains domaines peut-elle compenser l'insatisfaction dans d'autres domaines ? Les facettes sont-elles universelles ou contingentes, stables ou fluctuantes dans le temps ? Ces questions demeurent, à ce jour non résolues, mais l'habitude demeure de mesurer régulièrement la satisfaction des salariés vis-à-vis de nombreuses facettes relevant de l'emploi, notamment par des enquêtes d'opinion régulières.

Depuis les travaux de F. Herzberg puis de E. Lawler, il est généralement admis que l'insatisfaction présente de nombreux inconvénients, notamment des comportements de retrait tels que la grève, le départ, l'absence, ou même dans des cas extrêmes la dégradation de la santé au travail. En revanche, la satisfaction ne garantit nullement de bons résultats en termes de qualité, de rentabilité, bref de performance. Durant la seconde moitié du XXe siècle, c'est la motivation qui a été présentée comme la clé des comportements performants. De nombreux résultats de recherche ont montré que la motivation était liée aux caractéristiques du travail, et un travail autonome, varié, intéressant, suffisamment complexe pour être stimulant a longtemps semblé la clef de la motivation donc de la performance. Sans être fondamentalement remis en cause, ces travaux ont eux aussi montré leurs limites. Il semble qu'ils soient plus appropriés au travail solitaire qu'au travail en équipe. Or, de plus en plus de situations de travail reposent désormais sur les groupes ; de même des différences interpersonnelles ont été mises en évidence notamment à partir de travaux sur l'apprentissage social qui affaiblissent les résultats précédents.

Aussi à l'aube du XXIe siècle, compte tenu des mutations du capitalisme et tout particulièrement de la mondialisation, la recherche s'est détournée des concepts de satisfaction et de motivation pour aborder le problème du sens. Certains évoquent comme explication le déclin des idéologies (qui fournissaient un « sens » prêt à l'emploi), d'autres pensent trouver une explication à travers le concept d'hypermodernité, notamment dans le cas déjà évoqué du marketing et de la consommation.

Trouver du sens, donner du sens, créer du sens c'est ce que recouvre le terme de « sensemaking » popularisé par Karl Weick[1]. Comme le remarque G. Koenig, il s'est écoulé près de vingt ans entre la présentation de la théorie de Weick et sa mise en débats : en 1969 paraît son ouvrage majeur (*The social psychology of organizing*) et c'est dans les années 1990 que la controverse éclate entre les positivistes et les constructivistes (dont Weick devient l'une des figures emblématiques).

Le sensemaking repose sur le développement de schémas cognitifs représentant des événements perçus par l'intermédiaire des cinq sens. Pour Weick, l'homme qui crée du sens structure l'inconnu, il développe une représentation mentale d'une réalité qu'il perçoit et recrée mentalement par ce processus, ce qu'il désigne par le terme d'*enactment*. Face à la complexité et à l'ambiguïté, l'acteur extrait des éléments auxquels il va donner un ordre, et donc du sens. Le processus de sensemaking évite ainsi le désordre, le chaos, la folie, ou l'incapacité à agir – Weick a étudié de nombreuses catastrophes qu'il explique par l'échec de l'activité de sensemaking. Fait notable, les émotions, les sentiments, l'intuition et l'imagination prennent place dans la construction du sens.

Dans un article de 2005, K. Weick précise que le sensemaking émerge :

---

1. Actuellement professeur de comportement organisationnel à Ann Arbor, université du Michigan, Karl Weick est l'ancien éditeur de *ASQ* (*Administrative Science Quaterly*), la plus prestigieuse revue scientifique de gestion.

- premièrement lorsque le flot des circonstances organisationnelles est traduit en mots et en catégories pertinentes ;
- deuxièmement lorsque l'action organisante («*organizing*») elle-même est capturée dans des textes écrits et parlés ;
- troisièmement lorsque la lecture, l'écriture, la conversation et l'édition deviennent des actions cruciales qui servent de média au travers desquels la main invisible des organisations forge la conduite des hommes.[1]

Weick fait partie des auteurs qui récusent la vision d'un homme au travail totalement rationnel qui analyse et évalue chaque option avant d'arrêter son choix. D'ailleurs, il ne s'intéresse pas tant aux choix ou à la décision qu'à l'action. Pour lui nous sommes placés dans un environnement qui est souvent chaotique, et le sensemaking (lorsqu'il fonctionne bien) permet d'organiser le chaos. Donner un nom, décrire tel ou tel élément tiré de l'environnement (et ainsi le créer) procède également du sensemaking. Donc le sensemaking est rétrospectif car il repose sur une labellisation d'éléments tirés du passé mais il est concerné par l'action et donc par l'avenir. Weick le compare à une étape sur la route qui conduit à un système d'action coordonné et consensuel (toujours lorsque les choses se passent bien). L'une des limites de Weick concerne le type d'organisations qu'il a étudié, à savoir des organisations placées devant des contraintes de grande fiabilité plus que devant des contraintes de haute performance, des organisations telles que des aéroports, des hôpitaux, des universités, plus que des organisations industrielles de production de masse. Un auteur français a transposé les travaux de Weick au cas des grandes entreprises traditionnelles et a montré que, dans ce cas, deux qualités particulières du manager deviennent essentielles pour le sensemaking, l'advertance et le jugement. Si le jugement est une qualité assez traditionnelle et reconnue pour le cadre, l'advertance nécessite une explication.

«Advertance» est employé par lui comme un terme technique désignant cette forme particulière d'attention portée par un participant à une action vers l'attention d'un autre participant à la même action. L'advertance se définit donc par son orientation (l'attention d'autrui), par sa finalité (la réalisation d'une action) et par le lien entre les personnes impliquées (interdépendance)[2].

La communication occupe chez Weick une place particulière : il ne s'agit pas d'une action et d'une relation de second rang, comme c'est le cas chez les auteurs classiques (on conçoit, puis on communique), la communication est une action et une relation qui crée de la réalité. Communiquer crée de la réalité, non pas au sens des théoriciens de la pragmatique tels qu'Austin ou Pierce, mais selon le sens

---

1. Weick, Sutcliff, Obstfeld, «Organizing and the process of sensemaking», *Organization Science*, vol. 16, n° 4, juillet 2005, pp. 409-421.
2. H. Laroche, «Karl Weick et les managers», *Les Défis du sensemaking en entreprise*, D. Autissier et F. Bensebaa (dir.), Économica, 2006.

des interactionnistes symboliques pour lesquels la vie sociale doit se comprendre comme un processus continu de communication, d'interprétation et d'adaptation mutuelles. Ce qui importe dans la communication, c'est tout autant l'émission que la réception et la discussion qui s'instaure à la suite, discussion qui va permettre de réaliser sinon une convergence du moins une compatibilité des représentations. Weick insiste d'ailleurs sur le caractère partiel des représentations et des accords qui se nouent à propos de l'action : il n'est pas utile que nos représentations soient parfaites, ni même parfaitement superposables, il suffit qu'elles soient compatibles et orientées vers l'intérêt ou le désir d'une action commune. L'advertance, l'attention portée à l'attention d'autrui au regard de l'action commune prenant ensuite le relais de la communication.

Au regard de ces quelques rappels de la théorie weickienne du sensemaking, quelle peut être la place du récit et, au-delà du récit, du talent du cadre «griot», c'est-à-dire du talent de conteur ?

2. Le storytelling

La réponse semble évidente si l'on s'en tient à des généralités concernant les récits, car le terme de récit emporte de telles variations de sens qu'il y aura toujours un récit qui conviendra à chaque situation. Nous souhaitons ici nous intéresser à un type de récit particulier et inhabituel dans les organisations : le récit fictionnel.

Il ne s'agit donc pas des récits de fondation ou des récits de réussite (success story) qui abondent dans les organisations et qui s'appuient toujours sur des faits et des personnages réels (quitte d'ailleurs à prendre rapidement une distance plus ou moins grande avec la réalité…). Il s'agit ici de traiter du cas d'histoires, de récits se rapportant à des personnages et/ou des situations de fiction, et dont les genres les plus connus peuvent être des contes, des utopies, des fables, des nouvelles, la science-fiction, etc.

La particularité du récit fictionnel repose dans la nécessaire «suspension temporaire d'incrédulité»[1] qu'il suppose de la part des auditeurs (ou des lecteurs, mais nous nous plaçons ici dans le cadre d'une histoire racontée oralement). Il s'agit d'une opération mentale qui fait accepter de vivre un rêve ou une fiction comme s'il s'agissait de la réalité, pour mieux ressentir ce que pourrait être la situation évoquée. Il s'agit donc d'une expérience de simulation purement cognitive excitant l'imagination et éveillant des sentiments et des émotions de celui qui la vit. Cette expérience, pour peu qu'elle ne se prolonge pas trop dans le temps, est importante pour l'individu, car certains fruits de l'imagination peuvent parfois être transcrits

---

1. L'expression est due à Samuel Taylor Coleridge, poète britannique du XIXᵉ siècle.

et trouver des applications dans la réalité, en dépit de l'incrédulité initiale. Elle peut ainsi motiver un projet créatif, si l'individu sait détourner et adapter cette expérience cognitive en prenant en compte les éléments de son expérience réelle. Elle peut également pallier l'incapacité de l'organisation à fournir des explications ou des orientations d'action satisfaisantes pour les acteurs en présence.

Dans des situations de perte de repères, le sensemaking peut résulter du travail collectif d'interprétation et de transposition du récit fictionnel à la situation réelle. La suspension temporaire d'incrédulité permet également à une personne d'avoir le sentiment de vivre une expérience qu'il n'aurait pas rencontrée autrement. Elle accroît la richesse émotionnelle et expérientielle individuelle et participe ainsi de la constitution d'une capacité de résilience individuelle, puis collective lors de la discussion et de l'échange.

Sans multiplier les exemples, on peut caractériser les trois situations dans lesquelles la suspension temporaire d'incrédulité peut avoir des effets bénéfiques :
– lorsqu'il s'agit de créer des solutions nouvelles (innover) ;
– lorsqu'il s'agit de retrouver dans l'action une issue à une situation dramatique (réagir) ;
– lorsqu'il s'agit de mobiliser des énergies pour la défense ou l'attaque (combattre).

On remarquera que ces trois cas (innover, réagir, combattre) évoquent des situations dans lesquelles il s'agit non pas d'évaluer, d'analyser ni même de choisir ou de décider : ce qui est en question c'est l'action, individuelle et surtout collective.

Le récit fictionnel ne fonctionne pas du tout sur le mode des récits de succès (success story) ou des histoires de type «best practices» :
» dans le cas de ces récits à base de réalité, on espère un comportement d'imitation, le récit montre la voie et l'auditeur, qui peut reconnaître une réelle proximité entre les circonstances du récit et la situation qu'il vit, doit reproduire un comportement. On fait appel à son intelligence et à sa capacité d'analyse, il doit se dire «dans des circonstances comparables à celles que je connais, des personnages importants ou exemplaires ont réussi en adoptant telle attitude ou tel comportement, donc je dois chercher à les imiter pour réussir» ;
» dans le cas du récit fictionnel, les formes de mise en situation sont très différentes, le contexte peut être très éloigné des situations réelles (on est sur une autre planète, au Moyen Âge, dans le futur…), les personnages seront peu comparables aux acteurs de l'organisation (super-héros, animaux, personnages de romans, etc.). La situation n'est pas crédible en tant que représentation de la réalité et pourtant, grâce à la suspension temporaire d'incrédulité, les auditeurs vont l'accepter et la «vivre» (si le talent du conteur l'autorise) pendant un certain temps. Ici c'est moins l'intelligence, la capacité d'analyse de l'auditeur qui sont sollicitées que ses émotions, ses sentiments, son imagination. Le mode de

fonctionnement du récit fictionnel utilisé en management ne consiste ni à montrer, ni à démontrer, ni même à forger une représentation (qui deviendrait partagée par les auditeurs de la même histoire), il stimule directement les capacités émotionnelles. La peur, la tristesse, la colère, le plaisir seront éveillés, ils sont considérés comme les émotions de base, leur expression faciale est d'ailleurs quasi universelle mais de nombreuses autres émotions existent, le dégoût, la surprise, etc. Le registre des sentiments et des émotions est très étendu.

Pour s'en tenir aux émotions, les anthropologues considèrent généralement qu'elles apparaissent chez les mammifères pour signaler les changements (réels ou imaginaires) dans les relations entre un individu et son environnement, et qu'elles permettent de fournir une réponse adéquate. Par exemple, la colère apparaît en réponse à une menace ou à une injustice ; la peur apparaît en réponse au danger. Ce qui semble faire consensus, c'est la liaison entre émotion et action, l'émotion est un déclencheur d'action. Parfois la raison « inhibe » l'action : un coup de feu me fait peur (émotion), j'ai envie de m'enfuir (action), mais ma raison me dit « tu ne risques rien, c'est un pot d'échappement » et je reste donc à ma place. D'autres fois, la raison ne joue pas ce rôle de filtre entre l'émotion et l'action. Ce peut être le cas si l'émotion est trop forte et, ce qui nous intéresse dans le cas présent, ce peut être également le cas si la personne a « volontairement » débrayé le filtre de la raison pour lâcher prise et se laisser aller à la volupté du ressenti émotionnel. C'est bien dans cette situation que se trouve l'auditeur d'une œuvre de fiction qui, par libre choix, a accepté d'entrer dans une représentation fictionnelle et qui a donc débranché temporairement le filtre de sa raison.

> « Il était une fois un hobereau de province qui avait décidé de partir en croisade… » Si j'accepte les premiers mots de cette histoire, la suspension temporaire d'incrédulité qui s'ensuit me transporte au siècle des croisades, et je suis également prêt à accepter – voire à ressentir moi-même – la jalousie du hobereau que sa femme va tromper dès qu'il aura franchi le pont-levis, ou son plaisir lorsqu'il arrivera à Jérusalem.

La catharsis, qui est la purgation des passions par le moyen de la représentation dramatique, n'est qu'un cas particulier de ce qui se passe lorsque l'auditeur (ou le spectateur) se trouve plongé dans un univers fictionnel. Il conçoit des sentiments, ressent des émotions dont l'origine directe réside dans la fiction mais ces sentiments et ces émotions ont prise sur lui. L'aperception est généralement définie comme la disposition à percevoir d'une certaine manière d'après ses expériences individuelles antérieures. Or l'écoute d'une histoire constitue une expérience, et en tant que telle a un impact sur l'aperception.

Depuis quelques années, de nombreux travaux ont « réhabilité » la place et le rôle des émotions, notamment dans des situations de travail. Nous ne citerons ici que les travaux de Salovey et Mayer concernant l'intelligence émotionnelle qui ont été popularisés par le best-seller éponyme de Goleman ou ceux du neurologue américain, A. Damasio. L'un des enseignements de ces travaux consiste à démontrer que les émotions ont leur utilité. Pour Goleman, lorsqu'elles sont bien gérées, elles sont un facteur de succès. Pour Damasio elles constituent un élément essentiel de l'action bien conduite. Dans le cas particulier de l'émotion provoquée par l'œuvre de fiction, ce qui est en jeu n'est pas de l'ordre de « l'intelligence émotionnelle » puisqu'il ne s'agit pas de « gérer » ses émotions, mais tout au contraire de laisser agir les émotions pour ouvrir des voies nouvelles, à la discussion dans un premier temps, à l'action dans un second temps. Accepter de se laisser aller à ressentir des émotions, c'est entrouvrir une porte qui va permettre de voir les choses différemment. Sous le coup de l'émotion, la perception de la réalité n'est plus la même.

Ce changement ne dure pas longtemps et c'est pourquoi le conteur d'histoires ne doit pas s'arrêter et disparaître à la fin de son histoire. Après avoir été étonnés, surpris, émus, les auditeurs vont revenir à leur état normal et « rebrancher » le filtre de la raison. Après la chute de l'histoire, le conteur doit retrouver un rôle plus classique d'animateur en facilitant une expression des auditeurs qu'il devra authentiquement recentrer sur le travail, l'environnement de travail ou les éléments de réalité qui s'imposent. Après avoir brièvement échangé sur l'histoire elle-même (l'objectif n'étant nullement une analyse de texte), le manager griot doit poser la question du retour à la situation de travail : « Que penser de notre situation ? », « Comment envisager de régler tel ou tel problème ? »

Ce retour au principe de réalité ne doit pas se faire en recourant à des artifices enfantins qui, par exemple s'appuieraient sur une identification naïve des auditeurs aux héros positifs mis en scène dans le conte. L'auditeur n'est pas prêt à entrer dans la peau du super-héros. La suspension d'incrédulité n'était que temporaire, mais les émotions ressenties font encore sentir leurs effets : on ne sort pas aussi rapidement et aussi facilement d'une histoire bien racontée – ou en tout cas on n'en sort pas indemne. Et ce sont les sentiments et les émotions ressentis durant l'écoute de l'histoire qui, en perdurant un certain temps chez les auditeurs, vont autoriser un dépassement des blocages, une innovation ou encore une envie de s'engager collectivement.

Voici un extrait de *Storytelling*[1] illustrant bien l'état émotionnel qui peut être engendré par une histoire.

> « "Les histoires c'est pour les enfants", dit-il pour se moquer de ma proposition de commencer notre stage par la lecture d'un livre pour les enfants, raconte Diana Hartley, consultante en entreprise. Les gens dans la salle se turent et baissèrent la tête, l'air crispé et embarrassé. Ce manager arrogant m'avait provoquée tout au long de la session du matin. Je me trouvais dans l'université d'une des plus grandes entreprises mondiales de semi-conducteurs. Dans la salle chaque personne avait au minimum le titre de

---

1. Op. cit.

directeur et le dirigeant qui refusait d'écouter l'histoire figurait au cinquième rang dans l'organigramme de l'entreprise. Je pris ma respiration, m'avançai avec assurance et posai une chaise devant la classe comme une institutrice face à ses élèves. Je commençai à lire *Harold et le crayon mauve* sur un ton chantant en détachant les mots et en m'arrêtant en bas de chaque page afin de montrer les images à ma classe de dirigeants. Je les observais pendant ce temps et commençais à voir leurs traits s'adoucir, car ils écoutaient l'histoire non pas avec leur intellect, mais avec cette part d'enfance qu'ils avaient conservée. L'enfant en eux, celui qui avait cru en la magie des possibles se réveillait ; des sourires et des regards innocents apparaissaient. Notre Héros, Harold, les ramenait vers un temps de leur vie où tout était possible. Même le manager sceptique s'était calmé. La couleur était réapparue sur les visages, qui semblaient comme rafraîchis et inspirés. Il leur avait fallu quelques minutes pour se détendre, se laisser aller à jouer, à croire de façon enfantine qu'ils pouvaient eux aussi être Harold dessinant son chemin au travers des embûches, d'un gros coup de crayon gras et mauve. La classe apaisée acceptait l'idée désormais qu'un changement pouvait se produire sans conflit d'amour-propre ni tension. Ces dirigeants de haut niveau étaient prêts à croire, sans projection PowerPoint, sans graphique ni tableau, sans exercice ingénieux, en la simple possibilité de jouer et de créer ensemble quelque chose d'innovant et de brillant.»[1]

3. Quels conseils pour le cadre griot ?

Savoir raconter des histoires est un art, et certaines personnes sont naturellement plus talentueuses que d'autres pour captiver leur audience. Elles ont la bonne histoire à raconter au bon moment, au bon endroit. Elles savent la raconter en trouvant sans effort le ton et les expressions appropriées. Cette remarque préalable n'interdit nullement d'essayer de comprendre les raisons du succès et, de même que l'on peut arriver à jouer d'un instrument sans être un surdoué de la musique, il est permis d'espérer que la compréhension et la préparation autorisent les cadres qui n'ont pas d'aptitude naturelle à raconter des histoires à leur équipe à en retirer les bienfaits attendus. Pour mettre à jour les critères de qualité du cadre griot, il convient de se placer du point de vue de l'auditeur et de remarquer que la réception des histoires s'effectue à plusieurs niveaux.

- Le premier d'entre eux est celui de l'énonciation. Il consiste à bien analyser qui raconte l'histoire, d'où parle le conteur (d'une position hiérarchique ? en tant que collègue ?) et dans quel cadre (professionnel ? extra-professionnel ?).

- Le second concerne l'histoire elle-même, c'est le niveau de la signification. Dans sa dimension métaphorique, quelle suggestion, quelle évocation peut-elle suggérer ?

- Le troisième est le niveau du récit, quelles en sont les étapes, quelle est sa construction ?

---

1. C. Salmon, *Storytelling*, p. 6.

⟫ Le quatrième renvoie à la dramaturgie, la mise en intrigue et met en jeu les relations entre les personnages.

⟫ Le cinquième a trait au registre ou au traitement – l'histoire sera-t-elle traitée sur le plan de l'humour, de la tragédie, de la fable morale, etc. ?

3.1. L'énonciation

L'histoire est racontée par quelqu'un, dans un certain lieu, à un certain moment, dans certaines circonstances. Chacun de ces éléments possède une grande importance. Dans le premier exemple, on sent bien que le statut de consultante de Diana Hartley a posé un problème car elle savait qu'elle allait être jugée, tandis que dans une relation de manager à collaborateur, ce handicap de départ n'existe pas, les participants se connaissent. Mais le cadre qui désire recourir au storytelling doit préparer le lieu et les circonstances de sa performance : les circonstances les plus favorables sont un séminaire ou un temps de travail en commun assez long – au minimum une demi-journée –, dans un lieu où les participants pourront être protégés du monde extérieur, les portables coupés et confortablement installés. Le conteur ne doit pas révéler les raisons qui l'ont poussé à raconter son histoire. Elles ne seront dévoilées qu'à la fin dans la troisième phase, celle de retour au réel. Bien entendu, raconter une histoire n'est pas un outil de gestion traditionnel et l'entrée en matière doit être préparée. Elle peut l'être en assumant le statut du récit fictionnel, par exemple : « J'ai lu récemment une histoire qui m'a marqué, je vais vous la raconter car j'aimerais connaître vos réactions… »

3.2. L'histoire

Toute histoire comporte une dimension métaphorique et sera reçue comme telle par l'auditoire. Steve Denning était cadre à la Banque mondiale avant de devenir un gourou du storytelling. Dans son livre – intitulé *Le Tremplin* car il pense qu'une histoire efficace doit prendre appui dans le passé pour propulser vers l'avenir[1] – il propose une classification des histoires d'entreprise :

- les histoires qui permettent de partager des connaissances ;
- les histoires qui enflamment l'action ;
- les histoires à propos de ce qui peut se passer dans l'avenir ;
- les histoires fondées sur l'humour et la satire ;
- les histoires tremplin qui éclairent le futur à partir d'une histoire à propos du passé ;
- les histoires qui communiquent ce que nous sommes : des gens ;
- les histoires qui communiquent ce que nous sommes : des marques ;
- les histoires qui transmettent des valeurs ;

---

1. S. Denning, *The Springboard*, Butterworth Heinemann, 2000.

- les histoires qui comblent des retards de savoir-faire ;
- les histoires qui incorporent des connaissances tacites.

Cette classification est étrange mais utile, car elle donne un aperçu de ce à quoi peut servir le storytelling en entreprise.

Comment choisir l'histoire ? Celle-ci doit être courte.

« Imaginez un château si énorme qu'on ne peut l'embrasser du regard. Imaginez un quatuor qui dure neuf heures. Il y a des limites qu'il ne faut pas dépasser, les limites de la mémoire, par exemple. À la fin de votre lecture vous devez être en mesure de vous rappeler le commencement. »[1]

Le cadre-griot a besoin de se constituer une bibliothèque d'histoires et il serait utile qu'un collectif de lecteurs puisse mettre à disposition des fiches de lecture des histoires les plus riches avec des exemples de leur utilisation. Si les programmes des écoles de gestion faisaient plus de place à la connaissance de la littérature, il est probable que l'utilisation du storytelling dans l'entreprise se développerait plus rapidement et qu'un élan plus pur serait donné aux gens de la tribu[2] entreprise.

3.3. Le récit

Le récit est construit, et l'exemplum narratif varie en fonction du genre. Dans le plaidoyer par exemple, la *narratio* suit l'exorde et précède l'*argumentatio*, l'objectif étant d'emporter la conviction du juge. Encore faut-il ne pas trop généraliser, car si l'on prend l'exemple de la fable (qui est à considérer pour un usage en entreprise) chez La Fontaine, la morale est conclusive alors que pour le maître de tous les fabulistes, le grec Esope, elle est introductive.

Ce qui importe, c'est la maîtrise de la diversité des événements qui passe par une structure rigoureuse permettant la cohésion, la mémorisation et donc l'intelligibilité des énoncés.

Edgar Poe, à propos du poème, écrit qu'« un plan quelconque, digne du nom de plan, doit avoir été soigneusement élaboré en vue du dénouement, avant que la plume attaque le papier. Ce n'est qu'en ayant sans cesse la pensée du dénouement devant les yeux, que nous pouvons donner à un plan son indispensable physionomie de logique et de causalité. »

Dans notre cas, l'essentiel consiste à ne pas perdre de vue l'effet à produire. Il ne s'agit pas de convaincre – contrairement à un plaidoyer – mais de déclencher des sentiments et des émotions congruentes à la résolution des problèmes qui se

---

1. Milan Kundera, *L'Art du roman.*
2. Clin d'œil à Mallarmé : « Donner un sens plus pur aux mots de la tribu… »

posent *IRL*[1]. Les récits peuvent, par exemple, faciliter la compréhension dans la mesure où ils intègrent ce qui est connu d'un événement avec ce qui n'est que conjecture. C'est alors la curiosité qui devra être stimulée. Ils peuvent orienter l'action avant que des routines ou des procédures ne contrarient l'envie même d'agir. La peur, la colère, la vengeance sont des émotions qui poussent à agir. Les récits constituent également des bases d'expérience auxquelles les acteurs peuvent se référer pour inventer et innover. C'est la créativité, la spontanéité qui seront alors recherchées.

3.4. La dramaturgie

La mise en intrigue dépend évidemment des personnages et de leurs relations. Les exemples abondent, de la série *24 heures chrono*, bien connue des amateurs de séries américaines, au théâtre classique, qui respectent la règle des trois unités formulée par Boileau : « Qu'en un jour, qu'en un lieu, un seul fait accompli tienne jusqu'à la fin le théâtre rempli. »

> Le principe de *24 heures chrono* est celui du temps réel qui donne son titre à la série. Toute l'action se déroule en 24 heures, le lieu est le plus souvent la cellule antiterroriste et l'action est fortement contrainte par une menace qui varie selon les saisons (projet d'assassinat du président américain, bombe atomique, gaz neurotoxique, etc.). À l'intérieur de ces contraintes, le nombre de trahisons, de retournements de situation, d'intrigues amoureuses, de calculs politiciens semble infini. Des concepts tels que le charisme et le leadership sont au centre de cette série.

Propp, un formaliste russe, a essayé de prouver que tout conte fantastique peut être ramené à une dramaturgie unique, composée d'une série de fonctions : méfait initial, départ du héros, acquisition d'un auxiliaire magique, combat victorieux et retour triomphal. Avec moins de réussite que Propp, Snowden a essayé d'en faire autant pour les histoires utilisées en entreprise[2], il définit la structure (*template*) de telles histoires autour des concepts suivants : le contexte, trois anecdotes, le « turning point », trois messages, le message principal, le slogan, le renversement de situation. Son objectif est de former des managers pour qu'ils s'approprient une histoire que leur raconte le président et qu'ils la reproduisent tout en la personnalisant, mais en conservant la structure, la trame et, bien sûr, le message.

Dans notre cas, il s'agit moins de construire que de sélectionner une histoire et, de ce point de vue, les qualités dramaturgiques sont à prendre en compte dans le choix en fonction des objectifs opérationnels poursuivis. La complexité de l'intrigue, la multiplication des personnages et de leur relation peut convenir dans des

---

1. *In Real Life*, abréviation en usage dans le monde des internautes fréquentant les mondes virtuels.
2. D. Snowden, « Narrative Patterns », *Knowledge Management*, vol. 4, n° 10, 2001.

situations réelles qui ressemblent à des champs de mines, mais un seul personnage dans un contexte onirique sera suffisant s'il s'agit de susciter un sentiment aussi délicat que la compassion ou l'attention à l'autre.

> *Le Petit Prince* de Saint-Exupéry a montré que l'art d'apprivoiser un renard ou l'attention portée à une rose sont des histoires émouvantes de nature à provoquer une ouverture – momentanée et fragile – de l'âme.

3.5. Le registre (ou genre)

Il peut être utile de partir d'un recensement des genres pour en étudier la pertinence concernant l'utilisation par le cadre griot.

- L'autobiographie, bien qu'en principe non fictionnelle, peut être utile car, si les réflexions, les sentiments concernent l'expérience personnelle, l'autobiographe n'a de cesse de prendre à témoin son lecteur auquel il donne le statut de témoin, juge ou confident, et ainsi il peut transmettre les sentiments qui sont les siens.

- L'humour semble préférable au comique, car il introduit souvent une distance, il fait appel à une complicité de l'auditeur qui seront utiles pour revenir au réel. Le comique peut cependant avoir des vertus pour «dépoussiérer» – voire «déboulonner» – des «personnages-idoles» dans l'organisation, ou pour dénoncer des procédures obsolètes.

- Le genre didactique que l'on trouve dans la leçon est résolument à proscrire.

- Le genre dramatique, incarné notamment dans le théâtre, comprend plusieurs registres ; tragique, sublime, grotesque, pathétique. Il semble idéal pour provoquer la catharsis et purger les passions, mais aussi pour exalter, amener au dépassement de soi.

- L'épopée est un genre idéal pour raconter des histoires, et il est probable que les premiers récits présentaient tous les caractères du genre épique : narration de hauts faits devenus légendaires, nimbés d'éléments merveilleux et dont le héros, à la valeur surhumaine, entre en conflit avec des forces gigantesques dont il triomphe, fût-ce dans la défaite. Ce personnage, toujours masculin (mais il serait de bon ton de revoir ce point à l'heure de la parité) est porteur d'une morale destinée à exalter une collectivité (équipe projet, collaborateurs d'un même service).

- Le registre lyrique caractérise l'expression poétique des émotions, et c'est à ce titre qu'on peut considérer qu'il existe des thèmes ou des époques lyriques. Hugo définit comme lyriques les temps primitifs : «La première parole de l'homme n'est qu'un hymne : la prière est toute sa religion, l'ode est toute sa poésie». La poésie semble plus efficace dans le cadre d'une lecture et d'une méditation personnelle que dans celui d'une utilisation collective en entreprise, mais le registre lyrique se retrouve aussi dans de la prose et il est, presque par nature, apte à faire émerger certaines émotions telles que l'amour, l'amitié ou la mélancolie.

⟩ Le merveilleux ou le fantastique sont également très utiles car il abolit certaines contraintes de la réalité et donne vie à des personnages qui incarnent une qualité (la force, la sagesse, la beauté, par exemple) et les émotions que suscite le merveilleux sont souvent très intenses car l'auditeur, comme dans notre premier exemple, retrouve la part d'enfance qui est en lui.

⟩ La fable est également à considérer mais la morale qu'elle contient peut constituer un obstacle car elle effectue brutalement un retour au réel.

4. Conclusion

«On tient pour postmoderne l'incrédulité à l'égard des métarécits… la fonction narrative perd ses foncteurs, le grand héros, les grands périls, les grands périples et le grand but» écrivait Lyotard en 1979 dans son livre consacré à la condition postmoderne.

Peut-être est-ce pour cette raison que mille «petits récits» naissent à la place des grands récits, car la fonction narrative se transforme mais ne meurt pas. Elle devient chaque jour plus utilisée en entreprise, notamment dans le marketing, mais aussi dans la reddition de comptes relative à la responsabilité sociale[1]. Nous proposons de l'utiliser également dans le cadre de la relation managériale, mais il faut pour cela que le manager acquière un talent supplémentaire, celui du griot.

Le conteur ici ne crée pas forcément son histoire, il la choisit en tenant compte des effets qu'il entend produire, car il ne s'agit pas d'un divertissement mais bien d'une action finalisée. Le choix de l'histoire est un moment essentiel dont les effets attendus sont essentiellement d'ordre émotif. L'auditoire doit ressentir plus qu'analyser, il doit être ému, révolté, joyeux, chagriné, à la lecture de l'histoire et c'est pour cette raison que l'art du conteur est sollicité.

Ensuite s'effectue un retour au réel et une mise en situation par rapport aux difficultés ou aux opportunités que connaît l'organisation. L'advertance des auditeurs doit en être renforcée et, s'ils sont invités à examiner la situation de l'organisation, avec les contraintes et les ressources du monde réel, leur état d'esprit aura changé, leurs émotions, leurs sentiments seront pour un temps transformés et leur engagement dans l'action se ressentira de ces transformations.

---

1. Igalens (2007), «L'analyse du discours de la responsabilité sociale de l'entreprise à travers les rapports annuels de développement durable d'entreprises françaises du CAC 40», *Finance Contrôle Stratégie*, vol. 10 Issue 2, pp 129-157.

Partie 2

Les talents de la diversité

Chapitre 11

Tous talentueux,
le cas des personnes handicapées

Jean-Rémy ACAR
Laurent BIBARD
Dominique VIANDIER

La loi du 11 février 2005 pour l'égalité des chances vise à renforcer la loi d'orientation du 30 juillet 1975 en faveur de l'intégration des personnes défavorisées dans la vie économique. Dès 1992, la loi Gillibert transformait une obligation de moyens en une obligation de résultats, en imposant aux institutions et aux entreprises de compter 6 % de personnes handicapées dans leur personnel. Comme toute loi formelle, qui fixe une quantité, la loi est abstraite et contraignante. Elle a cependant la vertu d'attirer l'attention sur une question grave, dont la difficulté se mesure souvent mal : l'intégration des personnes handicapées dans la vie économique et le monde du travail est d'autant plus difficile que la relation au handicap relève d'un rapport profondément archaïque à la vie. Dans la relation au handicap, c'est d'abord l'inconscient qui est en jeu. C'est le vivant devant le vivant défaillant. La vie devant la défaillance de la vie est rien moins qu'ambiguë : le handicap est spontanément éprouvé comme un obstacle à la spontanéité de l'exercice d'une puissance vive.

Pour le dire avec le vocabulaire de l'entreprise, le handicap implique inconsciemment l'idée d'incompétence, et donc d'inemployabilité.

La thèse de ce chapitre est simple : les handicapés sont tout aussi talentueux que les personnes dites « normales », voire plus. Les entreprises et les organisations en général ont tout intérêt à apprendre à intégrer des handicapés au sein de leurs ressources humaines, car loin de nuire à la performance de l'organisation, cela peut très largement la servir. Encore faut-il évidemment bien savoir user du handicap et du potentiel qu'il recèle contre toute attente ou hypothèse initiale. Pour étayer cette thèse, nous explicitons la problématique de la représentation du handicap (section 1), de l'employabilité et du potentiel des personnes handicapées (section 2), et de leur intégration au sein du collectif des organisations (section 3).

1. La représentation du handicap

1.1. Le handicap : qu'est-ce que c'est ?

Pour les humains, un handicap définit une affection physique ou mentale qui compromet sa disponibilité entière pour une vie – en particulier professionnelle – « normale ». Nous avons, toutes et tous en mémoire un moment où nous avons rencontré une personne handicapée, et n'avons pas su parler avec elle, échanger avec elle, la rencontrer normalement. Un handicap est d'abord une barrière entre la vie réputée normale et la vie « anormale » : voilà l'un qui ne voit pas comme il faut, qui n'entend pas bien, qui n'a pas la mobilité des autres, etc. Le handicap est vécu de manière générale comme un manque, une insuffisance de la vie. Devant la vie atteinte, la vie des personnes non handicapées se retire, n'admet pas d'interagir dans son immédiate spontanéité ou « normalement » avec les représentants qui témoignent du fait qu'elle peut être blessée. De fait, les réactions habituelles devant les personnes handicapées, de la part de celles qui ne le sont pas, sont pour le moins réservées, voire grinçantes, hostiles, et en tout cas inquiètes.

C'est que le handicap concerne la vie de chacune et chacun dans ce qu'elle a de plus personnel et de plus archaïque : il est extrêmement difficile, et cela résulte d'un travail de culture fondamental, de se comporter « normalement » devant le handicap ou l'anormalité. Cela est rare, et cela demande d'être cultivé pour que la vie de toutes et tous devienne précisément « normale ».

La difficulté s'accroît lorsque les personnes handicapées le sont d'une façon telle qu'elles ont intériorisé la difficulté, et s'autocensurent quant aux possibilités où elles pourraient être de mener une vie – en particulier professionnelle – invisible parce que parmi les autres, normale. Le handicap est un cercle qui devient souvent vicieux, reproduisant une exclusion implicite de ses représentants de la vie « normale ». De l'« intérieur » comme de l'extérieur.

1.2. Reconnaître le handicap

Cependant, travailler avec des personnes handicapées implique, non pas de « faire comme si » le handicap n'existait pas, mais au contraire de reconnaître le handicap où il est, afin de l'oublier. L'oubli est à la fois capital, et souvent spontané : qui ne peut dire qu'à fréquenter au quotidien une personne handicapée, l'on oublie potentiellement – voire réellement – son handicap, et que la vie de tous les jours devient précisément « normale » ? L'exclusion du handicap est sur ce point tout à fait analogue aux exclusions de tous les autres acabits (racisme, homophobie, etc.) : la relation détruit l'image qui pétrifie les différences, au profit des actions partagées. Ainsi, tous les systèmes techniques permettant aux personnes handicapées de pallier leurs manques de mobilité, de perception sonore ou visuelle, etc., sont autant de moyens d'assurer la «base» matérielle du commerce entre les humains qui permettent de «passer à autre chose» – d'oublier le handicap au profit de la rencontre, des échanges, de la production voire de la productivité, de la performance. C'est le deuxième point qu'il nous faut aborder.

2. Le potentiel des personnes handicapées?

Aborder tout court une personne handicapée est difficile, a fortiori lorsqu'il faut voir ce que l'on peut faire d'une demande d'emploi. L'exercice est d'autant plus délicat qu'il devient donc maintenant obligatoire : entre l'obligation formelle, sanctionnée par des pénalités financières prévues par la loi en cas de non-recrutement, et la spontanéité de vision d'un potentiel d'évolution, il y a un gouffre. Une parenthèse sur l'évolution actuelle des organisations s'impose ici.

2.1. La tension entre court et long terme

La tension décrite ici est structurelle, mais particulièrement exacerbée par la réalité économique de la mondialisation : toute organisation est tendue entre les objectifs qu'elle doit réaliser à court terme pour évoluer de manière satisfaisante, et la nécessité de développer une stratégie à long terme.

À court terme, il faut par principe – et actuellement de plus en plus immédiatement – montrer que l'on est performant et efficace. Il faut donc maximiser la productivité, mais aussi se conformer autant que possible à des impératifs comme «zéro stock, zéro défaut, qualité totale», etc. Si ce n'est pas le cas, l'on déçoit ou inquiète tôt ou tard les responsables du bon fonctionnement de l'organisation, ou ses parties prenantes, internes ou externes (ce que nous affirmons ici vaut analogiquement autant, dans ses grandes tendances, pour le secteur public que pour le secteur privé, aux mécanismes d'adaptation plus ou moins heureux de l'un et l'autre secteur selon les circonstances économiques ou politiques). Dans un tel contexte, les contributions incertaines, et en tout cas à encadrer, que sont celles des personnes handicapées sont plutôt un problème qu'une solution.

D'un autre côté, les organisations doivent cultiver le savoir-faire stratégique. Or, une stratégie se définit sur le long terme, par définition en environnement incertain, parce qu'encore au moins partiellement inconnu. L'hypothèse sous-jacente à une gestion à court terme, censée dans l'immédiat garantir les conditions d'un contrôle total de l'action et de ses conséquences n'a aucun sens pour le moyen et le long terme. Dans ce contexte, l'attitude dominante des managers doit témoigner plutôt d'une capacité d'écoute et de discernement des signaux faibles, que de performance et de contrôle.

Le court terme et le long terme sont en tension, comme le sont les attitudes du contrôle et de l'écoute, de la performance immédiate et de la compétence nécessaire pour poser et bien poser les questions. La capacité à répondre immédiatement par une action efficace s'oppose à la capacité à entendre avec pertinence l'évolution interne et externe de l'organisation. C'est sur ce dernier plan que, sans aucun doute, les personnes handicapées, contribuent de manière significative à l'un des aspects fondamentaux de la performance des organisations.

2.2. L'apport des salariés handicapés à l'organisation

Non seulement les personnes handicapées peuvent-elles tout autant que les autres, contre toute attente habituelle, se montrer particulièrement performantes à court terme, mais elles ont également le plus souvent, lorsqu'elles ont suffisamment travaillé sur leur situation au sein d'une société et de relations problématiques par construction, une sensibilité qui les met à l'écoute de ce que les personnes «normales» n'entendent, ne voient, ni ne perçoivent. Autrement dit, la présence d'une personne handicapée au sein d'une organisation oblige d'une part à adapter le comportement individuel et collectif à une différence de regards et de points de vue qui fertilise la capacité interne collective d'innovation, mais elle permet surtout à l'organisation de devenir réellement apprenante, en cultivant le sens de l'écoute au sens large.

La présence de personnes handicapées au sein d'une équipe contribue de manière décisive à cultiver en interne le sens de l'écoute de ce qui est inconnu, de l'accueil de ce qui arrive, le sens du changement et de l'innovation, et donc aussi le sens de l'adaptation à un environnement complexe, incertain, et en pleine mutation.

Il conviendrait, dans une présentation plus détaillée, de distinguer entre différentes formes de handicaps, allant du handicap qui n'affecte en rien l'activité ni la relation aux équipes, au handicap qui implique un apprentissage réellement nouveau de fonctionnement pour la personne handicapée comme pour les équipes elles-mêmes, en passant par exemple par le handicap qui affecte ou la relation ou l'activité et requiert une adaptation minimum des parties prenantes. Il n'en demeure pas moins qu'une organisation durable, ou que le développement organisationnel durable, est fondamentalement conditionnée par la capacité collective à poser les bonnes questions pour le moyen et le long terme, et non seulement à répondre bien à court terme en fonction d'un environnement et de contenus connus. D'une manière ou d'une autre, la présence de personnes handicapées dans un tel contexte est fondamentalement favorable, pourvu qu'elle soit bien encadrée, à une culture de l'écoute indispensable aux stratégies gagnantes.

Nous nous arrêtons enfin à la question de l'encadrement des équipes, soit au management des personnes handicapées dans l'entreprise.

3. Pour des équipes apprenantes

3.1. Le recrutement

Un recrutement est toujours un pari, et l'on ne sait jamais ce que donnera effectivement une contribution qui est le résultat de l'estimation d'un travail et d'une intégration potentiels dans une équipe. Il est évident que, pour assurer une performance à court terme sur la base de critères connus pour une organisation, il faut recruter dans l'esprit d'une continuité avec ce que l'organisation sait déjà faire. Autrement dit, les rites de recrutement par lesquels l'organisation se borde lors de l'arrivée d'un nouveau membre sont constitutifs de la continuité et de la pérennité de l'organisation.

D'un autre côté, dans un environnement changeant, il est capital que l'organisation soit apprenante : une organisation incapable d'intégrer les évolutions d'un environnement de plus en plus turbulent et imprévisible à long terme, mais également à moyen – voire à court terme –, ne survit pas longtemps. Autrement dit, il est déterminant que les recrutements prennent en compte l'évolution de l'organisation et sa nécessaire flexibilité. Une organisation qui ne recruterait que des clones de ses membres actuels est vouée à sa perte.

Il est essentiel que les membres à la fois intègrent et représentent, dans leur constitution collective, la diversité nécessaire qui rend une organisation désormais compatible avec un environnement changeant, pour le moins bigarré au niveau international, et imprévisible. Contre la standardisation généralisée des comportements qui témoigne du désir de contrôle de l'ensemble des processus et des opérations, les organisations ont un intérêt fondamental à l'heure actuelle à intégrer des profils de plus en plus variés, non seulement *hic et nunc*, mais pour l'avenir et pour «ailleurs» si elles s'internationalisent, en s'exportant ou en intégrant de toute nécessité des ressortissants de toutes les cultures.

3.2. L'hétérogénéité est nécessaire

Dans ce contexte, l'intégration de personnes handicapées, comme l'intégration de personnes différentes de la «normale», contribue évidemment à une saine hétérogénéité du collectif des membres des organisations. Surtout, leur intégration, qui suppose une attention particulière pour leur adaptation au sein de leur nouvel environnement de travail, oblige les équipes – managers cadres ou collaborateurs immédiats – à apprendre eux-mêmes à s'adapter à des situations inconnues en interne.

Autrement dit, le processus même d'intégration des personnes handicapées, outre la présence tout court de personnes diversifiées au sein des frontières de l'organisation, oblige les dites organisations à mettre en place des processus – éventuellement inexistants jusque-là – d'intégration des personnes nouvelles, tout simplement.

L'apprentissage de l'intégration des personnes handicapées favorise de manière significative l'apprentissage de l'intégration de la diversité tout court, et des personnes en général au sein des organisations. Ceci est un exemple de l'amélioration managériale générale que favorise une législation contraignante, mais interprétée et mise en œuvre pour un apprentissage collectif et continu. Pour les personnes handicapées et au-delà, il y a mille possibilités de la sorte.

Chapitre 12

Détecter puis accueillir les jeunes talentueux dans l'entreprise

Patrice ADAM
Richard DELAYE

La gestion des « jeunes talentueux », enfants intellectuellement précoces selon la terminologie française, doit être une préoccupation centrale tant elle est impactante à moyen ou long terme dans les organisations. Malheureusement, si de nombreux pays ont mis en application les recommandations formulées en 1994 par le Conseil de l'Europe pour éviter « de gaspiller les talents et par conséquent les ressources humaines par manque d'anticipation dans la détection des potentialités intellectuelles et autres », bon nombre de ces jeunes potentiels – qui constituent entre 3 et 10 % de la population scolaire européenne – sont en situation d'échec et de décrochage scolaire.

1. Définition

Dans la mesure où la définition de « jeunes talentueux » diffère d'un pays à l'autre, il est important de dresser un panorama de ce que l'on entend par « jeunes talents » en Europe et de déterminer quelle est la place de l'entreprise dans l'accompagnement de ces derniers.

1.1. L'étude européenne de 2006

Une étude de l'unité européenne d'Eurydice réalisée pour le compte de la Commission européenne (2006) montre la diversité des terminologies et des pratiques en la matière au sein même de l'Europe.

Si les termes de « talentueux » et « doués » se retrouvent combinés dans plus de treize pays et régions de l'Union, le Royaume-Uni fait une nette distinction entre les deux termes : « doués » est réservé au domaine « intellectuel » ou « académique », « talentueux » aux domaines artistique ou sportif. La France après avoir parlé de jeunes « doués ou surdoués » a adopté aujourd'hui celui « d'enfant intellectuellement précoce ». En Belgique (communauté française) on parlera de « jeunes à haut potentiel » alors qu'en communauté flamande on préférera utiliser « jeunes à aptitudes élevées » ce qui les rapproche de l'Espagne avec « élèves avec de hautes aptitudes intellectuelles » et de la Roumanie qui qualifie ses jeunes talentueux « d'élèves présentant des aptitudes exceptionnelles ». Enfin, que dire des trois pays nordiques (Finlande, Suède et Norvège) qui ont volontairement choisi de ne pas spécifier cette catégorie de jeunes, renforçant une volonté politique sensible à l'équité et au développement potentiel de tous les jeunes sans distinction ? Le talent sera-t-il détecté plus tardivement, et de quelle manière ?

1.2. Les critères d'appartenance et de développement

Bien entendu, suivant le pays, les critères pris en compte pour désigner la cible évoluent significativement. Ils peuvent se traduire par l'utilisation de tests d'aptitude ou de potentiels et/ou sur la mesure d'acquis et/ou de performances antérieures. Il en va de même pour les différents domaines observés. Ils peuvent aussi bien prendre en compte les considérations sociales telles que le leadership, la gestion des émotions, les capacités de persuasion, d'empathie et de compréhension (domaine socio-affectif) que les aptitudes motrices utilisées dans les activités sportives et artistiques (domaine psychomoteur) ou encore les aptitudes cognitives, aussi bien dans le cadre des activités scolaires – mathématiques ou apprentissage des langues – que dans celles plus transverses – mémoire, résolution de problèmes, visualisation dans l'espace (domaine intellectuel). Le dernier domaine (domaine artistique) n'est pas laissé pour compte, puisque certains pays prennent en considération les aptitudes créatives – danse, musique ou arts plastiques.

On remarque dans le tableau 12.1 qu'en France, en Irlande, en Communauté flamande de Belgique et en Allemagne, le concept de « jeune talentueux » se limite à l'observation du domaine intellectuel et est donc plus restrictif que celui appréhendé au Danemark, en Grèce, en Lettonie, en Pologne, au Royaume-Uni, en Islande et en Bulgarie, dont l'approche se réfère à l'ensemble des domaines.

Tableau 12.1 – Critères d'appartenance et domaines
de développement couverts par le terme désignant la population
à talents particuliers. Année scolaire 2005/2006

TERME		CRITÈRES D'APPARTENANCE		DOMAINES DE DÉVELOPPEMENT			
		Tests d'aptitudes ou de potentiels	Mesure des acquis et/ou des performances	Socio-affectif	Psycho-moteur	Intellectuel	Artistique
Talent (+ autre possible)	EE	-	-	-	-	-	-
	HU	●	●	-	-	●	●
Autre terme	BE fr	-	-	●	●	●	●
	BE nl	-	-	-	-	●	-
	ES	●	-	●	●	●	●
	FR	●	●	-	-	●	-
	IS	-	-	-	●	●	●
	RO	●	●	●	●	●	●

● Critère utilisé/aspect couvert   – Critère non utilisé/aspect non couvert   FI, SE, NO: il n'existe pas de terme.

Le talent, dans la mesure où il est détecté et entretenu à l'école en observant uniquement le domaine intellectuel n'est-il pas intimement lié à la notion d'élitisme? Rappelons qu'en France «l'école de la République fabrique l'élitisme» (Ranjard, 1999), élitisme qui mène inéluctablement à l'individualisme. Nous en sommes arrivés à une telle situation tout simplement en ne prenant en compte que trois critères d'appréciation de l'excellence: l'abstraction, l'élitisme et la course au classement (Fauconnier, 2005). L'abstraction est un critère défini dans le domaine intellectuel, quant à la course au classement elle place l'autre en position d'ennemi à combattre au lieu d'en faire un allié dans une logique de coopération, ce qui est abordé dans le domaine socio-affectif. Mais avec 150 000 jeunes sortant de ce système sans qualification, avec 63 % d'une génération n'accédant pas à l'enseignement supérieur – et qui ne sont pas pour autant des «imbéciles» aux vues des réalisations dont ils pourront être les auteurs –, il existe sans aucun doute d'autres critères qui permettent de mesurer le potentiel d'un individu, une approche sans doute beaucoup plus axée sur la notion de compétence ou d'intelligence situationnelle, ce qui nous amène à réfléchir sur la définition des jeunes «talentueux» vus par l'entreprise.

2. Élargir le champ du recrutement

Bon nombre d'entreprises orientent leur «sourcing» vers des populations totalement différentes de celles ciblées par le système scolaire.

C'est le cas de Gaz de France qui a décidé de mettre en place un processus de détection et de formations des jeunes talents à travers l'apprentissage, au sein des zones périurbaines.

Il convient également de saluer l'initiative d'Axa qui déploie un programme de parrainage permettant à des jeunes issus de classes populaires, localisés dans les milieux urbains difficiles, d'être sensibilisés à l'entreprise et à ses métiers dès le collège.

En effet, il est important de rappeler que seuls 10,8 % d'étudiants du supérieur ont des parents ouvriers et 5,6 % des parents touchés par le chômage (les deux catégories les plus représentées dans les banlieues), chiffre à rapprocher des enfants de cadres supérieurs qui représentent 32,7 % de la population estudiantine.

Les étudiants issus de milieux plus défavorisés qui accèdent à l'enseignement supérieur ont par ailleurs une appréhension limitée du contexte professionnel dans lequel ils pourraient utiliser leurs talents. Pourtant, «personne ne va les chercher où ils sont», explique Roger Peletier, principal du collège Alfred Sisley à Moret-sur-Loing (77) qui participe activement au programme. À défaut d'un ascenseur social quelque peu «bloqué» ces dernières années, ce parrain ou cette marraine joue le rôle d'un «passeur social» qui peut tout à fait aider le jeune talentueux, non seulement à prendre conscience de son actif, mais également à l'exprimer en situation professionnelle. N'est-ce pas là une prémisse dans le processus de développement de la compétence, et de surcroît un acte de responsabilité sociale de l'entreprise ?

C'est sur ces bases que le réseau d'écoles de commerce et de gestion DGC, dont l'établissement initial est implanté en Seine-Saint-Denis, département synonyme pour beaucoup de violence et délinquance, a bâti son projet pédagogique.

Loin de toute approche misérabiliste, bien au contraire, l'équipe pédagogique défend le fait que «tout jeune possédant les prérequis doit pouvoir accéder à l'enseignement supérieur». Tel est le leitmotiv enraciné dans les valeurs que prône l'école depuis maintenant cinq années et les résultats sont là. En imposant l'alternance dès la première année, et ce jusqu'à la cinquième, ce qui, par ailleurs, leur confère un statut social, les apprenants bénéficient non seulement d'un diplôme d'État au travers d'un partenariat avec l'université de Corse, mais également d'un taux d'emploi de 72 % à l'issue de leur cursus. Or, rien ne prédestinait ces typologies d'étudiants à une telle réussite. En effet, avec une population résidant pour 65 % en «banlieue», un brassage multiculturel symbolisé par la cohabitation de plus de treize ethnies et 85 % des étudiants issus de bac professionnels ou techniques, on comprend que les préjugés sur l'avenir de ces derniers pouvaient pousser à un certain pessimisme.

«Il faut réellement de la motivation et croire en soi pour s'en sortir», disait une étudiante lors de sa remise de diplôme. Il faut également du talent, que l'on pourrait facilement assimiler à une forme «d'intelligence situationnelle»; ce même talent se doit d'être cadré pour être transformé en compétence, actif intangible mais au demeurant mesurable et quantifiable qui devient une véritable «monnaie d'échange» sur le marché de l'emploi. Et c'est à l'entreprise que revient cette formidable opération.

3. Encadrer les jeunes talentueux

Outre l'expérience d'Axa, qui cible davantage les jeunes collégiens grâce au parrainage, il devient urgent de créer un véritable lien intergénérationnel au sein même de l'entreprise. Cela passe par la mise en place d'actions d'accompagnement de type «tutorat» ou encore coaching. Cependant, l'expression du talent ne peut se faire sans une certaine autorité, au risque de manquer la transformation en compétence.

Cette notion est intimement liée au pouvoir, et, si ce dernier implique l'obéissance, l'autorité fait quant à elle référence à la reconnaissance, notion beaucoup plus proche de notre vision humaniste des rapports humains. L'autorité, c'est également un mot à qui l'on peut attribuer deux origines étymologiques. Le latin avec «*auctoritas*», un plus qui augmente l'action en la légitimant et en l'autorisant, et l'indo-européen avec la racine «*aug*» qui indique l'auteur, celui qui crée. L'autorité serait donc un cadre propice pour laisser les jeunes talents s'exprimer, et ainsi autoriser les jeunes générations talentueuses à créer, mais cela suppose un rapport au passé et à l'avenir plus novateur qu'aujourd'hui, l'autorité étant réellement en crise dans notre société.

Chapitre 13

Du « vigile »
à « l'agent de sécurité »

Jean-Rémy ACAR
Laurent BIBARD

Le texte qui suit témoigne d'expériences réelles dans le secteur de la sécurité privée. Il a l'ambition de montrer comment faire émerger de véritables talents opérationnels en formalisant des règles de fonctionnement d'un métier et en favorisant parallèlement une appropriation correcte de celles-ci, en misant sur la responsabilité des personnes et leur capacité d'action, dans un contexte plus que difficile aux plans social et technique.

1. « Tous déconsidérés »

1.1. Cité des Indes à Sartrouville

Le 26 mars 1991, Djamel Chettouh, dix-huit ans, est tué d'un coup de fusil à pompe par un vigile, sur le parking du centre commercial Euromarché de Sartrouville (Yvelines). De violents incidents éclatent dans la cité des Indes, où est situé le centre commercial, puis dans toute la commune.

Mis en examen pour homicide volontaire, le vigile est écroué. Remis en liberté sous contrôle judiciaire dix-huit mois plus tard, il sera jugé pour « violences volontaires ayant entraîné la mort sans l'intention de la donner », après que les poursuites pour « homicide volontaire » ont été requalifiées. Deux autres vigiles, présents sur les lieux et acteurs du drame, sont poursuivis pour complicité.

Les trois hommes étaient employés d'une société de gardiennage, elle-même prestataire d'Euromarché. Il est acquis dès le début de l'instruction qu'ils ont agi dans une totale illégalité. Armés d'un fusil, mais aussi de battes de base-ball et d'un pistolet à grenaille, ils s'en sont pris à des jeunes qui ne les avaient pas menacés et qui tentaient de leur échapper, comme cela sera rappelé au procès. La direction d'Euromarché niera avoir su que les employés de l'entreprise de surveillance étaient armés.

1.2. Le procès, janvier 1996

Lors du procès, presque cinq ans plus tard, des témoins racontent comment les trois hommes avaient déboulé en voiture devant la cafétéria où se retrouvaient les jeunes de la cité; comment ils s'étaient mis à bousculer les uns, à frapper les autres, tombant sur Djamel pour lui coller un pistolet sur la tempe, le braquer avec le fusil…

Deux des vigiles racontent leurs itinéraires parallèles d'immigrants diplômés – en sciences agricoles pour l'un, en sciences politiques pour l'autre. Plongeur puis homme de ménage, le meurtrier présumé évoquera son parcours jusqu'à devenir agent de sécurité, un travail considéré comme temporaire, en attendant de faire autre chose. «Un travail de la police», dit-il, le seul qu'on lui ait proposé et d'ailleurs le seul qu'on a continué de lui proposer après sa remise en liberté provisoire et jusqu'au procès! Le troisième homme était vigile de longue date. Une condamnation pour vol, à quinze mois de prison avec sursis, n'avait pas eu d'influence particulière sur la confiance que lui faisait son employeur. Entre délinquance et improvisation, tous donneront l'impression de s'être comportés «comme des chefs de bande et pas comme des gens chargés d'assurer la sécurité», selon le mot d'un des avocats.

Au cours des plaidoiries, les avocats dénoncent à tour de rôle la logique des milices privées dans des quartiers désertés par l'État et les forces de police, l'absence de mise en cause des responsables d'Euromarché et de la société de gardiennage, la responsabilité exorbitante laissée aux vigiles par incompétence, laxisme ou hypocrisie…

Alors qu'ils n'ont jamais été entendus pendant l'instruction, le directeur de l'hypermarché et le patron de la société de gardiennage sont appelés à témoigner. Le premier reconnaît avoir au moins une fois demandé aux vigiles de venir armés, pour l'accompagner alors qu'il devait transporter une importante somme d'argent. Il dit avoir ignoré que c'est formellement interdit par la loi[1]. Il explique avoir choisi cette société prestataire parce que «ses méthodes étaient reconnues». Ni lui, ni le patron de la société ne sauront expliquer en quoi consistaient ces méthodes. Tout au plus, peut-on conclure que, livrés à eux-mêmes, les vigiles avaient pris l'habitude d'intervenir de façon musclée dans une logique «préventive». Le jour fatal, ils avaient pris des armes dont ils n'avaient aucune expérience du maniement. L'intervention

---

1. Loi du 12 juillet 1983 réglementant les activités de sécurité privée.

devant la cafétéria, où des incidents avaient déjà eu lieu qui portaient préjudice à l'activité du centre commercial, était une forme d'action à but dissuasif.

1.3. Jugement et questions

L'avocat général souligne que «la responsabilité morale d'Euromarché est engagée». Seuls le meurtrier présumé et le chef d'équipe seront condamnés, à douze ans de réclusion criminelle chacun, sans qu'on sache vraiment pourquoi ils étaient là, quelle était la responsabilité qui leur était confiée, quel pouvait être le rôle d'une équipe comme la leur, dans et autour du centre commercial. Désavoués par leur patron, dont l'entreprise a été remontée dans l'intervalle sous un autre nom, à la merci des exigences d'un client qui n'a pu être inquiété, deux des vigiles auront donc assumé seuls l'absence de mission, l'absence de principes et de règles de comportement, l'absence de mode d'action opérationnel et de formation à un métier. Le meurtre, conséquence dramatique d'un contexte insupportable, est aussi le fruit de ces absences. Le meurtrier tentera d'ailleurs lui-même de l'exprimer à la fin du procès : «Devant des situations intenables, il faut des gens formés.»

Du métier qu'exerçaient les vigiles, toutes les ambiguïtés sont soulignées durant ce procès. Son utilité même est contestée, sans susciter de réponse autre que les aveux d'incompétence des condamnés. À la question : «Même si vous ne pouviez rien dire parce que vous étiez salariés, il ne vous semblait pas anormal d'avoir à faire des rondes de nuit avec des fusils ?», le chef d'équipe répond : «Si, mais il paraît que les flics avaient dit que c'était à nous de nous débrouiller.» Il y a dans ce «il paraît» à la fois l'hypothèse d'une démission des forces de l'ordre, l'irresponsabilité du responsable de l'Euromarché qui pouvait dès lors tout exiger de son prestataire jusqu'à l'engager à outrepasser la loi, et la passivité complice de l'encadrement de la société de gardiennage qui n'a pas voulu intervenir.

2. Hommes et femmes de talent

2.1. Dans une galerie commerciale...

En 1998, je suis dans la galerie commerciale d'un grand hypermarché en région parisienne. L'une des entreprises que je dirige est une société de surveillance, en charge de la sécurité et de la sûreté dans ce centre commercial. Sécurité incendie, avec une équipe de pompiers basée au poste central de contrôle et de vidéo surveillance de la galerie. Sûreté, sécurité des biens, avec une équipe d'agents répartis dans la galerie et l'hypermarché, avec également plusieurs «maîtres-chiens» qui surveillent à tour de rôle les parkings.

Un seul client pour notre prestation, l'hypermarché qui contrôle la galerie et les parkings. Ses trois priorités sont connues : propreté, sentiment de sécurité, prix !

Préserver et entretenir le «sentiment de sécurité», c'est la mission qui nous est en partie déléguée. En pratique, il s'agit autant d'être présent auprès de ceux qui nécessitent assistance, de tenir à l'écart des «prédateurs» éventuels, que de prévenir la démarque inconnue… Information, prévention, intervention! S'assurer que le règlement intérieur des espaces commerciaux est respecté est notre travail de chaque instant; donner l'alerte, faire appel aux forces de l'ordre ou aux services de secours est notre ultime recours.

Plus je regarde nos enjeux, mieux je connais le travail sur le terrain, plus j'admire les qualités humaines dont font preuve nos agents. Leurs «talents» contrastent violemment avec ce que je sais du procès des vigiles à Sartrouville. Force est de constater que, dans le cas présent, ces talents sont inversement proportionnels à la faible ou à l'absence de qualification reconnue. Nos agents constituent des maillons d'une chaîne de sécurité qui va des employés des magasins jusqu'aux forces de police. Ils portent pendant leurs heures de travail l'uniforme des salariés de l'hypermarché – chemise blanche, cravate de couleur – avec lesquels ils se confondent. Ils n'ont pourtant pas le même patron, et leur rémunération d'employés sans qualification, salariés d'une société prestataire, ne se compare pas. Leur seule vraie possibilité d'évolution est d'ailleurs d'intégrer, un jour peut-être, les équipes de l'enseigne, dans un poste équivalent mais avec un statut et une paie sensiblement améliorés.

2.2. Métiers en devenir

Lorsqu'on les observe, les agents de sécurité sont tout à la fois secouristes pour porter aide à une femme enceinte qui fait un malaise, diplomates pour évacuer un clochard éméché dont les propos mettent mal à l'aise la clientèle, négociateurs avec un groupe de jeunes qui traîne trop près du rayon vidéo, cordiaux et serviables avec ceux qui demandent qu'on leur indique un magasin, un distributeur de billets, professionnels entre eux pour échanger à la radio les informations utiles et intercepter discrètement un client indélicat… Leur sens commercial n'a d'égal que leur capacité à faire preuve d'autorité. Leur diplomatie, leur savoir-faire de négociation ne s'exercent que dans la discrétion et la maîtrise de soi.

Si on veut approfondir, on découvre qu'ils sont également – et confidentiellement – chargés de négocier bien au-delà de la galerie commerciale, avec les bandes plus ou moins présumées qui pourraient, en une «descente», ruiner la réputation du centre commercial. À Sartrouville, l'enseigne qui a repris l'Euromarché a su fermer les yeux pendant des années sur des taux de démarque inconnue deux à trois fois supérieurs à la moyenne. En même temps que le recrutement de personnels locaux, sa capacité à négocier les arrangements utiles était la meilleure politique pour se réinsérer durablement dans l'environnement de la cité.

Plus un quartier est en difficulté, plus le commerce local – et la grande surface en particulier – sont des lieux de convoitise sur lesquels bien des frustrations se cristallisent. Nos agents et leurs responsables sont donc en première ligne pour maîtriser une situation et prévenir une dégradation des relations avec ceux qui pourraient menacer la tranquillité des clients, la sécurité, la notoriété et la rentabilité des magasins. Pour faire bonne mesure, puisque la démarque inconnue est aussi le fait des personnels des enseignes eux-mêmes, on nous a aussi suggéré de garder un œil sur les personnels, qui sont pourtant comme nos collègues de travail.

Certains des agents – une toute petite minorité – sont formés à la sécurité dans les « établissements recevant du public » (ERP), pour respecter des obligations légales. Ces établissements, les centres commerciaux en premier lieu, sont soumis à une législation stricte. Leur conception doit permettre de limiter le risque d'incendie, d'alerter les personnes présentes en cas de sinistre et de favoriser leur évacuation sans panique. Pour assurer la sécurité sur place, chaque équipe d'agents doit donc comporter un ou plusieurs agents qualifiés. Parce que le prestataire et son client sont conscients de leurs obligations, mais aussi pour des raisons économiques évidentes, la prestation est définie a minima avec un nombre d'agents formés (donc mieux rémunérés selon la convention collective) strictement égal au quota établi par la loi. Pour le prestataire, la source d'économie la plus immédiate consiste à confondre cette qualification avec la responsabilité d'encadrement, pour éviter de multiplier le nombre des personnels formés et limiter ses charges. Nous disposons ainsi d'un encadrement compétent techniquement avec, dans le meilleur des cas, une expérience d'encadrant à proprement parler, acquise sur le terrain. Ce n'est pas encore un encadrement reconnu tel, c'est néanmoins un premier pas.

3. Faire émerger les talents

3.1. Définir le champ d'exercice des entreprises de sécurité privée

À la lumière des questions posées par le procès de Sartrouville, on s'interroge sur les conditions qui font émerger – ou non – ces talents observés sur le terrain. L'urgence d'une définition active des services et des tâches que les entreprises de sécurité proposent d'assumer auprès de leurs clients constitue une première réponse. La mission d'un agent de sécurité s'exerce le plus souvent dans un périmètre privé, site industriel, magasin, etc. Ce périmètre peut accueillir du public, sans que cela confère une mission « d'ordre public » aux agents présents. Leur travail consiste à faire appliquer un règlement, non la loi. Ils constituent un maillon, un lien possible avec les forces de l'ordre et les services de secours, mais ils n'ont pas de pouvoir de police et cela doit constituer une limite claire à leur action. La confusion sur cette limite explique pour l'essentiel la confusion qui subsiste entre police nationale et professionnels de la sécurité privée, confusion qui peut exister dans une moindre mesure avec les polices municipales.

Dans l'exercice de leurs fonctions, la limite se traduit par la nécessité dans laquelle les agents se trouvent de menacer de recourir aux forces de l'ordre puis d'y recourir, dès lors qu'une infraction qui le justifie est constatée. De nécessité, ce recours devient un devoir qui implique discipline, fiabilité et professionnalisme. En effet, la gradation des réactions et la vérification de la gravité d'une situation constituent des savoir-faire indispensables. En effet, on ne sollicite pas inutilement les forces de l'ordre, qui pourraient se retourner contre l'agent et son employeur en cas de dérangement injustifié. On ne saurait mieux illustrer la difficulté d'un travail dont l'un des buts ultimes est de permettre l'intervention de la police ou des secours, dans les conditions d'une efficacité maximale !

Michel Tranier est directeur sécurité Europe de Sephora. Il témoigne du rôle des agents de sécurité dans un espace privé. Leurs moyens d'action sont principalement : l'accueil de la clientèle, le rappel à l'ordre, les contrôles (encadrés par la législation)... Au quotidien ce sont des « enquêteurs » factuels dans la recherche d'informations, précis dans le contact et la communication, capables de remise en question face au renouvellement des menaces.

Cette variété des sollicitations et des tâches est la condition d'une vigilance qu'il faut entretenir à tout instant. La présence d'un agent de sécurité se justifie pleinement s'il est acteur pour renforcer cette vigilance, s'il agit en première nécessité, en tant qu'intermédiaire professionnel entre les citoyens, leurs forces de police et plus généralement les secours. Clarifier le cadre d'intervention, fixer les limites, solliciter l'individu et lui donner « mission », sont les conditions nécessaires à l'expression de son talent.

3.2. L'accord sur les métiers repères : la reconnaissance des talents

Près de 25 ans après la loi de 1983, période marquée par la difficulté d'une profession à faire reconnaître son utilité, sa légitimité et plus précisément sa compétence, les organisations syndicales et l'organisation patronale USP ont conclu et paraphé un texte qui définit les métiers repères de la sécurité privée : « Les missions de l'agent de sécurité qualifié ont pour objet la protection des biens meubles et immeubles ainsi que celle des personnes physiques ou morales liées directement ou indirectement à la sécurité des biens. » Suivent plusieurs missions détaillées, accueil et contrôle d'accès, surveillance, sécurité technique et incendie, secours aux personnes et protection de celles-ci, alerte en cas d'accident ou événement exceptionnel...

L'accord comporte également une perspective d'évolution à travers la notion de filière (agent de sécurité confirmé, agent chef de poste) et la description des spécialisations possibles : agent de sécurité cynophile (maître-chien), agent de sécurité mobile (rondier, intervenant sur alarme), agent de sécurité magasin prévention des vols/vidéo ou arrière-caisse, agent des services de sécurité incendie, opérateur filtrage, opérateur en télésurveillance…

Cet ensemble de talents issus de l'expérience, de savoir-faire construits et peaufinés sur le terrain, fait ainsi l'objet d'une reconnaissance officielle pour la profession et à l'égard des donneurs d'ordre. Pour les employés des sociétés de sécurité, c'est le passage d'un poste non qualifié (vigile) à des métiers reconnus, avec un projet professionnel inscrit dans la durée. La transformation des talents et des savoir-faire en compétences qualifiées conduit en effet à en préciser les caractéristiques, les modalités d'acquisition, à définir les conditions de formation qui les rendent possibles.

Patrick Robart, secrétaire général de Securitas[1] et négociateur de l'accord, détaille les métiers qui restent à décrire, dans les secteurs de l'industrie et du nucléaire en particulier. Plus important, il souligne combien ce travail de mise en forme et de mise en application constitue un effort considérable de modernisation et de professionnalisation des entreprises de sécurité. Il implique un renforcement des contrôles et des prérequis pour exercer le métier : agrément préfectoral, certificat de qualification professionnelle, carte professionnelle en cours d'introduction. Il s'inscrit également dans une politique de revalorisation et « d'oxygénation » de la grille conventionnelle : pour anticiper le recrutement de personnels plus qualifiés et être en mesure de les conserver, l'augmentation importante du minimum conventionnel s'accompagne d'une progression plus significative à chaque changement de coefficient.

3.3. Des entreprises talentueuses ?

Avec cet accord, c'est une profession qui retrouve sa légitimité. Le prestataire redevient l'expert capable de constituer une équipe de sécurité qui combine les différentes spécialisations, dans le respect des règlements et de la législation. Plus structurants, les métiers repères sont aussi moins souples. À condition de les maîtriser correctement, ils permettent de clarifier la réponse aux besoins exprimés et de mieux décrire la prestation. La polyvalence des agents reste un objectif ! Il ne peut néanmoins être atteint que par l'acquisition successive de compétences identifiées, avec un alignement du salaire sur le coefficient le plus élevé…

Les conséquences sont immédiates sur toutes les rémunérations, ainsi que sur les coûts de recrutement et de formation. L'augmentation des charges des entreprises doit alors être répercutée sur les coûts de prestations pour les utilisateurs. C'est à ce prix que le service rendu peut être vérifié et comparé objectivement au service

1. Première entreprise de sécurité en France, Securitas emploie environ 20000 personnes dans les métiers de la sécurité : surveillance humaine, sécurité mobile et télésurveillance.

acheté, préalablement défini et dont la rentabilité comme l'efficacité peuvent être dorénavant anticipées.

Cet enchaînement, que l'on souhaite vertueux, sonne comme une réponse radicale à toutes les questions restées en suspens un soir de mars 1991 et à l'occasion du procès qui s'en était suivi. La formalisation, le luxe de détails dans lesquels s'exprime dorénavant la volonté d'expliciter et d'encadrer les responsabilités, n'épuisent pourtant pas le sujet de la légitimité et des circonstances qui favorisent le meilleur. Les efforts d'une profession sont une étape nécessaire, une étape seulement. Il revient à chaque entreprise concernée de développer et d'entretenir la confiance nécessaire à chaque agent de sécurité, pour que celui-ci prenne soin de cultiver responsabilité et talent dans le nouveau cadre qui lui est proposé.

Chapitre 14

Un syndicaliste talentueux, le cas d'Arthur Staub

Philippe JACQUINOT
Arnaud PELLISSIER-TANON

Paradoxe pour un syndicaliste, Arthur Staub avait tout d'un patron : la stature d'un grand leader, faite de sens du collectif et de talent oratoire, et l'efficacité d'un stratège redoutable par sa compétence, son implication et l'exigence qu'il faisait porter sur ses interlocuteurs. Mais son engagement était tout entier tourné vers la communauté de travail qui formait son horizon, à savoir l'usine d'eau minérale de Vittel. Il se dévouait à cette mission, toujours dans l'action, avec un niveau d'exigence qui le rendait épuisant – voire insupportable. Il était dur pour ses collaborateurs, reportant sur eux l'exigence qu'il s'était donnée. Mais tous reconnaissaient son autorité et lui étaient reconnaissants des avancées qu'ils lui devaient. De même, tous ont été marqués par l'honnêteté de son engagement, sa loyauté et son intégrité. Les uns avaient placé en lui leur confiance, les autres lui portaient sincèrement du respect.

Ce chapitre brosse le portrait d'Arthur Staub et souligne l'honnêteté dont il a fait preuve dans son engagement : c'est l'axe directeur qui apparaît à l'analyse des entretiens que sa famille, des élus du personnel, son avocat et son DRH nous ont accordés, avec émotion, sans oublier les témoignages donnés, en 2000, à l'occasion de son départ à la retraite puis de sa mort, survenue en 2007. Le combat qui fut le sien importe moins, pour notre propos, que la manière dont il l'a mené. Son talent comporte une dimension morale, faite de fidélité à ses valeurs, à sa communauté de vie, et d'un dévouement exceptionnel.

1. Le parcours d'Arthur Staub

Fils de militaire, Arthur Staub est né en 1941 en Moselle. Il passe le bac général puis occupe un emploi de surveillant de lycée. En 1963, il entre, comme comptable, à l'usine d'embouteillage d'eau de Vittel. Il est très vite repéré par la direction comme une intelligence de «gros calibre». Cependant, selon les termes mêmes de son futur DRH, «il fait peur à ses petits chefs», qui le «freinent dans sa progression» de carrière.

1.1. L'engagement, les premiers combats

C'est en 1967 qu'il s'engage dans le syndicalisme. Il a sans nul doute trouvé injuste le blocage de son avancement, mais cela ne semble pas être la raison de son engagement : il se rapproche du syndicat «par hasard», disent les élus qui l'ont bien connu, «parce qu'il avait cela en lui», estime son avocat. Accompagnant, par affinité, un collègue à une réunion du Syndicat des Eaux de Vittel, il accepte quelques dossiers mineurs. En mai 1968, le Syndicat étant seul à ne pas faire grève dans le bassin d'emploi, il fait partie de la délégation priée de venir justifier cette position. Mais voici que ses deux camarades n'osent prendre la parole et, forcé par les circonstances, tous découvrent – lui compris – son talent d'orateur.

Il s'impose naturellement comme un expert, un négociateur et assume rapidement de plus en plus de responsabilités. Il mène de nombreuses grèves, à commencer par celle de juillet 1970 qui constitue la première action de masse significative et sera pour lui le révélateur de la volonté des salariés de s'organiser dans le cadre d'actions collectives. Son action dépasse le périmètre de l'entreprise et il est sollicité sur tout le bassin d'emploi. La direction se dit, raconte le DRH : «Celui-là va nous en faire baver. Il faut nous en débarrasser. On ne va pas lui faire de cadeau.» Et le voici au placard : «Une chaise, une table, pas de machine à écrire, rien à faire. Pendant un an», rapporte un proche à qui il l'avait raconté. Vont suivre près de quinze ans de pressions en tout genre, stagnation de carrière, blocage de la rémunération, procédure de licenciement déboutée en appel, manœuvres pour empêcher ses enfants de trouver un emploi à Vittel, incitations à devenir permanent de la fédération. Pendant ce temps, il se défend, remplit pleinement ses mandats et réussit, en cours du soir, à passer par défi personnel toutes les épreuves de l'expertise comptable.

1.2. Accalmie sociale et développement du CE

Arthur Staub joue un rôle majeur dans la fondation de la convention collective et, après avoir mené une grève de cinq semaines en 1982, obtient la reconnaissance des salaires les plus faibles. S'ensuivent dix ans de paix sociale, garantie par ces avancées majeures : le syndicat, tout comme la direction, avait pris conscience que l'entreprise avait été au bord de la faillite et les deux parties respectaient une logique de coopération, où tous reconnaissaient l'autorité d'Arthur Staub. Au cours de cette période, de nombreux dossiers sont réglés à l'avantage à la fois des salariés et de l'entreprise. La direction reconnaît la pertinence des analyses d'Arthur Staub, y compris dans certains choix économiques stratégiques, et ce n'est pas en vain qu'il déclenche des expertises alors que, par exemple, la direction envisageait le transport de l'eau par wagon-citerne jusqu'à une autre usine d'embouteillage.

«Avec lui, la Maison blanche, qui n'était qu'un simple bureau syndical est devenue le CE et même une PME, avec son propre personnel.» (*Écrit'eau*, revue du CE). Parmi ces hauts faits, citons les CES et la formation à l'informatique de tout le personnel administratif de l'usine. Face «au désarroi de parents [dont les enfants étaient] en échec scolaire», il imagina tout un dispositif : il «avait identifié, vers 1985-86, que le CE aurait à gagner à être informatisé. Le CE a embauché des jeunes en Contrat Emploi Solidarité et leur a donné une formation et un travail. Par la suite, tout le personnel administratif de l'usine a été formé à l'informatique au CE» (un syndicaliste).

1.3. Les années noires

En 1993, la vente de l'entreprise à un groupe international sonne le début de nouveaux combats. Arthur Staub estime, d'après le DRH, que les ressources considérables de ce groupe modifient profondément le rapport de force, que l'entreprise risque d'être réduite à un simple site de production et que la politique sociale va voler en éclats. Il mobilise plus que jamais les salariés car, d'après ses propres termes, «sans le collectif, t'es rien». Au gré des réorganisations et des tensions, il lutte et obtient le maintien de nombreux avantages sociaux. En 1997, atteint par les mesures d'âge, il part en préretraite progressive et confie les rênes de son équipe à Jean-Louis Dorget, qui assurait son relais terrain depuis près de 30 ans. En 2000, il part en retraite tout en gardant de nombreux contacts. Quelques années plus tard, en juillet 2007, Arthur Staub met fin à ses jours. Il se sentait loin des affaires et pensait être atteint d'un cancer incurable.

2. Les talents d'un grand leader

Tous ceux qui ont connu Arthur Staub ne mettent pas les mêmes points en lumière, si bien qu'une part d'ombre demeure : quelle était sa motivation ? Était-il touché par les autres ou faisait-il cela car il estimait qu'un responsable syndical devait être parfait ? Mais les témoignages se rejoignent pour souligner sa carrure de leader : un orateur-né, un meneur de foule, un stratège redouté. Émergent aussi les valeurs pour lesquelles il a combattu : la dignité des ouvriers et le respect de la justice. Sans oublier son dévouement inlassable, mais aussi son exigence pour lui-même et pour ses proches. Et en même temps l'homme pudique, réservé, sensible.

2.1. Un orateur-né, un meneur de foule

La facette la plus saillante d'Arthur Staub ? Tout le monde souligne son « talent d'orateur et de tribun » (DRH). Il fait passer ses convictions et sait expliquer ses positions : intelligence, pédagogie, faconde, timbre de voix, etc. « Orateur-né, il savait faire rire, palpiter une foule. Il avait de l'humour » (DRH). Il était « imaginatif, brillant » (DRH). « Clair, transparent. Au micro, après avoir réuni les salariés au resto de l'usine, [il savait] les électriser » (un syndicaliste). « Les prises de parole au restaurant Sud, c'était quelque chose de costaud. C'était comme un meeting, à part que ce n'était pas politique. Cela valait un bon meeting, d'un très bon politicien » (un syndicaliste). De même, de ses « tracts, [la] prose [était] remarquable, pédagogique, compréhensible. (…) La direction était souvent battue d'une longueur » (DRH).

Ce talent de communication était un atout formidable, lors des mouvements sociaux, d'autant plus qu'il avait un excellent sens du collectif. « Arthur Staub était le meneur des grands conflits, il avait un parler vrai, distinct, il savait communiquer sa foi aux salariés et, quand il y avait quelque chose d'important à défendre au tribunal, il était entouré par plusieurs centaines de salariés » (un syndicaliste).

2.2. Un stratège redouté

« Ce qui l'intéressait, rapporte son DRH, c'était de bâtir une stratégie. Porter le plus haut possible la négociation (…) avec le plus d'avantages économiques et sociaux possibles pour le personnel, sans altérer la performance de l'entreprise. » Un de ses proches le confirme : « Il était visionnaire. Il avait une très bonne appréciation des manœuvres de la direction. » Un autre décline ses qualités : « Il avait le sens de la négociation. Il connaissait parfaitement tous les dossiers. Bordés. Il apportait tous les arguments. » Et le DRH d'abonder : « Logique, raisonnement : il était imprenable. Il s'en servait à fond dans ses arguments, ses positions. Une extrême rigueur et probité intellectuelle. Il avait toute la mémoire, toute l'histoire. Il pouvait assassiner [ses interlocuteurs] car il connaissait bien tous les dossiers. » Et la conclusion tombe de la bouche du DRH : « La direction n'avait plus qu'à signer. Les accords, par exemple sur les salaires non hiérarchisés : une équation sortie de la tête d'Arthur Staub et, dans la plupart des cas, il n'y avait plus qu'à signer en bas. »

« Il était redouté par la direction [pour la force de] son analyse de tout ce qui était présenté, de ce que chaque décision pouvait entraîner » (un syndicaliste). « Il arrivait à faire prendre un chemin à la direction et, sans qu'elle s'en rende compte, elle était dans le sentier » (un syndicaliste). Par exemple, il avait sa « manière de raconter une petite histoire pour amener un sujet et sensibiliser la direction » (un syndicaliste). Et il pouvait tout autant avoir monté une mise en scène avec Jean-Louis Dorget pour faire monter la tension en réunion. Il était imprévisible, tant sur le fond que sur la forme. Sa compétence et son exigence mettaient une terrible pression sur la direction : « Il exigeait de ses interlocuteurs de la direction une compétence poussée. Lui-même était en phase avec le terrain et en peu de temps, il pouvait réunir toutes les informations nécessaires» (DRH).

2.3. Les modalités de son action : dévouement et sensibilité

Définir des règles de justice applicables à tous, tel est le fin mot de la promotion de la dignité des ouvriers en faveur de laquelle Arthur Staub s'était engagé. Et il a forcé l'admiration par le dévouement dont il a fait preuve, malgré les débordements de la tension qui l'animait. Au fond de lui, pudique et réservé : une vive sensibilité.

Tout le monde relève son dévouement : «Il était tellement exceptionnel. C'était un sacerdoce. (…) Il ne savait pas donner qu'un petit bout. Il a tout donné» (sa compagne). «Générosité. Une vie au service des autres» (DRH). «Il couvait les salariés comme ses enfants. Il était le père de tous» (un syndicaliste). «Tu le réveillais à 2 heures du matin et tu lui disais : "Je n'arrive pas à avoir de chaussures de sécurité." Et il s'occupait de toi. Il estimait qu'un responsable syndical est au service des salariés n'importe quand, n'importe comment» (un syndicaliste).

Arthur Staub réagissait au quart de tour. «C'était un bourreau de travail. Envers lui et envers les autres. (…) Il ne se rendait pas compte qu'il faisait deux journées par jour. Donc, pour lui, c'était quelque chose de naturel» (un syndicaliste). Mais il n'y avait pas que le rythme de travail, il y avait aussi le ton et la manière. Il était «humain avec tout le monde, sauf avec ceux avec qui il travaillait. Exigeant, sec. Aussi exigeant qu'avec lui-même. Il se mettait la pression. Traitait les autres comme lui-même : très dur» (un syndicaliste). «Il gueulait» quand on lui opposait une fatigue (un syndicaliste) : «Tu sais qu'ici t'es là pour bosser», telle était son explication.

Avec lui, les relations d'amitié étaient rares. On construisait plutôt «une relation d'estime et de confiance [car] on pouvait avoir toute confiance en lui, notamment sur le fait qu'il mettrait toutes ses capacités à résoudre le problème auquel on était confronté» (DRH). Malgré – ou à cause de – cela, «Arthur Staub était plutôt solitaire. Quand son équipe faisait une bonne bouffe, il était là… sans vraiment être complètement à l'aise. La relation individuelle, ce n'était pas son truc» (DRH).

Laissons la parole à celle qui l'a le mieux connu : «Très sensible. Pas du tout expansif. Il avait sa carapace. Il maîtrisait sa carapace. Mais en cas de moindre ennui (…) il se battait comme un lion. Il mettait toute une machinerie pour pratiquer le sauvetage. Avec n'importe qui, y compris des personnes qui n'étaient pas du même bord. Générosité, sensibilité. On pouvait lui demander n'importe quoi. Il ne pensait pas à lui. La sensibilité s'exprimait à travers ce qu'il faisait car ce qu'il faisait, il le faisait profondément. À chaque fois, c'était une passion. Ce n'était pas toujours facile. Il fallait le suivre» (sa compagne).

3. Conclusion

Que retenir au terme de ce portrait d'Arthur Staub? Le paradoxe d'un syndicaliste qui avait tout d'un patron : le charisme et la rigueur, la stature d'un grand leader, faite de sens du collectif et de talent oratoire, et l'efficacité d'un stratège redoutable par sa compétence, son implication et l'exigence qu'il faisait porter sur ses interlocuteurs. Mais il avait consacré sa vie à la promotion des ouvriers et au respect de leur dignité, à la défense de la justice, précisément la définition de règles applicables à tous. Il avait ainsi des «visées nobles», selon la formule de son DRH, et suscitait la confiance quand on le connaissait.

Avec son talent, Arthur Staub aurait-il pu mener une autre carrière? Écoutons le député des Vosges : «Ses activités syndicales et son charisme incontestable dans la Plaine auraient pu naturellement le conduire à exercer une carrière politique brillante, mais même s'il flirta un temps avec elle, en qualité de conseiller municipal de Vittel, ou en conduisant une campagne cantonale sur Darney il y a quelques années, cet homme-là, généreux et humble, n'a jamais voulu prendre un engagement politique. Il en aurait été un acteur de premier plan, mais la vie politique, qui exige une mise en avant personnelle, aurait signifié pour lui trop de sacrifices pour son sens de l'engagement collectif… Seul le sens du combat au service des autres l'intéressait.»

Alors, quel était le ressort d'Arthur Staub? Était-il touché par les autres ou estimait-il qu'un responsable syndical devait être parfait? On pourrait croire qu'il était insensible mais la qualité de son engagement prouve l'humanité de son dévouement. Un engagement total, sans nul doute. «Une honnêteté dans l'engagement», évidemment. Et c'est cette honnêteté, alliée à ses compétences qui fondait la confiance : par fidélité à ses valeurs, par dévouement à sa communauté de vie, «il mettait toutes ses capacités à résoudre le problème auquel on était confronté», raconte le DRH, qui «rêvait de l'avoir (…) à la DRH»!

Chapitre 15

Talents et communautés

Lionel PRUD'HOMME
Frank BOURNOIS

Les notions de talents et de communautés ont a priori peu à voir l'une avec l'autre. En effet, les communautés, phénomène sociétal, se développent, d'une part, autour d'Internet avec les communautés virtuelles (qui, au-delà de communautés d'échanges, offrent des exemples de développement de nouveaux produits, notamment dans l'industrie des jeux vidéo), et d'autre part à partir de la thématique de la diversité, pour lutter contre des discriminations et faire valoir des droits à l'égalité.

Par ailleurs, le management des talents dans l'entreprise s'inscrit dans une longue histoire. La Rome antique organisait déjà le Cursus Honorum pour sélectionner et former les futurs dirigeants de la République. Dans les années 1980, la mise en place de processus de détection et de gestion des hauts potentiels s'est systématisée et généralisée dans le monde de l'entreprise. Le glissement sémantique entre hauts potentiels et talents s'est opéré à la fin des années 1990. L'accélération de la mondialisation et ses effets de compétition sur des bastions traditionnels et historiques appelle de plus en plus une recherche de toutes les adhésions, un engagement de tout le corps social de l'entreprise. Se centrer sur la notion de talents correspond à cette volonté de gommer le caractère élitiste de la notion de haut potentiel[1].

1. Qu'est-ce qui relie talents et communautés ?

Pourtant, ces deux notions s'architecturent sur des catégories communes : la diversité et les réseaux.

---

1. Les mots « potentiel » et « puissant » possèdent la même étymologie, respectivement du latin scholastique *potentalis* et *potens,* ce qui renforce davantage encore l'acception élitiste de la terminologie « haut potentiel ».

◗ La diversité est au fondement de la notion de communauté, et le respect de la diversité est une condition sine qua non pour éviter, dans les processus de détection propres à la gestion des talents, le piège des rigidités, de la consanguinité, dues à l'imposition d'un modèle unique, celui du «managerially correct» (Bournois, Roussillon, 1998).

◗ Les réseaux, quant à eux, forment l'infrastructure des communautés tout en constituant un des objectifs assignés des programmes inhérents à la gestion des talents, celui de leur mise en réseaux.

1.1. L'enjeu des réseaux

Le double enjeu des réseaux et de la diversité pour l'entreprise se situe dans la structuration des réseaux (liens forts et liens faibles) dans la vie quotidienne de l'organisation.

◗ Les réseaux de liens forts sont ceux de la transitivité des relations, c'est-à-dire que les amis de mes amis sont bien mes amis. Le lien se définit comme un lien de forte intensité qui combine dans le temps, intensité émotionnelle, partage du sentiment, intimité et entraide (Granovetter, 1973). Les tribus ont tendance à faire circuler les mêmes informations, des informations qui se recoupent entre membres qui se connaissent tous.

◗ Les réseaux de liens faibles impliquent que, n'étant plus dans un monde de la transitivité des relations, les contacts directs d'un individu ont eux-mêmes des contacts directs qui ne se recoupent pas. Il ne s'agit plus d'un réseau clos sur lui-même mais d'un réseau qui constitue un pont donnant accès à d'autres réseaux. Le monde des liens faibles est le monde de l'interconnexion des réseaux relationnels, celui de ponts «jetés» entre différentes populations, différentes catégories et différentes sources d'information.

La coprésence dans l'entreprise de réseaux d'individus – qu'elle ne maîtrise pas – et de réseaux de l'organisation – qu'elle oriente, qu'elle dirige – est une réalité quotidienne de la vie de l'entreprise. Par opposition aux tribus ou aux réseaux de connaissance, les communautés de talents, par exemple, sont l'apanage de l'entreprise, des réseaux de l'organisation.

La maîtrise des réseaux est pour l'entreprise un enjeu majeur, pouvant lui conférer un effet de levier considérable sur ses capacités latentes : stocks de connaissance, d'expertise, de talent, de diversité. Le maillage des réseaux, par la combinaison de réseaux à liens faibles et réseaux à liens forts, offre un levier puissant pour tirer partie de synergies potentielles et dormantes au sein de l'entreprise.

1.2. L'enjeu de la diversité

D'autre part, l'enjeu de la diversité réside dans la capacité de l'entreprise de pouvoir en manager la richesse (Peretti, 2007). Les avantages de la diversité, mis en exergue par une série de recherches indépendantes, sont nombreux. La diversité recèle en elle-même des caractéristiques (la pluralité des origines, de genre, d'âge, etc.) qui se révèlent efficaces pour entraîner l'organisation vers plus d'innovation.

Les bénéfices vont de l'amélioration de la performance et de la productivité (Richard, 2000), à l'accroissement de la créativité et de la flexibilité (Cox, Blake, 1991), en passant par une plus grande qualité de résolution des problèmes (Hubbard, 1999). La diversité favorise la prise en compte de données multiples, stimule l'apprentissage en équipe, crée une tension créatrice qui encourage l'exploration de nouveaux horizons, de nouvelles solutions.

Elle joue par ailleurs un rôle positif dans l'entreprise en renforçant le niveau d'engagement des salariés – moins d'absentéisme – et de loyauté à l'égard de l'entreprise – moins de départs – (Agocs, Burr, 1996).

La diversité, en facilitant une meilleure compréhension et pénétration des marchés (Robinson, Dechant, 1997), est d'autant plus un enjeu qu'elle peut permettre à l'entreprise de gagner en capacité d'adaptation dans le processus de mondialisation à l'œuvre dans l'ensemble de nos économies. La diversité des individus confère une plasticité accrue à l'organisation, comme une réponse rendant possible la réconciliation du dilemme global/local.

Après avoir envisagé les enjeux des réseaux et de la diversité, il nous faut analyser plus en détail le degré de proximité entre talents et communautés tel que nous l'avons déjà abordé, entremêlant dans la vie quotidienne à la fois l'existence de politiques de diversité et la structuration de réseaux d'individus et d'organisation. Pour ce faire, nous distinguerons deux modèles de gestion des talents ayant cours dans l'entreprise, avant d'étudier leurs implications tant pour la diversité que pour la mise en réseaux.

2. Les modèles de gestion des talents : diversité et mise en réseaux

Les modèles de gestion des talents diffèrent selon les entreprises. Chacun d'entre eux a sa propre logique au regard du développement des individus et de l'organisation de l'entreprise. Pour faciliter notre propos, nous les rangerons en deux grandes catégories : le modèle des constellations de talents et celui des communautés de talents (Romualdo, 2003).

2.1. Quel modèle pour la gestion des talents ?

Le premier modèle, celui des constellations de talents, décrit des entreprises qui ont la volonté de se construire autour d'individus exceptionnels, aux compétences et aux potentiels jugés exceptionnels. Elles cherchent à créer des environnements où ces individus vont pouvoir grandir, obtenir des performances et être reconnus pour la totalité de leur potentiel. Il s'agit d'un modèle élitiste dont les exemples les plus connus sont General Electric, McKinsey, Microsoft, Intel, etc.

Dans le second modèle, celui des communautés de talents, la somme des talents est considérée comme supérieure à la qualité de chacun des individus, fussent-ils exceptionnels. Les entreprises qui ont adopté ce modèle pensent que le plus important est de créer un environnement, une culture et des pratiques qui maximisent la performance de l'organisation, plutôt que de se reposer de manière disproportionnée sur la contribution d'un petit nombre d'individus brillants. Il s'agit d'un modèle qui repose sur la diversité dont les exemples les plus importants sont SAS ou encore Southwest Airlines.

2.2. Entre diversité et réseaux

Chaque modèle se distingue par sa différence, premièrement, quant à sa capacité à faire vivre la diversité, deuxièmement, quant à sa capacité à initier une mise en réseaux :

- le modèle «constellations», basé sur l'identification d'individus exceptionnels, demeure ancré sur la notion de hauts potentiels malgré le changement de sémantique pour la notion de talents. Nous pouvons affirmer que son ouverture à la diversité peut s'avérer problématique, alors que sa capacité de mise en réseaux se révèle plus simple et plus efficace par rapport au petit nombre d'individus en jeu[1] ;

- le modèle «communautés», considérant chaque individu comme un talent, est d'emblée, par son ouverture à l'ensemble du corps social de l'entreprise, un modèle qui privilégie le développement de la diversité au sein de l'organisation. Toutefois, sa capacité de mise en réseaux par l'entreprise est moins assurée.

En résumé, le premier modèle, celui des constellations, favorise la mise en réseaux, mais l'organisation doit en permanence travailler sur la diversité des talents pour éviter de transformer cette constellation en un système clos, fondé sur le clonage des individus identifiés. Le second modèle, celui des communautés, repose sur l'hétérogénéité et la diversité des talents dans l'organisation, mais doit résoudre autrement la question de la mise en réseaux de l'ensemble du corps social dans l'entreprise et par l'entreprise.

Aborder le thème des talents et des communautés revient, comme nous l'avons vu, à explorer les liens d'interdépendances entre diversité et réseaux, mais aussi à

---

1. Ce processus de mise en réseaux s'opère alors par l'ensemble des programmes à destination de ce petit groupe de talents qui se côtoient à intervalles réguliers sur une période moyenne de 2 à 10 ans. Bien que la capacité de mise en réseaux ne soit pas en cause, il n'est pas évident que la coopération entre tous ces talents devienne la règle. Comme le dit Rivarol, «les grands talents sont, pour l'ordinaire, plus rivaux qu'amis ; ils croissent et brillent séparés, de peur de se faire ombrage : les moutons s'attroupent et les lions s'isolent» (cité in Treich, 1926).

s'interroger de facto sur les conséquences à venir des mutations sociologiques et technologiques à l'œuvre dans l'entreprise.

3. Vers de nouvelles formes d'organisation et de relations dans l'entreprise

Un mouvement est en cours, qui travaille en profondeur, silencieux et presque invisible au cœur des entreprises et prépare en douceur l'émergence de nouvelles formes d'organisation et de relation au sein des entreprises. Rendu possible avec la distension des identités collectives au sein des institutions (Dubet, 2002), il s'agit là d'un processus lent et durable qui va s'accélérer avec l'intégration des nouvelles générations dans le monde des entreprises (Excousseau, 2000).

3.1. Un mouvement lent et silencieux

« Si le pouvoir est battu en brèche, il y a, chez les jeunes générations, la recherche d'une vraie autorité[1] (…). Autant le pouvoir est l'expression de la loi du père – il est vertical, il impose son savoir et sa Vérité –, autant, en son sens strict, l'autorité (…) est horizontale et participe de la loi des frères. » (Maffesoli, 2008)

Par son analyse, le sociologue Michel Maffesoli résume le lent cheminement des mentalités auquel le monde des entreprises est déjà confronté, même si ce signal est faible et encore peu perceptible aujourd'hui.

En quelques mots, les jeunes générations seraient davantage enclines à créer des solidarités horizontales, des communautés (réseaux à liens faibles), des tribus (réseaux à liens forts) au cœur de la vie quotidienne des organisations, phénomène renforcé par leur maîtrise et pratique courantes des outils technologiques (MSN, Facebook, Myspace, etc.) ou des jeux en ligne (*Everquest, Dark Age of Camelot*, etc.).

Cette culture des communautés virtuelles crée un rapport différent à l'espace et à la durée. Tout d'abord, il y a ce sentiment d'appartenir à une même planète, par la quasi-annulation de la distance temps entre l'ici et l'ailleurs (Giddens, 1994) qui participe à une conscience du monde hors frontières, hors silos. Il y a ensuite une conception du temps réduit, avec la fulgurance des réponses et l'impatience qu'elle fait naître en contrepartie dans l'interaction sociale. Il y a enfin cette facilité à parler de son intimité malgré cet autrui absent, le désir de faire valider par ses interlocu-

1. L'autorité est définie ici par un retour à l'étymologie (*auctoritas*), c'est-à-dire quelque chose « qui fait croître, augmente les potentialités possédées par tout un chacun » (Maffesoli, 2008, p. 149).

teurs certains aspects de soi qui paraissent importants, même auprès d'inconnus (Tisseron, 2008).

Les modèles d'organisation et les modèles managériaux présents et dominants dans le monde des entreprises devront s'ajuster et s'amender en profondeur : penser – ou repenser – ses structures en conséquence, les imaginer davantage horizontales et moins verticales, favoriser l'autorité aux dépens du pouvoir, raccourcir le temps des décisions, faciliter une capacité naturelle de mise en relation des jeunes générations. C'est tout l'enjeu, et la condition par laquelle les entreprises iront chercher des gains de performance supplémentaires.

3.2. Des ponts plus loin ?

Face à ce phénomène de lente diffusion, la question conjointe des talents et communautés se pose alors de manière sensiblement différente pour l'entreprise. Elle réside alors dans sa capacité à «jeter» des ponts entre les communautés d'organisation et les communautés d'individus[1], nouvel impératif stratégique possible pour les organisations.

Des prémisses d'un changement plus profond apparaissent déjà au sein des entreprises. Déjà, des directions des ressources humaines, au-delà de leurs structures qui s'adaptent aux organisations géographiques, produits, technologiques ou marchés, suivant ainsi une logique business, en viennent à dédier des directeurs pour suivre des populations fonctionnelles : les commerciaux, les chefs de projet, les producteurs, etc., dans une logique régionale ou mondiale, hors de leurs frontières naturelles d'organisation[2]. La structuration de telles communautés ne suffit pas et il est nécessaire de favoriser la mise en réseaux par une animation de la communauté nouvellement créée, de la doter de moyens, d'objectifs, etc. En d'autres termes d'en faire, pour les individus qui la composent, une réalité quotidienne.

Pour l'entreprise, l'enjeu est, par la création de communautés de diversité, d'expertise, de talent, d'accroître sa capacité à tirer parti de synergies latentes entre différents pans de son organisation. Jeter un pont entre toutes les communautés, celles des individus et celles des organisations, représente une source majeure d'innovations, de créations, de fertilisations potentielles et futures au sein de l'entreprise. Cela ne peut être possible que si l'entreprise initie elle-même une organisation par

1. Nous utiliserons la terminologie de communautés d'organisation pour les réseaux organisés et canalisés par l'entreprise, et parlerons de communautés d'individus pour caractériser des réseaux initiés par les individus (cf. section 1.1).
2. Nous en faisions état dans un article précédent (Prud'homme, Bournois, 2007) avec le cas d'entreprises qui, aux États-Unis, ont rebaptisé *Heads of Communities* les DRH qui, au sein des départements de ressources humaines, s'occupent de communautés.

communautés qu'elle pourra suivre et dans laquelle elle investira pour augmenter les expertises, la diversité et les talents[1].

Le pari est qu'en multipliant les communautés, l'entreprise multiplie également le nombre de ponts entre tribus et communautés d'individus, d'un côté, et communautés d'organisations, de l'autre, afin d'exercer un levier sur des réserves latentes de performance et bénéficier pleinement des richesses de sa diversité.

4. Conclusion

La culture des communautés virtuelles, avec l'arrivée émergente des jeunes générations, va rendre plus impérative, mais en même temps plus naturelle l'adoption de nouvelles formes d'organisation.

La génération de communautés dans l'entreprise constitue une opportunité pour s'adapter à cette nouvelle donne sans perte d'efficacité, mais aussi pour créer des organisations plus agiles, plus fluides et plus rapides, permettant l'interconnexion de talents, de diversités, d'expertises qui s'ignorent mutuellement dans une organisation marquée encore souvent par le syndrome des silos. En constituant des communautés, l'entreprise s'assure un certain degré de maîtrise sur ses réseaux internes, tribus (réseaux à liens forts) ou communautés d'individus (réseaux à liens faibles).

---

1. Ainsi, la compagnie aéronautique américaine Boeing a investi dans la constitution d'une centaine de clubs internes, dont le fameux *Boeing Employees Wine and Beer Makers Club*. Autres exemples venus des États-Unis, Google, SAS, Northwestern Mutual Life Insurance s'inscrivent également dans cette démarche de création de clubs internes pour leurs employés, de clubs pour jongleurs aux clubs de danse, en passant par les clubs des amateurs de timbres, etc. Toutes ces entreprises apportent une aide financière à ces structures.

Chapitre 16

Les talents des seniors : une approche spécifique?

Julie CHRISTIN
Rodolphe COLLE
Xavier BROSETA

Depuis de nombreuses années, la gestion des seniors navigue entre «exclusion et oubli» (Marbot et Peretti, 2006). Aujourd'hui, diverses questions liées aux salariés seniors commencent à être bien présentes dans les travaux de recherche et colloques. La question relative à la formation des salariés les plus âgés reste cependant en suspens. De nombreux travaux ont mis en évidence un faible accès à la formation des seniors et/ou ont conclu à de nécessaires évolutions (Lainé, 2003 ; Behaghel, 2005). Mais, à ce jour, peu ont analysé cette question et formulé des propositions. Tel est l'objet de ce chapitre.

Les salariés seniors devront désormais travailler plus longtemps. Il faut accompagner les seniors afin de les aider à travailler plus longtemps avec un niveau de motivation et de productivité optimum. Il apparaît impérieux de revisiter certaines pratiques RH, notamment la gestion des talents et des compétences des seniors (Marbot et Komisarow, 2005). Les entreprises doivent désormais se saisir de la question du développement des capacités de travail et des compétences des salariés seniors. Dans la droite ligne de la théorie du capital humain (Becker, 1964), le niveau de la formation des salariés seniors se justifie par l'espérance d'un retour sur investissement.

Ce chapitre a pour ambition de répondre à deux questions : comment maintenir et développer les compétences des seniors? Comment optimiser la transmission de ces savoirs aux salariés plus jeunes? Nous commencerons par questionner le faible accès à la formation pour les seniors. Ensuite, nous verrons que le développement des compétences des seniors passe par un niveau plus élevé de formation professionnelle et nous proposerons une réflexion sur la spécificité de la formation des seniors. Enfin, sera abordée la question du transfert des compétences des seniors aux nouvelles générations.

1. Un faible accès à la formation professionnelle pour les seniors

1.1. Quelques chiffres significatifs

Selon une enquête de la Dares (Lainé, 2003), les salariés âgés accèdent moins fréquemment que leurs cadets à la formation professionnelle : si 34 % des personnes en emploi ont suivi au moins une formation en 2000, ce chiffre révèle des disparités selon l'âge des salariés. Le taux de formation continue est relativement stable jusqu'à 45 ans (36 % pour les 30-49 ans) ; il décroît lentement jusqu'à 55 ans (31 % pour les 50-54 ans) ; puis il chute pour les plus âgés (20 % pour les 55 ans et plus). Cet accès limité à la formation professionnelle pour les seniors s'observe à tous les niveaux de qualification. L'âge n'est pas le seul facteur d'inégalité face à la formation, mais demeure un facteur aggravant de l'accès à la formation : toutes choses égales par ailleurs, le pourcentage d'accès baisse dès l'aube de la quarantaine et chute brutalement après 50 ans, quel que soit le contexte ou les catégories de salariés. La différence de taux d'emploi entre les plus diplômés et les moins diplômés augmente avec l'âge (Huyez Levrat, 2008).

1.2. Pourquoi cet accès limité à la formation ?

Les études attribuent ce moindre accès à la formation des salariés seniors à une pluralité de facteurs explicatifs. Marioni (2007) propose cinq justifications :
- une présence plus faible des salariés seniors dans les entreprises soumises à de forts changements organisationnels ;
- un niveau de qualification initiale plus faible ;
- des perspectives de mobilité professionnelle limitées ;
- des rendements de la formation décroissants avec l'âge ;
- une faible demande de formation aux âges élevés.

Tout d'abord, une première justification se trouve ainsi dans le fait que les salariés seniors sont moins présents que leurs cadets dans les entreprises qui ont davantage recours à la formation. Dans les entreprises innovantes, le recours à la formation est plus élevé. Par exemple, les formations professionnelles sont plus nombreuses dans les entreprises qui délèguent des responsabilités aux opérateurs de production (Behaghel et Greenan, 2005, 2006 ; Zamora, 2006). Or, il se trouve que les seniors sont moins présents dans ce type d'organisations.

Ensuite, une deuxième justification peut être trouvée dans le niveau de formation initiale nettement plus faible que celui de générations plus jeunes. En 2000, 55 % des plus de 50 ans ont un niveau de diplôme inférieur au niveau CAP/BEP contre 30 % des 25-39 ans. 37 % de ces derniers ont au moins le bac, contre 24 % des plus de 50 ans (Gauron, 2000). Or, les personnes les plus qualifiées bénéficient davantage de formation que les autres.

Une troisième justification concerne les faibles perspectives de mobilité professionnelle aux âges élevés. Plusieurs études constatent que la gestion des carrières, de la
mobilité, des promotions et des plans de relève et de succession néglige souvent les
seniors (Marbot et Peretti, 2006). Les évolutions de carrière – en interne comme
en externe – sont plus limitées avec l'âge et l'ancienneté. Les salariés seniors sont
les «oubliés» de la gestion des carrières. Or, la formation a pour fonction, notamment, d'accompagner et d'anticiper les mobilités professionnelles.

Les rendements de la formation sont considérés comme décroissants avec l'âge, ce
qui constitue une quatrième justification. Certains employeurs estiment ainsi que
les seniors étant, par définition, proches de l'âge de la retraite, la période pendant
laquelle ils pourront «rentabiliser» l'investissement formation sera plus faible que
pour des salariés plus jeunes. Marbot et Peretti (2006) soulèvent toutefois la question suivante : «Est-il moins risqué et moins coûteux pour l'organisation de former
(…) des jeunes «pleins d'avenir» que des quinquagénaires qui sont proches de l'âge
de la retraite ?» La réponse n'est pas si aisée qu'il y paraît. En effet, un jeune a plus
de chances d'être débauché après sa formation qu'une personne qui est à cinq ou
dix ans de l'âge de la retraite. D'autres, enfin, considèrent que les salariés seniors
auraient une difficulté plus importante pour acquérir de nouvelles compétences.
La formation nécessiterait une motivation et des ressources cognitives difficiles
à mobiliser avec l'âge (Behaghel, 2005). Des recherches en psychogérontologie
ont ainsi mis en évidence que certaines capacités cognitives des seniors étaient
généralement inférieures à celles des plus jeunes. Toutefois, Carré (2007) émet
des réserves en ce qui concerne les risques de confusion entre expérience et âge :
l'expertise liée à l'expérience peut jouer un rôle positif vis-à-vis de la formation, là
où l'âge aurait davantage des effets négatifs. Certains facteurs, telle l'expérience,
peuvent compenser les inconvénients de l'âge.

Une cinquième justification réside dans le fait que les seniors soient moins demandeurs de formation. Ceci peut s'expliquer par la faiblesse des perspectives d'évolution professionnelle, comme indiqué précédemment. Les statistiques de l'Insee
montrent ce parallélisme entre les perspectives d'évolution liées à l'âge et les
besoins exprimés de formation par les salariés (Lainé, 2003) : 32 % des salariés
âgés de moins de 45 ans déclarent avoir peu de besoins de formation, contre 70 %
des 50-55 ans et 80 % au-delà de 60 ans. Une autre raison est liée au fait que les
seniors estiment avoir appris sur le tas et avoir acquis une expérience ne nécessitant pas de formation supplémentaire (Aucouturier, 2001). Enfin, le faible accès
des seniors à la formation engendre un faible besoin exprimé : plus un salarié est
formé, plus il ressent des lacunes en matière de formation. Ceci est d'autant plus
vrai qu'un certain nombre de seniors n'ont jamais bénéficié de formation étant plus
jeunes. Or, ce sont bien ces personnes-là qui posent le plus de problèmes. L'OCDE
conclut au besoin de favoriser l'appétence à la formation des salariés seniors (2003).
Des bilans de compétences peuvent permettre de prendre conscience des besoins
en formation, or les seniors en bénéficient peu.

2. Le développement des compétences des seniors par la formation professionnelle

2.1. La formation professionnelle des seniors : des apports non négligeables

Les salariés seniors accèdent moins fréquemment que leurs cadets à la formation professionnelle. Cette gestion par l'oubli est dangereuse. Il semble nécessaire aujourd'hui pour les entreprises d'investir dans la formation des salariés plus âgés. La nécessité de développer une «seconde carrière» au-delà de 45 ans exige un meilleur accès à la formation professionnelle. L'allongement des carrières invite à repenser la GRH pour les salariés seniors. L'âge du départ à la retraite étant retardé, il ne peut plus être question d'écarter des plans de formation et de promotion les salariés les plus âgés.

La formation professionnelle tout au long de la vie constitue un investissement pour la personne comme pour l'entreprise, dont la valeur est fonction du coût monétaire de la formation et des gains futurs anticipés. La formation des seniors se révèle ainsi être un instrument d'amélioration de la productivité et d'accroissement des gains. La théorie du capital humain demeure particulièrement adaptée au cas des salariés seniors. En effet, il est souvent reproché à cette théorie de considérer qu'un salarié mieux formé sera plus productif, négligeant l'effet de l'expérience. En l'espèce, un senior formé cumulera les deux conditions d'une productivité optimale. La formation professionnelle présente de réels apports pour les salariés comme pour les entreprises. La question de la formation à apporter aux seniors, et selon quelles modalités, se pose. Autrement dit, les entreprises doivent-elles adopter une démarche spécifique de formation pour leurs salariés seniors ?

2.2. La formation des seniors : spécificité ou universalisme ?

De plus en plus d'entreprises font des efforts d'adaptation des formations pour leurs salariés âgés (Brunet et Richet-Mastain, 2002). 53 % des DRH interrogés dans une enquête de la CEGOS envisageaient en 2004 de développer des formations spécifiques pour les salariés de plus de 50 ans. Certaines entreprises telles que Thales, Air France ou Axa ont préféré ne pas instaurer de politique de formation spécifique aux salariés seniors (Carré, 2007). De même, l'accord des industries chimiques du 2 février 2004 prévoit un taux d'«investissement pédagogique» au profit des seniors équivalent à celui dont bénéficie la moyenne des salariés de l'entreprise (Le Cohu, 2004). À la réflexion, cette démarche d'approche spécifique nous paraît peu pertinente. Carré (2007) préconise de privilégier la continuité à la spécificité.

> «À force de développer des formations spécifiques (pour les jeunes, pour les seniors, et pourquoi pas, pour les «quadras»?), on tronçonnerait des générations de formés, alors qu'il s'agit d'organiser une véritable dynamique d'«apprenance» à tous les âges de la vie».

Les performances d'apprentissage des seniors, nous l'avons vu, seraient plus faibles que celles de leurs cadets. Cet argument est fréquemment avancé pour justifier des modèles de formation spécifiques à chaque catégorie de salariés. Toutefois, il ne faudrait pas négliger le rôle positif de l'expertise et de l'expérience par rapport aux effets négatifs de l'âge. Divers éléments peuvent compenser les hypothétiques difficultés d'apprentissage des seniors : choix des horaires, absence de pression temporelle, présentation de schémas, qualité des supports utilisés. Les différences relatives aux besoins en formation professionnelle sont-elles liées à l'âge ou davantage individuelles ? Ne faudrait-il pas tenir compte davantage de l'ancienneté dans le poste, du cheminement de vie professionnelle, des attentes personnelles ? Plutôt qu'une segmentation des salariés selon leur âge, une véritable individualisation des parcours professionnels et des plans de formation aurait certainement davantage d'effets sur le développement des compétences des seniors (Colle, 2006).

Dès lors, un recours accru pour les seniors à des outils tels que le CIF, le DIF et la VAE pourrait permettre de développer davantage leurs talents. Les bilans de compétences, fréquents jusqu'à 40 ans, devraient faire l'objet d'une utilisation accrue pour les seniors.

Ainsi, le groupe Vinci envisage de développer des bilans de compétences à mi-carrière et à 55 ans, afin de construire avec le salarié un plan personnalisé pour réussir ses dernières années de vie professionnelle.

De même, Axa France propose des « bilans de mi-carrière », le Crédit Lyonnais des « rendez-vous carrière » pour tous les 45-48 ans, Air France des « points carrière », la Caisse d'épargne des « entretiens carrières »

De son côté, Arcelor communique sur le développement d'entretiens personnalisés d'orientation pour ses seniors.

3. Le transfert des compétences des seniors aux nouvelles générations

3.1. La nécessité d'un transfert des compétences

La gestion des seniors ne saurait se contenter de concerner le maintien et le développement de leurs compétences.

« Ce n'est pas en conservant ses richesses, tel un trésor, qu'une entreprise prospère ; c'est en exploitant son capital, c'est-à-dire en inscrivant ses richesses dans une dynamique de renouvellement permanent » (Authier, 2005).

Les compétences détenues par les salariés âgés sont immenses. Il est important de ne pas les laisser disparaître avec le départ de salariés à la retraite. Préparer le recrutement de nouveaux salariés pour remplacer les anciens, même de manière anticipée dans le cadre d'une GPEC, n'est pas suffisant si aucune politique de transmission de connaissances entre les générations n'est mise en place. Celle-ci doit concerner les compétences explicites et tacites détenues par les salariés âgés. Il apparaît que nombreuses sont les entreprises qui, aujourd'hui, veillent à la transmission des compétences des seniors. Face à une vision des salariés âgés comme une main-d'œuvre peu efficace et qui s'exprime à travers des stratégies d'élimination, certaines entreprises adoptent une orientation plus positive qui vise à intégrer les compétences spécifiques des salariés seniors (Cloutier et al., 2002).

3.2. La démarche de transfert des compétences

La démarche de transfert des compétences entre générations que nous préconisons peut se présenter en six étapes.

- 1 : anticiper le besoin de transmission des compétences. Parfois, le transfert de compétences est une notion qui ne correspond pas à la culture de l'entreprise. Par exemple, il est dans les usages que les salariés «cachent» leurs compétences de crainte de perdre une partie de leur pouvoir. Ce type d'entreprise ne pourra pas attendre de ses salariés, au moment de leur départ à la retraite, de transmettre leurs compétences, rompant avec une culture fortement ancrée dans les esprits.

- 2 : identifier les compétences clés à transmettre. Seules les compétences essentielles doivent être transmises aux jeunes générations. Ainsi, des compétences peuvent être désuètes, ou non appropriables par les salariés les plus jeunes. Ces connaissances peuvent être explicites ou tacites. Le savoir tacite est enraciné dans l'action et la routine, tandis que le savoir explicite est la connaissance codifiée (Nonaka et Takeuchi, 1995). Les comptes rendus des bilans de compétences peuvent être utiles dans l'identification de ces compétences à transmettre.

- 3 : identifier les personnes impliquées dans le transfert et leur rôle. Cette étape consiste à déterminer d'une part les personnes détenant des compétences clés identifiées dans l'étape précédente, et d'autre part les personnes susceptibles de recevoir ces connaissances. Cette étape s'inscrit dans la démarche GPEC de l'entreprise.

- 4 : former les «transmettants». La démarche de transmission de connaissances par les salariés âgés ne va pas de soi. Elle nécessite une formation plus ou moins complète qui vise à expliciter le rôle du tuteur/coach, présenter les étapes de la transmission, développer un langage et des représentations communs, etc.

- 5 : réaliser le transfert. Le modèle de Nonaka et Takeuchi (1995) relatif à la capitalisation des connaissances peut servir de guide. Il considère que la fonction première de l'entreprise est de créer un avantage concurrentiel basé sur son intelligence collective. Ce modèle repose sur la distinction entre savoir tacite et savoir explicite. La transmission des compétences, qui intervient aux niveaux individuels, de groupe et de l'entreprise, utilise quatre modalités :

- la socialisation : organiser des tutorats/monitorats, un apprentissage, des lieux et moments de rencontres et d'échanges pour la transmission de connaissances tacites,
- l'articulation : réalisation d'outils pour la transformation de connaissances tacites en connaissances explicites (vidéos, interviews, retours, métaphores, modèles),
- la combinaison des connaissances explicites codifiées : motiver les salariés à rechercher et acquérir des connaissances (Intranet, livret, réseau des connaissances),
- l'intériorisation ou la transformation de connaissances explicites en tacites à un niveau plus élevé (stimulation d'idées d'innovation, organisation apprenante).

▶ 6 : contrôler la réussite du transfert. Il est important de s'assurer que le transfert a été correctement effectué. À cette fin, des points d'étape entre les deux salariés concernés et un manager ou un responsable RH revêtent une importance particulière, ainsi qu'au minimum un entretien à l'issue du processus de transfert de compétences.

3.3. Le transfert des compétences des seniors : spécificité ou universalisme ?

Au même titre que la formation, le transfert de compétences ne devrait pas présenter de spécificités particulières du fait du caractère intergénérationnel de la relation. Les étapes de la démarche proposées ci-avant ne sont pas spécifiques au transfert des compétences des seniors vers les plus jeunes générations. Tout transfert de compétences pourrait suivre la même démarche. Celle-ci sera simplement adaptée aux caractéristiques de l'entreprise (structure, culture…) et des salariés (niveaux de qualification, postes, ancienneté…).

Le transfert des connaissances entre les salariés devrait être inscrit dans la culture des entreprises et se faire dans le cadre de la gestion prévisionnelle des emplois et des compétences. Elle peut donc concerner tout salarié détenant des compétences clés, et pas seulement des salariés âgés.

Ainsi, au sein de Thales, le transfert des compétences n'est plus considéré comme strictement associé à la gestion des fins de carrières, mais comme une nécessité quotidienne liée aux mobilités et permettant une meilleure efficacité des équipes de travail. Les managers ont la responsabilité de fluidifier l'information et de veiller au transfert des connaissances.

4. Conclusion

À travers divers exemples d'entreprises, nous avons questionné la gestion des compétences des seniors. Si ces derniers accèdent moins que leurs cadets à la formation professionnelle, celle-ci a des apports non négligeables pour les seniors comme pour les entreprises. La transmission des compétences intergénérationnelles a été présentée comme un enjeu de la pérennité des entreprises. Une démarche de transmission des connaissances a été proposée. Rejeter toute forme de segmentation des salariés selon leur âge et privilégier une réelle individualisation de la gestion des compétences est la clé de la formation professionnelle tout au long de la vie.

Au-delà, la formation continue doit permettre de corriger les inégalités de départ (faible niveau de qualification initiale), et de préparer des rebonds de carrières qui contribuent à fragiliser la position de certains salariés au fur et à mesure qu'ils avancent en âge, à diminuer leur employabilité et à rendre désirable pour eux une sortie précoce. Voilà déjà longtemps que l'on est conscient des talents détenus par les seniors. «Quand un vieillard meurt, c'est une bibliothèque qui brûle», rappelait Amadou Hampâté Bâ en 1960. Cette formule mérite d'inspirer les politiques et pratiques de gestion des seniors des prochaines années. Quand un salarié senior quitte l'entreprise, c'est tout un savoir de l'entreprise qui disparaît ; savoir qu'il est nécessaire de maintenir, développer et transférer aux nouvelles générations.

Chapitre 17

La représentation des seniors au travail : sont-ils talentueux ?

Jean-Yves DUYCK
Serge GUERIN

Insensiblement, les DRH semblent être passés d'une logique de compétences, telle que la définit Zarifian (1999), qui s'évalue à l'aune de la capacité à résoudre des problèmes complexes et à mettre en œuvre des réseaux d'acteurs, à une logique de talents. Les compétences s'évaluent par une capacité constante à se remettre en question, alors que le talent « aptitude remarquable dans un domaine particulier »[1] sauterait aux yeux. Pourtant, ces salariés, même qualifiés de « héros », voient leurs « talents » absents des discours des dirigeants (Point, 2007). Le bonus du talent sur la compétence reposerait in fine sur un « supplément d'âme » lié aussi à l'expertise, au dévouement et à la créativité (Point, ibid.). Pour éviter d'être les premiers évincés du système d'emploi, les seniors, « jetables » dès 50 ans (Quintreau, 2002) devraient en posséder encore plus. De fait, le tableau est sombre. Le taux d'activité des plus de 50 ans est resté très bas en France : au début de 2008, il se situe à 37,8 % contre 42 % en moyenne européenne. Accusés de bien des maux et de bien peu de talents, les seniors doivent faire face à une multitude de représentations négatives (rigides, chers, peu motivés, etc.) et rares sont ceux qui leur trouvent des atouts décisifs pour leur entreprise. Cet article procède à un tour d'horizon rapide des représentations négatives qui entourent les seniors pour tenter de dégager une vision positive : leurs talents, cachés ou indispensables à la survie des organisations, sont trop souvent occultés.

---

1. Dictionnaire *Le Robert*.

1. Une pléthore de représentations négatives

Ces représentations négatives s'appuient sur des arguments de nature physique, psychologique, et économiques.

1.1. Sur le plan physique

La dégradation de certaines capacités (motrices, cognitives, mnésiques, etc.) est mise en avant (Volkoff, Molinié et Jolivet, 2000) et accroît le taux d'absentéisme (CNAMTS, 2002). Un des signes distinctifs du «salarié vieillissant» est en outre de participer à sa propre mise en scène par le jeu des interactions sociales quotidiennes, comme c'est d'ailleurs le cas pour toutes les différences en termes d'aptitude au travail (Dodier, 1986). Cette véritable construction sociale des aptitudes supposées d'un salarié (plus) âgé contribue à donner à la représentation négative qui l'accompagne une certaine permanence, voire à la «naturaliser».

1.2. Sur le plan psychologique

Démotivation dans le travail, caractérisée par des attentes moins élevées (Itzin et Phillipson, 1994), mais aussi rigidité et manque de créativité font partie des stéréotypes les plus couramment évoqués, relevés, dès 1977, par l'enquête approfondie menée par Rosen et Jerdee auprès de 6 000 abonnés de la *Harvard Business Review*. Ces difficultés face au changement rendraient ces salariés plus difficiles à former et moins aptes à acquérir de nouvelles compétences, particulièrement dans la sphère des nouvelles technologies.

La question du stress s'avère, à son tour, particulièrement importante. Il existe aussi une pénibilité mentale au travail, particulièrement difficile à mesurer, mais qui semble en augmentation (Gollac et Volkoff, 2000). De fait, les salariés les plus âgés sont également très concernés par les risques mentaux si l'on en croit une récente étude sur le «sur-stress» menée par l'IFAS (2003-2004) : 33 % des 45-54 ans contre 23,5 % des 25-34 ans interrogés.

1.3. Sur le plan économique

L'hypothèse la plus fréquemment admise est que le salarié âgé, dont la productivité décroîtrait, profiterait alors d'un «sur-paiement» (Jolivet, 2001). Pourtant aucune corrélation objective n'a pu être établie dans ce sens par les chercheurs (Volkoff, 1989). D'ailleurs, en toute logique, les coûts de recrutement et de formation, répartis sur la durée devraient inciter les entreprises à conserver les travailleurs dans lesquels elles ont investi (Jolivet, 1999). Il n'en reste pas moins que cette représentation est profondément ancrée et que, en pratique, même si la productivité ne baisse pas, les entreprises cherchent à diminuer la masse salariale, en remplaçant les seniors par des salariés de la même catégorie, plus jeunes et moins expérimentés (Martory, 2001).

Si l'on rajoute la conviction ancrée – et longtemps soutenue par les décideurs politiques – que les seniors «prennent la place des jeunes», on conçoit que les représentations neutres ou positives soient rares. La puissance de ces représentations «jeunistes» sont traduites pas les résultats sur l'analyse des discriminations à l'embauche en fonction des origines (ODD-Paris 1, 2006). Il en ressort qu'un candidat âgé de 48 à 55 ans a trois fois moins de chances d'être convoqué que l'idéal type (candidat français de souche âgé de 28 à 32 ans).

On peut former l'hypothèse que ce faisceau de représentations négatives pourrait donner une clé d'explication à la permanence du sous-emploi des seniors.

2. De rares représentations neutres ou positives

2.1. Les représentations neutres

Les représentations «neutres» sont fondées sur l'idée selon laquelle le vieillissement est une question doublement relative :

- au regard des évolutions économiques, la question peut s'annuler en tant que telle, puisque ces dernières ont entraîné une relativité ou un rajeunissement de l'âge (Guérin, 2007) et le développement d'une capacité d'adaptation issue des efforts de formation et d'un environnement plus changeant, ayant imposé une adaptation plus précoce des salariés dans leur carrière ;
- au regard des caractéristiques du travail, la prise en considération du seul critère de l'âge chronologique conduit à des conceptions erronées car ce sont d'abord «les caractéristiques du travail [qui] déterminent fortement les différences entre âges du point de vue de l'efficacité productive» (Volkoff, 2000). La connaissance insuffisante de l'activité de travail conduit au mieux à n'utiliser que des indicateurs de performance limités, au pire à sanctionner un comportement pourtant porteur de performances» (ibid.).

Dans les deux cas, les stéréotypes sous-évaluent la performance réelle et oublient des performances cachées ou des éléments de création de valeur, «annulant» en quelque sorte le vieillissement.

2.2. Les représentations positives

Les représentations positives sont axées sur l'expérience acquise et la capacité à transmettre ses savoir-faire à d'autres salariés. Ces attitudes et perceptions stéréotypées valorisent l'expérience des seniors, considérés comme plus impliqués, plus consciencieux, plus fiables, plus responsables et patients et faisant preuve de plus de maturité dans leurs attitudes au travail que les salariés plus jeunes (Itzin et Phillipson, 1994).

L'éviction des seniors fait prendre de multiples risques à l'entreprise : perte des savoirs (M'Bengué, 2004), perte de la «mémoire» et du contexte dans lequel certaines décisions ont été prises, «témoignage d'une grande richesse et susceptible de procurer un avantage concurrentiel» (Girod-Seville, 2004) qui nuisent à la transmission proprement dite des savoirs.

Par ailleurs, de nombreux auteurs relèvent que dans un système de marché, il y a une logique à ce que le corps social de l'entreprise soit en relative adéquation avec la typologie de clientèle, tant sur le plan des origines culturelles (auteurs américains) que générationnelle (Guérin, 2004). Finalement les talents des seniors sont nombreux et reconnus (Peretti et Marbot, 2004 ; Guérin et Duyck, 2006, Pijoan, 2007).

On l'a compris : l'objet du présent article consiste en un véritable parti pris : partir à la (re)découverte de leurs talents occultés par des décennies de plans sociaux dont ils furent les premières victimes parfois «consentantes» (Marbot et Peretti, 2004).

3. Autour des talents : six regards très ouverts et très positifs

Des entretiens approfondis en face-à-face ou par téléphone auprès de managers, en particulier des DRH ou des responsables de cabinets de consultants ou de recrutement, font ressortir les talents particuliers des seniors. Les entretiens sont fondés sur une grille de questions portant sur différents éléments de représentation positive : expérience et possibilité de la transmettre, productivité, conscience professionnelle et effet d'exemple pour les plus jeunes, capacité à prendre du recul, en particulier dans les situations de crise, rôle pacifiant au sein d'une équipe, fidélité et capacité de rassurer certains clients. La méthode d'anamnèse, en demandant à chaque interlocuteur de se souvenir d'une situation dans laquelle le senior a joué un rôle très positif, a constitué l'entrée en matière de chaque entretien, et en a facilité le déroulé.

L'objectif de ces entretiens est de faire ressortir les représentations positives d'acteurs situés au premier plan pour l'embauche ou le maintien de seniors dans l'emploi. Pour autant, les six entreprises représentent des secteurs variés de l'emploi allant de l'aéronautique (Thales) qui dit «cultiver les talents», aux spécialistes de GRH (Croissens Consulting, Randstad), passant par le secteur bancaire (Crédit Mutuel), une fédération professionnelle (Fédération des ESH) et l'industrie des transports (RATP). Les six responsables interrogés sont les suivants : Xavier Broseta, vice-président Ressources Humaines, Thales Air System Division ; Philippe Cafiero, DRH Randstad ; Frédérique Deloffre-Vye, PDG du cabinet de coaching

Croissens Consulting; Fabienne Devance, RATP, responsable entité mobilité & parcours professionnels; Thierry Groussin, chargé de la Formation des Dirigeants, Caisse Nationale de Crédit Mutuel; Didier Poussou, responsable des ressources humaines, Fédération des Entreprises sociales pour l'habitat.

Trois grands thèmes structurent les représentations positives et sont constitutives des talents

3.1. Les seniors sont efficaces

Pour Xavier Broseta, leur efficacité est même remarquable : « Je participe au comité de direction de Thales Air System Division où, sur les huit responsables d'unité, quatre ont plus de 50 ans, dont l'un a 64 ans, et c'est la division la plus rentable du groupe. L'un d'eux, parmi les plus âgés, passe un tiers de son temps à l'étranger et se caractérise par un niveau d'engagement exceptionnel. La légitimité de ces quinquagénaires et plus est immense au sein de l'entreprise. Ils entraînent les équipes. La division est la plus rentable alors que 46 % des 3 300 salariés ont plus de 50 ans. »

Philippe Cafiero conforte ce point de vue : « Chez Randstad, nous avons regardé les performances des agences. Celles qui sont menées par des directeurs seniors sont celles qui présentent les meilleurs résultats en terme de chiffre d'affaires et de rentabilité. Dans la majorité des cas, les seniors ont accumulé de l'expérience et vécu une grande diversité de situations. Cela a des effets obligés sur leur comportement et leurs modes de réaction. L'organisation a tout intérêt à solliciter cette expérience. »

Thierry Groussin va plus loin et conteste de façon virulente l'utilisation du vocable senior, car ce terme « ne veut pas dire grand-chose » et « n'est pas un critère d'efficacité ou de différenciation ». Ce critère d'âge reste « artificiel », et « si on parle de gens qui ont un certain âge, moi j'avoue avoir rencontré des gens qui avaient une grande qualité d'énergie intellectuelle, et qui avaient beaucoup plus d'années que moi [...] capables de prendre des risques ». C'est donc la catégorisation de « senior » qui finit « avec la complicité de la victime » à le déqualifier aux yeux de ses supérieurs et de lui-même, et ipso facto à le placer dans une posture d'inefficacité : « J'ai ces difficultés avec le concept : être senior est davantage une posture qu'un fait. » « Si on me catégorise comme senior, alors inconsciemment, je me considère comme un senior ». Il faut « se méfier des représentations mentales ». Le traiter de senior, « c'est le mettre dans un ghetto, l'enfermer dans la catégorie des seniors ».

3.2. Le rôle de l'expérience

Dans la gestion des crises

Pour Philippe Cafiero, il s'agit là d'un point crucial : « J'ai vécu directement une situation où l'intervention d'un cadre senior de très haut niveau a permis d'éviter un affrontement entre deux personnes qui pouvait mettre à mal un projet essentiel à l'avenir d'une entreprise. Le senior concerné s'est comporté en véritable juge de paix et a déminé une situation de conflit qui pouvait entraîner des conséquences incalculables, par sa simple capacité à faire revenir les protagonistes dans le jeu professionnel et à les sortir d'un affrontement d'ego. Lui seul pouvait le faire : il était très respecté et légitime, et n'avait aucun intérêt personnel ni professionnel dans le projet.»

Dans la transmission des savoirs

Ce point fait l'objet d'un débat contradictoire. Pour Thierry Groussin, là n'est pas l'essentiel : «Les entreprises ont intérêt à maintenir les seniors dans un état d'activité [et à ne pas les confiner dans le compagnonnage et le tutorat, NDR] et «l'expérience ne se transmet pas, on peut montrer la direction, expliquer ce qu'on a vécu. Enfermer les seniors dans la transmission, c'est en faire des anciens combattants». «On ne transmet bien que si on est aux commandes.»

Fabienne Devance soutient qu'en secteur industriel, le tutorat a du sens : «La transmission de compétences au sein de l'entreprise est un acte très concret dans certains domaines de l'entreprise : la maintenance et l'exploitation entre autres. Les actions de compagnonnage et de tutorat y sont naturelles. Pour autant, à l'exploitation, elles ne concernent pas seulement les seniors, mais des gens d'expérience qui transmettent aux arrivants. [...] Il n'en reste pas moins que compte tenu de l'évolution de l'entreprise ces actions pourraient à l'avenir être dédiées aux seniors.»

Frédérique Deloffre-Vye leur trouve un rôle particulièrement riche dans «la transmission de la culture d'entreprise. La valeur ajoutée, c'est de permettre aux jeunes de s'y retrouver dans les codes et les usages. Avoir un mentor qui a de l'expérience, c'est permettre de s'y retrouver, de connaître les réseaux, d'éviter une bourde et de savoir à qui s'adresser s'il y a un souci. Les seniors sont une mine d'information sur le passé sur les enjeux.» Didier Poussou résume de cette façon : «Tout ce que j'ai appris, et aujourd'hui encore, je le dois à des seniors avec lesquels j'ai travaillé et avec qui je travaille encore.»

Dans leur capacité à prendre du recul

Selon Philippe Cafiero, «chaque senior a forcément vécu un ou plusieurs moments difficiles. Généralement, cela lui a donné une capacité à prendre plus de recul. S'il a obtenu une certaine légitimité en interne, il pourra éviter des erreurs ou de prendre des décisions trop rapidement qui seront très vite regrettées. La présence d'un senior est fondamentale dans une équipe et peut permettre de favoriser une réflexion collective plus longue pour préparer une décision.»

Pour Didier Poussou, «la capacité de recul et la capacité à fédérer des équipes et des projets est un apport essentiel des seniors dans le management».

Frédérique Deloffre-Vye y trouve un réel bonus : « Se placer en position méta, un peu au-dessus du jeu, sans se dire qu'est-ce qui va se passer pour moi demain. […] Permettre aux jeunes de se sortir d'une situation délicate où ils sont, ou bien où ils risquent de se mettre. »

Pour les nouveaux projets

De fait, c'est précisément là où ils peuvent être le plus utiles. Thierry Groussin soutient que « de nouveaux projets, pourquoi ne pas les confier à des seniors ? À deux ou trois ans de la retraite, on n'a plus rien à prouver, on ne veut pas être calife à la place du calife. On a une accumulation de connaissances implicites qui sont autant de ressources que l'on pourrait apporter à l'entreprise ! » « À 62 ans un collègue a hérité d'une nouvelle mission très différente. Il s'épanouit, il fait des trucs géniaux, il s'éclate, il fait des trucs très utiles, très pertinents. »

4. Les seniors ont de la valeur et des valeurs

Ces valeurs opposent, dans une certaine mesure, les générations juniors et seniors, dont cela reste un des principaux talents, autour de la fidélité, voire du don :

4.1. La fidélité

S'il est un thème qui fait consensus, c'est bien celui de la fidélité. Xavier Broseta expose que : « Leur fidélité est immense ; il n'y a pratiquement aucun départ dans l'entreprise. Les seniors ont très envie de se battre pour l'entreprise, en connaissent la force et l'intérêt de leur métier. Par ailleurs, ils ont bien conscience que ce qui leur serait possible ailleurs n'a pas le même potentiel. C'est pourquoi la plupart de nos cadres expérimentés ont fait toute leur carrière dans l'entreprise. » « Cette fidélité et la longévité de nos salariés est aussi une façon de motiver l'interne et de crédibiliser notre discours en montrant qu'il y a possibilité de faire carrière à tout âge et en faisant toujours des choses motivantes. »

Toutefois, l'entreprise a le devoir d'entretenir cette fidélité. Ainsi, pour Philippe Cafiero : « Je pense que la fidélité joue à plein seulement si le senior se sent reconnu dans l'entreprise. En ce cas, il a une réelle fidélité d'appartenance. Sinon, on est dans une sorte de fidélité d'apparence sans profondeur, où il se contente de compter les années qui lui restent avant de prendre sa retraite. Le senior sera fidèle à une entreprise qui aura modernisé sa relation aux âges et qui sera capable de proposer un avenir professionnel aux salariés seniors. »

La RATP reste un cas à part où le statut et la possibilité de retraite précoce jouent un rôle important. Fabienne Devance expose que « la RATP est une entreprise dont la majorité des salariés sont sous statut […]. Dans notre entreprise, la question de la fidélité ne se posait pas jusqu'à il y a peu : nous avons un taux de démission très faible (- de 1 % de la population totale de l'entreprise). Les démissions au sein de l'entreprise constituent un phénomène très nouveau. En bref, on entre jeune à la RATP et l'on en sort pour partir à la retraite. Par ailleurs un dispositif de mise à la retraite d'office existait jusqu'à la mise en œuvre de la réforme des retraites. Les salariés à l'âge de 60 ans étaient "mis dehors" même s'ils souhaitaient travailler encore. Toutefois cette question des valeurs, et de leur évolution, est ressentie nettement à la RATP.»

4.2. Le don

Cette question est essentielle et c'est bien là, dans les valeurs, que se situe le bonus des seniors.

Pour F. Deloffre-Vye : «Ce que je ressens, c'est une ambiguïté ou une ambivalence : il y a des gens qui sont corps et âme à leur entreprise. Ils y ont passé pour certains 35, 40 ans, et plus que de la fidélité, c'est du dévouement. Il y a un déséquilibre total entre ce qu'ils donnent et ce que doit donner l'entreprise.»

Thierry Groussin propose une explication qui met en cause aussi bien l'évolution des valeurs que le comportement opportuniste des firmes : «J'ai été élevé dans l'idée de l'homme d'honneur : on sortait de la guerre ; il m'a été transmis des valeurs chrétiennes… Quand on parle de fidélité, les entreprises à l'époque nous étaient fidèles. C'était une fidélité réciproque. Les jeunes générations ont connu un chômage massif, et les entreprises ont mis les individus en situation d'autonomie non protégée. Alors, ils sont dans une situation de transaction : le rapport qualité/prix. Nous étions des missionnaires, et eux plutôt des mercenaires.» «Les générations ont vécu une histoire différente. Ce qui les distingue, c'est leur histoire qui fait qu'on [juniors et seniors] porte sur l'entreprise et sur l'activité économique un regard très différent.» «Les seniors sont beaucoup plus dans le don que dans la transaction.»

Si les jeunes générations ne «donnent» pas, c'est pour l'essentiel parce que le pacte social a été rompu et qu'on leur a appris à devenir «nomades». De fait, ce sont bien les valeurs que l'on porte qui différencient les attitudes vis-à-vis de la firme, et ces valeurs ont été intériorisées différemment selon la date de naissance.

5. Conclusion

Les seniors ont du et des talents. Ce n'est guère là où on les attendait, c'est-à-dire dans le tutorat ou le compagnonnage, exception faite de la RATP, que ces talents sont les plus visibles, mais dans les valeurs qu'ils véhiculent. Plus fidèles, plus loyaux que les jeunes générations, ils n'ont pas ou peu cédé aux sirènes de la nomadisation. En outre, leur expérience les rend aptes à prendre en charge de nouveaux projets et, comme leurs preuves ne sont plus à faire, ils prennent des risques, innovent et trouvent une nouvelle motivation. Enfin, ils s'avèrent, du fait de cette expérience, et très performants et aptes à la transmission de la culture et donc à mettre en piste des juniors. Si l'on rajoute, comme l'expose Frédérique Deloffre-Vye, que « la diplomatie, la sagesse et le sens de la confidentialité [sont] plus marqués chez l'ancienne génération que chez celle qui arrive, parce que c'est plus naturel », il apparaît bien que les seniors sont des passeurs essentiels au développement et à l'équilibre interne des entreprises.

Chapitre 18

Mobiliser les talents des seniors : un cas

Ghislain PARISOT
Michel FÉRON

1. Témoignage de Ghislain Parisot (DRH Crédit agricole du Nord-Est)

Leader sur son marché en 2008, le Crédit agricole du Nord-Est est dans une situation tout à fait satisfaisante avec 2 600 salariés, 168 agences et 815 000 clients (soit 1 habitant sur 2, et 1 entreprise sur 2 de la région). Toutefois, un des challenges cruciaux pour ces prochaines années sera de disposer des ressources humaines suffisantes pour simultanément pallier les départs massifs à la retraite et accompagner un plan de développement ambitieux. Comme la compétition est féroce sur le marché de l'emploi – tous les opérateurs du secteur sont confrontés à la même problématique –, il a donc été impératif de chercher des solutions novatrices pour trouver ces compétences indispensables dans une région qui se dépeuple.

1.1. Changer le regard porté sur les seniors

C'est ainsi que nous avons radicalement remis en cause le positionnement des collaborateurs seniors de l'entreprise, traditionnellement considérés comme étant plus ou moins en stand-by dans l'attente de leur départ en retraite. Quatre raisons majeures sont à l'origine de ce changement de regard :

- il n'est pas envisageable qu'un tiers des collaborateurs n'apporte qu'une contribution réduite à la performance de l'entreprise alors que certain(e)s ont encore devant eux 10 ans ou 15 ans d'activité professionnelle (37 % des collaborateurs ont aujourd'hui plus de 50 ans) ;

- ensuite, cette situation fait encourir le risque de tensions avec les générations plus jeunes, qui admettront difficilement une répartition déséquilibrée de la pression du marché ;

▶ ces collaborateurs possèdent des compétences spécifiques que l'entreprise n'a pas toujours totalement utilisées jusqu'alors, et qui ne peuvent qu'être bienvenues dans un contexte de pénurie ;

▶ ils incarnent les valeurs fondatrices du mutualisme et de la coopération, et leur mobilisation est fondamentale pour les transmettre aux jeunes générations.

L'ampleur du chantier a justifié la nomination d'un chef du personnel spécialement dédié aux quinquas. La première étape a évidemment consisté à établir un diagnostic précis des caractéristiques de cette population à partir des données disponibles, en particulier les entretiens de carrière réalisés tous les trois ans. Pour les cadres, cette première base de données a été affinée par des entretiens approfondis avec chacun d'entre eux (plus d'une centaine d'entretiens).

Ceci a permis de recueillir de nombreuses informations concernant, par exemple, les décalages entre les compétences maîtrisées et les deux référentiels métiers («commerciaux» ou «experts»), la fréquence des formations internes ou les mobilités inter-sites et inter-métiers.

1.2. Entretenir et développer l'adaptabilité

Avant de proposer à ces seniors de nouvelles opportunités de parcours professionnel, nous avons souhaité qu'ils «s'oxygènent» et sortent de leur univers quotidien en leur proposant de suivre des formations diplômantes en part-time à Reims Management School. Celles-ci ont été ouvertes à tous sans critère d'âge via l'Intranet, ce qui était un message fort à l'égard des seniors pour montrer la confiance que l'entreprise place en eux. Une quinzaine de seniors se sont inscrits, un peu sceptiques et anxieux au début devant les exigences d'un cursus académique, et finalement enthousiastes à la fin (une troisième promotion a été lancée). Certains d'entre eux pourront d'ailleurs prétendre à une pépinière «cadres supérieurs».

En ce qui concerne les seniors non-cadres du réseau, ceux qui «portent la sacoche depuis trente ans», il leur est possible de passer dans des activités de back-office commercial où ils utilisent leur savoir-faire de négociateur (contacts téléphoniques et entretiens, assistance aux conseillers), mais sur des opérations de longue durée moins stressantes que la gestion d'un portefeuille de clients.

Pour les seniors travaillant dans des postes administratifs, une opportunité majeure de relancer leur implication a été le transfert d'un site administratif à l'autre, en particulier le transfert des services comptables de Charleville à Reims, avec en contrepartie le transfert des services d'assurance de Reims à Charleville (à nombre d'emplois équivalents). En effet, nombre de ces collaborateurs, recrutés dans les années 70-80, n'avaient jamais connu un autre environnement professionnel tant en termes de métier que de lieu de travail.

Les collaborateurs (une dizaine) qui ont refusé cette mutation se sont vus proposer un Plan Individuel de Formation pour changer de métier et de lieu de travail dans un rayon de 100 km (bilan de compétences/orientation vers 3 à 4 familles d'emploi/formation au métier/droit à l'erreur pendant six mois).

L'expérience prouve que des changements organisationnels réguliers entretiennent et développent l'adaptabilité, et d'ailleurs, celles et ceux qui ont vécu les deux fusions de Caisses qui ont conduit au périmètre actuel de l'entreprise (Reims avec Châlons-en-Champagne, puis avec Charleville) sont dans l'ensemble beaucoup plus à l'aise face à toute forme d'évolution des structures et/ou des métiers.

1.3. Des solutions sur mesure

Néanmoins, en dépit de tout cet effort de suivi individualisé et d'accompagnement formation il reste un « noyau dur » de collaborateurs dont la principale motivation est de « tenir » jusqu'au prochain plan de départ anticipé à la retraite « comme avant ». Le nombre de seniors (surtout des non-cadres) qui n'ont pas réussi à dépasser le stade du « rêve qui s'écroule » peut être estimé à 10-15 % des quinquas, c'est-à-dire essentiellement les 3 à 4 tranches d'âge qui voyaient se rapprocher l'échéance d'un départ anticipé. Chaque cas a été étudié individuellement de façon à trouver des solutions « sur mesure » pour éviter le cercle vicieux de la dévalorisation entretenu en boucle par soi-même et par l'environnement professionnel.

Afin d'éviter de retrouver à l'avenir des situations aussi délicates, les seniors passent maintenant tous les sept ans un entretien de carrière, qui devrait déboucher comme pour les autres collaborateurs sur de nouvelles ouvertures professionnelles. Si la situation n'évolue pas dans les trois années suivantes, un nouvel entretien approfondi est alors organisé.

2. Analyse de Michel Féron (chercheur)

Nous nous proposons d'analyser les actions menées au Crédit agricole du Nord-Est par rapport aux problématiques classiques liées à la gestion des âges, pour montrer que ces choix sont sous-tendus par des principes forts bénéficiant tant à l'entreprise qu'aux personnes concernées. Nous retiendrons trois questions clés :

– le syndrome de fin de vie professionnelle est-il inéluctable pour tous les seniors ?
– les seniors peuvent-ils encore contribuer significativement à la performance de l'entreprise ?
– peut-on mettre en place des mesures préventives pour éviter des situations douloureuses pour les collaborateurs et dangereuses pour l'entreprise ?

2.1. Le syndrome du sentiment de fin de vie professionnelle

Pendant plusieurs dizaines d'années s'est développée en France une culture du raccourcissement de la vie professionnelle, dans laquelle chaque partie a trouvé son compte :
- les salariés, qui profitaient de conditions intéressantes pour anticiper leur départ en retraite ;
- les entreprises, qui pouvaient alléger et/ou renouveler leurs effectifs en bénéficiant d'aides ;
- les partenaires sociaux, qui signaient des accords prévoyant des mesures bien acceptées par les salariés ;
- l'État, qui évitait une dégradation des chiffres du chômage, tout en favorisant l'embauche de jeunes.

Cette image bien ancrée de «bascule» à partir de 50 ans vers une sortie aussi rapide que possible s'est accompagnée en contrepartie d'une survalorisation des jeunes salariés, considérés comme les seuls à incarner l'avenir (avec tous les effets pervers d'une concentration des efforts des recruteurs sur un segment étroit).

Un tel héritage «culturel» crée des filtres puissants, qui occultent souvent le fait – pourtant largement démontré – qu'à n'importe quel âge, un collaborateur peut contribuer à la performance de l'entreprise (mais pas de la même façon !), ce qui oblige donc l'entreprise à utiliser des leviers radicaux pour faire changer le regard collectif porté sur l'âge.

La prise de conscience passe donc dans un premier temps par une affirmation claire de la position de l'entreprise sur les principes qui vont dorénavant structurer les parcours professionnels des seniors :
- arrêt des plans de départ en préretraite ;
- parallèlement, prise en charge individualisée de chaque senior concerné pour un bilan de compétences et l'élaboration d'un parcours professionnel personnalisé ;
- structuration d'un dispositif permettant de valoriser et développer les compétences de chaque senior.

Comme l'allongement de la durée de vie professionnelle est une question de société posée depuis longtemps, et évoquée régulièrement, cette nouvelle donne est généralement accueillie sans grande surprise par la majorité des collaborateurs, même si elle ne soulève pas forcément l'enthousiasme. Pour autant, la rupture est plus difficile à vivre pour les collaborateurs se situant dans les tranches d'âge proches de l'ancienne échéance «mythique», et qui espéraient encore une ultime prolongation.

Bien qu'un effort particulier et prolongé permette de voir renaître une certaine implication parmi cette population, une partie d'entre elle doit malheureusement être considérée comme une «(mini) génération sacrifiée» qui n'arrivera pas à reprendre pied dans les nouvelles règles du jeu. Toutefois, même si leur contribution est limitée, l'entreprise doit alors leur permettre de travailler à égalité de dignité avec leurs collègues (pas de mise à l'index).

Il s'agit là non seulement d'une question éthique, mais aussi de montrer la cohérence de la politique de l'entreprise qui offre sa chance à chacun(e) et ne recourt pas à «l'exclusion interne» des collaborateurs qui n'arrivent pas à rebondir. Cette position est bien entendu facilitée lorsque la culture de l'entreprise s'appuie sur des valeurs humanistes comme dans le cas présent (le Crédit Agricole du Nord-Est défend avec vigueur son identité de banque coopérative et mutualiste).

2.2. La contribution des seniors à la performance de l'entreprise

Nous ne reprendrons pas ici en détail les résultats de multiples études sur les atouts spécifiques des seniors, dont nous retiendrons uniquement quelques éléments marquants :

- savoir-faire et professionnalisme pouvant compléter la formation «standard» au métier dispensée aux nouveaux embauchés (coaching, tutorat) ;
- proximité sociologique avec les seniors clients de l'entreprise ;
- âge favorisant la crédibilité pour la vente de produits à forte connotation de «sécurité» (vente d'assurances, gestion de patrimoine) ;
- autonomie et capacité à prendre du recul dans le travail facilitant la délégation ;
- fidélité (un collaborateur de 50 ans sera encore présent dans 10 ans, alors que la majorité des jeunes embauchés auront quitté l'entreprise d'ici là).

Ce constat est important, car il permet de segmenter les cibles des actions de formation, et donc de définir deux types d'objectifs bien différents.

Les nouveaux embauchés sont destinés pour la grande majorité à intégrer le réseau, et il est donc nécessaire de former en permanence un nombre important de collaborateurs. Même si la durée ultérieure d'exercice de leur activité professionnelle est parfois trop courte pour estimer avoir un retour sur investissement acceptable par rapport au coût de la formation, le caractère hautement concurrentiel du marché évoqué précédemment ne laisse guère le choix.

Par contre, pour les collaborateurs de 50 ans et plus, la question du retour sur investissement d'une formation n'est pratiquement plus soumise au risque d'un départ éventuel. L'entreprise peut donc alors utiliser ce levier pour renforcer les compétences des directeurs d'agence seniors dans le réseau, ou pour réorienter les autres collaborateurs vers des métiers hors réseau s'appuyant sur leurs compétences antérieures.

À l'extrême, les cadres seniors peuvent évoluer vers des métiers nouveaux toujours liés au cœur de métier (ici, par exemple, la gestion de patrimoine), voire même accompagner la diversification des activités de l'entreprise (ici, par exemple, la négociation immobilière), ou encore valoriser leur savoir en devenant formateurs, voire chef du personnel ou back-office manager.

À y regarder de près, il s'agit peut-être là des prémices d'une évolution envisagée par certains experts, qui consisterait à tirer les conséquences de l'allongement de la vie professionnelle et donc à prévoir que chaque individu occupera deux emplois différents durant 20/25 ans chacun.

Cette perspective éviterait d'avoir l'alternance d'une phase professionnelle «ascendante» rapide suivie d'une phase «descendante» de plus en plus en plus longue avec une faible implication et une contribution limitée. Le passage d'un emploi à un autre nécessite bien sûr un investissement formation de l'entreprise non négligeable, mais elle disposera ainsi de salariés connaissant bien l'entreprise, pouvant réutiliser leurs compétences organisationnelles et motivés par cette nouvelle tranche de vie professionnelle (un parallèle intéressant peut être fait avec les «jeunes retraités» qui créent une nouvelle activité).

2.3. La prévention par la formation tout au long de la vie

La difficulté que rencontre le Crédit agricole du Nord-Est à disposer des ressources humaines nécessaires au maintien de son cap stratégique est aujourd'hui particulièrement délicate, mais elle s'inscrit comme une constante du fonctionnement des entreprises. L'accélération des repositionnements stratégiques entraîne la redéfinition permanente du portefeuille de compétences nécessaires au fonctionnement de l'entreprise.

Si jusqu'alors le recours au marché de l'emploi avait pu permettre globalement les ajustements nécessaires, il s'avère que ses mécanismes montrent de sérieuses limites et ne permet pas forcément aux entreprises de trouver les compétences recherchées.

Parmi les multiples raisons qui expliquent ces dysfonctionnements, nous isolerons celle qui consiste à raisonner en termes de «stock» de compétences acquises, alors que surviennent de plus en plus fréquemment des situations totalement originales pour lesquelles il n'est d'autre possibilité que d'apprendre en faisant. Si la formation tout au long de la vie permet de maintenir l'employabilité d'un individu, elle représente aussi le fil rouge qui peut permettre aux entreprises d'ajuster en permanence stratégie et RH.

En maintenant en permanence un contexte de changement, et donc d'apprentissage et d'employabilité, l'entreprise peut entretenir et développer la capacité à inventer des solutions originales à des situations non imaginables à l'heure actuelle.

La vie professionnelle est émaillée de multiples situations qui sont autant d'occasions d'apprentissage, dépassant largement les classiques «stages de formation», et dont nous donnons ci-après quelques exemples.

◗ Les collaborateurs qui ont vécu des fusions entraînant des changements de périmètre et de contenu de leur métier ont beaucoup appris/changé, et demain, quand ils se retrouveront dans un environnement inattendu, ils seront plus à même de développer de nouvelles compétences.

◗ Le tutorat de jeunes embauchés est aussi une excellente occasion pour un collaborateur expérimenté de structurer son savoir-faire pour pouvoir le transmettre, et d'être interpellé en retour sur ce qui semblait jusqu'alors être des données évidentes.

◗ Les formations diplômantes, qui touchent à l'amour-propre et à l'image de soi, sont toujours l'occasion d'un dépassement de ses limites et de la (re) découverte du goût d'apprendre. Le montage d'un dossier de VAE, en dehors de la reconnaissance mobilisatrice à laquelle il aboutira, est d'abord une extraordinaire opportunité de formaliser son savoir, de s'évaluer pour progresser, de gagner en confiance en soi, de pouvoir transmettre efficacement son expérience, etc.

À l'extrême, l'entretien de la dynamique individuelle de changement/apprentissage peut même être l'argument ultime pour décider un changement organisationnel qui n'apportera pas forcément une nette amélioration du fonctionnement de l'entreprise. Et l'expérience montre aussi que le fait qu'un changement organisationnel soit souhaité ou imposé ne modifie pas radicalement le processus d'apprentissage du moment que le collaborateur est accompagné dans ce processus.

3. Conclusion

3.1. Quelles sont les trois principales leçons de ce cas ?

◗ *Le syndrome du sentiment de fin de vie professionnelle n'est pas une fatalité.* Pourquoi un salarié va-t-il ou non continuer à s'impliquer et à donner le meilleur de lui-même dans son emploi ? C'est d'abord parce que l'entreprise va rechercher une adéquation satisfaisante entre son métier et ses aspirations, va valoriser sa contribution, et surtout va lui offrir la possibilité d'apprendre en permanence.

◗ *Les seniors sont (une partie de) l'avenir de l'entreprise.* Les juniors ont plein de talents. Les seniors aussi, mais pas les mêmes ! Dans un contexte de pénurie de compétences, toutes les réserves doivent être mobilisées, et la balle est dans le camp des départements marketing et RH pour déceler de nouveaux besoins qui utiliseront l'expérience des seniors dans des métiers à inventer. Et si leur expérience n'est pas utilisable en tant que telle, pourquoi ne pas les former à d'autres métiers issus de la diversification des marchés de l'entreprise ? Leur fidélité est acquise, et les 10, 15, voire 20 ans de vie professionnelle qu'ils ont devant eux permettront de rentabiliser sans problème cet investissement.

◗ *La formation tout au long de la vie évitera à l'avenir les distorsions entre stratégie et RH.* La capacité à développer en permanence de nouvelles compétences (si possible plus vite que la concurrence) est une condition de survie, pour l'entre-prise comme pour ses collaborateurs, dans un univers où se poseront demain des questions non imaginables aujourd'hui. Se former en permanence, c'est apprendre, donc changer, en s'appuyant sur des parcours de formation créés spécifiquement (stages, formations diplômantes), mais aussi et surtout en vivant dans un univers professionnel en renouvellement permanent afin de multiplier les situations professionnelles utilisables comme opportunité de réflexion et d'enrichissement. Créer du changement organisationnel pour permettre à ses collaborateurs d'apprendre en permanence devient une responsabilité majeure de l'entreprise si elle veut exister encore demain.

3.2. Quelles sont les zones de progression?

Deux challenges majeurs restent à relever.

▶ *Le challenge de la créativité pour les postes de back-office commerciaux.* Jusqu'à main-tenant, le développement de nouveaux métiers de back-office commerciaux a permis d'offrir aux collaborateurs du réseau qui «portent la sacoche depuis trente ans» des emplois où leur savoir-faire commercial pouvait être utilisé selon d'autres modalités et sans qu'ils se sentent dévalorisés. Mais la concur-rence exacerbée entre les opérateurs du secteur et les exigences de rentabilité pour financer la croissance de la banque peuvent accroître considérablement le flux de collaborateurs du réseau usés par le métier. Il faudra alors faire preuve de beaucoup de créativité pour imaginer des emplois adaptés à leur profil, mais contribuant toujours clairement à la performance de l'entreprise.

▶ *Le challenge de la créativité pour aménager les postes du réseau occupés par des seniors.* Il est clair que la mutation vers des postes de commerciaux au siège va atteindre un jour ses limites. La question fondamentale est donc de concevoir directement dans le réseau d'autres formes de travail pour les seniors. Les exemples d'aménagements de postes pour les collaborateurs en fin de par-cours professionnel dans de multiples industries et services ne manquent pas, y compris dans des cas où les exigences du marché ne facilitent pas franchement leur mise en place. Mais les normes culturelles qui régissent implicitement le fonctionnement des agences s'avèrent d'un classicisme redoutable!

Plusieurs dizaines d'années de vie selon des rites quasi immuables ne prédisposent pas à l'innovation dans l'aménagement des postes, surtout quand cette organisa-tion a fait ses preuves face à une concurrence à l'affût de toute faille éventuelle. Pourtant, avec l'allongement de la durée de vie professionnelle, la pression pour des aménagements des horaires ou un passage à temps partiel va forcément s'ac-croître.

On peut néanmoins espérer qu'il existe une carte à jouer en montrant que la modification de la durée ou de l'amplitude de plages de travail peut aussi permettre d'améliorer la qualité de service au client en lui offrant une plus grande possibilité de contact (physique ou téléphonique).

In fine, nous retiendrons essentiellement de cet exemple un message d'espoir pour toutes les directions générales (et en particulier les DRH) qui se désespèrent de devoir garder de plus en plus longtemps tous ces seniors. Regarder les seniors comme une ressource inexploitée, adopter une stratégie volontariste et créative, instaurer du changement organisationnel pour créer partout des opportunités d'apprentissage, d'autres entreprises que le Crédit Agricole du Nord-Est peuvent le faire !

Chapitre 19

Les talents dans les forces de vente

Erick LEROUX
Jean-Marc BELLOT

Dans une étude réalisée aux États-Unis, Robinson et Dechant (1997) ont souligné cinq raisons principales pour promouvoir la gestion de la diversité : une compréhension accrue du marché, une meilleure compréhension des conduites de leadership, et une créativité augmentée, une plus grande qualité de l'équipe à résoudre les problèmes et une meilleure utilisation des talents. Cela implique que chaque salarié possède des talents que le manager doit savoir repérer et mobiliser au service de l'organisation. La gestion des talents des commerciaux se révèle très importante, puisque d'eux dépendent la performance commerciale de l'entreprise. Le talent est défini dans le *Petit Robert* comme étant « le don, l'aptitude ou encore une disposition naturelle ou acquise pour réussir quelque chose ». Les talents des commerciaux sont donc des aptitudes particulières à exercer leur métier dans la vente.

Après avoir défini la force de vente, nous détaillerons ces talents, et notamment ceux de la force de vente externalisée, en très forte progression depuis plusieurs années (Leroux, 2004).

1. Définition de la force de vente

Selon Dubois et Jolibert (1998), le terme générique de « vendeur » regroupe divers métiers de vente tels que l'ingénieur d'affaires, le technico-commercial, le prospecteur, l'inspecteur des ventes, le délégué commercial, le promoteur des ventes. Cela se traduit par des statuts divers : salariés, VRP, représentants multicartes, agents commerciaux (Leroux et Al., 2008). Pour ce chapitre, nous ferons la distinction entre force de vente propre et force de vente déléguée (Zeyl et Dayan, 2003).

1.1. La force de vente

La force de vente propre

La force de vente propre ou intégrée est constituée exclusivement de commerciaux salariés, dont le lien de subordination avec l'entreprise se matérialise par un contrat de travail. On distingue dans cette catégorie de commerciaux salariés, ceux qui œuvrent sous un contrat de travail de droit commun et ceux qui relèvent du statut de VRP exclusif.

Le statut de VRP (Voyageurs Représentants Placiers) doit sa dénomination à la distinction ancienne faite entre les voyageurs de commerce ou commis voyageur, dont l'activité nécessitait de longs déplacements, les représentants de commerce dont les déplacements étaient limités à un secteur géographique déterminé et les placiers qui travaillaient dans la localité où l'entreprise exerçait son activité. Les VRP sont des salariés tenus de respecter les directives de l'entreprise ; ils ne peuvent pas s'entourer de collaborateurs et ne disposent d'aucun pouvoir sur les choix en matière de stratégie commerciale.

La force de vente déléguée

Pour promouvoir ses produits l'entreprise peut s'appuyer sur une force de vente déléguée, composée des VRP multicartes et d'agents commerciaux.

▶ Les VRP multicartes prospectent et assurent la représentation de différents produits pour le compte de plusieurs entreprises. Ces commerciaux ne bénéficient pas d'une rémunération minimale et d'une prise en charge des frais professionnels. Les VRP multicartes sont salariés de plusieurs entreprises et ne coûtent à celles-ci qu'un pourcentage selon les ventes réalisées. D'une manière générale, les entreprises ont peu de prise sur eux et sur leurs méthodes de travail. Rappelons que ce statut est une spécificité française qui tend à disparaître en raison de l'uniformisation du code du travail européen. Ainsi, les VRP multicartes disparaissent progressivement au profit des agents commerciaux.

▶ Les agents commerciaux constituent la seconde catégorie des forces de vente déléguées. L'agent commercial est un chef d'entreprise qui travaille seul ou a des salariés, dont des commerciaux qui œuvrent pour lui. Autrement dit, c'est une personne physique ou morale qui jouit d'une grande liberté. Ce statut ne relève plus d'un contrat de travail mais d'un contrat de mandat. Les agents commerciaux négocient et concluent des contrats de vente au nom et pour le compte d'industriels ou de producteurs. Concrètement, l'agent commercial qui a plusieurs contrats de mandants qualifiés de « cartes » par la profession, s'arrange pour détenir des contrats complémentaires et non concurrents. Il est rémunéré exclusivement à la commission.

La force de vente externalisée

De plus en plus d'entreprises françaises font appel à des forces de vente externalisées (FVE) ou supplétives (FVS) et le marché de l'externalisation des forces de vente est florissant (taux de croissance proche de 25 % par an). Ces forces de vente réalisent pour le compte d'entreprises externalisatrices des missions très variées, ponctuelles ou permanentes (Leroux, 2004). Elles interviennent dans des secteurs variés tels que : médical, paramédical, papeterie, cosmétique, agro-alimentaire, textile, énergie, informatique, nouvelles technologies et téléphonie mobile, jeux vidéo, outillage, etc.

1.2. Les principaux talents des forces de vente

Les principaux talents d'une force de vente résident dans la capacité à fournir de l'offre, à persuader le client, à résoudre les problèmes et à créer de la valeur. Ils concernent l'ensemble des catégories de commerciaux itinérants.

Persuader

Lorsque la compétition est intense et que l'offre commerciale est relativement basique, le commercial doit inciter le client à acheter le produit. Dans un tel contexte, le commercial doit satisfaire les objectifs à court terme de son entreprise. Il doit informer la clientèle sur les avantages du produit, et pour ce faire, mobiliser des techniques de vente avec une attitude commerciale offensive. Le management du commercial va consister à optimiser le talent de persuasion de celui-ci dans une optique de réalisation à court terme.

Régler les problèmes

Lorsque la négociation commerciale consiste à coupler les besoins de la clientèle avec les offres commerciales disponibles, le commercial a un rôle de marketeur. Dans ce contexte, le commercial est l'un des principaux éléments dans le dispositif compétitif de l'entreprise, car il contribue étroitement au succès de sa politique marketing. Le commercial doit alors savoir résoudre les problèmes du client selon sa gamme de produits ou de services. C'est la raison pour laquelle, afin que le commercial soit performant dans son rôle marketing, le management met l'accent sur la maîtrise des techniques de vente et sur le développement des compétences. En somme, le commercial doit savoir gérer les conflits éventuels, construire et maintenir des relations continues avec la clientèle au lieu de maximiser les ventes à court terme.

Créer de la valeur

Dès lors qu'il joue le rôle de partenaire vis-à-vis de la clientèle, le commercial est un créateur de valeur. S'inscrivant dans une relation «gagnant/gagnant», sa principale mission consiste à développer des solutions qui profitent à la fois au client et à l'entreprise. Dans ce contexte, le commercial, d'une part, développe et maintient d'étroites relations avec la clientèle et d'autre part, travaille en étroite collaboration avec les autres départements de l'entreprise (logistique, production, R & D…). Son principal objectif est de développer des relations à long terme dans une optique de marketing relationnel. Il doit comprendre les besoins de la clientèle et la convaincre au travers d'une offre personnalisée. En d'autres termes, le commercial s'engage sur des investissements spécifiques pour chaque client, travaille en étroite collaboration avec l'ensemble de l'entreprise créant ainsi de la valeur pour celle-ci. Il doit mobiliser de fait son talent de créateur de la valeur dans une démarche de partenariat.

2. Les talents du commercial

2.1. Les compétences communes à tous les commerciaux

- Les compétences commerciales : tout commercial doit comprendre la stratégie marketing de son entreprise, ainsi que la technique qu'elle mobilise (Bergadaà et Bernard, 1998). Aussi, les entreprises ont tendance à intégrer la fonction commerciale à leur stratégie et à rechercher des commerciaux ayant une double compétence : à la compétence commerciale s'ajoute celle d'ordre technique, qui doit permettre au commercial d'exercer un rôle à la fois de négociateur et de conseiller technique.

- Les compétences comportementales sont aussi un élément essentiel de la fonction commerciale. Rappelons tout d'abord que le commercial possède des capacités de base lui permettant de s'adapter : l'écoute, la sociabilité, l'empathie et l'éthique. Ensuite le commercial est perçu comme un homme ou une femme de terrain, et l'entreprise lui réclame de savoir travailler en équipe et de mieux organiser son temps et ses activités : vendre est sa finalité première. Font partie des compétences comportementales attendues, pour certains profils de commerciaux, la créativité et l'aptitude à communiquer de manière personnelle ou interpersonnelle.

- Les compétences entrepreneuriales s'apprécient au travers de l'aptitude à la veille commerciale et marketing, de la gestion du risque et de la perception de l'incertitude dans les actions commerciales réalisées. Savoir établir un diagnostic stratégique, prendre des décisions puis les rendre opérationnelles sont des compétences indispensables à tout commercial.

- Les compétences annexes attestent de l'évolution du commerce sur les plans national et international. Ainsi, la maîtrise de l'informatique, des nouvelles technologies (TIC) ainsi que des langues assure au commercial de rester performant dans un environnement mondialisé et lui accorde encore plus d'autonomie dès lors qu'il est très itinérant.

2.2. Les talents du commercial externalisé

Le commercial externalisé se singularise par des spécificités et des rôles divers. Chaque commercial externalisé, en plus des talents exposés précédemment, doit détenir ceux lui permettant d'être :

- une multi plate-forme d'informations. En assurant le lien entre le marché, le prestataire de vente et l'entreprise externalisatrice de force de vente – le cas échéant pour plusieurs missions de vente en parallèle –, le commercial externalisé remplit le rôle de «multi plate-forme» d'informations. Les activités de transmission d'informations se traduisent par des rapports qu'il adresse à l'entreprise externalisatrice de force de vente et à son employeur, le prestataire de vente. Ce sont les informations liées aux activités de la mission de vente et celles qu'il recueille auprès des clients ou des prospects au sujet des concurrents, et sur l'environnement de leur territoire. Quelle que soit la mission de vente réalisée, le commercial externalisé doit savoir recueillir et transmettre la majeure partie des informations à l'entreprise externalisatrice et au prestataire de vente. Ce rôle important à remplir par lui est d'ailleurs précisé lors de sa sélection puis de son recrutement, quelle que soit la nature de son contrat de travail ;

- un gestionnaire d'une relation tripartite. Le commercial externalisé est dans l'obligation d'instaurer une relation de qualité avec la clientèle de l'entreprise externalisatrice, parce que cela conditionne la poursuite de l'échange entre le prestataire de vente et l'entreprise externalisatrice (Crosby et al., 1990). Le rôle de gestionnaire de la relation dicte au commercial externalisé une mise en place de routines relationnelles afin d'améliorer la coopération entre le prestataire de vente et l'entreprise externalisatrice (Leroux et Peretti, 2007). La figure 19.1 résume les différentes relations gérées par le vendeur externalisé.

Dans le schéma traditionnel de la force de vente intégrée, l'interaction de vente implique principalement trois acteurs : le manager, le client et le commercial. Dans le cadre de l'externalisation de la force de vente, le commercial externalisé doit gérer la tension qui peut exister entre les intérêts de l'entreprise externalisatrice et ceux du client, mais aussi ceux du prestataire de vente et de l'entreprise externalisatrice, tout en provoquant la décision d'achat et en préservant son propre intérêt ; le vendeur est ainsi le vecteur d'une triple interaction. Grâce à ses actions de transmission d'informations, de fidélisation ou de prospection de clientèle et de gestionnaire de relations, le commercial externalisé peut se rendre indispensable auprès du commanditaire de force de vente, permettant ainsi au prestataire de vente d'obtenir une prolongation de la mission de vente externalisée voire même, selon le cas, de la pérenniser ; mais cela dépendra aussi de la stratégie d'externalisation de l'entreprise externalisatrice ;

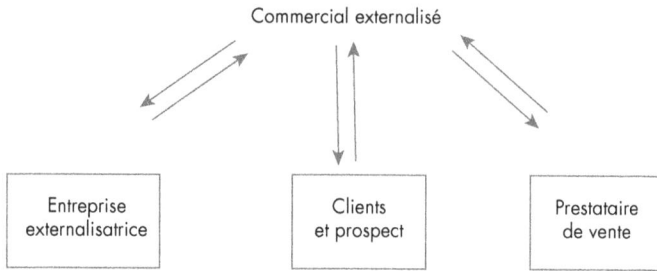

Source : Leroux (2004)

Figure 19.1 – Les différentes relations gérées par le commercial externalisé

❯ un lien essentiel entre le marché, le prestataire de vente et l'entreprise externalisatrice de force de vente. Pour le commercial externalisé, il s'agit de remplir deux missions simultanément : entretenir les relations avec la clientèle de l'entreprise externalisatrice de force de vente et établir des contacts avec les prospects. La première mission du commercial externalisé se traduit par des visites à la clientèle de l'entreprise externalisatrice pour lui vendre des produits ou des services, et rester attentif à ses nouveaux besoins. La deuxième mission qui lui incombe également, c'est la prospection de nouveaux clients, qui est plus difficile en raison du taux de contact infructueux (Darmon, 1993). Sa mission consiste notamment à briser la relation que le prospect a déjà établie avec un concurrent et à en créer une nouvelle entre ce client potentiel et l'entreprise externalisatrice qu'il représente et en général dans un délai très court ;

❯ un acteur très actif en assurant en permanence une veille marketing et commerciale pour l'entreprise externalisatrice et le prestataire de vente (Le Bon, 1997). À part la vente, le commercial externalisé a aussi pour mission de recueillir des informations pour l'entreprise externalisatrice de force de vente qui les analyse selon le type de veille commerciale et marketing qu'elle a retenu. Quatre catégories d'informations sont fournies par le vendeur externalisé : la concurrence, la clientèle, les prospects de l'entreprise externalisatrice, et, à la demande du prestataire de vente, une quatrième catégorie s'inscrivant dans une optique prospective et de communication (Leroux, 2006).

3. Conclusion

Grâce à ses divers talents, le commercial apporte à l'entreprise une réelle valeur ajoutée qui lui permet de justifier, selon son statut, son coût élevé. Le commercial affecté à des missions de vente répétitives dans une optique de vente promotionnelle, offrant des produits standards devient aujourd'hui une ressource peu recherchée. Dans ce cas précis, l'entreprise réalise des ventes en faisant appel à des techniques de marketing direct et au télémarketing, tant dans l'univers des biens ou services que dans celui des biens industriels ou aux particuliers pour des raisons d'économie, de flexibilité organisationnelle. Ces outils de commercialisation ne supplantent pas pour autant le commercial itinérant, car les outils de télévente permettent à celui-ci de se recentrer sur des activités à forte valeur ajoutée en le libérant des tâches les moins productives, et en optimisant ses talents de vendeur. En constante recherche d'efficience commerciale, l'entreprise fait aussi appel régulièrement aux commerciaux externalisés, leurs talents spécifiques leur permettant de réaliser avec succès la quasi-intégralité de leurs missions de vente (Leroux, 2004). Enfin les talents du commercial, quel que soit son statut, sont repérables lors du recrutement ou sur le terrain, et peuvent être améliorés tout au long de sa carrière grâce à des formations spécifiques.

Chapitre 20

Les talents inexploités des jeunes sans qualification

Lucas DUFOUR
Sylvie BRUNET
Jean-Marie PERETTI
Daniel VILLEDIEU

Chaque année, près de 60 000 jeunes quittent le système scolaire « sans qualification », c'est-à-dire sans avoir dépassé le niveau du collège ou de la première année de CAP ou de BEP (niveau VI et V bis). La population des jeunes sans qualification (JSQ) est souvent négligée au sein des entreprises, tant par les managers que par les professionnels de la fonction ressources humaines. Ces jeunes sans qualification présentent des spécificités qui les différencient des autres « jeunes à faible capital scolaire » (JFCS, niveau V). La catégorie des JFCS regroupe tous les jeunes âgés de 18 à 30 ans ayant un niveau inférieur ou équivalent au BEP (sans diplôme, CAP et BEP) (niveaux V, V bis et VI). Les JFCS (diplôme inférieur ou équivalent au BEP) représentent quant à eux une portion non négligeable d'une classe d'âge (36 % en 2001 ; source CEREQ, 2004). Les JSQ représentent environ 8 % de chaque nouvelle classe d'âge depuis 1990 (source CEREQ, 2003).

Les JSQ constituent les bataillons de jeunes chômeurs. 42 % sont au chômage un an après avoir arrêté leurs études. Pour les autres JFCS qui sont allés au lycée (seconde ou première) ou ont fait une deuxième année de CAP ou de BEP la proportion est de 26 %. Trois ans après leur sortie du système éducatif, 30 % des JSQ et 13 % des autres JFCS sont au chômage. Ces catégories semblent paradoxalement délaissées par les chercheurs en ressources humaines. En effet, les chercheurs en gestion étudient bien plus fréquemment les cadres et le top management que les ouvriers et les employés. Il est intéressant de noter que cette faveur des chercheurs pour les personnes « à fort capital scolaire » se retrouve également au sein des organisations. En effet, une partie significative des efforts de la fonction ressources humaines est dirigée vers ces personnes fortement qualifiées et en particulier vers une poignée d'entre eux («les hauts potentiels»), négligeant parfois un peu l'accueil et le suivi des jeunes à faible capital scolaire.

Cette stratégie n'est toutefois pas exempte de risques, car négliger cette population qui peut représenter une forte proportion des effectifs dans des secteurs comme la propreté, les services, l'industrie, le BTP ou la restauration peut avoir des répercussions particulièrement néfastes pour l'organisation en matière de productivité et de performance économique. De plus, le flux de cette population vers le monde de l'entreprise n'est pas près de se tarir si l'on en juge par la stabilisation depuis le milieu des années 1990 de la proportion de jeunes qui quittent le système scolaire sans avoir validé aucun diplôme (20 % d'une classe d'âge). Or, à l'heure actuelle, de nombreuses entreprises, confrontées à des départs massifs en retraite de leurs effectifs (secteur de l'industrie) ou à de fortes pénuries de main-d'œuvre (secteurs du BTP, de la restauration ou de la propreté), sont contraintes de recruter massivement des jeunes sans qualification et des jeunes à faible capital scolaire.

Les managers des organisations concernées par ces recrutements ont alors bien souvent du mal à gérer cette main-d'œuvre et sont parfois déroutés face à ces jeunes qui maîtrisent mal les codes du monde de l'entreprise. Pourtant, si les managers prennent le temps de bien comprendre le mode de fonctionnement des jeunes à faible capital scolaire et parviennent à créer les conditions favorables à leur épanouissement au travail, ils pourront alors donner la pleine mesure de leur talent.

1. Comportement et mode de fonctionnement des jeunes à faible capital scolaire

1.1. Un rapport au travail ambivalent

Les jeunes à faible capital scolaire, tout comme l'ensemble de la jeunesse, ont été marqués par le chômage et la précarité qui ont frappé leurs parents, provoquant chez eux l'émergence d'une attitude sceptique vis-à-vis du travail. Contrairement à leurs parents et leurs grands-parents, les jeunes d'aujourd'hui valorisent avant tout l'accomplissement de soi et l'ambiance au travail (dimensions sociale et symbolique), bien plus que le devoir moral de travailler pour gagner sa vie (dimension instrumentale du travail) (Zoll, 1992).

Peu impressionnés par l'autorité et agissant avant tout en fonction de leur propre intérêt, les jeunes n'hésitent plus désormais à quitter un emploi pour un autre et à multiplier les expériences professionnelles (Jurkiewicz, 2000). L'enquête «Génération 1992» du CEREQ a ainsi révélé que cinq années après leur sortie du système de formation initiale, la moitié des jeunes avaient connu au moins quatre situations différentes, certains allant jusqu'à dix-neuf (emploi, chômage, inactivité, formation…). Cependant, cette multiplicité des expériences ne correspond pas toujours pour ces jeunes à un choix, mais plutôt à une contrainte nécessaire afin de gagner leur vie, en particulier pour les moins diplômés.

Dans ce type de situation, la dimension instrumentale du travail (le fait de travailler pour gagner sa vie) prend alors le pas sur ses dimensions sociale et symbolique (l'accomplissement de soi et la façon d'être au travail) (Zoll, 1992). Les jeunes sont dans ce cas confrontés à un écart important entre leurs aspirations et la dure réalité (Nicole-Drancourt et Roulleau-Berger, 2001). Les attentes déçues de ces jeunes entraînent chez eux une réduction de leur loyauté envers leur employeur, l'adoption d'une attitude opportuniste, et le respect à la lettre de leur contrat de travail (Smola et Sutton, 2002).

Le travail continue néanmoins d'occuper une place centrale dans la vie des 18-29 ans et ceux-ci s'avèrent prêts à s'investir dans leur travail s'ils reçoivent des rétributions immédiates en termes de plaisir et de récompense aux efforts qu'ils fournissent (autonomie, horaires flexibles, tenue décontractée…) (Jurkiewicz, 2000). Si la satisfaction des jeunes vis-à-vis de l'activité professionnelle a significativement augmenté ces vingt dernières années, les 18-29 ans ne conçoivent pas leur travail comme le domaine exclusif de leur accomplissement personnel et veulent également se préserver du temps libre (Galland, Roudet, 2001). Selon Linhart (1992), les jeunes vivraient donc de manière exacerbée le paradoxe du travail.

> « Le travail donne du sens, une valeur au temps libre et à la vie de l'individu mais c'est aussi le travail qui empêche de vivre et de profiter de celle-ci. »

De manière générale, la jeunesse d'aujourd'hui ne voit plus le travail comme un devoir moral nécessitant le respect strict de normes établies, mais comme une succession d'opportunités permettant d'obtenir un plaisir immédiat et/ou un moyen pour se réaliser personnellement.

1.2. Des conditions de travail peu favorables à l'épanouissement de l'individu

Si la quasi-totalité des jeunes partage cette conception du travail, beaucoup, en particulier parmi les jeunes à faible capital scolaire, ne sont malheureusement pas en mesure de privilégier les dimensions sociale et symbolique du travail à sa dimension instrumentale, car leur faible bagage scolaire leur interdit l'accès aux emplois les plus intéressants et les plus épanouissants. De plus, les jeunes à faible capital scolaire combinent généralement les handicaps liés à leur statut de travailleur peu ou pas qualifié. En effet, les jeunes travailleurs qui sont employés à des tâches peu qualifiées sont généralement plus cyniques et moins motivés pour faire du bon travail (Stern, Stone, Hopkins et McMillon, 1990). Ils sont également plus soumis à la dépression et possèdent des valeurs associées au travail plus faibles que des travailleurs qui réalisent des tâches intéressantes (O'Brien et Feather, 1990).

Enfin, pour ces jeunes, le lieu de travail n'est pas nécessairement une source de relations sociales. En effet, le fait que beaucoup de jeunes à faible capital scolaire travaillent seuls, sous pression et à des horaires irréguliers interfère sur la constitution de relations sur le lieu de travail.

Il apparaît donc crucial d'aider et d'encadrer ces jeunes à faible capital scolaire qui exécutent des tâches souvent répétitives et dans des conditions de travail parfois difficiles afin de leur permettre de laisser pleinement éclater leur talent.

2. Les jeunes à faible capital scolaire : un talent brut

2.1. Former et valoriser les JFCS

Lorsque les jeunes à faible capital scolaire entrent dans une entreprise, ceux-ci ne se montrent généralement pas efficaces tout de suite. En effet, ils ont souvent besoin d'être recadrés sur des questions de ponctualité, d'hygiène et de respect des consignes de sécurité, et également d'être aidés par leur équipe afin de trouver le plus rapidement possible leurs marques dans leur nouvelle structure.

Selon les managers interrogés, l'apprentissage à destination des nouveaux entrants qui se limitait auparavant à des connaissances reliées à l'exécution de la tâche est désormais étendu à la transmission de notions de savoir être. Cependant, si cet apprentissage s'est étoffé et allongé dans le temps, celui-ci est très rarement l'objet de conflits vis-à-vis des jeunes à faible capital scolaire : « Il y a des règles et il faut juste leur expliquer », nous confie un manager. L'ensemble des managers interrogés s'accorde également pour dire que toute intégration réussie doit être conçue comme un investissement. Le manager doit donc se montrer patient vis-à-vis du jeune à faible capital scolaire et lui consacrer du temps afin de le suivre durant les premiers temps de son entrée dans l'organisation.

Deux conditions essentielles doivent être réunies afin que le jeune à faible capital scolaire puisse exprimer son talent :

- premièrement, le jeune à faible capital scolaire ayant souvent peur de mal faire, doit avoir le sentiment que l'organisation lui accorde sa confiance. Ainsi, une apprentie coiffeuse nous confie : « J'ai ma clientèle à moi alors que je n'ai même pas mon CAP. C'est hyper valorisant pour moi » ;
- deuxièmement, le jeune à faible capital scolaire doit avoir l'impression que le travail qu'il effectue a du sens, comme nous le confirme un manager : « À partir

du moment où il a compris qu'il est un maillon très important dans la chaîne, qu'il est à égale importance que l'ensemble, il accroche au boulot.»

Certaines branches l'ont bien intégré telle la branche Propreté qui a fait des jeunes un public prioritaire dans le domaine de la formation et plus particulièrement de la professionnalisation qui leur ouvre la porte à toute évolution.

2.2. Une véritable force d'entraînement

Lorsque l'organisation est parvenue à impliquer le jeune à faible capital scolaire, celui-ci va alors montrer la pleine mesure de son talent. En effet, l'ensemble des managers interrogés souligne notamment la vivacité d'esprit des jeunes à faible capital scolaire et leur capacité à acquérir de manière bien plus rapide que leurs aînés des compétences techniques et/ou informatiques.

De plus, les jeunes à faible capital scolaire sont bien plus curieux que les générations précédentes ne limitant pas leur champ de connaissance à la stricte exécution de leur tâche : «Il y a une époque, tu construisais et tu ne savais même pas ce que tu construisais. Les jeunes maintenant, ils ont besoin de comprendre.» Ce comportement volontaire a des impacts positifs sur leurs collègues de travail et leur supérieur hiérarchique qui, sous l'influence de ces jeunes sont contraints d'approfondir leurs connaissances et/ou de repenser leur manière de travailler.

De même, les jeunes à faible capital scolaire n'hésitent pas à critiquer un mode de fonctionnement s'il leur paraît inefficace. Même s'ils se montrent parfois maladroits dans la manière de délivrer leur message, leur esprit critique est souvent apprécié par leur équipe de travail.

Les jeunes à faible capital scolaire jouent également un rôle crucial dans l'application des procédures, une fois qu'ils les ont intégrées.

Ces jeunes, une fois impliqués, se posent donc comme des moteurs du changement dans une organisation et parviennent à faire avancer et évoluer les plus anciens. Certaines entreprises ont bien compris tout le bénéfice qu'elles pouvaient tirer de cette force d'entraînement que sont ces jeunes et les utilisent dans cette optique : «On a fait des stages avec les anciens et les nouveaux. Sur le plan de la sécurité, les jeunes étaient meilleurs et on a réussi comme ça à leur faire changer leurs mauvaises habitudes.»

De plus, les jeunes à faible capital scolaire sont très soucieux d'équité et d'exemplarité et n'hésitent pas à faire remarquer à leur hiérarchie toute injustice ou tout comportement peu éthique. Enfin, leur sensibilité vis-à-vis des questions environnementales et les dangers pour leur propre santé pousse l'organisation à agir afin de trouver des solutions à ces questions qui leur tiennent à cœur.

3. Conclusion

Il convient de préciser qu'une bonne partie des jeunes à faible capital scolaire s'intègre sans aucune difficulté dans l'organisation et ne demande pas plus d'attention que n'importe quelle autre catégorie de salariés. Toutefois, cette main-d'œuvre, plus qu'une autre, ne donnera son vrai potentiel que si l'organisation parvient à créer des conditions favorables à son épanouissement au sein de l'entreprise (suivi, disponibilité, confiance accordée…).

Beaucoup d'organisations n'investissent pas suffisamment dans l'accueil et le suivi des jeunes à faible capital scolaire et n'ont pas conscience du talent sous-jacent de cette population qui ne demande bien souvent qu'à s'exprimer. En effet, certains managers et collègues de travail se focalisent sur leurs faiblesses (lacunes en orthographe, non-respect de certaines règles de politesse…) qui n'ont que peu d'impact – voire aucun – sur leur travail, et ne perçoivent pas le talent pourtant indéniable de ces jeunes (compétences techniques, esprit critique, curiosité…).

Cette vision négative des jeunes à faible capital scolaire ne leur permet pas de prendre confiance et de développer leurs qualités. Dans ces conditions, la performance au travail des jeunes à faible capital scolaire s'avère médiocre et les entreprises préfèrent alors recruter des jeunes diplômés souvent surqualifiés par rapport aux tâches qui leur sont confiées, ce qui n'est pas sans poser par la suite des problèmes de démotivation et de turn-over.

La diminution actuelle du chômage ainsi que les tensions qui pèsent sur certaines catégories de main-d'œuvre qualifiées auront raison, espérons-le, des préjugés qui considèrent bien souvent les jeunes à faible capital scolaire comme des salariés dénués de tout talent.

Chapitre 21

Que faites-vous de leurs talents ?

Catherine GLÉE
Marc PONCIN

La dernière édition du baromètre *Liaisons Sociales/CSC/Entreprise et Personnel* révèle la préoccupation forte des DRH concernant la question de la pénurie de compétences. Sur les cent vingt et un DRH interrogés en 2007, 55 % estiment qu'améliorer la gestion des compétences clés est un axe prioritaire de leur politique de GRH, et la moitié d'entre eux (49 %) jugent primordial d'améliorer l'attractivité de leur entreprise auprès des meilleurs éléments. Ces préoccupations sont à relier avec la situation de pénurie de main-d'œuvre qualifiée que connaît actuellement le marché du travail. Pénurie qui explique que les DRH aujourd'hui parlent de «guerre des talents [1]» et se centrent sur les moyens pour «attirer et retenir les meilleurs éléments», au risque de ne concentrer l'attention que sur une minorité de salariés, précisément les mieux «dotés» en termes de qualifications, de compétences, d'expérience – donc les moins vulnérables –, au détriment de tous les autres également indispensables au fonctionnement de l'entreprise. «Les DRH concentrent leur attention sur les étoiles, au risque de délaisser la majorité des salariés qui constituent pourtant les piliers sur lesquels s'appuie l'entreprise» (Peretti, 2007).

Il y a ainsi une population de salariés «courtisés» par les entreprises et puis il y a les autres... or dans cette population peut se trouver des «pépites». Ainsi, un marché du travail marqué par les tensions, par une inadéquation réelle entre les offres et les demandes de qualifications, pose davantage la question de «talents ignorés» que celle de «pénurie de talents». En conséquence, parler de «guerre des talents», n'est-ce pas se tromper de combat?

En prenant l'exemple d'un dispositif d'accompagnement de salariés intéri-

---

1. On retrouve fréquemment dans les milieux professionnels cette notion de «guerre des talents». En novembre 2007, l'ANVIE (Association nationale pour la valorisation interdisciplinaire de la recherche en sciences de l'homme et de la société auprès des entreprises) organisait un atelier ayant pour thème : «Les défis du recrutement à l'heure de la guerre des talents».

maires vers des opportunités d'emploi, nous souhaitons montrer que l'on peut apporter des solutions satisfaisantes, pour les entreprises et pour les salariés, à la situation paradoxale de pénurie/chômage que connaît actuellement le marché du travail. Ces solutions passent par la mise en valeur de talents jusque-là laissés en friche, non valorisés et par conséquent ignorés des DRH. Ce dispositif original que nous présentons en première partie est sous-tendue par un mode de management et une approche théorique spécifiques, présentés en seconde partie, qui sont, selon nous, les principales raisons explicatives du succès.

1. Un dispositif d'accompagnement original aux résultats encourageants

1.1. Une hybridation féconde d'un outil de GRH

Le dispositif présenté ici est un outil de GPEC adapté aux contraintes de l'intérim. Cet outil a pour objectif «de faire correspondre les compétences des salariés à l'activité de l'entreprise et à ses perspectives d'évolution, en identifiant les compétences critiques qu'il faut conserver, développer, et/ou acquérir à court ou moyen terme» (Marbot, 2007). Or, dans notre exemple, il s'agit bien de mettre en correspondance des besoins d'entreprises avec des talents d'individus. Nous choisissons le mot talent car sa dimension large nous permet d'englober les principaux éléments explicatifs du succès professionnel, c'est-à-dire les compétences, les qualifications, les expériences et également la motivation et l'engagement dans l'emploi.

La population concernée est en situation de précarité subie sur le marché du travail. Il s'agit d'intérimaires dont la moyenne d'âge est 29 ans[1] et dont le niveau de qualification est souvent faible. Cette population, quoique fragilisée, se caractérise cependant par un double souhait : accéder à un emploi durable (un emploi stable avec un contrat de travail qui ne soit plus celui de l'intérim, souvent marqué par des missions de courte durée) et obtenir une reconnaissance professionnelle.

L'objectif du dispositif est de conduire les acteurs concernés à un emploi durable au sens où ils auront une qualification reconnue au travers d'un diplôme professionnel sur un métier en tension, c'est-à-dire un métier où les emplois offerts sont nombreux et difficilement pourvus.

---

1. 29 ans est l'âge moyen retenu pour les publics traditionnellement visés par les mesures d'accès à l'emploi.

1.2. Un dispositif novateur dans sa conception et sa réalisation

Ce dispositif a été conçu puis réalisé par deux acteurs principaux :

- une société de travail temporaire[1] : confrontée aux pénuries de qualifications de ces clients et au besoin de fidélisation de ses salariés intérimaires, elle a été amenée à réfléchir à un outil pouvant détecter des individus aux potentiels inexploités puis à mobiliser ces individus et les accompagner vers des opportunités d'emploi[2] ;

- un organisme de formation[3] dont la pédagogie utilisée est particulièrement bien adaptée aux adultes demandeurs d'emploi souhaitant une formation professionnelle. Cet organisme forme ainsi à plus de 500 métiers dans les secteurs de l'industrie du bâtiment et du tertiaire. Ses formations concernent principalement des diplômes homologués au niveau 5 (CAP) et niveau 4 (baccalauréat professionnel).

Lorsque le programme est créé, la loi de modernisation sociale de 2003 – dite loi Borloo – n'est pas encore votée. Cette expérience de partenariat entre acteur public et acteur privé du marché de l'emploi est donc particulièrement novatrice. En effet, la loi de modernisation sociale, en ouvrant le service public de l'emploi (SPE) à des opérateurs privés, leur permet d'intervenir sur le marché de l'insertion professionnelle pour y ajouter leur expertise des métiers de la fonction RH et, en particulier, sur les activités de recrutement, d'outplacement, de gestion des intérimaires… Cette «officialisation» des possibilités de collaboration entre acteurs privés et acteurs publics de l'emploi a été ici devancée, et l'expérience que nous présentons met en évidence l'intérêt de ce type de collaboration où le partage et la mutualisation des expertises peuvent créer une synergie gagnante.

L'expérimentation a porté sur 400 personnes qui ont eu un parcours moyen d'une année. Durant cette année, les participants alternaient les missions en intérim, dans différentes entreprises, et les temps de formation. Au final, les participants ont totalisé une moyenne de trois mois de formation, durant laquelle ils ont obtenu des certificats de compétences professionnelles (CCP) conduisant à la délivrance d'un diplôme professionnel de niveau 5, c'est-à-dire niveau CAP.

Les diplômes professionnels retenus l'ont été au regard des métiers en tension (principalement dans les secteurs de l'industrie et du bâtiment). Ils ont fait l'objet d'une ingénierie spécifique permettant une acquisition par «petites» unités capitalisables, soit des temps de formation correspondant à 35 heures de cours.

---

1. Il s'agit de la société Adecco.
2. L'outil est utilisé depuis cinq ans sous l'appellation « Pass'compétences intérim ».
3. L'Afpa (Association nationale pour la formation professionnelle des adultes).

1.3. Des résultats encourageants et reconnus publiquement

À l'issue de la formation, 75 % des participants ont obtenu un titre professionnel, les 25 % restants ont obtenu la validation d'au moins deux certificats de compétences professionnelles (CCP). Ce second pourcentage s'explique en grande partie par les choix professionnels réalisés, ces participants préférant saisir une opportunité professionnelle avant même la fin de leur parcours diplômant. Après la sortie du dispositif, 64 % des bénéficiaires sont en situation d'emploi. Le délai entre la sortie du dispositif et la date d'embauche est de 11 semaines alors que le taux moyen de reprise d'emploi donné par l'ANPE est de 24 semaines. De plus, on constate une augmentation de contrats de travail de types CDD ou CDI au détriment des situations d'intérim.

À ces aspects quantitatifs très positifs s'ajoutent des éléments plus qualitatifs tout aussi encourageants. En effet, plus de 75 % des bénéficiaires se disent satisfaits du suivi, ce qui est un chiffre particulièrement intéressant car il s'agit de populations qui sont fréquemment en situation de «défense critique» – voire de rejet – à l'endroit des formations classiquement proposées. Ces résultats positifs ont conduit à étendre l'utilisation du dispositif à l'accompagnement des demandeurs d'emploi et cette «extension» a été facilitée du fait du partenariat, que nous avons évoqué plus haut, entre l'opérateur privé, la société de travail temporaire et l'organisme de formation.

À la reconnaissance interne s'est ajoutée la reconnaissance externe de l'intérêt du dispositif. En 2005, il est cité comme «bonne pratique» de référence, lors de la campagne des 100 000 emplois non pourvus durablement, sur le site du ministère du Travail. En 2007, il est primé au concours de l'entreprise citoyenne organisé sous le patronage du Sénat et en 2008, il est cité comme étant l'une des douze «bonnes pratiques» de référence parmi 200 projets audités, dans le rapport sur la sécurisation des parcours professionnels, commandé par le Conseil national de la formation tout au long de la vie.

Ainsi des personnes apparemment «sans talent», laissées au bord du marché du travail se révèlent être en possession de réelles potentialités leur permettant de s'insérer durablement sur le marché de l'emploi et d'apporter une réponse satisfaisante à la question de la pénurie de qualifications.

Il est donc intéressant d'analyser les facteurs de réussite de cette démarche. Ces facteurs sont liés, ainsi que nous allons le montrer maintenant, à deux éléments principaux, qui donnent leur force au dispositif : une approche spécifique de la gestion prévisionnelle des emplois et des compétences ainsi qu'un fondement théorique, celui de l'ergologie.

2. Les raisons d'un succès

2.1. Une construction spécifique pour un mode de management révélateur de talents

Concilier position humaniste et démarche technicienne

Le dispositif mis en place correspond à un outil de gestion prévisionnelle des emplois et des compétences adapté à la situation de l'intérim. Toutefois, au-delà des dimensions techniques prises en considération dans la construction de l'outil, il faut préciser la philosophie qui a sous-tendu l'ensemble de la démarche : il s'agissait de partir du point de vue de la personne que l'on souhaite accompagner vers un emploi durable et, pour ce faire, entrer dans une démarche co-construite par l'ensemble des acteurs concernés dès le moment de la conception et jusqu'à la validation de la mise en œuvre. Or, cette position résolument humaniste n'était d'emblée pas très compatible avec la démarche technicienne de construction d'un outil de gestion prévisionnelle des compétences. Cet outil est reconnu pour être complexe tout particulièrement dans son appropriation par les acteurs du terrain (Lozier, 2006 ; Grimand, 2006, Defélix, 2003). Une de ses caractéristiques principales, en effet, est la notion d'anticipation. « La gestion prévisionnelle n'est rien d'autre que l'introduction dans les têtes des décideurs d'une réflexion sur le futur qui pèse réellement sur les décisions » (Gilbert, 2006). Or, cette notion d'anticipation est difficile à appréhender car elle consiste en une projection hypothétique de ce que pourra être l'avenir tel qu'on l'imagine. Cette « projection hypothétique » vise à faciliter les choix mais elle est inévitablement abstraite et, en conséquence, risque de décourager, voire effrayer ceux qui sont concernés au premier chef par la démarche mais, dans le même temps, éloignés des centres décisionnels et stratégiques (Godet, 1991). C'était précisément le cas du public concerné par le dispositif : très éloigné des centres décisionnels et, dans la plupart des cas, démuni face à ce genre d'approches.

Une autre caractéristique de la gestion prévisionnelle des emplois et compétences est l'importance d'identifier un volet collectif, visant à mieux maîtriser l'écart entre les besoins et les ressources à moyen terme et également un volet individuel centré sur l'évolution professionnelle des individus (Le Boterf, 2002 ; Gilbert, 2006). L'ensemble des auteurs s'accorde sur l'importance d'intégrer les processus individuels et les processus collectifs dans la mise en œuvre de la démarche (Dietrich, Parlier, 2007). En conséquence, il était important de faire un travail de traduction qui permette une réelle appropriation par les acteurs et, par suite, une réelle adhésion. La démarche étant reconnue comme technique et complexe, il s'agissait d'opter pour une communication visant à réduire le scepticisme, voire l'hostilité et le rejet, de ceux à qui elle était précisément destinée. C'est-à-dire choisir une communication au contenu clair, explicite, intelligible pour tous.

Un outil centré sur la personne

Pour ce faire, dès la phase d'élaboration du dispositif, chaque individu a été interrogé sur les conditions de sa mobilisation. Très concrètement, chacun a répondu aux questions suivantes : Qu'est-ce qui peut vous rendre acteur, vous motiver, vous animer pour retrouver un emploi ? Qu'est-ce qui pourrait vous permettre de mettre à jour vos talents ? Il est important de préciser que ces questions étaient posées avec le présupposé fort que la personne interrogée avait des talents. En effet, concernant, dans notre cas, des personnes souvent découragées, « n'y croyant plus », en situation d'échec ou vécue comme telle, ce présupposé était impératif.

Ce centrage sur la personne du salarié s'est fait au sein d'une « triade » rassemblant les acteurs directement concernés dans le programme : le formateur, le superviseur direct et le salarié ; chaque point de vue a été entendu et pris en compte :

▶ le point de vue du superviseur qui souhaite prioritairement pouvoir visualiser ce que son personnel « sait faire » et pouvoir pointer avec lui concrètement ce qu'il a besoin d'apprendre ;

▶ le point de vue du pédagogue/formateur qui a besoin de savoir ce que le salarié possède déjà comme compétences et quelles sont les séquences de formation à mettre en place ;

▶ le point de vue du salarié qui a souvent besoin de se sentir suivi et accompagné, de visualiser concrètement où il se trouve et où il va. Au-delà d'une explication sur la démarche technique, cela inclut un travail d'écoute important centré sur les aspirations, les rêves, les désirs de la personne mis en lien, ensuite, avec les perspectives réelles d'emplois stables.

2.2. Les apports de l'ergologie comme socle fondateur de la démarche

Cette approche de l'individu est ce qui caractérise l'ergologie[1], champ disciplinaire étudiant la relation au travail, et fondement théorique de la démarche que nous présentons maintenant.

Ce qui est apparu central pour assurer le succès du dispositif a été l'instauration d'une relation au travail qui soit vivante et satisfaisante. S'agissant d'accompagner vers l'emploi durable un public en situation de fragilité, ainsi que nous l'avons précisé, la démarche ne pouvait faire l'économie d'une réflexion sur la relation au travail. Comment rendre cette relation attractive et motivante ? L'ergologie a fourni le soubassement théorique de la démarche, permettant de répondre à cette question.

---

1. À ne pas confondre avec l'ergonomie, qui se centre sur l'analyse des conditions de travail.

Selon Schwartz et Durrive (2003), l'ergologie étudie l'activité professionnelle en distinguant deux registres :

- le premier registre est celui de la norme et du contexte :
  - la norme renvoie aux dimensions économiques de la vie professionnelle (tout ce qui renvoie à un emploi et à ses exigences sur un marché) ainsi qu'aux dimensions politique et sociale (tout ce qui relève des dispositions juridiques et des décisions des pouvoirs publics, constituant l'espace social du vivre ensemble où s'exerce le métier),
  - le contexte est celui, précis, de l'exercice du métier. Il se compose des exigences externes auxquelles la personne doit s'adapter pour répondre aux «offres» d'emploi (cette offre pouvant prendre différentes formes depuis l'invitation jusqu'à l'injonction).

  Ce premier registre correspond à l'ensemble des «prescrits», l'ensemble de ce qui est anticipé à travers l'organisation, les modèles, les consignes, les procédures etc. et qui précède l'activité.
- le deuxième registre concerne l'activité elle-même, celle d'un individu ou d'un groupe, et correspond à ce qui est effectué dans la confrontation aux réalités concrètes. C'est le domaine du «réel», ou encore de l'«actuel», le lieu où l'individu s'approprie les normes et le contexte afin d'agir efficacement. Le lieu où, par sa confrontation à l'ensemble du «prescrit», il «reconfigure» l'activité en fournissant l'effort qui permet de faire tenir ensemble les exigences formulées de l'extérieur.

Il y aura ainsi toujours un écart entre le «prescrit» et le «réel» du fait de la subjectivité qui est le fondement même de l'activité, du fait également de la relativité des situations singulières et parce qu'il faut bien faire tenir ensemble les logiques à la fois économique, sociale, politique et individuelle qui sont présentes dans toute activité professionnelle.

L'ergologie ne s'arrête pas au premier registre, celui des normes et du contexte, comme cela peut souvent être le cas dans les analyses sur l'emploi et le travail, mais elle intègre le deuxième registre dans sa réflexion. Celui où l'on s'intéresse à la manière dont la norme est à chaque fois «retraitée» au niveau d'un individu et au niveau d'un groupe, ce qui permet ainsi de croiser les regards sur l'activité.

2.3. Faire de la personne l'acteur de la relation de travail

En conséquence, ce champ théorique évite l'écueil d'une centration sur les seules dimensions techniques et met en évidence la nécessité de s'appuyer sur l'activité de la personne elle-même. L'individu devient véritablement acteur de son parcours, non pour répondre à une injonction externe mais pour agir efficacement dans le cadre des normes et du contexte donné.

Dans le cas ici présenté, concevoir et mettre en place une relation de travail où l'individu soit acteur au sens où l'ergologie définit ce terme, a conduit à impliquer l'individu accompagné, dès la construction du dispositif en prenant en compte son point de vue. Dès le départ, le pôle de l'individu a été relié à celui de la norme et du contexte. Il ne s'agissait donc pas de rejeter tout ce qui fait la dimension technique de l'activité mais de l'intégrer de façon à ce que d'emblée l'individu soit acteur et co-constructeur de ce qui se passait pour réaliser son retour à l'emploi durable. Plus trivialement, nous pourrions avoir recours à la métaphore de la relation de l'habitant avec son logement. Lui dire «Soyez chez vous, ne touchez à rien dans le décor», en pensant qu'il finira bien par se sentir chez lui sans y apporter sa touche personnelle est une injonction paradoxale fatalement invalidante et démotivante! C'est tout le contraire qui a prévalu ici afin d'éviter le piège d'un dispositif «plaqué» sur une réalité pour laquelle il restera un corps étranger. Dans le cas présenté, les acteurs au contraire, se sont sentis concernés et impliqués.

3. Conclusion

Finalement, l'idée que nous défendons ici, forts des résultats obtenus par le dispositif, est l'importance, pour rendre les gens talentueux, d'avoir la conviction que chacun peut l'être et cela quels que soient son niveau de formation initiale et sa situation de départ.

À cette première conviction s'en ajoute une seconde, liée à la définition de la notion «d'emploi durable» retenue dans l'objectif du dispositif. Parler d'emploi durable, en particulier auprès d'une population d'intérimaires, signifie offrir des perspectives convaincantes de stabilité, de pérennité, de longévité… Comment s'engager dans une relation de travail, dans un processus de formation, comment y mettre le meilleur de soi-même, comment s'y investir et révéler ses talents, si les seules offres d'emploi sont des missions brèves, sans possibilité d'engagement sur l'avenir?

Penser à la pérennité des actions, analyser leur effet à long terme est bien la perspective dans laquelle peut se comprendre le dispositif ici présenté. Cette inscription dans le «durable» au sens écologique du terme – et au-delà sans doute éthique – en fait, selon nous, la marque distinctive. Car les résultats positifs observés ont pour principale origine la motivation qu'il a su faire naître chez les individus. Cette motivation a été rendue possible grâce à une écoute attentive visant à les conduire vers un futur rêvé devenu, ensuite, réalité. Cette réalité, incarnée dans un diplôme et un emploi, leur permet aujourd'hui de montrer aux recruteurs et DRH avec une fierté légitime «ce qu'ils peuvent faire de leurs talents».

Partie 3

Comment les entreprises gèrent-elles les talents ?

Chapitre 22

La politique de diversité et d'égalité des chances chez PSA Peugeot Citroën

Jean-Luc VERGNE

Internationalisation, évolutions démographiques, départ en retraite des baby-boomers… dans un contexte propice au renouvellement des compétences, la diversité est l'une des composantes essentielles de la gestion des talents de l'entreprise. Encourager la diversité des équipes signifie, en effet, élargir son vivier de compétences.

Chez PSA Peugeot Citroën, nous avons été pionniers dans ce domaine. Les très nombreux recrutements effectués depuis 2000 – près de 140 000 dans le monde – et l'internationalisation des effectifs du groupe nous ont conduits à prendre la mesure de cet enjeu. Dès septembre 2004, nous avons signé avec les six organisations syndicales du groupe (CFE/CGC, CFDT, CFTC, CGT, CGT-FO, GSEA), un accord sur la «diversité et la cohésion sociale». Il vise à prévenir, à identifier et à proscrire tout traitement inégal entre les salariés, tant lors du recrutement qu'au cours de la vie professionnelle.

Par cet accord, PSA Peugeot Citroën applique et promeut les meilleures pratiques pour lutter contre le racisme, la xénophobie, l'homophobie et plus généralement, l'intolérance à l'égard des différences.

Nous avons ainsi forgé notre propre définition de la diversité : faire travailler ensemble tous les talents sans distinction de culture, de nationalité, de sexe, de religion, de convictions politiques ou syndicales, de différences d'expériences, de caractéristiques physiques, de parcours professionnel, d'âge, d'état de santé ou d'orientation sexuelle. La politique de gestion de carrière de PSA Peugeot Citroën s'appuie sur ces principes.

1. PSA Peugeot Citroën, précurseur dans le domaine de la diversité

1.1. La diversité, un enjeu économique, social et sociétal

Si PSA Peugeot Citroën a conclu, avec toutes les organisations syndicales, un accord sur la diversité et la cohésion sociale, ce n'est pas en réponse à une situation de crise. PSA Peugeot Citroën n'a jamais rencontré de problèmes de cohabitation de minorités ou de difficultés avec telle ou telle communauté. Le groupe a, au contraire, une tradition d'intégration de salariés originaires du Maghreb, de Turquie ou encore d'Europe Centrale. Certains, embauchés comme ouvriers, ont su briser le «plafond de verre» grâce à leurs compétences, et accéder à des postes à responsabilité.

Si nous avons signé cet accord, c'est avant tout pour répondre à trois enjeux majeurs, économique, social et sociétal :

- dans le contexte économique actuel, la diversité représente un enjeu vital pour l'entreprise. Un groupe international doit s'entourer de profils variés représentatifs de sa clientèle. C'est le meilleur moyen de la comprendre et de la satisfaire. La diversité, en facilitant la confrontation des idées, des expériences et des cultures, permet aussi d'accroître notre potentiel de créativité et d'innovation ;
- notre engagement revêt également un aspect social. En effet, il prend en compte les évolutions de la structure de nos effectifs. Ces dernières années, nous avons notamment intégré des ingénieurs et des cadres de profils variés, tant par leur origine, leur culture, que par leur expérience professionnelle. Notre politique d'intégration, fondée sur le respect des différences, accompagne ces évolutions et répond à l'enjeu de cohésion sociale ;
- enfin, toute entreprise est tenue de prendre en compte son environnement. À ce titre, on ne peut laisser certains profils à l'écart du monde du travail. Notre politique de l'emploi s'inscrit dans ce principe.

1.2. Des accords innovants, des accords qui engagent

En 2003, nous avons été la première entreprise française à signer, avec les six organisations syndicales du groupe, un accord sur le développement de l'emploi féminin. Il s'agissait, dans une industrie traditionnellement masculine, d'assurer l'égalité de traitement entre les femmes et les hommes et d'accompagner la féminisation de l'emploi. Forts de cette expérience, il nous est apparu logique d'étendre cette démarche de non-discrimination à d'autres sensibilités. Outre l'accord sur la diversité et la cohésion sociale en 2004, nous avons signé d'autres accords, souvent innovants, sur l'insertion professionnelle des personnes handicapées, sur la gestion de carrière des ouvriers, et sur l'accès à la formation, qui favorisent l'égalité de traitement. En 2006, l'accord mondial sur la responsabilité sociale a étendu cette politique de diversité à tous les pays du groupe.

En faisant le choix du dialogue social, nous avons pu impliquer un maximum d'acteurs de l'entreprise, face à un enjeu qui requiert la mobilisation de tous. Nous avons également donné à notre action un cadre contractuel, qui nous engage et qui nous oblige à rendre des comptes.

2. Des mesures concrètes pour s'entourer des meilleurs talents

Notre accord sur la diversité repose sur des mesures concrètes qui s'inscrivent dans une dynamique de progrès permanent. Ces mesures procèdent d'un principe fondateur : dans le recrutement comme dans l'évolution de carrière des salariés, seuls les compétences, la performance et le comportement professionnel doivent constituer des critères de décision.

2.1. L'égalité des chances, fondement de l'accès à l'emploi

Compte tenu du large éventail des métiers du groupe, nous cherchons à intégrer des profils variés par la formation, le parcours professionnel, les cultures, l'expérience professionnelle ou internationale. Le recrutement des salariés de PSA Peugeot Citroën est exclusivement fondé sur des critères de performance. L'accord sur la diversité prévoit des mesures concrètes pour favoriser l'égalité des chances et lutter contre les discriminations dans l'accès à l'emploi.

Recruter sans préjugés

Nous ne recrutons pas des « femmes », des « blacks », des « beurs » ou des « seniors », mais avant tout des talents. C'est pourquoi les méthodes et les outils de recrutement ont été remaniés sous l'angle de la diversité. Aujourd'hui, CV anonymes, libellés de postes non discriminatoires, et méthodes de recrutement par simulation (MRS) garantissent l'égalité de traitement et permettent d'examiner les candidatures selon des critères strictement objectifs.

Les personnes en charge du recrutement ont été formées à la prévention des discriminations. Elles peuvent se référer à un « guide du recruteur » qui rassemble règles et bonnes pratiques en matière de recrutement.

Soucieux de n'écarter aucun vivier de compétences, nous avons également diversifié nos canaux de recrutement : recrutement en ligne, partenariat avec les services publics de l'emploi, les systèmes éducatifs, les cabinets de recrutement, etc.

Former les jeunes

Les compétences de demain nous permettront d'imaginer les innovations de demain. Elles se préparent aujourd'hui avec les jeunes d'aujourd'hui. C'est pourquoi nous nous mobilisons pour le recrutement et la formation de jeunes en alternance, avec ou sans qualification préalable. À ce jour, le groupe accueille plus de 3 000 alternants de niveau CAP à bac + 5. Nous participons aussi régulièrement à des forums étudiants et journées d'orientation pour promouvoir les métiers de l'automobile.

Insérer les publics en difficulté

L'entreprise est, par nature, un acteur majeur de l'insertion professionnelle. Nous assumons pleinement ce rôle en menant de nombreuses actions d'insertion pour des personnes exclues du marché du travail, en partenariat avec des organismes publics ou privés. Ainsi, nous avons conclu un accord avec l'ANPE et les missions locales pour l'emploi. Elles s'engagent à nous présenter des candidatures de personnes diplômées issues des zones urbaines dites «sensibles». Notre objectif est de pourvoir des postes à responsabilité.

2.2. Une évolution professionnelle fondée sur les compétences

Comme dans le recrutement, l'évolution professionnelle des salariés de PSA Peugeot Citroën est fondée sur des critères de décision objectifs. L'accord sur la diversité prévoit des mesures destinées à garantir une égalité de traitement dans l'évolution de carrière.

Des critères d'évolution transparents

Pour permettre plus d'objectivité et une meilleure transparence dans les critères d'évolution professionnelle, des outils de gestion de carrière, comme les assessment centers, ont été mis en place. Un accord sur l'évolution professionnelle des ouvriers a permis de mettre au point des «référentiels de compétences». Ils listent les compétences qu'il est nécessaire d'exercer dans chaque métier ouvrier pour évoluer.

Afin que chacun ait sa chance dans la mobilité, les offres d'emploi sont toutes publiées sur net'RH, le site intranet de la DRH, accessible à l'ensemble des salariés.

Une égalité des chances dans l'accès à la formation

La politique de formation du groupe contribue au renforcement des compétences et aux opportunités de carrière de tous les salariés, sans distinction. Cette année, chacun a suivi 24,5 heures de formation en moyenne.

La valorisation des experts

Au-delà de l'évolution managériale, PSA Peugeot Citroën valorise les parcours de spécialisation et la notion d'expertise. À cet effet, un véritable cursus a été mis en place pour garantir le développement et la pérennisation des compétences du groupe. Cette démarche, fondée sur la transmission des savoirs, permet d'apporter une reconnaissance à une population d'experts métiers souvent insuffisamment appréciée. Elle constitue également un élément de motivation pour les salariés les plus âgés.

2.3. La diversité au cœur des relations professionnelles

Au-delà des outils, l'accord sur la diversité prend en compte la question de l'évolution des mentalités en interne. À cet effet, il prévoit des mesures relatives à l'intégration, la compréhension et la gestion de toutes les différences dans l'entreprise.

Proscrire tout traitement inégal

La première chose que nous avons faite a été de revoir tous les règlements intérieurs de l'entreprise. Désormais, des sanctions sont prévues en cas de pratiques discriminatoires, propos homophobes, xénophobes ou racistes.

Des outils de mesure ont été conçus pour prévenir, identifier et proscrire tout traitement inégal. Nous veillons tout particulièrement à ce que les augmentations individuelles de rémunération et les promotions reflètent la représentativité de la population d'origine. Un suivi de la répartition du budget d'augmentations individuelles et de promotions est réalisé pour les femmes, les seniors, les personnes de nationalité non française et les personnes handicapées.

Un responsable de la diversité a été nommé. Les salariés peuvent le solliciter pour régler toute situation qu'ils jugent discriminatoire.

Sensibiliser, former et communiquer

Tous les acteurs de la gestion de carrière ont été sensibilisés aux enjeux de la diversité. Pas moins de 16 000 heures de formation à l'égalité des chances ont été dispensées depuis 2005. Un guide des bonnes pratiques, intitulé *Diversité et égalité de chances*, répond aux interrogations des managers sur l'application de notre politique.

La promotion de profils différents nécessite de pouvoir parler ouvertement des différences, et de lutter contre les préjugés à tous les niveaux de l'entreprise. C'est pourquoi une campagne de communication a été déployée auprès de l'ensemble des salariés. Elle s'appuyait sur la diffusion de 100 000 brochures et de 5 000 DVD présentant notre politique d'égalité des chances. Une rubrique «diversité» est également en ligne dans l'intranet de la DRH.

3. Une démarche contrôlée en interne et en externe

L'application de l'accord est garantie par un dispositif de suivi très complet, conçu avec les partenaires sociaux. Une analyse précise des indicateurs chiffrés en matière de recrutements, de promotion, de rémunération, et d'accès à la formation est effectuée.

Elle est complétée par des enquêtes qualitatives pour les catégories qui, conformément à la législation, ne peuvent pas être mesurées (minorités visibles, orientation sexuelle, etc.). Ce suivi est effectué en interne par un observatoire paritaire de la diversité et de l'égalité, au sein duquel siègent les six organisations syndicales signataires.

À notre demande, cette démarche est également contrôlée par des organismes externes : diagnostics de l'Institut du mécénat et de la solidarité, Observatoire des discriminations, enquêtes sociologiques…

4. Une méthode qui a fait ses preuves

Quatre ans après la signature de l'accord, l'essentiel de nos engagements a été mis en œuvre, avec des résultats chiffrés encourageants. Le recrutement est révélateur de cette politique : en France, entre 2005 et 2007, sur les 2 436 ingénieurs et cadres recrutés dans le Groupe, 583 sont des femmes, 125 sont de nationalité autre que française, 204 sont issus des « minorités visibles », 92 sont originaires de « zones urbaines sensibles » et 87 ont plus de 45 ans. La prise en considération des candidatures de personnes handicapées est particulièrement satisfaisante. Quant au taux global de féminisation des effectifs dans le monde, il est passé de 17,60 % à 21,3 % en cinq ans.

Nous ne nous contentons pas de recruter sans préjugés. Les indicateurs montrent que l'égalité de traitement dans l'évolution de carrière des salariés est effective. Il y a par exemple de plus en plus de promotions de cadres issus de minorités visibles. Quant aux augmentations, elles sont bien proportionnelles à la représentativité de chaque catégorie de salariés. Ainsi, les salariés de nationalité étrangère, qui représentent 13,7 % des effectifs d'ouvriers polyvalents d'UEP ont bénéficié de 14,4 % du budget d'augmentation/promotion 2007.

5. Conclusion

Aujourd'hui, l'idée d'intégrer et de promouvoir des salariés – des cadres en particulier – issus des minorités commence à s'imposer chez PSA Peugeot Citroën. La diversité est entrée dans la culture de l'entreprise.

Notre politique en faveur de l'égalité des chances est reconnue en externe. Elle a été primée à plusieurs reprises ces deux dernières années. PSA Peugeot Citroën s'est notamment vu décerner par le gouvernement le premier Grand prix de la diversité en décembre 2006.

Loin de représenter un aboutissement, ces distinctions nous encouragent à poursuivre nos efforts. En effet, si aujourd'hui, la diversité fait partie de nos pratiques quotidiennes, la non-discrimination, est d'abord une question de conscience individuelle, qui nécessite de faire évoluer les mentalités dans la durée. C'est pourquoi nous poursuivons nos actions de communication et de sensibilisation envers les salariés, et les managers en particulier. Des formations au management de la diversité sont proposées aux responsables hiérarchiques, pour les aider à s'approprier la démarche et à neutraliser les stéréotypes. Il s'agit de les convaincre que la diversité n'est pas une contrainte à respecter, mais un levier d'efficacité pour leur management. Car manager la diversité signifie, avant tout, manager les compétences et détecter les meilleurs talents, partout où ils se trouvent.

Chapitre 23

Développer le talent : l'importance du supérieur hiérarchique

David ALIS
Caroline RUILLIER

Comment développer le talent de ses collaborateurs ? Comment leur permettre de faire face à des exigences de plus en plus fortes de qualité, de productivité, de baisse des coûts, d'innovations ? Les récents rapports sur le stress et la montée des troubles psycho-sociaux montrent que la France est à la traîne en termes de santé au travail. Les entreprises exigent des résultats de plus en plus élevés, mais n'accompagnent pas assez les collaborateurs pour leur permettre de développer leur compétence, leur performance, d'actualiser leur talent. Comment reconnaître et soutenir le salarié ? Le succès de l'ouvrage de Robert Sutton, *Objectif zéro, sale con,*[1] montre que les collaborateurs et les cadres attendent d'autres types de management qu'un management autocratique pour actualiser leur potentiel et développer leur talent au service de leur organisation. Une étude récente de la TNS-Sofres (2007) montre que les salariés français sont les seuls à placer les contacts humains en tête de leurs représentations du travail.

1. Reconnaître et soutenir ses collaborateurs : un talent à développer

De nombreuses recherches empiriques montrent l'importance du soutien social organisationnel et ses effets sur la performance et le bien-être des salariés (Eisenberger, 1986, Winnubst, 1988). Le soutien social serait positivement corrélé à la satisfaction au travail et à l'implication organisationnelle (Allen et Meyer, 1990).

---

1. Sutton R. (2007), *Objectif zéro, sale con*, Vuibert.

Il serait négativement lié au turn-over et à l'absentéisme (Shore et Wayne, 1993). Karasek et Theorell (1990) ont montré que le stress et ses conséquences négatives (épuisement professionnel, dépression, détresse psychologique) sont liés à un manque d'autonomie décisionnelle et de soutien social. Dans une perspective proche, Stanfeld (1999) caractérise le stress professionnel par un sentiment d'absence de réciprocité lié au déficit de reconnaissance.

Ce soutien du supérieur est d'autant plus important que les conflits entre vie personnelle et vie professionnelle deviennent de plus en plus importants (Thévenet, 2002). La GRH et la gestion des talents s'est longtemps basée sur le modèle de la «séparation»: les employeurs demandent uniquement aux salariés d'assumer leurs responsabilités au travail et considèrent la vie hors travail comme uniquement le problème du salarié, charge à lui de gérer les difficultés liées aux responsabilités familiales (familles monoparentales, génération «sandwich» devant assumer la charge à la fois de parents dépendants et de jeunes enfants, couples à deux actifs, voire couples à deux carrières en même temps parents d'enfants de moins de six ans…). Le manager de proximité peut favoriser, ou au contraire empêcher, une bonne gestion des frontières entre vie professionnelle et vie privée, aviver ou diminuer les conflits et les tensions liées aux difficultés de concilier vie privée et vie professionnelle.

Comment définir, caractériser et développer ce soutien social du manager? La réflexion sur la nature et le soutien du manager de proximité est très développée aux États-Unis, mais peu abordée en France.

Nous avons choisi de présenter des résultats des recherches montrant comment les pratiques de soutien organisationnel permettent aux individus de se protéger contre les effets négatifs des contraintes professionnelles et personnelles. Nous présenterons aussi les résultats d'une recherche exploratoire à l'hôpital pour caractériser ce soutien social. Ce soutien favorise la fidélisation du personnel et la baisse de l'absentéisme grâce à une amélioration de la qualité de vie au travail.

2. Les pratiques de soutien

Deux types de soutien doivent être distingués: celui de l'organisation et celui du supérieur. Ces soutiens se traduisent par des pratiques différentes (Thomas et Ganster, 1995).

2.1. Le soutien organisationnel

Les pratiques au niveau organisationnel créent un climat propice à la conciliation entre les responsabilités professionnelles et personnelles des salariés (aménagement du temps de travail, crèche d'entreprise, télétravail…).

Un climat organisationnel favorable privilégie la reconnaissance de l'individu (valorisation de son travail, écoute de ses problèmes professionnels et personnels…) et se traduit par la mise en place de procédures perçues comme étant justes et équitables par les salariés. Ce climat permet de diminuer les contraintes perçues (tension, stress, conflit travail famille, surcharge de travail…) et de renforcer les attitudes et comportements «positifs» : satisfaction au travail, bien-être, implication organisationnelle.

2.2. Le soutien de la hiérarchie

Le soutien du manager de proximité joue un rôle clé dans le cadre des politiques de soutien : par sa position, il peut fournir une aide privilégiée au salarié (aménagements d'horaires, tolérance envers certains appels téléphoniques en cas d'urgence…).

Ce soutien peut être «instrumental» (arrangements des horaires, répartition des missions etc.) et informatif (transmission de conseils, renseignements sur l'entreprise et les possibilités qu'elle offre en terme de développement de compétences etc.) selon Hill et al. (1989). Le soutien du supérieur renvoie aussi à ses capacités à favoriser l'autonomie, la latitude décisionnelle et la cohésion d'équipe (Karasek et Theorell, 1990).

Quatre types de soutien peuvent être ainsi distingués :
- le soutien instrumental englobe la latitude décisionnelle que le manager autorise à ses collaborateurs pour organiser leurs tâches, les informations qu'il peut fournir pour aider à l'amélioration de la performance. Ce soutien concerne également les propositions d'amélioration des conditions de travail et le soutien envers l'échange d'informations entre les différents membres de l'équipe pour faire émerger de nouvelles idées… Il intègre également le fait que le manager favorise la cohésion entre les membres de l'équipe ;
- le soutien réceptif (socio-émotionnel) caractérise l'attention que la manager prête aux propos de ses collaborateurs ainsi que sa disponibilité d'écoute des problèmes professionnels ;
- le soutien d'initiative (socio-émotionnel) est lié à l'autonomie que le manager permet à ses salariés, au fait qu'il laisse ses collaborateurs s'organiser à moins que ces derniers n'aient besoin de son aide ;
- le soutien d'autorité renvoie aux attentes du manager, en termes de comportements au travail par rapport à ses collaborateurs (respect des règles, efforts fournis).

3. Le soutien socio-émotionnel au service de la performance

3.1. Un besoin de soutien accru

La dégradation des conditions de travail liée au maintien de la charge physique de travail, à l'augmentation des cadences, à la montée de la charge mentale, aux conflits accrus entre vie professionnelle et vie personnelle, à la montée de l'agressivité des clients, renforce le besoin de soutien. Les travaux de House (1981) ont mis très tôt en avant cette dimension émotionnelle (manifestation d'affects positifs, protection, réconfort...) et de dimension d'estime (réassurance de la valeur de l'individu, manifestation de reconnaissance...).

◗ Le soutien émotionnel consiste à apporter à une personne des sentiments de réassurance, de protection ou de réconfort en lui exprimant les affects positifs que l'on ressent à son égard (confiance, amitié...).

◗ Le soutien d'estime et de reconnaissance concerne le fait de rassurer une personne sur ses compétences et ses valeurs. Ces encouragements lui permettront de renforcer sa confiance en elle-même dans les moments de doute, lorsque cette personne craint que les exigences d'une situation n'excèdent ses ressources et ses capacités.

3.2. Une recherche exploratoire en milieu hospitalier

Le milieu hospitalier est actuellement confronté à une montée des contraintes : exigences de plus en plus fortes de qualité, de productivité, de baisse des coûts (contraintes de financement). Les salariés de l'hôpital exercent leur activité de soins dans un contexte de tensions fortes. L'étude du milieu hospitalier apparaît ainsi adaptée pour approfondir les connaissances sur le soutien du manager, les «possibilités de soutien» renvoyant prioritairement à des facteurs émotionnels et de reconnaissance.

Nous avons mené une recherche exploratoire sur les composantes du soutien du manager basée sur 60 entretiens semi-directifs approfondis : 30 entretiens menés auprès des cadres et cadres supérieurs de santé, 30 entretiens menés auprès des infirmiers, aides-soignants et agents des services hospitaliers. L'analyse du contenu des 60 entretiens menés permet d'identifier ces composantes du soutien (Ruiller, 2007).

Nous avons choisi de restituer le contenu de deux entretiens illustrant ces composantes.

Témoignage d'un cadre de santé d'un service de médecine interne (32 ans, 3 ans d'expérience)

Le rôle du cadre de santé est d'abord un rôle de communication. Par ce rôle, il peut favoriser ou défavoriser un climat de qualité au sein de son équipe.

> « J'ai intégré le service de médecine interne il y a trois ans […]. Ma première mission a été de rétablir une certaine solidarité au sein des infirmières et des aides-soignantes en favorisant la communication entre elles […]. » « Au moment des transmissions, je fais un point avec les personnes. Parfois j'interviens pour "défaire les nœuds". »

Son rôle est de dispenser de l'information en faisant preuve de pédagogie.

> « Je passe beaucoup de temps à faire passer des messages, à expliquer et à réexpliquer car les équipes tournent, à clarifier toutes les informations qui émanent de la Direction : accréditation, changement de politique, organisation des soins etc. »

Le cadre peut prendre en compte certaines contraintes personnelles dans l'aménagement des plannings. Son soutien informatif peut permettre de renforcer la cohésion et l'efficacité de l'équipe. Au-delà de ces aspects plutôt instrumentaux, l'empathie et le rôle de médiateur sont identifiés comme étant le cœur de métier du cadre de santé.

> « La gestion des plannings est l'activité la plus chronophage, et elle conditionne la qualité des relations dans le service. J'essaie d'être le plus possible à l'écoute des demandes de chacun pour établir les roulements. »

Le soutien instrumental serait lié aux « capacités socio-émotionnelles » du cadre, particulièrement l'écoute et la capacité à reconnaître la contribution de ses collaborateurs.

> « J'estime que si je manifeste la reconnaissance que les agents ne reçoivent pas par l'institution, par l'écoute, en les aidant à relativiser leurs problèmes avec les patients et avec l'équipe, en les encourageant par la reconnaissance de la qualité du travail qu'ils font […]. Alors eux aussi me reconnaissent, me donnent toute leur confiance. »

En étant assertif, le cadre ne se positionne pas seulement comme référent de la hiérarchie, mais comme un membre de l'équipe comme un autre, dont l'objectif est que tous ses collaborateurs construisent un sens commun : la qualité du service rendu et l'efficacité du service. Son engagement vise à favoriser l'efficacité de son équipe. Ce témoignage place ainsi au cœur de l'échange la notion de don/contre don mise en évidence dans les travaux de Blau (1964) à la suite des travaux de Mauss, fondateurs de la théorie de l'échange social.

Témoignage d'une infirmière diplômée d'État (46 ans, 24 ans d'expérience)

Ses propos viennent enrichir la détermination des aspects émotionnels du soutien et l'importance de la reconnaissance, du point de vue du collaborateur.

La reconnaissance de l'individu, la valorisation du travail bien fait, la réassurance sur les compétences professionnelles caractérisent un soutien «d'estime».

> « Elle a changé ma vision du cadre de santé. Elle est proche de son équipe, elle se bat pour nous auprès des médecins qui parfois nous méprisent, et de l'institution qui ne valorise pas du tout notre contribution. »

Cette dimension plus émotionnelle comporte aussi la protection de l'équipe par le manager de proximité. Ces compétences sociales garantissent la confiance entre ce dernier et son équipe.

> « Avant son arrivée, nous avions une cadre "à l'ancienne" : autoritaire, en permanence en dehors du service, distante… L'ambiance dans l'équipe en pâtissait : il y avait des clans, les gens venaient travailler à reculons […]. Aujourd'hui, beaucoup de choses ont changé, et ça continue d'évoluer, il y a beaucoup plus de convivialité dans l'équipe, on se concerte, on se connaît mieux aussi. »

Les compétences sociales du manager permettent à ses collaborateurs de développer leurs propres compétences sociales, en favorisant une culture de soutien dans le service. Le manager de proximité aurait donc un poids important dans le développement de relations de qualités par sa disponibilité et sa proximité envers son équipe.

> « Elle est vraiment l'élément qui fédère, elle est à notre écoute […] pendant les transmissions. Elle nous écoute aussi individuellement et la porte de son bureau est ouverte en permanence. Avec elle, on communique aussi beaucoup. […] L'ambiance est sereine et ça se voit concrètement au niveau des questionnaires de satisfaction remplis par les patients en fin de séjour. »

Le talent de reconnaître les talents, de valoriser et d'aider les agents à développer leur potentiel est également mentionné.

> « Grâce à elle, nous avons confiance en ce que nous réalisons. Certaines affirment mêmes de nouvelles ambitions : il y a deux jeunes aides-soignantes qui souhaitent reprendre les études pour devenir infirmières. I. les y encourage fortement, ça joue beaucoup. »

4. Conclusion

Ainsi, les salariés qui perçoivent un soutien élevé de leur manager de proximité se sentent soutenus et reconnus par leur organisation (Yoon et Thye, 2000). Selon nous, la reconnaissance de la valeur des individus dans une organisation passe par la valorisation du soutien social et le développement des compétences «émotionnelles» des individus.

> «Travailler à l'hôpital c'est gérer ses émotions en permanence : d'abord par rapport aux patients ; ensuite par rapport à l'équipe. Les agents des services de soins passent leur temps à encaisser les moments difficiles, à composer avec les affects des autres et avec leurs propres ressources...»

Ce soutien émotionnel permet un sentiment de reconnaissance.

> «On est très peu reconnu et très peu écouté à notre niveau. Si le cadre de service est quelqu'un d'ouvert, si tout se passe bien dans l'équipe ; moi je considère ça comme un gage de reconnaissance du travail que j'effectue au quotidien» (une aide-soignante de 47 ans d'un service chirurgie).

Cette recherche exploratoire nous a permis de mettre en évidence trois sous-composantes du soutien émotionnel :
- d'abord les compétences émotionnelles (écoute des problèmes professionnels et personnels, empathie, manifestation d'affects positifs) ;
- ensuite le développement de la réciprocité dans l'échange (communication sur les problèmes professionnels et personnels, manifestation de confiance, de respect) ;
- enfin, la manifestation de reconnaissance et d'estime (feed-back sur le travail, manifestation d'estime).

En milieu professionnel, l'autonomie décisionnelle et l'empowerment renforcent aussi la cohésion et la performance (Carson et al., 2007).

La capacité à développer un climat de confiance et des relations coopératives entre les salariés constitue une compétence du manager de proximité et un talent à développer. Un climat de confiance, une réciprocité dans l'échange avec ses collaborateurs et une attitude d'empathie, favorisent la motivation, l'implication et la cohésion des membres de l'équipe. Cette valorisation du soutien social nous paraît indispensable au moment où organisations publiques et entreprises privées souhaitent augmenter leur performance dans un contexte de changement.

Chapitre 24

Et si le talent s'apprenait ?

Martine BRASSEUR
Laurent MAGNIEN

Comment apprendre à manager avec talent ? Si l'on considère avec Montesquieu le talent comme « un don que Dieu nous a fait en secret, et que nous révélons sans le savoir », la question n'a pas de sens. Les managers talentueux n'auraient qu'à remercier les cieux et leurs pratiques ne relèveraient finalement que de la chance. Or, l'exemplarité et l'aisance qui caractérisent ces dernières peuvent s'acquérir, se conforter, se développer. Elles sont la résultante d'un processus d'apprentissage permanent de et par l'expérience. Alphonse Allais, humoriste de l'absurde, l'avait bien saisi en affirmant qu'« il ne suffit pas d'avoir du talent. Il faut encore savoir s'en servir ». Ainsi, l'apprentissage ne réside pas dans l'acquisition d'une aptitude remarquable, d'un talent, mais dans le développement d'une capacité à solliciter ses ressources dans l'action afin d'atteindre les buts fixés.

La possibilité d'apprendre à exercer le management avec talent a été confortée par les résultats d'une recherche exploratoire que nous avons menée dans le cadre d'une convention de recherche entre l'université et un cabinet international de consultants. Dans ce chapitre, nous nous proposons d'en présenter les principaux enseignements tout en les mettant en perspectives. Pour cela, nous tenterons de répondre aux trois questions suivantes :

— qu'est-ce qu'un management talentueux ?
— comment apprendre à manager avec talent ?
— quel est le processus à l'œuvre dans l'apprentissage du talent ?

1. Manager avec talent

> « *Le meilleur manager est celui qui sait mobiliser*
> *les talents pour faire les choses.* »
> Théodore Roosevelt

1.1. Le management, un exercice relationnel

Que désigne la notion de management talentueux ? Tout d'abord, de quoi parle-t-on quand nous traitons du management ? La littérature présente de multiples définitions de ce concept. Certaines l'assimilent à la gestion d'une organisation et lui attribuent toutes les activités financières, commerciales ou encore administratives qui y sont associées. Plus spécifiquement, le terme de management peut être considéré comme une variante de celui d'encadrement, dont il représente « une conquête linguistique » des années 1985-1990, pour désigner la mission consistant à faire en sorte « que les autres travaillent » en vue d'atteindre les objectifs organisationnels (Mispelblom Beyer, 2006).

Sans revenir sur leur lien avec les différents modèles de gestion des hommes dans les organisations, toutes les conceptions des pratiques de management convergent aujourd'hui pour accorder une place prépondérante à la gestion des hommes. Pour Plane (2003), l'un des cinq apports majeurs de Drucker, considéré comme le « père du management », est d'avoir considéré l'entreprise non pas comme un ensemble de ressources à optimiser, mais comme un groupe d'acteurs à motiver.

1.2. L'exemplarité du manager

Le talent du manager résidera dans son aisance, mais surtout dans son exemplarité. En effet, comme le souligne Henriet (2003), « le manager doit inspirer confiance et faire confiance ». Le talent relié à l'exemplarité réside dans la capacité de chaque manager à devenir un « référent incarné », selon les termes de Melkonian (2002), c'est-à-dire à mettre en œuvre et à personnaliser le comportement qui « doit être » adopté dans les situations professionnelles.

Pour être exemplaire, le manager doit se montrer intègre (Simons, 2002) et agir lui-même en cohérence avec les directives qu'il donne aux autres dans un alignement personnel entre ses paroles et ses actes. Il sera talentueux lorsque son exercice d'un management exemplaire s'effectuera avec aisance, l'amenant à adopter la « bonne » – dans le double sens de compétente et éthique – conduite professionnelle et à se positionner en exemple.

Le talent managérial se définit par la déclinaison d'un ensemble de comportements (Mintzberg, 1973) permettant de le reconnaître à travers son impact. La fixation d'objectifs clairs donnera du sens ; l'affichage de valeurs à partager suscitera l'adhésion ; la délégation de responsabilités et la reconnaissance des résultats impulseront une dynamique de progrès.

2. Le talent managérial s'apprend par l'expérience

> *« L'homme est doué de talents que n'éveillent jamais*
> *que des circonstances fortuites. »*
> George Christophe Lichtenberg

2.1. Quatre niveaux d'apprentissage

Pour devenir talentueux, les apprentis managers ont besoin d'une part de se confronter à l'exercice du management, d'autre part d'apprendre à tirer les enseignements de leur propre expérience afin de tendre vers la pleine sollicitation de leurs ressources. Il serait faux de croire que les plus talentueux des managers n'ont pas tâtonné pour révéler et utiliser leurs talents.

> Bateson considérait ainsi que « tout apprentissage [...] est dans une certaine mesure stochastique, c'est-à-dire qu'il contient des séquences d'essai-erreur » (Bateson, 1977).

En appui sur l'étude longitudinale d'un groupe de formation au management[1], nous avons ainsi identifié quatre niveaux d'apprentissage, représentant autant d'étapes de progression vers l'exemplarité et l'aisance dans cette pratique professionnelle.

Les niveaux 1 et 2 relèvent de l'apprentissage de premier ordre (niveau I de Bateson), qui se caractérise par « un changement dans la spécificité de la réponse à travers une correction des erreurs et des choix à l'intérieur d'un ensemble de possibilités ».

Les niveaux 3 et 4 représentent un apprentissage de second ordre (niveau II de Bateson), où il s'agit d'apprendre à apprendre par « un changement dans le processus de l'apprentissage I, [par] un changement correcteur dans l'ensemble des possibilités [...], ou un changement [...] dans la façon dont la séquence de l'expérience est ponctuée » (Bateson, 1977). Ces deux niveaux sont à l'origine du concept de l'apprentissage en double boucle, défini par Argyris et Schön (1978). Nous leur empruntons les termes de « valeurs directrices » structurant les cartes cognitives des individus, à partir desquelles les apprenants vont élaborer les « stratégies d'action » à mettre en œuvre dans les organisations. Concernant le comporte-

---

1. Cette étude a été réalisée dans le cadre d'une convention de recherche entre le CEROG de l'université d'Aix-Marseille et Krauthammer International.

216 COMMENT LES ENTREPRISES GÈRENT-ELLES LES TALENTS ?

ment managérial, apprendre à reproduire une routine organisationnelle serait ainsi un préalable à l'apprentissage de la production de pratiques et non pas un frein.

De même que la socialisation précède l'émancipation, les deux premiers niveaux correspondent à un apprentissage de la mise en œuvre d'une stratégie d'action tout d'abord en situation de formation (niveau 1), puis en situation professionnelle (niveau 2) et se traduisent par la reproduction et la diffusion des standards comportementaux. Les deux niveaux suivants représentent l'apprentissage de la traduction en comportements des valeurs directrices données (niveau 3) puis l'apprentissage de leur questionnement dans la confrontation à l'expérience (niveau 4).

2.2. Exemple : « Que proposez-vous ? »

Pour illustrer le processus d'apprentissage qui va de l'entraînement à des pratiques-types (niveau 1) à l'appropriation des valeurs directrices (niveau 4), prenons pour exemple l'une des stratégies d'action présentées aux apprentis managers dans le cadre de leur formation : l'attitude « Que proposez-vous ? »

◗ Il s'agit, au niveau 1, d'associer le collaborateur en lui donnant la possibilité de trouver « son chemin » pour atteindre les objectifs qui lui sont fixés, ou encore de participer à la fixation de ses propres objectifs.

◗ Une fois entraînés dans une mise en situation, permettant de bien intégrer cette pratique type, les participants sont invités à passer au niveau 2 d'apprentissage en la transférant dans leur contexte professionnel.

Une difficulté rencontrée par l'un des participants de retour dans son entreprise fut de ne recevoir aucune proposition de la part de son collaborateur après lui avoir posé cette question. De retour en formation, le participant a pu se rendre compte, en confrontant son retour d'expérience avec le groupe, qu'il n'avait pas créé le contexte favorable en laissant trop peu de temps au collaborateur pour préparer ses propositions, sur un sujet sur lequel de surcroît, il n'avait pas l'habitude d'être consulté. Une deuxième tentative tenant compte de cet élément lui permit alors d'atteindre son objectif.

◗ L'accès au niveau 3 d'apprentissage se traduit par la mise en œuvre spontanée du questionnement « Que proposez-vous ? » dans des contextes autres que celui de la délégation, par exemple une séance de travail collective d'analyse des résultats, en entretien de recadrage ou une situation conflictuelle.

◗ Le niveau 4 est atteint lorsque la valeur directrice totalement intégrée par le participant se traduit par la consultation systématique des autres avant prise de décision, et surtout par l'arrivée de propositions – désormais spontanées – de la part de ses collaborateurs.

3. L'apprentissage du talent passe par un changement de représentations

> *« Pour avoir du talent, il faut être convaincu qu'on en possède. »*
> Gustave Flaubert

3.1. Les représentations de soi

Le processus à l'œuvre dans l'apprentissage du management est un processus de changement de représentations, qui porte moins sur la représentation des pratiques à mettre en œuvre que sur les représentations de soi et du contexte de mise en pratique.

Un basculement vers une auto-évaluation positive de sa capacité à mettre en œuvre les bonnes pratiques a ainsi été identifié au cours de notre étude pour tous les sujets interrogés avant et après la formation au management. Les éléments de la représentation de soi concernés semblent correspondre au concept d'efficacité personnelle perçue, définie par Bandura (2003) comme une croyance de l'individu « en sa capacité d'organiser et d'exécuter la ligne de conduite requise pour produire des résultats souhaités », relevant par suite de la croyance sur soi.

Traitant uniquement des aptitudes, elle est à distinguer de l'estime de soi, qui porte sur les évaluations de sa valeur personnelle, sans que l'on puisse avancer l'existence d'une interaction entre les deux, une personne pouvant se considérer totalement inefficace dans une activité sans perdre son estime de soi et inversement.

L'adoption d'une représentation de soi comme une personne efficace passe par l'abandon de la croyance que le bon comportement managérial est « naturel », que « c'est une question de tempérament, tu l'as ou tu l'as pas », comme le déclaraient certains apprentis managers avant leur formation. Il s'agit donc en premier lieu de les amener à considérer que le management peut s'apprendre, puis dans un deuxième temps, qu'eux-mêmes peuvent l'apprendre.

3.2. Les représentations de la situation professionnelle

Le second changement de représentation porte sur la situation professionnelle des formés, perçue comme un contexte défavorable ou favorable à l'utilisation des acquis de la formation.

La tendance générale relevée au cours de la formation et lors de la seconde série d'entretiens correspond à un abandon de la croyance autoréalisatrice que dans son environnement, il est impossible de mettre en œuvre les bonnes pratiques de management. Associée souvent aux impératifs économiques de l'organisation, elle présente à travers l'analyse des propos des participants une dimension paradoxale, consistant à considérer que c'est le problème qui empêche la solution, à l'image de cette affirmation : « Ça irait plus vite si je déléguais, mais quand t'as des impératifs de délais… c'est qu'on nous met la pression pour sortir les chiffres… bon, t'as pas le temps de t'occuper de manager tout ça comme on sait bien qu'il faudrait, et alors bon, je prends tout sur moi et je m'en sors plus. »

Relevant pour certains d'une forme de fatalisme, comme pour la représentation de soi, son changement passe par l'adoption d'une autre croyance, celle que « les actions personnelles déterminent les résultats » (Bandura, 2003), à l'image de cette déclaration d'un formé : « J'ai tenté le coup… Je lui ai demandé si c'était bien ça qu'il voulait dire… et bien j'en revenais pas mais ça a marché… C'était peut-être lui le plus étonné. »

4. Conclusion

Par-delà les réflexes comportementaux à acquérir et les valeurs à personnaliser, le talent en management passe par l'apprentissage de la réflexivité. Il s'agit en effet pour les managers de savoir faire évoluer leurs pratiques, et de développer une capacité à transformer leur expérience en savoir-faire (Drucker, 1999). La formation ressort ainsi à double titre comme un puissant levier pour démultiplier l'exercice talentueux du management. Ce dernier est conditionné par l'émergence ou le renforcement d'une représentation positive de soi et de son contexte d'application.

Pour Argyris (1970), si toute organisation a besoin pour fonctionner efficacement de l'énergie psychologique qui s'accroît – ou décroît – suivant que ses membres connaissent – ou non – le succès psychologique, deux conditions organisationnelles sont ainsi nécessaires : que l'organisation fournisse à ses membres des occasions de faire la preuve de leur efficacité dans l'atteinte des objectifs, et que la culture dans laquelle baignent les individus et l'organisation valorise l'estime de soi et la compétence. Un prérequis à l'apprentissage et à la mise en œuvre des talents est ainsi la reconnaissance du droit à l'erreur (Carbonnel et Roux, 2006).

L'accompagnement des managers en ressort également comme fondamental, tout d'abord pour leur proposer des contextes potentiellement révélateurs de leurs talents, mais également parce que le talent a besoin d'être encouragé pour émerger et se confirmer.

Chapitre 25

Le management des talents : un enjeu économique et éthique

Florence NOGUERA
Dominique CRIAUD
Laurent CAPPELLETTI

En France, 90 % des directions de grandes entreprises cotées et près de 40 % des PME estiment aujourd'hui être concernées par «la guerre des talents». Cette bataille, qui se livre au niveau mondial, s'intensifie et toutes les catégories de managers (juniors ou seniors) semblent visées par la compétition à laquelle se livrent les entreprises pour recruter des compétences. Dans le monde des affaires, le talent peut être défini comme un potentiel de compétences (Bournois, Roussillon, 1998) susceptible de créer une valeur ajoutée discriminante. Le talent serait donc un «je ne sais quoi» supplémentaire : ce n'est pas seulement faire bien, c'est faire mieux (Péron-Bois, 2008).

Ce chapitre étudie la problématique suivante : comment manager durablement les talents ? Le capital de talents d'une entreprise n'est pas un stock. Il s'agit d'un phénomène volatil qui doit être construit, développé et maintenu sur le long terme. Le chapitre s'appuiera sur les réflexions et l'expérience en management des talents de Dominique Criaud. Après avoir étudié les dilemmes et les enjeux du management des talents, nous proposons un modèle de management durable des talents fondé sur l'observation de plusieurs dizaines d'entreprises.

1. Les dilemmes et les enjeux du management des talents

Le management des talents est un processus complexe, source de dilemmes et de contradictions. Néanmoins, l'importance des enjeux économiques, humains et éthiques qu'il soulève rend incontournable son appropriation dans les entreprises.

1.1. Le management des talents : un processus complexe

Le management des talents est un processus complexe, car il doit concilier l'efficacité, l'efficience et l'éthique. Il convient d'éviter d'encourager les personnes talentueuses en désespérant les autres, ce qui est le cas si l'on adopte une conception trop élitiste du management des talents. L'objectif serait de manager les talents pour permettre à chacun de réaliser son potentiel au service de la stratégie de l'entreprise. Ainsi, pour le cabinet Talhunt, un manager talentueux est avant tout doté d'une grande humilité. Il doit être capable d'identifier dans son équipe des potentiels pour les faire grandir, même si ces potentiels le dépassent un jour.

De plus, les talents doivent coopérer et travailler en équipe pour constituer un «capital» de talents, mais ce n'est pas si simple. D'une part, une personne peut exercer son talent dans une certaine typologie d'entreprise, possédant une culture conforme à ses valeurs, mais plus difficilement dans une autre. D'autre part, un talent ne doit pas être individualiste, sinon c'est un expert talentueux mais pas un manager talentueux. Or, de «talent» à «diva» il n'y a souvent qu'un pas (Thévenet, 2000)...

Il est délicat en effet de ne pas mettre sur un piédestal un nouveau talent. Par exemple, certaines sociétés ont créé des passeports «high potential» pour les jeunes diplômés de grandes écoles. Mais les résultats sont mitigés. Les jeunes diplômés recrutés peuvent prendre la «grosse tête», fiers d'être considérés comme des hauts potentiels sans même avoir de réalisations concrètes à leur actif. Ils sont également en attente de promotions, même s'ils n'ont pas encore contribué aux performances de l'entreprise. Au final, ces jeunes diplômés sont parfois déçus de leur parcours et quittent l'entreprise dans les trois ans. Le talent devrait donc se détecter sur des réalisations concrètes qui mettent les personnes en situation d'exprimer ou non leur talent.

1.2. Les enjeux du management par les talents

Malgré sa complexité, le management des talents devient incontournable dans les entreprises compte tenu des enjeux économiques, humains et éthiques qu'il soulève. En termes économiques, il s'agit de faire face à la pénurie de talents pour innover, répondre à la demande et développer les activités pour créer de la valeur.

La profession notariale, sous l'égide du Conseil supérieur du notariat, a mis en œuvre depuis 2005 un plan d'actions appelé «Opération Jeunes» pour attirer des talents dans la profession en prévision des départs massifs à la retraite de notaires et de clercs prévus à l'horizon 2010. Il s'agit pour la profession de maintenir ses capacités productives, voire de les développer, pour assumer les demandes des clients en droit de la famille et en immobilier notamment (Cappelletti, Delattre, Noguera, 2007).

Un processus efficace de détection de talents est un facteur de création de valeur source d'innovation et d'augmentation du chiffre d'affaires. Pour cela, il paraît indispensable que la direction s'implique directement dans le recrutement de jeunes cadres pour les détecter, les attirer et les mettre en situation. En revanche, le manque de management des talents est destructeur de valeur. Il peut engendrer des dysfonctionnements tels qu'une rotation excessive du personnel et des pertes de savoir-faire, sources de coûts importants : pertes de temps, pertes d'opportunité et sous-efficacités (Cappelletti, Noguera, 2005).

En termes humains, le management des talents est riche d'enjeux pour la gestion des ressources humaines. L'existence et l'efficacité d'outils de gestion des ressources humaines dédiés à « la guerre des talents » dépendent beaucoup de la culture de l'entreprise.

Le groupe Roullier et sa campagne « Dirigeants 2010 » sont un cas d'école intéressant. Ce groupe familial de taille moyenne cultive depuis plusieurs années un recrutement d'entrepreneurs. Il investit des moyens considérables pour attirer des potentiels dans un secteur a priori moins « sexy » (l'agrofourniture et l'agrochimie) que le private equity par exemple. Le groupe s'est ainsi créé une solide notoriété dans son domaine grâce à une culture interne de gestion des talents programmée dans le temps, un bon processus de recrutement, et une capacité à proposer des postes à responsabilités.

Enfin, il y a une dimension éthique très forte dans le management des talents :

- l'absence de management des talents conduit tout simplement à un gâchis de potentialités humaines. En ce sens, repérer les talents et les développer, c'est remettre l'équité au centre de l'organisation (Peretti, 2006) en ne laissant pas en friche les potentiels humains ;
- il convient également de poser les bases d'une éthique du management des talents pour éviter la mise en œuvre d'une politique trop élitiste de GRH qui figerait les acteurs en deux castes : les talentueux, dont on attendrait beaucoup, et les autres, dont on n'attendrait pas grand-chose.

2. Le management des talents, un nouveau modèle de gestion des ressources humaines ?

Malgré ses enjeux d'importance, le management des talents n'est pas toujours maîtrisé, voire pas mis en œuvre dans les entreprises. Pourquoi ? Et quel modèle de management des talents pourrait être proposé ?

2.1. Les insuffisances des visions classiques portées sur les talents

Le management des talents se heurte souvent à une vision statique, «taylorienne», des talents. Pour certains managers, les talents ne se manageraient pas, car le talent est un état : on a du talent ou on n'en a pas. Cette vision conduit à la mise en place d'une organisation classique où les talents occupent les fonctions prestigieuses de conception, et les «sots» (la sottise est le contraire du talent, selon Voltaire) occupent des fonctions d'exécution. Sur ce point, le cabinet Talhunt a constaté qu'un tel risque existe quand une entreprise décide de l'affectation de personnes au vivier des talents sur la seule base de critères statiques, comme l'école d'origine des candidats. Dans certaines sociétés, la promotion n'est plus possible si la personne n'a pas fait une grande école comme HEC, l'X ou Centrale Paris, comme l'attestent les diplômes de nombreux dirigeants des entreprises du CAC 40.

Dans d'autres cas, les talents font peur et il y a parfois un refus caché, au-delà des discours convenus, de développer les talents. Certains dirigeants s'entourent ainsi de «besogneux», pensent-ils, qui ne leur font pas peur et qui ne chercheront pas, pensent-ils encore, à prendre leur place. Pour réussir à gravir les échelons, il faut parfois savoir masquer son talent ou bien le montrer à bon escient. Le management de son propre talent (quand le montrer ? Quand le cacher ?) serait une compétence politique clé du cadre ambitieux.

La gestion des talents implique une conception selon laquelle l'intérêt collectif l'emporte sur ses propres intérêts. Or, il faut une direction générale mâture pour pouvoir bien l'expliquer. Un manager doit savoir laisser partir de son équipe un cadre à potentiel, et la direction générale doit savoir nommer à des postes clés les personnes les plus capables de réussir, même si cela crée des déceptions et des frustrations. Le management des talents, c'est aussi savoir gérer des susceptibilités.

2.2. Proposition d'un modèle de management durable des talents

Les observations du cabinet, complétées par des observations réalisées lors de recherches interventions centrées sur le développement du potentiel humain (Cappelletti, Noguera, 2005), ont conduit à identifier un modèle de management durable des talents en cinq étapes : l'attraction des talents, le repérage et la mesure des talents, le développement des talents, la fidélisation des talents et l'évaluation puis l'ajustement du management des talents. L'articulation de ces étapes vise à développer à long terme le capital de talents d'une entreprise.

L'attraction des talents

Pour développer les talents et les fidéliser, une entreprise doit d'abord les attirer. L'attraction des talents passe indéniablement par l'image de marque de l'entreprise, la construction d'une notoriété spontanée auprès des talents, et la mise en avant des valeurs qui fondent la culture de l'entreprise. Pour attirer, une entreprise doit donner envie, en vendant son histoire, son projet et les perspectives d'évolution qu'elle propose. Les entreprises championnes dans l'attraction des talents, comme L'Oréal ou Google, sont passées maîtres dans l'art du storystolling (Boje, 2001), c'est-à-dire la mise en scène de leur histoire sous forme d'épopée. C'est pourquoi, les acteurs qui participent au processus de recrutement doivent être de bons narrateurs des « exploits » de l'entreprise. Attirer des talents et les recruter est un véritable acte de vente. Il apparaît également que la force d'attraction d'une entreprise, lorsqu'il s'agit de talents, est stimulée par une position de leader sur un secteur d'activité et d'importants moyens financiers. Ces éléments, dont les talents sont très friands en raison de leur ambition, sont généralement valorisés lors de campagnes de communication institutionnelle. Pour les entreprises qui ne sont pas leaders de leur secteur, et dont les moyens financiers sont limités, un travail de maillage avec les grandes écoles et les universités au travers de partenariats et l'accueil de stagiaires permet de consolider la notoriété.

Le repérage et la mesure des talents

Lorsque l'entreprise a construit une image et une notoriété lui permettant d'attirer sans difficulté les talents, elle doit définir des outils et des méthodes pour valider les talents et mesurer leur potentiel. Le plus souvent, les entreprises co-construisent avec un cabinet un processus de recrutement qui consiste à bien évaluer la personnalité et les traits de caractère du candidat. Il est nécessaire également d'identifier les points forts, le charisme, la dynamique, la curiosité et la motivation du candidat.

Par exemple, l'entreprise Michelin a mis en œuvre un processus tout à fait original pour repérer et mesurer les talents. Le candidat rencontre le responsable des ressources humaines lors d'un entretien, puis passe une journée dans l'entreprise. Dans un premier temps, l'entreprise et son projet lui sont présentés. Dans un deuxième temps, le candidat est reçu en entretien par cinq personnes représentatives des grandes fonctions de l'entreprise : production, marketing, commercial, finance et ressources humaines. En fin de journée, la sélection ou non du candidat est décidée à l'issue d'un débat qui demande obligatoirement le consensus des cinq personnes. Michelin s'appuie donc sur une technique collective, intersubjective et consensuelle pour recruter des talents.

D'autres entreprises privilégient le repérage des talents lors d'un stage de plusieurs mois, durant lequel le stagiaire est confronté à des situations complexes. Pour ces entreprises, le repérage et la mesure des talents demandent leur observation en situation pendant plusieurs mois.

Le développement des talents

Cette étape consiste à livrer régulièrement des challenges aux personnes à potentiel pour leur permettre de se remettre en cause. La gestion des talents oblige donc une DRH et une DG à être elles-mêmes talentueuses, pour trouver des parcours et des opportunités de carrière. En effet, les talents sont exigeants au regard de leur développement personnel et de l'accroissement de leurs compétences. Le développement des talents, au-delà de plans de formation, se fait donc essentiellement par de nouvelles mises en situation au travers des changements de fonctions et de projets. Le développement des talents appelle ainsi une prise de risque des dirigeants qui doivent accepter la mise en œuvre permanente de nouveaux projets pour permettre aux talents d'exercer leurs qualités.

La fidélisation des talents

Une fois attiré, validé et développé, le talent demande à être fidélisé par l'enrichissement permanent de son travail (Savall, 1975). La fidélisation des talents passe alors essentiellement par la reconnaissance et la valorisation de la personne à potentiel. Les outils de GRH mis en œuvre à cette étape sont principalement les entretiens d'évaluation, les plans de formation, les plans de carrière, la rémunération et les avantages qualitatifs (conditions de travail, qualité de vie au travail, intérêt du travail…). Les entretiens d'évaluation permettent notamment d'identifier les futurs successeurs des dirigeants qui seront dans la «liste des futurs numéros 1».

Ce fut par exemple le cas de Carlos Ghosn qui est devenu PDG de Renault après avoir redressé Nissan au Japon, conformément à un plan de carrière négocié à l'avance.

L'accompagnement personnalisé des talents, en particulier lors de la prise en charge de nouvelles fonctions, est également précieux pour fidéliser les talents. Il est vrai qu'en France, la gestion des carrières est encore trop souvent verticale, et qu'il est difficile – même pour une personne talentueuse – de changer de filière car il y a une prise de risque que l'entreprise ne souhaite pas prendre. En revanche, il semble que les modèles d'organisation anglo-saxons proposent davantage d'évolutions transversales à leurs potentiels ce qui maintient leur motivation.

L'évaluation et l'ajustement du management des talents

Enfin, un processus de management des talents demande à être évalué régulièrement pour être ajusté si nécessaire. C'est sans doute cette dernière étape qui reste la moins bien maîtrisée par les entreprises qui sont déjà entrées dans la «guerre des talents». L'évaluation d'un processus de management des talents peut être réalisée tous les ans ou tous les deux ans, au moyen d'indicateurs de mesure du retour sur investissement des recrutements réalisés. Deux types d'indicateurs peuvent aider à apprécier l'investissement consenti : des indicateurs de résultats qui témoignent de la contribution des talents à la création de valeur (création de nouvelles activités, lancement de nouvelles filiales à l'étranger par le cadre talentueux, innovation, diversification…) ; des indicateurs de progrès qui soulignent des améliorations de long terme, gages de résultats futurs (réduction de la rotation du personnel notamment celles des talents, amélioration de la notoriété de l'entreprise, augmentation des candidatures spontanées de talents…).

3. Conclusion

Le modèle proposé ici montre en particulier que le management des talents doit être intégré à la politique de gestion des ressources humaines et à la stratégie de l'entreprise. Il montre également que le management des talents devrait être décentralisé vers tous les managers porteurs du management des talents dans leur équipe, en étant piloté et synchronisé par la DRH et la direction de l'entreprise.

Les outils existent déjà pour réaliser les étapes du management des talents. Reste une question d'organisation et une question de priorités stratégiques, comme souvent en GRH. Ainsi, une enquête du BCG (*Les Échos*, 2008), montre que la gestion des talents n'est encore que la quatrième préoccupation en GRH pour les dirigeants français, alors qu'elle est la première chez les dirigeants des autres pays développés. Nul doute que ces questions se régleront d'autant plus rapidement que le management des talents saura faire la preuve de son efficacité et de son efficience.

Chapitre 26

GPEC et épanouissement des talents

Alain COUGARD
Valérie MALAPRADE

Le talent, dans son acception moderne, peut être à l'œuvre (un savoir-faire démontré) ou potentiel (une disposition personnelle), une capacité reconnue ou une aptitude. Potentiel, le talent est prêt à s'épanouir pour passer d'un présent possible à un futur que chacun pourra constater. Il peut alors se dire en termes de savoir-faire comme de savoir être distinctif, l'ouverture aux autres étant ainsi un talent (une prédisposition) à cultiver pour qui souhaite embrasser une carrière commerciale. La maîtrise d'un art ou d'une discipline, la construction de nouvelles compétences, sont des expressions de l'épanouissement d'un talent. Développer les talents peut se faire de manière contingente, sans plan ni intention avérée et souvent inconsciente.

Le développement ou la construction de nouvelles compétences (que favorise un adossement sur les talents individuels) peut aussi répondre à un dessein particulier, une intention et une démarche organisée. C'est l'objet de la gestion prévisionnelle des emplois et des compétences (GPEC), qui vise à favoriser le développement professionnel des collaborateurs de l'entreprise en fonction – et dans le sens – des perspectives d'évolution des métiers, des organisations, des exigences en matière de compétences et de leurs talents propres. L'anticipation de l'avenir est une condition essentielle : on ne se prépare bien qu'à ce que l'on prévoit. Selon les secteurs d'activité, l'horizon de l'anticipation est variable. Il est fréquemment très court. Aussi, pour l'entreprise comme pour le salarié, l'enjeu de la GPEC n'est-il plus de se projeter dans un futur à peu près clair mais de développer la confiance individuelle nécessaire pour bien aborder et conduire les évolutions ou les ruptures.

1. Une production consciente

Quel avantage la GPEC peut-elle apporter à l'épanouissement des talents ? Un examen des caractéristiques essentielles d'une démarche de GPEC l'illustre :

▶ la GPEC est notamment le lieu de l'alignement de la gestion des ressources humaines sur la stratégie de l'entreprise. Elle postule que l'entreprise mise sur les talents de ses collaborateurs pour sa propre réussite et leur fait part, via les représentants du personnel et l'encadrement, de ses options stratégiques à court et moyen terme et des conséquences de ces choix sur l'évolution des métiers, des compétences exigées, des organisations et des effectifs. Ce faisant, la GPEC permet aux collaborateurs de l'entreprise de comprendre où cette dernière veut aller et, au moins dans les cas favorables, comment s'y préparer ou s'y adapter ;

▶ dans ce «champ orienté» de la stratégie, chacun est ainsi invité à imaginer son propre avenir dans l'entreprise ;

▶ l'exposé de la stratégie de l'entreprise est aussi le moment d'une présentation de l'état et de la dynamique du marché, du jeu des acteurs sur ce marché, des évolutions qui se font jour, qu'elles soient technologiques, législatives ou autres. Ainsi, à travers cette pédagogie du développement de l'entreprise est suggérée la possibilité – et l'intérêt – pour chaque collaborateur de réfléchir à son propre devenir.

Chez JBL, petite entreprise alsacienne de chimie qui fait de la GPEC avant la lettre, même les opérateurs sont informés des difficultés du marché, de l'état et des paramètres de la concurrence : ils ont compris que l'intérêt de leur entreprise, et aussi le leur, est de contribuer à l'excellence industrielle du site, qui est le vrai passeport susceptible de leur assurer la pérennité et le développement qu'ils souhaitent (cf. infra les étapes de notre intervention dans cette entreprise).

On voit ainsi que la GPEC est pour les entreprises un moyen d'inciter leurs collaborateurs à construire pour eux-mêmes des projets de développement professionnel qui répondent à la fois aux sollicitations de l'avenir comme à leur intérêt bien compris, à moyen ou long termes. Cette «conscientisation» de leur propre développement (en ligne avec leurs talents propres) vaut assurément mieux qu'une évolution qui ne soit ni anticipée ni choisie.

Pour que cette prise de conscience soit optimale, l'entreprise et son management ont un autre rôle à jouer, celui de l'accompagnement et de l'encouragement, le manager ayant vocation à guider la réflexion et l'évolution du collaborateur en lui assurant un retour d'image et des avis propres à favoriser les bons aiguillages. Et c'est avant tout son rôle de lui consentir un espace d'autonomie qui soit un lieu pour des initiatives qui vont féconder la compétence (Zarifian, 2001).

2. Une production qui fait sens

Inscrire la réflexion de chacun dans le sens de l'avenir, c'est lui permettre de se saisir de cet avenir et de le faire dans les meilleures conditions possibles. L'expérience montre la grande capacité des collaborateurs, ou de la plupart d'entre eux au sein des entreprises, à se saisir d'une perspective à quelques années pour en tirer des conclusions pour eux-mêmes.

> Invités dans les années 1990 à prendre part à une réflexion collective sur l'évolution de leur métier, les « lignards » de France Télécom envisagent sans crainte ni déplaisir de devoir évoluer à l'avenir dans un contexte très différent, celui d'un hypothétique « France Tuyaux », mais interpellent en même temps leur DRH pour lui demander une aide concrète afin de s'y préparer.

Même si cette capacité peut se traduire par des exigences ou des attentes nouvelles vis-à-vis de l'entreprise, elle justifie l'intérêt, pour elle-même comme pour ses salariés, d'évoquer un avenir qui ne soit pas seulement immédiat et donne le temps à chacun de «prendre ses dispositions».

Si la GPEC permet notamment d'ouvrir des perspectives, c'est au collaborateur, avec l'aide de son entreprise et de son manager, de préciser son projet, en fonction des possibles, dans l'entreprise ou à l'extérieur, et de sa personnalité comme de ses aspirations.

Si la GPEC invite à définir les axes adéquats pour développer des compétences ou en acquérir de nouvelles, chacun doit veiller à s'y inscrire en tenant compte autant que possible de ses propres talents (ou prédispositions, ou inclinations). Tant il est assuré que les compétences ne prospèrent que lorsqu'elles rencontrent la motivation et le tempérament profonds des individus.

C'est la fonction de l'entretien professionnel, ou du bilan de compétences, que de permettre au collaborateur de faire un point sur ses aptitudes comme sur ses acquis – ses talents en somme, actuels ou potentiels – pour en déduire un plan d'évolution et de développement.

3. La fabrique des talents : une coresponsabilité

Avec la GPEC, l'entreprise a ainsi la possibilité d'organiser la fabrique des talents, à son profit comme à celui de ses collaborateurs. C'est dire combien le rôle des dirigeants, en charge de la stratégie et de la pédagogie qui l'accompagne, celui des managers, en charge du coaching quotidien et de la mobilisation de leurs collaborateurs, sont essentiels au succès collectif. Le levier RH est pour l'essentiel inscrit dans cette responsabilité des dirigeants et des managers, mais il n'exclut évidemment pas le rôle essentiel qui est celui de chaque salarié, invité à se saisir de son devenir.

Quant à la DRH, qui est le maître d'œuvre de la GPEC, sa fonction est triple :

▷ assurer le dialogue social et négocier les modalités d'une démarche de GPEC propre à l'entreprise. À ce titre, il lui revient de proposer une approche et des outils et d'exprimer sa vision d'une montée en charge progressive des pratiques de la GPEC. Son rôle est de veiller au caractère opérationnel des solutions qu'elle propose (ce sont les managers qui auront à les mettre en œuvre), à la progressivité de ces solutions (chaque entreprise aura avantage à inscrire les développements de la GPEC dans la continuité de ses pratiques actuelles) ;

▷ former les managers aux outils à mettre en œuvre pour permettre à chaque collaborateur de se repérer, puis de construire son propre développement. Cette formation vise sans doute à mettre entre les mains des managers les outils de la GPEC, mais encore et surtout à faire prendre conscience du rôle qui leur revient en propre d'être des acteurs engagés du développement de leurs collaborateurs. Cette formation doit permettre aux managers de se sentir plus à l'aise dans leur rôle de « développeur de talents » ;

▷ si elle est ainsi le grand ordonnateur de la GPEC, la DRH doit faire en sorte d'inviter dirigeants, managers et collaborateurs à jouer chacun sa propre partition, également importante pour le succès de la démarche. L'enjeu est la confiance des collaborateurs en eux-mêmes, un réel appétit de développement personnel et professionnel, une mobilisation de tous et chacun dans le sens de l'entreprise, le succès économique de cette dernière et l'épanouissement des talents des collaborateurs.

4. Le cadre de la GPEC

L'ambition de la GPEC des années 1970 était de résorber tout écart, quantitatif et qualitatif, entre les besoins et les ressources de l'entreprise. Elle était conçue dans un environnement économique où la prévision à cinq ans était considérée comme fiable. Jugée aujourd'hui irrecevable, elle a fait place à une approche plus modeste et réaliste. Il s'agit désormais de mettre en cohérence et de rendre lisibles les processus et outils de développement des talents dans le cadre de l'évolution de l'entreprise.

Encore souvent connotée comme « antichambre d'un plan de sauvegarde de l'emploi » (Rouilleault, 2007), la GPEC concerne pourtant toutes les entreprises. Plusieurs groupes connus pour leur dynamisme ont ainsi signé récemment un accord GPEC (entre autres : Carrefour, Veolia, AREVA).

Les accords GPEC mettent en évidence plusieurs catégories d'outils et processus pour développer les compétences et valoriser les talents. Si la panoplie des outils RH paraît la plus évidente, elle n'est pas la seule. Il faut aussi souligner l'intérêt des possibilités offertes par les choix organisationnels pour développer les talents de chacun. Au-delà de l'objectif de développement des compétences et de valorisation des talents des collaborateurs en place, la GPEC peut également avoir pour ambition la création de compétences indisponibles sur le marché interne ou externe. Il s'agit là de structurer des parcours qualifiants au sein de l'entreprise ; nous sommes dans un schéma de tension où il est nécessaire pour l'entreprise de former elle-même des ressources, en prenant appui sur les envies et talents disponibles. Dans ce cas, la GPEC prend tout son sens à l'échelle d'une branche qui peut structurer une politique de moyen terme en lien avec le monde de l'éducation et de la formation professionnelle. On peut ainsi citer le cas de branches amenées à communiquer sur ses métiers en déficit d'attractivité (la chimie, le BTP).

Trois contextes spécifiques imposent d'organiser le développement des compétences au travers d'une démarche GPEC :

– des métiers en tension, un risque de pénurie de compétences ;
– de forts enjeux de transformation/évolution des métiers ;
– une problématique de gestion de la pyramide des âges (impact élevé des départs des « papy boomers »).

Dans ces contextes, recruter, redéployer ou former les collaborateurs devient une priorité d'entreprise. La GPEC est la réponse.

Tableau 26.1 – Quels outils au service des talents ?

Finalités	Principaux outils	Quels effets sur les talents ?
Mettre en avant des perspectives	– Observatoires métiers – Référentiel des compétences – Bilan de compétences – Prospective métiers	Nommer les compétences et leurs composantes permet d'en parler et d'y travailler. Permettre aux collaborateurs de découvrir le champ des possibles pour exercer ses talents. Identifier les talents attendus par métier pour fixer des axes de progrès.
Développer les compétences	– Intégration – Plan de formation – DIF – VAE – Tutorat – Périodes de professionnalisation	Permettre aux talents repérés lors du recrutement de s'épanouir sur le terrain. Valoriser les talents : – fonction de l'évolution du métier, – à l'occasion d'une mobilité ; Démultiplier les compétences critiques pour l'entreprise. Permettre à un collaborateur de mesurer son « capital talents ».

.../...

.../...

Finalités	Principaux outils	Quels effets sur les talents ?
Gérer la mobilité	– Mobilité interne : Bourse de l'Emploi, procédures de recrutement interne et de transferts – Revue de carrières – Mobilité externe : bilan de compétences, Bourse de l'emploi pilotée par une branche ou un bassin d'emploi	Favoriser la meilleure adéquation entre les aspirations et talents individuels et le poste occupé par chacun. Permettre à un collaborateur d'identifier son « capital talents ». Prendre la mesure des compétences disponibles dans l'entreprise et de la valeur relative de ce capital compétences.
Faire de l'organisation un levier de développement individuel	– Gestion de projet, attribution de responsabilités transversales – Polyvalence – Plan de délégation – Unités autonomes – Groupes d'échanges – Boîtes à idées	En favorisant l'autonomie, permettre aux collaborateurs d'explorer de nouveaux champs et de développer leurs talents.

5. Un cas pratique

5.1. Contexte

Un site industriel alsacien d'une cinquantaine de salariés, dont le dirigeant souhaite construire une « feuille de route GPEC ». Cet établissement appartient à un groupe européen dynamique dans un secteur d'activité très concurrentiel. Il sort de sa « période pionnière » et est aujourd'hui reconnu pour son efficience industrielle et sa compétitivité interne (face aux autres sites du groupe).

Il est privé de visibilité sur les stratégies du groupe (sur le plan Recherche & Développement et marketing) comme sur le marché final de ses productions (il livre à des intermédiaires).

5.2. Méthodologie : des interviews à tous les niveaux hiérarchiques

– DG et DRH ;
– managers ;
– agents de maîtrise ;
– opérateurs de production et de laboratoire + collaborateurs administratifs.

5.3. Diagnostic sur la GPEC actuelle

Le diagnostic fait est celui d'un pari (implicite mais remarquable !) sur le capital humain.

- La gestion des ressources humaines est pilotée comme un investissement avec une implication forte du management :
  - des recrutements de grande qualité dans un marché en tension,
  - un investissement en formation réfléchi, ciblé et cohérent,
  - des entretiens d'évaluation systématiques, bien perçus et professionnels.
- L'autonomie et la responsabilisation sont des préoccupations fortes et constantes :
  - « intérêt du métier ».
- Le sens de l'action collective est régulièrement partagé :
  - « journal de bord » mensuel avec réunions d'échanges interhiérarchiques,
  - partage des enjeux techniques et économiques.
- L'outil industriel est au meilleur niveau.
- Les équipes sont qualifiées et investies.
- Quelques difficultés :
  - la taille du site offre peu de perspectives de carrière,
  - reconnaissance perçue comme insuffisante.

5.4. Recommandations

La feuille de route GPEC s'inscrit dans la continuité des solutions existantes. En s'appuyant sur la tradition de « performance sociale » du site, il s'agit à présent de valoriser l'existant pour souligner la valeur de la marque employeur en interne et auprès de l'environnement proche pour améliorer l'attractivité de l'entreprise.

Déclinaison opérationnelle :
- développer les talents et le faire savoir, tant en interne que dans le bassin d'emploi ;
- professionnaliser le management relais de l'information ;
- donner des perspectives de carrières ;
- développer la reconnaissance par la rémunération, mais aussi au quotidien (« remarquer les trains qui arrivent à l'heure ») ;
- valoriser le rôle du manager :
  - image trop associée au reporting,
  - dépasser une conception « administrative » du management,
  - le manager s'engage en tant que personne.

6. Conclusion : réussir à faire grandir les talents autour du projet d'entreprise

La GPEC permet de susciter et d'encadrer une somme de démarches individuelles. Car c'est bien à l'échelle de l'individu que la valorisation des talents fait sens. Pour autant, le projet d'entreprise constitue un levier incontournable de la motivation et de l'engagement au travail et, de fait, de la performance économique.

Une politique GPEC, le cas échéant matérialisée par un accord, est l'opportunité de travailler, formaliser et communiquer ce projet d'entreprise. Le suivi paritaire des actions mises en œuvre est fondamental car, par essence, une GPEC est une démarche au long cours, itérative.

C'est un défi commun, pour les directions et les représentants des salariés d'orchestrer harmonieusement un ensemble de démarches individuelles dans le sens d'une progression des compétences qui prend appui sur les talents disponibles et leur valorisation.

Chapitre 27

Reconstruire les compétences dans le cadre d'un groupement d'employeurs pour l'insertion et la qualification

Olivier BACHELARD
Stéphanie PIVETTI

Nous avons montré (Bachelard, 2007) que les dirigeants de PME perçoivent la nécessité de développer une GRH innovante, mais doivent pour cela surmonter trois types de problème : le manque de temps (la GRH est réalisée par le dirigeant, en plus de ses autres tâches) ; le manque d'expertise en GRH (dans ses dimensions stratégiques et opérationnelles) ; le périmètre de l'entreprise n'est pas forcément le bon (la PME nécessite de nombreuses expertises, mais pas forcément à temps plein).

Le groupement d'employeurs est une formule qui peut répondre à une partie de ces besoins. Sérieyx (2004) confirme « la capacité des groupements d'employeurs à conjuguer flexibilité de l'entreprise et sécurité du salarié, à permettre l'accès des PME-PMI aux meilleures expertises par des coûts modiques et à développer des emplois durables dans nos territoires ».

C'est à ce dispositif, qui est selon Sérieyx « l'une des innovations sociétales les plus fécondes dans le champ du travail à l'orée de ce siècle » que sera consacré ce chapitre, dans un premier temps sur un plan théorique, puis à travers l'étude d'un cas pratique.

1. Le groupement d'employeurs

1.1. Définition

Défini par la loi du 25 juillet 1985, le groupement d'employeurs (GE) est une organisation atypique ayant pour finalité de permettre à des personnes physiques ou morales de se regrouper dans une association pour employer en commun un (ou plusieurs) salarié(s). Les salariés sont mis à disposition des entreprises adhérentes en fonction des besoins exprimés. L'entreprise établit une convention de mise à disposition avec le GE qui est l'employeur, puis elle acquitte une facture représentant la contrepartie des heures effectuées. Toute la GRH est assurée par le GE : contrats de travail, feuilles de salaire, déclarations aux organismes sociaux…

Dalichoux & Fadeuilhe (2005) expliquent qu'il se caractérise par un mode de conception du travail radicalement différent, car le salarié du groupement d'employeurs est mis à disposition d'une ou plusieurs entreprises adhérentes, en fonction des besoins de ces dernières. Le salarié est rémunéré par le GE et peut être soumis à une convention collective différente de celle appliquée au sein de l'entreprise d'accueil.

1.2. Caractéristiques

Ce dispositif permet d'allier la flexibilité nécessaire au fonctionnement de l'entreprise, la réversibilité chère au dirigeant et la sécurité d'un CDI, chez un employeur unique pour le salarié. Avec ce dispositif, le dirigeant de PME qui hésite à se lancer pour créer un emploi, soit parce que l'activité est saisonnière, soit parce que le travail proposé est ponctuel, soit parce que c'est un temps partiel, peut trouver une réponse appropriée. De même, le salarié qui souhaite changer d'employeur ou de poste, voire acquérir une compétence adaptée aux entreprises implantées sur le bassin d'emploi dans lequel il vit, trouve une solution lui permettant d'avoir cette mobilité, sans prendre le risque de changer d'employeur.

Les cinq principales caractéristiques des groupements d'employeurs (GE) sont les suivantes.

- L'objet consiste à mettre à disposition des entreprises adhérentes des salariés. L'agglomération des temps partiels saisonniers permet de créer des temps pleins. Le besoin est récurrent et sa définition obéit à une logique de mutualisation durable des emplois.

- Le but du GE est non lucratif. La somme versée par l'entreprise utilisatrice correspond aux salaires versés, aux cotisations sociales et à une participation aux coûts de gestion du GE.

- La responsabilité solidaire est à la base du dispositif. Les employeurs sont responsables solidairement des dettes salariales du GE.

- Les règles de fonctionnement, y compris le coût de mise à disposition des salariés, sont fixées par les entreprises adhérentes au GE, de même que les conditions d'entrée d'une nouvelle entreprise.

▶ Le salarié connaît le montant de sa rémunération, qu'il soit mis à disposition d'une entreprise ou non.

1.3. Spécificité

La spécificité des GEIQ (Groupement d'employeurs pour l'insertion et la qualification) tient à la nature même de leurs activités. La vocation d'un GEIQ est de former et de qualifier des demandeurs d'emploi (jeunes sans qualification, bénéficiaires des minima sociaux, chômeurs de longue durée), de les salarier pour les mettre à disposition des entreprises adhérentes en fonction des besoins de ces dernières, ceci dans l'optique de favoriser l'insertion par le développement de compétences recherchées par les entreprises membres du GEIQ. Les GEIQ ont donc souvent recours au contrat de professionnalisation.

2. Le GEIQ Agrologis

2.1. Création du GE

Le GEIQ Agrologis est né en 2002 après deux tentatives infructueuses. En 1994, un groupement d'employeurs spécialisé dans les métiers de l'agroalimentaire était créé sur le bassin lyonnais. Des entreprises stéphanoises, s'inspirant de ce modèle, avaient tenté de construire un groupement. Il s'agissait d'une chocolaterie de 45 salariés, (l'entreprise Aiguebelle Cémoi) et de la patinoire de Saint-Étienne qui souhaitaient partager des salariés sur les postes d'agents de conditionnement et de caissières. Parallèlement, l'entreprise France Crème (32 salariés) avait tenté de mettre en place une mutualisation de personnel avec Eurexia (découpe de viande, 45 salariés). Ces deux tentatives avaient malheureusement échoué, faute de moyen et de structure pour organiser le groupement.

Le GEIQ Agrologis Saint-Étienne naît donc en 2002 à l'initiative de ces trois entreprises, auxquelles sont venus s'ajouter Hafner (biscuiterie, 45 salariés) et Jean Caby (fabrication et conditionnement de jambons cuits, 430 salariés). Ces cinq entreprises ont fondé le GEIQ Agrologis, structure associative à but non lucratif, dont l'objet unique est la mise à disposition de personnel professionnel et qualifié auprès de ses seules adhérentes.

2.2. Objectifs

Les quatre principaux objectifs d'Agrologis sont :
- favoriser la productivité grâce à un personnel fidélisé et opérationnel ;
- maîtriser les coûts de main-d'œuvre non permanente ;
- développer la formation des salariés ;
- améliorer la qualité et la productivité.

Les cinq principaux métiers proposés sont les suivants :
- agent logistique ;
- agent de fabrication de produits alimentaires ;
- conducteur de machine automatique de conditionnement ;
- désosseur pareur découpe de viandes ;
- hygiéniste.

2.3. Fonctionnement

Un prestataire externe, Corallis, spécialisé en matière d'études de faisabilité et de mises en place, d'animation et de gestion de groupements d'employeurs a été retenu pour assurer le fonctionnement du GEIQ.

Un organisme de formation professionnelle (Médialis) assure l'accompagnement du développement des entreprises et des compétences des salariés.

Cet accompagnement repose principalement sur trois aspects :

◗ la formation des salariés des groupements d'employeurs avec un parcours adapté au salarié à partir de son positionnement, une formation individualisée composée de modules liés aux métiers des entreprises, (basée à la fois sur des processus d'apprentissage et des contenus de connaissance), un suivi permanent des salariés en formation et sur poste de travail et une flexibilité importante avec un délai de prévenance 24 heures ;

◗ la formation de tuteurs ;

◗ l'accompagnement de formateurs internes.

En 2008, le GEIQ Agrologis de Saint-Étienne regroupe 23 entreprises adhérentes, comprend 50 salariés, dont 16 CDI. La durée moyenne des contrats de professionnalisation est de 19 mois. À l'issue des contrats de professionnalisation, 80 % des salariés sont recrutés en CDI dans les entreprises du groupement, et la plupart des 20 % restants sont des salariés qui préfèrent changer d'activité. Environ 30 % du temps contractuel est consacré à la formation des salariés du GEIQ. L'accompagnement socioprofessionnel est réalisé par les différents partenaires du GEIQ en fonction de leurs compétences respectives : la mission locale, le PLIE (Plan local pour l'insertion et l'emploi)…

Le GEIQ Agrologis met les salariés à disposition dans les entreprises adhérentes. Il s'agit donc bien d'un dispositif de mutualisation des ressources humaines qui permet de concilier flexibilité pour les entreprises, baisse de la précarité et développement des compétences pour les salariés.

3. Témoignages de dirigeants et de salariés du GEIQ

Quatre témoignages, deux d'entreprises et deux de salariés du GEIQ, illustrent cet exemple.

3.1. André Duvernoir, DG de la chocolaterie Cémoi [1] et président du GEIQ Agrologis

«Notre entreprise fabrique et commercialise des bonbons de chocolat vendus de manière saisonnière, à Noël et à Pâques. À ce titre, nous employons de manière saisonnière une nombreuse main-d'œuvre, en contrat à durée déterminée. Notre problème se situe au niveau de la formation de cette main-d'œuvre sans cesse renouvelée. Être membres fondateurs du GEIQ agro-alimentaire stéphanois nous permet d'employer toute l'année du personnel à temps partagé avec d'autres membres du groupement et de retrouver ce même personnel formé d'une année sur l'autre. Cela nous est très précieux et nous fait gagner du temps. Ce personnel est en partie renouvelé, et le groupement participe à la formation des nouveaux venus. De plus, les adhérents du groupement se réunissent régulièrement, ce qui permet un échange fructueux.»

3.2. Elisabeth Vindry, DRH de la biscuiterie Hafner [2]

«Notre entreprise, spécialisée dans le prêt-à-garnir, couvre l'ensemble des besoins en produits vides cuits, à destination des utilisateurs de bases de pâtisserie: fonds de tarte, tartelettes, génoises, kits de base entremets, etc. Depuis quelques années déjà, notre partenariat avec le GEIQ Agrologis permet un partage de main-d'œuvre dans les moments de plus forte activité. D'une part, il favorise l'insertion de personnes dans le monde du travail avec un accompagnement sérieux et efficace assuré par Corallis. D'autre part, les phases de formation suivies tout au long des contrats permettent à ces personnes d'accéder à une qualification. De ce fait, nous ciblons plus particulièrement nos embauches en CDI sur ce public-là. Enfin, ce partenariat est enrichissant puisque nous nous réunissons régulièrement entre membres du groupement pour des échanges et un partage d'expériences.»

3.3. Michèle, salariée du GE

«En 1985, je suis rentrée à la chocolaterie Cémoi, comme saisonnière. Après les saisons, qui se terminent aux alentours de fin novembre, il était de plus en plus compliqué de retrouver un emploi en continuité. En 2002, la chocolaterie devient

---

1. 280 salariés, 41 millions d'euros de chiffre d'affaires en 2007.
2. 79 salariés, 14 millions d'euros de chiffre d'affaires en 2007.

membre d'Agrologis, ce qui lui permet de répondre à son problème de saisonna-lité, d'assurer la formation et la qualification de son personnel. En août 2002, j'ai donc signé un contrat de qualification avec Agrologis (qui a été remplacé depuis par le contrat de professionnalisation), ce qui m'a permis d'obtenir une certification CQP (Certification de qualification professionnelle) en tant que conductrice de machine, suivie d'une embauche en CDI en mars 2004. Cela m'a permis d'avoir une continuité d'activité professionnelle tout au long de l'année, de développer mes aptitudes dans les différents postes occupés. J'ai aussi pu valoriser en conti-nuité mes acquis, et obtenir les certifications de ceux-ci, de façon théorique et pra-tique, tout au long de mon parcours au sein de différentes entreprises adhérentes. Depuis maintenant trois ans, à la fin de la saison automne/hiver chez Cémoi, je continue dans l'entreprise France Crème. Ayant acquis leur confiance, je suis employée sur un poste correspondant à ma qualification, répondant ainsi à leur besoin saisonnier.

Je continue à me former dans le cadre d'une période de professionnalisation concernant la conduite de ligne, assurant la gestion technique du process et le management des conducteurs et opérateurs de la ligne. Je vais passer mon CQP «conductrice de ligne» durant l'année 2008. Cela demande un investissement personnel, mais étant donné que je travaille en poste, j'ai la possibilité de réaliser une partie de ce travail à mon domicile. Je me suis aussi investie dans la structure Agrologis, en tant que déléguée du personnel et membre du CE. J'ai 54 ans et je continue à préparer une suite à ma dernière qualification de conductrice de ligne. J'espère aussi transmettre mon expérience, outre le savoir-faire, l'envie d'être actrice de son cheminement professionnel. J'ai bien sûr été aidée et accompagnée de façon plus ou moins longue par la structure d'un groupement d'employeur. De ce fait, la possibilité d'évoluer professionnellement après 50 ans, de me qualifier et d'obtenir un CQP a renforcé la confiance que j'avais en moi.»

3.4. Colette, salariée

«De 1981 à 2002, j'étais agricultrice et j'aidais mon mari dans son exploitation familiale. Ce métier étant très astreignant et non rémunéré, j'ai souhaité rechercher un emploi. J'ai répondu à une annonce du GEIQ, mais j'étais loin de penser que ma candidature aurait intéressé une entreprise, d'autant que j'avais à ce moment-là 48 ans. Suite à un entretien et à des tests concluants, le GEIQ m'a proposé un contrat de qualification de 19 mois, en alternance avec une formation théorique en salle et une formation en entreprise. Pendant ce contrat, j'ai acquis une expé-rience en usine agro-alimentaire, secteur que je ne connaissais pas. J'ai occupé des postes de conditionnement dans les entreprises Hafner, Eurexia, Aiguebelle, Cémoi, Gourmet Forezien. J'alternais des périodes de formation en entreprise et des périodes de formation en salle. J'ai dû réapprendre à me concentrer et à déve-lopper ma logique sur des modules agro-alimentaires. En mars 2004, le GEIQ Agrologis m'a proposé un CDI, et en 2006, j'ai obtenu la validation de mes acquis par le passage d'un CQP conductrice de machines. La responsable du GEIQ a cru en moi et m'a fait confiance. Cela a été très dur car le changement était total, mais j'en suis entièrement satisfaite.»

4. Conclusion

Les groupements d'employeurs présentent cinq avantages principaux en matière de GRH pour les dirigeants de PME.

▷ Favoriser le développement des talents : le groupement d'employeurs est un outil pertinent pour conduire des opérations de qualification adaptées aux évolutions de ses métiers et de ses marchés. L'entreprise adhérente dispose d'une part d'une expertise en gestion des ressources humaines (du gestionnaire du groupement) qu'elle possède rarement si c'est une PME, et d'autre part, elle trouve dans le groupement une source de personnel déjà évaluée qu'elle peut intégrer à terme au sein de son effectif permanent. De plus, le groupement d'employeurs optimise la gestion des fonds formation et développe la formation continue de ses salariés en coordination avec les entreprises adhérentes.

▷ Optimiser la productivité grâce à un personnel fidélisé et opérationnel : face à leurs variations de plan de charge, les entreprises recourent de plus en plus aux différentes formes d'emploi précaire. Malgré ses avantages pour l'employeur, le travail précaire présente des inconvénients : coût, volatilité, difficulté de le former, de l'impliquer. Le fait de ne pas trouver chaque année, aux mêmes périodes, un personnel formé, adapté et connaissant l'entreprise, entraîne une baisse de productivité (mobilisation de l'encadrement intermédiaire, formation aux postes, à la sécurité…).

▷ Maîtriser la flexibilité par le recours à une main-d'œuvre non permanente : en organisant le partage du temps de travail entre les différentes entreprises, le groupement permet de résoudre l'équation entre flexibilité et opérationnalité de la main-d'œuvre. Le groupement n'ayant pas vocation à faire de bénéfices, les coûts de mise à disposition de la main-d'œuvre sont inférieurs à ceux de l'intérim.

▷ Améliorer la qualité : les personnels fidélisés reviennent chaque année dans la même entreprise, en connaissant la culture et les procédures. L'entreprise adhérente peut ainsi plus facilement réduire ses coûts de non-qualité et éviter les non-conformités. Le risque d'inadéquation homme/poste est ainsi plus réduit qu'en cas de recours à l'intérim ou d'un recrutement externe.

▷ Développer la santé et la sécurité des salariés : en offrant aux salariés du groupement des contrats de travail stables, ces derniers bénéficient des mêmes conditions d'emploi que dans les entreprises où ils travaillent. Mais ils bénéficient en plus d'un accompagnement psychosocial s'ils rencontrent des difficultés.

Comme en matière de qualité, la connaissance des procédures des entreprises utilisatrices et la possibilité de suivre des formations sécurité sont un plus par rapport aux travailleurs précaires.

Enfin, le travail à temps partagé, par l'enrichissement des expériences et des tâches qu'il engendre, est une source d'épanouissement personnel, de bien-être au travail.

Chapitre 28

La gestion des talents à l'échelon territorial : un cas en Midi-Pyrénées

Corinne CABANES
Alain KLARSFELD
Valérie SCHNEIDER

La gestion des talents n'est plus l'affaire de l'entreprise, c'est l'affaire de toutes les entreprises s'inscrivant dans un même territoire. La création des pôles de compétitivité, la recherche de formes d'emploi socialement responsables et la relance de la gestion prévisionnelle des emplois et des compétences comme modalité permettant d'éviter le traitement à chaud des questions de mobilité illustrent bien le passage d'une gestion des ressources humaines entreprise par entreprise, à court terme, à une forme de gestion des talents plus collective, plus territorialisée, et à plus long terme.

Ces approches collectives peuvent concerner tant les grandes que les petites entreprises, à tous les niveaux de qualification. Elles participent de la recherche d'une « flexicurité à la française », réconciliant besoins changeants des entreprises et besoin de sécurité des individus.

Dans un premier temps, nous présenterons ces dispositifs et leurs avantages pour les entreprises et les salariés. Nous soulignerons les limites à leur développement, et suggérerons des pistes d'action ou des arguments susceptibles de les lever. Enfin, des exemples concrets seront donnés pour chacun des deux dispositifs décrits.

1. Les groupements d'employeurs

1.1. Le cadre

Le groupement d'employeurs (GE) est un dispositif de prêt de main-d'œuvre instauré par la loi n° 85-772 du 25 juillet 1985. Son objet de mise à disposition de personnel auprès de ses membres a été exclusif jusqu'à la loi n° 2005-882 du 2 août 2005. À partir de cette date, les GE sont autorisés par le législateur à mettre à disposition de leurs membres non seulement des salariés liés à ces GE par un contrat de travail – objet principal –, mais également de l'aide ou du conseil en matière d'emploi ou de gestion des ressources humaines – objet complémentaire. Depuis la loi n° 2005-157 du 23 février 2005, les collectivités territoriales peuvent également adhérer à un GE composé de personnes physiques ou morales de droit privé.

En Midi-Pyrénées, les groupements d'employeurs regroupent 1 880 employeurs et 1 800 salariés qui effectuent chacun en moyenne 1 100 heures de travail par an.

1.2. Les avantages pour les entreprises et les salariés

Les six avantages d'un GE pour les entreprises sont :

》 qualité de l'emploi : les personnes sont fidélisées et connaissent la culture et les procédures propres à chaque entreprise ;

》 motivation et implication : en étant intégrés dans une structure à durée indéterminée, les salariés voient leurs besoins en sécurité et d'appartenance satisfaits et peuvent développer des besoins de niveau supérieur d'estime et de développement. Les conditions sont également réunies pour qu'ils développent leur niveau d'implication organisationnelle et leur engagement au travail, du fait de la récurrence de leur présence dans les entreprises adhérentes au groupement ;

》 maîtrise du coût : le GE étant une structure associative, le coût de la main-d'œuvre est basé sur un rapport qualité/prix performant socialement, le coût facturé à l'entreprise pour le fonctionnement du groupement représentant 7 % de la masse salariale des salariés mis à disposition en moyenne ;

》 gestion des compétences et des carrières : dans la mesure où il définit un plan de formation pour l'ensemble de ses salariés, le GE assure leur adaptation permanente aux évolutions des métiers. Le GE élabore des programmes d'évolution des salariés à l'entrée du salarié dans le groupement, puis au fur et à mesure de l'anticipation de besoins nouveaux ;

》 facilitation administrative et conseil en ressources humaines : les démarches administratives et de ressources humaines sont gérées par le GE, qui peut également proposer des conseils en ressources humaines auprès des adhérents ;

》 responsabilité sociale des entreprises : le GE a un ancrage territorial fort, avec de multiples parties prenantes (entreprises adhérentes mais également collectivités territoriales et partenaires sociaux). Ceci est favorable au climat social en interne, ainsi qu'à l'image et à la légitimité du groupement dans son environnement proche.

Les trois avantages d'un GE pour les salariés sont :

◗ diversité d'activités et d'employeurs (taille, type, secteur, etc.) : un salarié réalise plusieurs activités, ce qui évite la routine professionnelle et développe les compétences, les capacités d'adaptation et les possibilités de formation ;

◗ sécurité et stabilité d'emploi : en entrant dans un groupement d'employeur, un salarié passe la plupart du temps d'un emploi précaire à un emploi permanent et à temps plein ou à temps partiel choisi ;

◗ garantie d'un salaire satisfaisant : les différentes conventions collectives applicables et l'équité avec les salariés des différentes entreprises sont respectées.

1.3. Les limites

Les deux limites au développement des groupements d'employeurs sont :

◗ la force du groupement d'employeurs est aussi un frein à son développement : il est une structure associative et solidaire, nécessitant du temps et de l'implication de la part des dirigeants des entreprises adhérentes, notamment au moment de la création du groupement ;

◗ le dispositif requiert en outre que soit instaurée une très grande confiance entre les adhérents, d'une part parce qu'ils sont co-responsables du paiement des salaires ; et d'autre part, en apparence parce que la mobilité des salariés d'une entreprise à l'autre peut dans certains contextes – essentiellement dans le cas de structures mono-sectorielles – poser des problèmes de confidentialité. Ces derniers ne sont toutefois pas différents de ceux que l'on peut rencontrer dans les structures traditionnelles fonctionnant sur la base de l'emploi précaire, avec des salariés mobiles d'une entreprise à l'autre.

2. Des exemples de groupements d'employeurs en Midi-Pyrénées

Les groupements d'employeurs, à l'origine issus du milieu agricole, trouvent à s'appliquer dans une variété de contextes différents. Nous avons choisi, pour illustrer notre propos, des exemples significatifs.

L'AREFA Midi-Pyrénées (Association régionale pour l'emploi et la formation en milieu agricole et rural), structure issue du paritarisme régional, a créé et accompagné 410 micros – groupements d'employeurs agricoles (groupements d'employeurs employant moins de cinq salariés). Elle s'est dotée d'une charte en faveur de la qualité de l'emploi. Cette association permet de contourner une des limites évoquées ci-dessus – le besoin d'implication des adhérents – car elle a accompagné des micro-entreprises, le plus souvent individuelles qui n'auraient probablement pas pu créer de groupement sans son assistance technique et juridique.

Les groupements d'employeurs (GE) multisectoriels permettent le maillage de postes transversaux à toute l'activité économique (magasinier, comptable, graphiste, responsable qualité, de communication, etc.).

Le GE Garonne Emploi à Muret, le GE CISE à Cugnaux ou le GE Altern à Albi, Castres et Rodez, en sont des exemples. Ils témoignent de l'évolution des groupements d'employeurs du milieu rural vers le milieu urbain ; du mono sectoriel centré sur l'agriculture, vers le multisectoriel, centré sur l'agriculture, l'industrie et les services.

Une fonction possible pour les groupements d'employeurs est la construction d'emplois saisonniers pérennes en faveur des habitants et touristes dans des zones touristiques telles que les Pyrénées.

Nous citerons le GE VAL 65 à Saint-Lary-Soulan (GE des Vallées d'Aure et du Louron) ou Alliance Emploi Pyrénées à Saint-Gaudens, associant activités hivernales et estivales, dans des structures privées mais également des collectivités territoriales.

Les groupements d'employeurs peuvent aussi avoir une vocation d'insertion et de qualification pour des personnes qui en sont dépourvues. C'est la raison d'être des GEIQ (groupements d'employeurs pour l'insertion et la qualification). Attachés à recruter des personnes qui peinent à rejoindre le monde du travail, ces groupements d'employeurs et leurs entreprises adhérentes adaptent pour chacune d'entre elles un parcours qui s'appuie sur une alternance entre des phases de chantiers et des séquences de formation. Ces groupements permettent ainsi à leurs adhérents de faire face à une pénurie de main-d'œuvre.

Un exemple, dans le secteur du BTP, est le GEIQ-BTP. Dans la filière bois, le Groupement d'Employeurs pour la Professionnalisation des Travaux Forestiers (GEPTF) à Saint-Gaudens met également en place des parcours de professionnalisation.

Des groupements d'employeurs sont également actifs dans le milieu associatif sportif ou culturel.

À titre d'exemple, la Ligue de tennis Midi-Pyrénées a aidé à la constitution de 40 micro-GE. ; l'association Rebonds ! a créé un GE dans le Rugby, et le BBB gère celui de la culture.

3. Le réseau emploi durable de Midi-Pyrénées

3.1. Le cadre

Le RED (Réseau Emploi Durable) réunit une quarantaine d'entreprises employant au total 7000 salariés et présentes sur les trois pôles de compétitivité de la région Midi-Pyrénées : Agrimip, (agriculture, agrofournitures et agroalimentaire) ; Aerospace (aéronautique, spatial et systèmes embarqués) et Cancer Bio Santé. Des services pourvoyeurs d'emplois (banques, informatique) ont complété le réseau.

Le processus de création est parti en 2005 du cabinet Menway et d'un club d'entrepreneurs toulousain (Réussir) autour d'une prise de conscience : aucune des entreprises prises individuellement ne pouvait plus faire de la gestion de carrière pour ses salariés, uniquement en interne : trop d'incertitudes à cause des marchés changeants, une mobilité de plus en plus complexe (conjoint, enfants, investissements patrimoniaux). Ces entreprises ont décidé de constituer un espace de gestion prévisionnelle et collective des compétences par la mise à disposition régulée de personnel et l'anticipation de mobilités entre les entreprises parties prenantes du réseau.

3.2. Avantages pour les entreprises

» La complémentarité des cycles économiques : la mise en réseau des entreprises participantes permet de tirer parti de ce que ces secteurs ont des cycles économiques différents. Quand un secteur connaît une phase descendante, il y a toutes les chances que l'un au moins des deux autres évolue dans une conjoncture plus favorable.

» La gestion prévisionnelle des compétences dans un cadre collectif : le réseau met en outre en relation des entreprises de grande taille et des PME. Ces dernières peuvent alors bénéficier de l'expertise accumulée dans les grands groupes. Inversement, les grands groupes présents trouvent au sein des PME du réseau un vivier de recrutement pour pourvoir à leurs besoins nouveaux. L'intérêt d'intégrer le Réseau Emploi Durable dans ce contexte, est de réguler le passage des unes aux autres, et d'éviter notamment que les grands groupes captent les compétences des PME dans des métiers en tension, sans aucune anticipation ni prise en compte des besoins des PME.

3.3. Avantages pour les salariés

» Les salariés bénéficient de la mise en réseau de leurs employeurs qui constituent alors un espace de sécurisation des parcours professionnels, puisque les perspectives de mobilité interne de leurs employeurs se voient complétées par les perspectives de mobilité au sein des entreprises du réseau.

» Dans le cadre de la mise à disposition, le Réseau permet d'amortir une baisse temporaire d'activité, donc de réduire le risque de chômage technique.

Sur une plus longue période, le Réseau est une réponse aux préoccupations de carrière des salariés. Typiquement, les salariés juniors des PME du réseau acquièrent une visibilité auprès des grands groupes. Inversement, des salariés seniors, approchant de leur fin de carrière et travaillant dans les grands groupes, trouvent dans une mise à disposition ou une mobilité en direction d'une PME, une réponse à leur insatisfaction en termes de mobilité interne dans le grand groupe. Pour eux, le Réseau Emploi Durable représente une solution aux phénomènes fréquents de plafonnement de carrière (Roger et Tremblay, 1998) ou encore de «sentiment de fin de vie professionnelle» (Peretti et Marbot, 2004).

3.4. Les limites

La principale limite est la question de la confiance et de la confidentialité déjà évoquée pour les groupements d'employeurs. Les salariés mis à disposition d'une entreprise à l'autre, les craintes liées aux soucis de confidentialité peuvent constituer un frein sérieux pour entrer dans cette dynamique collective. La croissance de ce réseau ne peut donc qu'être lente. Une réponse à cette limite est le caractère multisectoriel du RED. De fait, si on analyse les entreprises présentes, on constate que les grands groupes ne sont pas concurrents entre eux. Et que les PME qui relèvent d'un même secteur sont présentes sur des niches de compétitivité distinctes, faisant qu'elles ne sont de fait pas concurrentes entre elles. Enfin, s'il y a parfois chevauchement en termes de secteur, alors l'entrée dans le Réseau s'analyse comme une stratégie d'alliance entre concurrents, laquelle demande bien sûr un temps de réflexion. De plus, les entreprises sous-estiment souvent le risque de confidentialité présent en cas de mobilité non contrôlée, quand un salarié passe d'une entreprise à l'autre. Le Réseau Emploi Durable vise précisément à contrôler ce type de mobilité sauvage et qui tend à saper la confiance entre entreprises.

Un autre frein peut être la méconnaissance du dispositif juridique de la mise à disposition utilisé dans le cadre d'un tel Réseau. Or, celle-ci, si elle peut constituer un délit de marchandage dans des conditions précises, présente une grande sécurité juridique dès lors qu'elle a un caractère ponctuel, entre entreprises ayant clairement des objets sociaux bien distincts de la pure mise à disposition, qu'il n'y a pas violation des conventions collectives applicables, et que la mise à disposition se fait sans but lucratif et dans un contexte de réciprocité. De plus, les possibilités de mise à disposition ont été étendues et garanties dans le cadre des pôles de compétitivité. Un cabinet d'avocat (Capstan) a été associé au Réseau Emploi Durable dès sa création. Enfin, concernant le RED, un partenariat est également constitué avec les acteurs publics et les partenaires sociaux : l'administration du Travail et les partenaires sociaux sont informés des actions menées et de leurs résultats.

4. Quelques exemples

» P.G., 45 ans, continue aujourd'hui sa carrière dans une PME du secteur agro après avoir pris des participations dans la société. Il participe à l'élaboration de la stratégie et a laissé sans regret sa carrière dans un grand groupe, où il n'avait plus sa place.

» F.H. était technicien hydraulique dans une PME sous-traitante de l'aéronautique. À 38 ans, il intègre un grand groupe du secteur de la santé où il exécute le même travail grâce à ses compétences transférables de l'aéronautique vers la santé, sur des matériaux différents (la peau).

» Au sein du réseau, la pépinière des seniors a été créée en janvier 2008 sous forme d'une coopérative d'intérêt collectif (SCIC), par 19 entreprises. Elle a pour objectif de favoriser la poursuite et le développement des carrières des seniors et l'accès au travail des juniors. Le processus est le suivant : une première étape de «transformation» permet aux seniors d'avoir les outils pour s'adapter à un nouvel environnement de travail ou d'en envisager de nouveaux. La deuxième étape est dite de «transmission» : le senior doit transmettre à un jeune diplômé les ficelles de son métier et les notions de bons comportements au travail. Il recevra en échange de la part du jeune les dernières techniques de son secteur. La troisième étape consiste à mettre deux stagiaires à disposition dans une PME pour une mission de support.

5. Conclusion

Les formes de mutualisation de l'emploi et des compétences que nous avons présentées sont dans une phase de jeunesse et ont encore une large marge de progression. Elles n'en sont pas moins emblématiques d'une prise de conscience de la nécessité de gérer les compétences et les parcours dans un cadre collectif, permettant d'associer flexibilité et sécurité. Leur existence et les illustrations données ont surtout valeur d'exemple.

Les craintes en termes de confidentialité sont le plus souvent surestimées par rapport aux formes d'emplois et de mobilité traditionnelles. Les coûts sont essentiellement des coûts apparents de coordination – liés au temps de gestion – et des frais de structures très raisonnables. Mais la stabilisation de la main-d'œuvre dans ces dispositifs collectifs entraîne la disparition de nombreux autres coûts apparents ou cachés : moindre turn-over, coût de gestion des départs non anticipés, coût du recours au travail temporaire, coût lié à la démotivation et au retrait, coûts liés au traitement à chaud des restructurations avec leur cortège habituel de tensions et de litiges. Malgré les limites qui peuvent freiner leur développement, nous ne pouvons que formuler le souhait de voir de tels dispositifs se généraliser.

Chapitre 29

Management des talents : vers l'intégration du recrutement et de la gestion des carrières

Jean-Luc CERDIN
Emmanuelle de MENDITTE

« Je crois aux groupes stables et si je garde longtemps mes musiciens c'est parce que je ne les engage pas à la légère. Je ne prends personne avec moi sans être absolument persuadé de son talent. Et j'ai la conviction que, pour garder un groupe, il faut faire une place de choix à chacun de ses composants, mettre chaque musicien dans son élément pour qu'il donne le meilleur de lui-même. »
Bill Evans[1]

Le rapport *Mapping Global Talent* (Economist Intelligence Unit et Heidrick & Struggles, 2007) rappelle non seulement la nécessité de recruter les meilleurs talents dans le monde, mais aussi de les développer afin de les fidéliser. La gestion des talents est intimement liée à la gestion des carrières. Aujourd'hui, la gestion des carrières s'éloigne du modèle traditionnel et correspond davantage au modèle de carrière sans frontières (DeFillipi and Arthur, 1996). Dans le premier modèle de gestion des carrières traditionnelles, la relation d'emploi entre l'employeur et le salarié se résume par un échange entre un emploi à vie contre de la loyauté. Aujourd'hui, le modèle dominant semblerait être celui des carrières sans frontières avec une nouvelle relation d'emploi qui impliquerait le développement de l'employabilité recherchée par les salariés contre la performance et la flexibilité demandée par les entreprises. L'apprentissage est au cœur du modèle sans frontière (Sullivan, 1999). Il est aussi au cœur de la gestion des talents et de leur développement. Le gestionnaire de talents est un chasseur de talent en interne et en externe de l'entreprise. Cette approche invite à intégrer davantage la fonction recrutement et la gestion des carrières

---

1. In Noël Balen, *L'Odyssée du Jazz*, Liana Levi, 2003.

dans la gestion des talents. Dans ce chapitre, nous proposons une illustration de cette intégration en présentant les grandes caractéristiques de la gestion des talents d'une division d'Areva.

Avec une présence industrielle dans 41 pays et un réseau commercial couvrant plus de 100 pays, Areva est le leader mondial de l'énergie nucléaire et le seul acteur présent dans l'ensemble des activités industrielles du secteur. Pour répondre à son développement, Areva a besoin de recruter un nombre important de talents (12 000 en 2008), mais également de développer ses talents internes. Les trois enjeux de la fonction ressources humaines de l'entreprise sont : le recrutement, l'intégration et la formation.

Dans ce chapitre, nous exposons tout d'abord le contexte d'Areva T & D qui présente comme caractéristiques principales une complexité du business et un marché de l'emploi tendu. Dans un second temps, nous développerons le marché externe de l'entreprise, où comment Areva T & D procède pour attirer les talents. Dans un troisième temps, nous évoquerons l'intégration, à la croisée du recrutement et du développement des personnes. Nous aborderons ensuite, dans une quatrième partie, les enjeux du marché interne où les salariés sont aussi bien acteurs de leur propre mobilité que partenaires du recrutement externe.

1. Contexte d'Areva T & D

Areva T & D (pôle transmission et distribution d'électricité du groupe), emploie 25 000 personnes et joue un rôle actif dans le monde entier. Areva T & D conçoit, fabrique et met en service une gamme complète d'équipements, systèmes et services tout au cours des divers stades du transfert d'électricité, du générateur à l'utilisateur. Ce pôle, racheté en 2004 à Alstom, a vu son chiffre d'affaires progresser de 603 millions d'euros entre 2006 et 2007. Le carnet de commandes de l'entreprise est en forte hausse. Ainsi Areva T & D a doublé ses prises de commandes en quatre ans. Cette évolution est particulièrement marquée en Europe, Asie et au Moyen-Orient.

1.1. Complexité du business

Areva T & D est composé de quatre activités :
- produits : concevoir, fabriquer et installer des gammes complètes de produits à tous les stades de la transmission et de la distribution d'électricité ;
- systèmes : proposer à ses clients des projets clés en main et des systèmes de gestion de réseaux électriques ;

- automation : répondre à la demande de réseaux de gestion de l'énergie totalement intégrés ;
- service : assister les électriciens dans la gestion, l'exploitation et la maintenance de leurs réseaux.

Ces quatre activités réclament des compétences pointues dans différents métiers, en particulier ceux liés à la recherche-développement et à la gestion de projet.

1.2. Un marché de l'emploi tendu

L'entreprise doit faire face à un marché de l'emploi tendu en termes de ressources dans certains pays et régions comme, par exemple, la Chine, le Moyen-Orient, le Royaume-Uni, où les profils d'ingénieurs sont particulièrement prisés.

Pour donner une vue d'ensemble, voici quelques données collectées par Areva T & D sur la situation actuelle de la guerre des talents :

- en Chine, seulement 10 % des jeunes diplômés issus de formations scientifiques seraient préparés à travailler pour une multinationale ;
- en Inde, le Nascom estime que le pays fera face à un manque d'ingénieurs de l'ordre de 500 000 à l'horizon 2010 ;
- aux États-Unis, le Labor Statistics Office prévoit une pénurie de l'ordre de 10 millions de travailleurs d'ici à 2010 ;
- au Royaume-Uni, le Department of Labor Statistics a publié une enquête où 25 % des entreprises interrogées s'estiment limitées dans leur développement à cause de la pénurie de talents.

Le challenge est différent d'un pays à un autre, d'une fonction à une autre, mais la situation globale est tendue. Ces ressources étant capitales pour pouvoir assurer son développement, l'entreprise s'organise pour atteindre ses objectifs de recrutement et de développement de ses salariés. Pour le recrutement, un groupe de travail a été constitué pour identifier les pays constituant des bassins d'emploi potentiels et les pays faisant face à une pénurie sur certains métiers, afin de pouvoir fluidifier les échanges et organiser une gestion plus mondialisée des talents externes.

2. Le marché externe : attirer les talents dans l'entreprise

Attirer les talents dans l'entreprise s'appuie à la fois sur la marque employeur auprès des salariés potentiels et sur le développement de partenariats.

2.1. La marque employeur

La marque employeur est devenue un thème central pour les entreprises qui ont besoin d'attirer et de retenir les meilleurs. La guerre des talents conduit les entreprises à s'interroger sur le type d'actions à mettre en œuvre pour attirer et retenir les talents dont elles ont besoin. Connaître sa cible de recrutement se trouve au cœur de cette démarche.

Une fois que l'entreprise a clairement identifié et caractérisé sa cible, elle définit des moyens tels que :
- une politique de rémunération compétitive par rapport au marché ;
- la mise en place de politiques encourageant la performance pour distinguer les hauts potentiels et donner une seconde chance aux personnes en difficulté.

Pour Areva T & D, la marque employeur est très imprégnée des valeurs de l'entreprise notamment au travers de trois éléments clés :
- une charte de valeurs connue de tous ;
- des actions concrètes menées dans le domaine de l'égalité des chances : parité homme/femme, mixité culturelle, recrutement de personnes handicapées ;
- une démarche de développement durable permettant la coexistence et la simultanéité de la performance économique, sociale et environnementale.

2.2. Le développement de partenariats

Les sources du marché externe s'appuient sur le développement de partenariats, aussi bien avec les universités, les professionnels du recrutement, les organisations professionnelles qu'avec ses propres salariés.

Tout d'abord, le partenariat avec les universités est une source indispensable pour recruter les talents. Le « campus management » concerne les jeunes diplômés et les personnes expérimentées qui ont repris des études. Cette activité a lieu sur tous les continents. Par exemple, entre octobre et novembre 2007, une présentation de l'entreprise auprès de huit universités cibles par rapport aux métiers de l'entreprise, a eu lieu en Chine. Cette approche a permis de collecter des CV et d'interviewer sans délai des candidats. Cela permet d'accueillir des jeunes diplômés dans l'entreprise, soit dans le cadre de leur stage d'étude, soit pour leur premier emploi. Au-delà d'un recrutement immédat d'ingénieurs, cette approche a renforcé l'image de l'entreprise en Chine.

Une autre démarche est la communication, de manière étroite, avec les agences de recrutement et les chasseurs de tête afin de leur donner une meilleure connaissance de l'entreprise. L'entreprise peut ainsi obtenir de ces sociétés qu'elles tiennent un rôle de véritable ambassadeur auprès des candidats. Cela peut aussi permettre d'alimenter un vivier permanent de talents.

Au-delà de ces méthodes traditionnelles, le partenariat avec des organisations professionnelles s'avère plus original. Les salariés de l'entreprise sont encouragés à devenir membres de certains organismes et à s'y impliquer dans le cadre de conférences ou via l'écriture d'articles professionnels. Par exemple, Areva T & D interagit avec l'Institution of Engineering and Technology (IET), organisme professionnel britannique qui regroupe des ingénieurs dont l'influence dépasse largement la Grande-Bretagne. Ces organismes permettent notamment de cibler une population de talents plus expérimentés dans des pays comme la Chine, pays dans lequel l'IET a mis en place des partenariats avec des réseaux et des universités locales.

Les salons professionnels sont aussi une source importante de découverte de talents. Par exemple, à Dubaï, l'utilisation d'un salon professionnel métier a permis de combiner la communication sur les offres business de l'entreprise avec une information sur ses besoins de recrutement. L'équipe de recrutement locale était présente pour rencontrer les candidats potentiels, mais également pour mettre en avant les opportunités de carrière dans l'entreprise. Coupler la communication business avec la communication visant les talents permet à ces derniers de mieux connaître l'entreprise et ses besoins.

3. Intégration

3.1. Le programme d'intégration

L'intégration est à la croisée des chemins entre le recrutement et le développement personnel. Pourtant, le risque de négliger l'importance de cette étape est réel. Avec environ 20 % de nouveaux venus chaque année, l'entreprise a souhaité renforcer son processus d'intégration. Areva T & D a ainsi mis en place une politique d'intégration qui a été communiquée à l'ensemble de la communauté RH et des opérationnels dans le monde.

Le programme d'intégration permet aux nouveaux salariés d'intégrer en douceur Areva T & D et leurs nouvelles fonctions. Le programme est basé sur quatre principes clés :

– l'intégration commence avant le 1er jour ;
– toutes les parties prenantes doivent s'impliquer activement ;
– les objectifs et les valeurs de l'entreprise sont affichés ;
– les besoins d'intégration et d'accueil varient en fonction des personnes et des pays.

Le séminaire d'intégration est un moment fort, organisé dans chacun des pays afin de favoriser la rencontre des nouveaux salariés entre eux et de leur donner une vision globale de l'entreprise.

Une fois tout le processus mis en place, il est décisif de suivre la performance de l'intégration. Pour mesurer la constance de l'implémentation et la qualité du processus, une enquête visant les nouveaux intégrés après six mois dans l'entreprise est en cours d'élaboration. L'objectif est de renouveler cette enquête régulièrement, avec un panel renouvelé de sondés, afin de voir l'évolution des résultats et l'impact des actions correctives réalisées entre-temps.

3.2. L'intégration se fait en trois phases

L'objectif du programme d'intégration est d'aider les nouveaux talents à comprendre l'entreprise et à s'imprégner de sa culture au cours de leur première année, ce qui se fait en trois temps. Chaque phase se compose de plusieurs étapes et événements coordonnés localement.

Avant la prise de fonction et l'installation

Cette période va de l'acceptation de l'offre au premier jour travaillé. L'enjeu de cette phase est de maintenir le contact avec le candidat pour lui permettre de démarrer son intégration (adaptation anticipée). En effet, le candidat peut être sollicité par d'autres entreprises, ou bien faire l'objet d'une contre-offre de la part de son employeur précédent.

Bienvenue et accueil

Cette deuxième phase s'étale du premier jour de travail jusqu'à la fin du premier mois. Elle est caractérisée par l'accueil dans l'entreprise mais également par la participation à un séminaire d'intégration, par la fixation des objectifs par le manager, la mise en place d'un accompagnement si nécessaire, l'accueil dans l'équipe de travail, l'information sur les règles de sécurité…

Intégration continue

Cette phase s'étend de la fin du premier mois jusqu'au premier bilan annuel. L'entreprise se doit de fournir un retour « permanent » au nouveau salarié et vice versa. Les retours qu'il peut fournir, notamment via un rapport d'étonnement, sont précieux pour l'organisation.

4. Enjeux du marché interne

Les enjeux du marché interne pourraient se résumer par la question : comment engager les salariés dans leur propre évolution de carrière et plus globalement dans les challenges de pourvoi de postes de l'entreprise ?

Ce challenge comprend deux dimensions : d'une part rendre les salariés acteurs de leur propre mobilité interne ; d'autre part considérer le salarié comme un partenaire du recrutement externe.

4.1. Des salariés acteurs de leur mobilité interne

Des outils existent pour gérer l'évolution des salariés dans l'entreprise et ainsi favoriser la mobilité interne.

- Le bilan annuel : deux rencontres formelles ont lieu chaque année entre le salarié et son responsable hiérarchique, pour faire une évaluation de la per-

formance, fixer les objectifs et enfin définir ou adapter le plan de développement. L'entreprise a complété la démarche de bilan annuel par la mise en place
d'un «Passeport Formation». Ce dernier fait suite à l'accord national interpro-
fessionnel du 20 septembre 2003 qui prévoit que «chaque salarié puisse, à
son initiative, établir son passeport formation». L'entreprise a souhaité diffuser
à l'ensemble des salariés un passeport, support des réflexions de chacun en
matière de parcours professionnel. Ce passeport se compose de trois parties:
«mon projet professionnel», «ma formation» et «ma carrière».

◗ La revue du personnel a lieu une fois par an, successivement, à tous les niveaux
de l'entreprise (à la fois au niveau géographique et transverse) pour permettre
aux équipes managériales d'échanger sur les perspectives d'évolution à cinq ans
des différents salariés. Cette réunion collégiale permet d'envisager des scénarios
de carrière et ainsi de rendre l'entreprise force de proposition dans le cadre de
l'évolution de ses salariés.

◗ L'accès aux offres d'emploi est disponible via une bourse aux emplois sur l'intranet de l'entreprise. Cette bourse aux emplois permet de rendre le salarié
acteur à part entière de son évolution et de sa mobilité professionnelle. Cela le
rend également partenaire du pourvoi de poste.

4.2. Des salariés partenaires du recrutement externe

La visibilité donnée aux salariés sur les postes à pourvoir, via une bourse aux
emplois, leur permet d'être les partenaires de l'entreprise en termes de recrutement externe. Leur engagement se traduit par l'alimentation du vivier de talents via
la cooptation. Il s'agit de récompenser les salariés pour leur participation à l'effort
de recrutement en devenant fournisseur de talents pour l'entreprise. Les réseaux
d'anciens élèves constituent, par exemple, une source de talents importante.

4.3. Professionnaliser la démarche de recrutement

Le rôle des recruteurs et RH est aussi très important durant la phase de sélection
des candidats. Or, savoir faire un entretien de recrutement ne s'improvise pas!
L'entreprise a déployé une formation aux techniques d'entretien de recrutement
au niveau mondial qui a permis de professionnaliser la démarche. Elle a également
établi un argumentaire avec les facteurs de différenciation de l'entreprise, pays
par pays, unité par unité. Cette cohérence dans les discours et dans l'approche
du candidat, permet de renforcer l'impact recherché sur les salariés potentiels
et de convaincre, s'il en était besoin, les meilleurs d'entre eux de venir rejoindre
Areva T & D.

5. Conclusion

La gestion des talents implique toutes les dimensions de la fonction RH de manière intégrée. En particulier, la fonction recrutement et celle de gestion des carrières œuvrent de concert pour maintenir en parallèle un vivier de talents internes et externes, capable en permanence de répondre aux enjeux économiques, sociaux et environnementaux de l'entreprise.

Chapitre 30

La gestion des talents au service de la stratégie

Jean-Luc CERDIN
Isabelle DENIAU

Les talents sont probablement les salariés qui contribuent le plus à la stratégie d'une entreprise. Huselid, Becker et Beatty (2005) appellent à une différenciation des stratégies du personnel au sein d'une même entreprise. Les auteurs invitent à vaincre les réticences à l'égard de la différenciation des salariés, qui s'appuient en général sur une volonté que tous les salariés aient l'impression d'être stratégiques. Huselid et ses collègues reconnaissent que tous les salariés sont importants dans une entreprise, mais il est incontestable que certains occupent des postes plus stratégiques que d'autres et surtout contribuent plus que les autres à l'exécution de la stratégie.

Les talents ne se limitent pas aux hauts potentiels. Les deux notions peuvent se recouper, mais elles s'appuient sur des modèles de carrière différents. La notion de haut potentiel est très liée au modèle de carrière traditionnel où l'âge est un élément déterminant de gestion des carrières. La notion de talent appartient au modèle sans frontières de carrière avec une relation d'emploi centrée sur l'employabilité. L'apprentissage devient capital, en particulier pour attirer les talents mais aussi les fidéliser.

À l'instar du concept en matière de marketing client, la fidélisation des salariés est l'action volontaire de l'entreprise de créer un environnement qui lui garantisse l'attachement durable de ses salariés. Au même titre qu'en tant que consommateur, le salarié issu des générations X et Y se détourne des produits courants et leur préfère les produits modulaires ou personnalisables, il rejette, en tant que salarié, les solutions standards, en décalage avec ses attentes, qu'il s'agisse de packages de rémunération, d'horaires de travail ou de formation professionnelle. L'entreprise à la carte contribue à cet effort de fidélisation (Cerdin, Colle et Peretti, 2005). En tant que « marketeurs RH », il s'agit, pour fidéliser les talents clés, de repérer quelles sont leurs attentes et ne pas hésiter à reconsidérer la stratégie Ressources Humaines pour développer une offre d'emploi attractive et différente de celles des concurrents. Cette stratégie devrait prendre en compte les besoins des talents sans négliger ceux de l'entreprise et les contraintes de ses marchés.

Dans ce chapitre, nous proposons d'examiner la gestion des talents dans un groupe international dans le secteur de la distribution – nous le nommerons Groupe International. Dans ce groupe leader dont le siège est américain, nous examinerons comment les talents sont définis et gérés, dans le contexte dans lequel il opère. Nous commencerons le chapitre par une définition des talents chez Groupe International. Nous soulignerons l'enjeu stratégique de la gestion des talents. Nous présenterons ensuite une étude empirique qui permettra de mieux comprendre les attentes des talents de Groupe International. Sur la base des résultats de l'étude empirique, nous proposerons des recommandations en matière de gestion des talents dans le groupe qui pourront inspirer la gestion des talents dans d'autres contextes.

1. Les talents à l'échelle du groupe

1.1. Qui sont les « talents » ?

Groupe International a réalisé en Europe une série d'acquisitions. Il est actuellement en plein processus d'intégration. La taille de ses sociétés et leur structure d'organisation relativement plate, amène les dirigeants européens à se poser la question d'une gestion commune de leurs talents. Pour cette entreprise, la notion de talents est cohérente avec la stratégie. Sa définition fait fi de toute notion d'âge et de diplôme pour se consacrer à ce qui est clé pour réussir les objectifs du Groupe.

Bien entendu, Groupe International intègre parmi ses talents les traditionnels hauts potentiels qui sont ses futurs dirigeants. Le groupe va également inclure dans cette notion de « talents » les personnes dont le savoir-faire est critique pour son activité.

Groupe International considère parmi ses talents :

- les jeunes divas du Web, au regard de l'importance stratégique croissante de l'Internet en tant que canal et media de distribution ;
- les personnes clés du cœur de métier, qui connaissent l'entreprise et maîtrisent son activité ;
- ceux qui sont capables de gérer des projets complexes, car le groupe doit mener en interne avec efficacité et dans un laps de temps réduit un grand nombre de projets transversaux visant à permettre la transformation du groupe en Europe.

Les talents pour cette société internationale sont avant tout ceux qui sont capables d'évoluer. Ils doivent avoir une «haute promotabilité» afin de :
- prendre des responsabilités hiérarchiques ou de projets ;
- évoluer sur des métiers critiques, difficiles à trouver sur le marché ;
- performer dans un univers multiculturel ;
- pouvoir être hyper mobiles, prendre des rôles différents, d'autres responsabilités, ou changer de pays ;
- réussir dans des situations nouvelles ou atypiques.

1.2. Une préoccupation stratégique

La question des talents est une préoccupation stratégique pour Groupe International. Il n'est plus dans la simple logique de recruter pour remplacer les départs, mais plutôt dans une perspective d'attraction des talents dont le groupe a besoin aujourd'hui et demain. L'enjeu n'est pas de vérifier si les salariés sont satisfaits mais d'identifier et comprendre ce qu'ils attendent afin de mettre en place les programmes RH qui permettront de les retenir. Pour être efficace, il faut mettre l'accent sur les talents qui sont critiques pour le succès du groupe afin de créer les conditions de leur fidélité.

Les entreprises européennes font partie du groupe américain et à ce titre, doivent établir en Europe une stratégie de fidélisation des talents cohérente avec la philosophie et la stratégie RH du groupe et compatible avec ses pratiques. Ceci est d'autant plus important que l'analyse empirique que nous présentons dans la section suivante, montre que le transfert des pratiques du groupe est perçu comme un atout par les talents européens. Les talents sont fiers d'appartenir à Groupe International, considéré comme un groupe dynamique et ambitieux à la réussite impressionnante. Cette appartenance élargit leur horizon en termes de carrière et de développement.

En termes de gestion des talents, les dirigeants européens ne peuvent pas tout attendre du siège américain. Aussi mènent-ils une réflexion en Europe sur la fidélisation de leurs talents. L'étude empirique, présentée ci-après, devrait contribuer à nourrir leur réflexion ainsi que celle des dirigeants et DRH qui s'interrogent sur la gestion des talents.

2. Étude empirique

2.1. Les personnes interrogées

Pour identifier les leviers de la fidélisation des talents de Groupe International, nous avons utilisé une approche qualitative fondée sur des entretiens individuels approfondis. Les entretiens ont été réalisés à plusieurs niveaux. En particulier, se sont exprimés :

- les dirigeants sur leurs enjeux économiques et humains à travers des entretiens d'une heure avec le président et six directeurs de filiales ;
- les acteurs des RH du groupe en Europe et aux États-Unis pour comprendre leur stratégie et sa mise en œuvre via les pratiques RH.
- un échantillon de trente-quatre personnes en Europe identifiées comme des talents par les dirigeants. Un tiers de l'échantillon travaille au sein de la structure corporate Europe et les deux tiers restants sont basés dans les unités opérationnelles en France, en Italie, en Espagne, en Angleterre et en Suède.[1]

Au total les entretiens individuels qualitatifs en face-à-face ont duré plus de cinquante heures. Cet échantillon de talents en Europe a été interrogé sur les grandes dimensions qui constituent l'engagement ainsi que sur leur perception et leur vécu au regard des éléments et des pratiques RH transférés par le groupe américain.

L'ensemble des entretiens ont été synthétisés pour chaque catégorie de population interrogée et une analyse croisée globale a été faite qui tient compte de ce qu'attendent les dirigeants du groupe pour réussir leur stratégie et de ce que veulent les talents pour continuer à s'investir dans l'entreprise.

2.2. Les résultats

Les résultats présentent ce qu'attendent les talents européens dans les domaines suivants :

- l'intérêt du travail ;
- les relations entre les personnes ;
- le leadership ;
- la communication ;
- la gestion de la performance et la reconnaissance ;
- la qualité de vie ;
- les perspectives d'évolution et de développement.

Les talents du groupe plébiscitent et apprécient avant tout l'ambiance de travail et la qualité des relations humaines conviviales et informelles.

> « J'aime le côté humain, l'ambiance de travail, la confiance faite aux gens et l'écoute. »

Ils sont fiers de faire partie de ce groupe leader et dynamique dont ils partagent les ambitions et les valeurs, et font preuve d'une forte identification à l'entreprise pour laquelle ils travaillent.

---

1. Échantillon composé de 62 % d'hommes et 38 % de femmes.

« Plus que l'image, ce sont les valeurs qui sont importantes et pour cela, même si Groupe International n'est pas connu en France, je suis fier d'y travailler. »

L'intérêt du travail, l'autonomie, la confiance qu'ils ont dans l'entreprise, la reconnaissance, le travail en équipe et les relations avec leur manager direct sont les facteurs prioritaires de leur engagement.

« J'aime la diversité de mon travail, la possibilité d'intervenir sur d'autres domaines. »

« Le travail en équipe est un moteur, travailler en équipes internationales est un vrai plus qui oblige à se remettre en question et à sortir des schémas établis. »

« Ici tout le monde travaille dans le même sens, les relations sont saines et franches. »

La structure de l'organisation – à la fois matricielle et en pleine transformation – génère certaines difficultés dans le travail en mode transversal et dans la définition claire de l'étendue et du partage des responsabilités. Dans ce contexte, les talents expriment le besoin d'être informés régulièrement sur les décisions qui les impactent et dont ils doivent avoir connaissance. Ils attendent notamment que leur manager direct les soutienne, sache se rendre disponible et leur facilite l'accès aux bonnes personnes.

« J'ai besoin de trouver des règles de fonctionnement qui soient claires avec les uns et les autres. »

Ils ont besoin d'un feed-back régulier et de qualité pour continuer à s'améliorer et à se développer.

Le travail est très important dans la vie des talents de Groupe International. Il leur permet de se réaliser, d'apprendre et de nouer des contacts et des relations. Ils en attendent de la reconnaissance, un statut social, des challenges à relever, et surtout pour la majorité, la possibilité d'évoluer, de progresser et de continuer à apprendre. Valeur ajoutée concrète, contribution visible, challenges, autonomie et confiance sont des ingrédients de la formule gagnante de l'intérêt de leur travail.

« C'est formidable de pouvoir bâtir le futur, d'apporter ses idées et de les réaliser ! »

Les défis, la complexité et les difficultés de même que la charge de travail ne leur font pas peur, bien au contraire ils les stimulent ! Ce qu'ils veulent c'est réaliser, contribuer, en faire partie !

« Réaliser une mission difficile procure une sensation d'accomplissement intense. »

Ils en retirent une reconnaissance à 360 degrés. Pour ces talents, il ne suffit pas d'être reconnu par la hiérarchie. Ils veulent aussi être reconnus par leurs pairs et par les autres personnes avec qui ils travaillent dans les autres entités du groupe. C'est capital pour eux et quand ceux-ci les consultent et tiennent compte de leur avis, le sentiment de reconnaissance est à son comble.

> « La reconnaissance c'est quand on me consulte et on m'invite à des réunions, que l'on tient compte de ce que je dis. »

Les talents de Groupe International sont sensibles à leur qualité de vie qui pourrait être exprimée en termes « d'efficacité de vie ». Le manque de ressources résultant de la gestion serrée des coûts dans les sociétés du groupe pourrait avoir un impact négatif sur l'enthousiasme au travail des talents. Ils supportent mal d'avoir le sentiment de se sentir sous-employés en ayant à réaliser des tâches routinières ou de seconde catégorie. Ils vivent mal dans un environnement bruyant ou mal agencé, ce qui est peu propice à la performance.

> « Je suis frustré, je n'ai pas assez de ressources pour pouvoir faire ce que je veux. »

Les talents de Groupe International montrent aussi beaucoup d'intérêt pour la flexibilité. Elle leur permet de trouver un certain équilibre. Ils attachent une importance particulière à la possibilité de travailler à domicile et à la possibilité de prendre des jours de repos compensatoires.

Un élément essentiel pour les talents de Groupe International est la perspective d'évolution. Ils souhaitent aussi évoluer vers plus d'internationalisation, changer de dimension, passer de la petite PME à la structure internationale. C'est la garantie d'un travail toujours plus stimulant, riche en échanges multiculturels et transversaux qu'ils apprécient dans l'optique de leur développement personnel. C'est aussi pour eux une plus grande perspective de carrière et un espoir de mobilité que la petite taille de leur entité ne peut leur laisser espérer. Un talent le résume par :

> « Pouvoir changer de société sans changer d'entreprise. »

En matière d'évolution, les talents de Groupe International sont prêts à prendre eux-mêmes leur carrière en mains – pour autant qu'ils aient suffisamment de visibilité sur les postes ouverts et un accès facilité aux bons réseaux.

> « Avoir accès aux bonnes personnes, les directeurs généraux notamment. »

La soif d'évolution des talents leur fait dire qu'ils partiront s'ils ne peuvent pas évoluer, s'il n'y a plus d'opportunités ou si elles ne se matérialisent pas.

Un autre enjeu se joue au niveau de leur rémunération pour laquelle certains perçoivent une faiblesse en interne ou par rapport au marché et une trop faible prise
en compte de leur performance individuelle.

> « Il faut aussi reconnaître l'effort et la performance individuelle, cela permet de
> garder l'esprit de compétition. »

La rémunération patrimoniale qui est un élément phare de la politique salariale
du groupe est mal comprise et n'est par conséquent pas perçue à la hauteur de
l'avantage représenté.

3. Recommandations

Sur la base de l'étude empirique, nous proposons un ensemble de recommandations avec deux idées clés :

- s'appuyer sur la dimension internationale et la dynamique de transformation
  pour offrir aux talents les aventures passionnantes dont ils ont besoin ;
- travailler sur les points faibles pour ne pas risquer de perdre des talents pour
  quelques avantages que l'on n'aura pas su leur donner.

3.1. La mobilité internationale comme point fort de la gestion des carrières

La petite taille des structures en Europe et leur organisation plate constituent un frein à
l'évolution des talents. La mobilité interne doit dépasser le cadre de la Business Unit et
le cadre national pour devenir un outil efficace de pourvoi des postes. Le vivier interne
est à privilégier, au plan national et paneuropéen entre les deux divisions en Europe,
mais aussi au plan mondial. Ce brassage et ces échanges permettront également de
développer des managers interculturels.

Il s'agit notamment de proposer un nouveau type de mobilité en organisant des
équipes collaboratives transversales. Cette approche implique la mise en place de
petites unités transversales hautement responsabilisées, ayant un objectif et une
mission bien définis. Pour réussir, elles se constitueront elles-mêmes des talents issus
d'un vivier international élargi à l'ensemble des ressources du groupe en Europe,
aux États-Unis, des autres continents, ainsi que de recrutements externes si besoin.

3.2. Une gestion des carrières sans frontières, dédiée, proactive et centralisée

Une approche proactive de la gestion des carrières des talents aux plans national,
européen et mondial devrait s'inscrire au cœur de la stratégie de fidélisation. Pour

avoir une vision transversale de la gestion des carrières des talents au plan euro-péen, le processus d'identification de gestion des talents devrait être centralisé et formalisé.

Favoriser la promotion interne permet de pallier le déficit de talents et de rac-courcir les délais d'opérationnalité dans le poste mais surtout de garder les per-sonnes clés en leur donnant l'opportunité de se révéler et de se développer grâce à de nouveaux défis. Il s'agit en particulier de leur confier des projets stratégiques dans lesquels ils vont pouvoir contribuer de manière visible, en interface avec de nombreux acteurs. Leur donner la responsabilité d'équipes collaboratives est aussi une manière de les faire progresser, de leur donner la visibilité et l'influence auxquelles ils aspirent, quand bien même des postes de direction ne sont pas dis-ponibles.

L'évaluation des besoins en développement des talents devrait aussi faire l'objet d'une attention particulière de la part des managers. Il faut identifier les talents et leurs aspirations via l'entretien annuel d'évaluation, les passer en revue au plus haut niveau de l'entreprise et intégrer les plans de successions à ce processus.

Travailler sur l'efficacité du leadership pour accompagner les équipes dans la trans-formation et piloter le changement. Il faut envoyer les leaders en Europe dans les programmes de développement du top management mis en place par la Cor-porate University du groupe. Cela favorisera également une culture managériale commune, facilitant la mobilité à l'intérieur du groupe. En parallèle, il faut apporter localement en Europe une réponse aux besoins spécifiques liés au contexte mul-ticulturel et matriciel et qui tient compte de la phase de maturité des différentes sociétés.

3.3. La communication comme dynamique d'accompagnement du changement

La dynamique d'accompagnement du changement passe par l'implication réelle des salariés au sein du groupe. Elle peut impliquer la réalisation d'enquêtes quan-titatives ou qualitatives et la mise en place de réunions de travail pour partager et échanger sur les options impactant le travail. Pour les talents plus particulièrement, la mise en place d'une écoute active dans le cadre d'un processus formalisé semble indispensable. Cette écoute peut se matérialiser par une rencontre formalisée avec le manager ainsi qu'avec la personne en charge de la gestion des carrières au niveau Europe.

Lorsqu'un talent démissionne, un entretien de sortie s'impose pour aider à com-prendre ce qui motive ce départ. Une écoute attentive et individualisée menée à plusieurs niveaux (manager direct et RH) devrait déboucher sur la mise en place de plans de rétention individualisés en fonction de ce que chacun considère comme important.

Enfin, pour véhiculer la culture, communiquer le sentiment d'appartenance au groupe et permettre l'échange au sein des communautés, le développement d'un intranet en Europe semble incontournable pour le groupe.

3.4. Donner aux talents les conditions d'une certaine efficacité de vie

À la notion de qualité de vie nous préférons celle d'efficacité de vie. Elle exprime mieux le besoin de moyens et de ressources qui permettront aux talents de s'épanouir pleinement dans leur mission. Des ressources en termes de formation, d'outils, de ressources humaines pour leur permettre d'aller plus vite, de se consacrer pleinement à ce à quoi ils apportent de la valeur sans avoir à s'enliser dans les détails du quotidien.

Par ailleurs, la flexibilité est un axe de travail pour les DRH localement. L'équilibre de vie est l'une des priorités citées par nos talents issus des générations X et Y.

Récemment, des bureaux à Paris ont été loués pour pallier le manque de talents touchant les métiers du développement web, une population jeune et urbaine, recherchée, et qui rechigne à aller travailler en grande banlieue où se trouvent les locaux de l'entité européenne.

3.5. Améliorer la gestion de la performance

Le chantier de la pesée des postes apparaît prioritaire en Europe pour obtenir une cohérence entre les postes et les fourchettes de salaires. La méthode utilisée par le groupe aux États-Unis devrait être appliquée en Europe, afin de faciliter les mobilités dans l'ensemble du groupe. Cette approche permettra de donner un cadre à la politique de rémunération afin d'éviter les dérives futures et corriger des situations liées à l'historique dans les différentes entités européennes du groupe. Le prix du marché fourni par des enquêtes s'avère aussi nécessaire pour les postes occupés par les talents. La combinaison de ces deux éléments posera les bases d'une gestion des rémunérations et facilitera les décisions concernant les augmentations de salaire et les promotions.

Dans une logique de segmentation, les talents devraient être augmentés de manière plus sensible que les autres salariés, afin d'être en phase avec les salaires du marché. Le modèle du bonus collectif pourrait être repensé afin d'y intégrer une part individuelle. Une proposition serait de redescendre une partie du bonus au niveau des équipes collaboratives transversales. Cela permettrait de respecter le caractère collectif de l'esprit de la rémunération variable du groupe US, tout en l'individualisant au niveau des objectifs spécifiques des équipes.

L'amélioration de la gestion de la performance requiert aussi la mise en place d'un «bilan social individuel» (BSI) pour chacun des talents, afin de leur permettre de valoriser l'ensemble des éléments constitutifs de leur package. Un BSI permettrait de communiquer non seulement sur les principes mais aussi sur l'ensemble des éléments de rémunération patrimoniale et autres avantages de la politique de rétri-bution du groupe.

3.6. Vers une marque employeur

La notion d'«employer of choice» a été une première réponse pour attirer et retenir les talents (CIPD, 2007). Elle est insuffisante aujourd'hui car elle s'adresse de manière universelle à l'ensemble des salariés. Une approche par segmentation apparaît désormais incontournable. Les entreprises ont besoin de comprendre les différences entre les groupes potentiels de personnes susceptibles de les rejoindre et aussi entre les personnes qui sont déjà en leur sein, en particulier les talents.

Pour Groupe International, il s'agira avant tout de développer une marque employeur pour exprimer l'expérience unique que le salarié vit en travaillant dans les sociétés du groupe en Europe. Une marque employeur forte aidera à changer la culture et à accompagner la transformation en Europe. De surcroît, elle favorisera l'attractivité pour mieux attirer les talents. La bonne ambiance de travail, l'environnement inter-national, la qualité des relations humaines et la capacité de l'entreprise à être une entreprise apprenante sont des atouts fondamentaux sur lesquels il est possible de construire la marque employeur.

4. Conclusion

Le défi à relever est de tirer parti de sa complexité et de sa transformation per-manente pour aider ses talents à révéler leurs potentiels. Il s'agit d'utiliser leurs comportements et leurs envies de davantage de diversité, de virtualité, de mobilité et de flexibilité, de transversalité et de travail en équipe, ainsi que leur soif de développement et de contribution effective, pour réinventer en permanence la culture et les conditions de leur épanouissement et de leur rétention. Les dirigeants et les directions Ressources Humaines du groupe auraient intérêt à revisiter régu-lièrement leurs pratiques et leur combinaison au regard de leurs stratégies et des attentes de leurs talents pour optimiser leur efficacité et attirer et retenir les talents qui sont essentiels à la réussite du groupe.

La gestion des talents est aujourd'hui un volet important de la stratégie des RH. Nous proposons qu'elle s'appuie sur une segmentation des salariés afin de pouvoir leur proposer une offre d'emploi attractive et pertinente. Les talents sont souvent gérés dans le cadre d'une stratégie RH globale, établie avant tout pour gérer l'en-semble des salariés. Nous proposons d'inverser le modèle classique et d'organiser la structure et la culture des organisations pour et autour des talents. Ce nou-veau modèle laisse davantage les talents s'exprimer sur ce qu'ils affectionnent. Les talents pourront ainsi mieux libérer leur potentiel et contribuer sur les missions stratégiques pour l'entreprise. Comme le souligne Cappelli (2008), la gestion des talents n'est pas une fin en soi, mais un moyen pour l'entreprise d'atteindre ses objectifs.

La gestion des talents privilégie une population centrale à l'exécution de la stratégie d'une entreprise. Cela ne signifie pas que les autres salariés ne s'inscrivent pas dans la stratégie Ressources Humaines. Leur positionnement est simplement différent. Pour les talents, il apparaît fondamental de développer une culture qui permette leur épanouissement, clé de leur fidélisation. Cette culture repose sur une combinaison de pratiques RH qui vont favoriser non seulement la rétention des talents, mais aussi leur envie de continuer à s'investir dans l'entreprise.

Chapitre 31

Comment devenir « talent »
dans le secteur du BTP

Nathalie MALAN-MANIGNE
Robin SAPPE

Le secteur de la construction connaît aujourd'hui une transition forte de sa culture métier, pourtant ancienne et bien ancrée. Dans ce nouveau cadre, se pose la question des talents : comment les attirer, les développer et surtout les retenir ? Mais surtout : leur profil change-t-il durant cette période de transition ?

Le maître compagnon apparaît comme la star persistante du secteur : la fonction la plus noble, la plus respectée et la plus difficile à acquérir, associant un rare niveau de technicité à des qualités humaines très fortes.

Cependant, à ses côtés, est en train d'éclore un nouveau type de talent parmi les ouvriers : des personnes qui ne disposent d'aucune expérience, ni connaissance dans le métier et que l'entreprise vise à hisser au plus haut, le plus rapidement possible. À défaut d'avoir des compétences techniques disponibles sur le marché, les entreprises se tournent vers le savoir être et prennent en charge le développement de ces nouveaux candidats par la formation. Si la construction est un secteur historique d'intégration, rarement les entreprises s'étaient autant penchées sur l'élargissement des publics recrutés et sur les modalités d'intégration et de développement.

Avant de voir comment la politique mise en place par Cari, sixième entreprise nationale de construction, illustre ce fort engagement à faire émerger de nouveaux talents, nous nous pencherons sur les éléments contextuels qui ont généré cette nouvelle tendance. Enfin, nous verrons ce qui peut être mis en œuvre, ensuite, pour les fidéliser…

1. Un contexte qui amène à une redéfinition des talents

Le secteur du BTP doit répondre aujourd'hui à un faisceau d'enjeux qui viennent modifier profondément la culture métier.

- Le papy-boom et l'arrivée de la génération Y constituent des caractéristiques communes à l'ensemble du marché du travail. Cela vient néanmoins questionner en profondeur le BTP, secteur empreint d'une forte culture traditionnelle. On assiste au même moment d'une part à une fuite massive du savoir-faire et du savoir être avec la grande vague de départ à la retraite des papy-boomers, et d'autre part à l'arrivée d'une génération avec de nouveaux codes de conduite et de nouvelles attentes : la génération Y.

- L'évolution des conditions de travail et les nouvelles réglementations liées au BTP sont à la source d'une modification de la nature même de l'organisation du travail dans le secteur. Cela se traduit notamment par le passage à une technicité accrue qui permet de diminuer la pénibilité.

- L'apparition de nouveaux métiers vient modifier la gamme de compétences indispensables au secteur : les partenariats public-privé incitent les entreprises à s'orienter aussi vers l'apprentissage du financement et de la conception de projet en amont de la construction et en aval à l'exploitation de site. La prise en compte de l'environnement et le développement rapide de la construction durable incluent également l'usage de nouveaux matériaux et de nouvelles techniques qu'il faut acquérir sur des temps très courts.

- La bonne santé du secteur jusqu'en 2008 est un facteur conjoncturel qui nécessite de pouvoir répondre à un haut niveau aux appels d'offres. De surcroît, elle fait suite à une longue période de crise durant les années 1990 où aucune attention n'a alors été prêtée à la formation et à l'image du secteur.

- Enfin, l'attractivité faible du secteur et les métiers en tension conduisent à une modification profonde des modalités de recrutement et des profils des nouveaux venus. Dans ce contexte, alors que le BTP est déjà un secteur culturel d'intégration, la recherche de main-d'œuvre s'est encore élargie afin de pouvoir identifier un panel plus large de candidats.

L'ensemble de ces éléments a amené Cari à se questionner sur les ressources disponibles et à imaginer des solutions permettant à l'entreprise de répondre aux demandes croissantes du marché.

2. Recherche et mise en œuvre de solutions innovantes pour créer ses propres talents

Au niveau de l'encadrement Travaux, les solutions sont celles habituellement mises en œuvre lorsque les cadres se font rares : cooptations, partenariats multiformes avec les écoles supérieures, recours à des cabinets de chasseurs de têtes et proposition de rémunérations variées. En matière d'innovation et de «création de talents», Cari s'est concentré sur le public ouvrier pour lequel les besoins ont été spontanément les plus cruciaux.

2.1. Diversifier les profils

L'analyse des personnes travaillant dans le secteur et du public disponible sur le marché a permis tout d'abord de redéfinir le profil des candidats à recruter. Les évolutions démographiques et le profil sociologique des employés du BTP ont amené à identifier des publics prioritaires : le recrutement (et la rétention) des seniors qui détiennent le capital culturel du métier et l'embauche massive de jeunes pour assurer la relève. Enfin, Cari s'est tournée vers les femmes, absentes du public ouvrier du BTP en France, et représentant une grande partie des demandeurs d'emploi.

Alors qu'une offre de salariés venant des pays de l'Est a réellement envahi le marché au moment de l'ouverture des frontières européennes, Cari a fait le choix de favoriser l'ancrage territorial.

Il a néanmoins fallu se rendre à l'évidence : il n'y avait pas de compétences disponibles sur le marché. Ce constat a amené à expérimenter divers dispositifs où le savoir être a été identifié comme le critère principal de recrutement : motivation à se former et à progresser, capacité à s'intégrer dans une structure, au sein d'une équipe et bien entendu à se pérenniser dans une organisation.

2.2. Faire évoluer les modalités de recrutement

Cari comptait 1 350 salariés en 2005, 900 personnes ont été recrutées en 2006 et 700 en 2007. Pour parvenir à ce résultat, l'entreprise a déployé un véritable arsenal en démultipliant les initiatives et les interlocuteurs sur le marché de l'emploi.

En 2008, le bilan tiré de ces expérimentations met en évidence qu'il n'existe pas une solution miracle qui aurait permis de répondre à ce défi, mais au contraire une myriade d'options pour atteindre les objectifs de recrutement fixés : il s'agit clairement d'une démultiplication des acteurs publics et privés, issus aussi bien du champ de l'emploi que de l'insertion, l'ANPE demeurant un des grands pourvoyeurs de candidatures. Depuis 2000, Cari a également développé la cooptation, à la source de plus de 50 % des embauches.

Dans ce cadre, les chargés de recrutement occupent le terrain, accompagnés d'ouvrier ou d'encadrants qui viennent témoigner et encourager à rejoindre le secteur. Les modalités d'intervention sont tout aussi mixtes : participation à des salons, visite de chantier, stands lors de rencontres sportives, tractage…

Enfin, la méthode de recrutement par simulation constitue aussi une voie pour mettre en évidence les aptitudes et sélectionner les candidats, indépendamment de leur cursus.

2.3. Prendre en charge la création de talents

Enfin, Cari a décidé de prendre en charge directement la «création de talents» en interne: un centre de formation a été créé, qui s'intègre dans une stratégie beaucoup plus globale. Une des singularités de ce dispositif est de proposer aux jeunes de signer directement des CDI dès le démarrage de la formation, afin de favoriser leur implication et leur pérennisation dans un chemin d'évolution qui vise à les mener au plus haut.

3. L'accélération du développement des compétences dans un secteur traditionnel

Outre la pénurie de main-d'œuvre structurelle dans le secteur du BTP, la pyramide des âges de l'entreprise mettait en évidence en 2004 une prédominance de la tranche + de 55 ans. Ce constat a conduit l'entreprise à recruter beaucoup de jeunes, mais aussi à porter une attention particulière à l'encadrement Travaux.

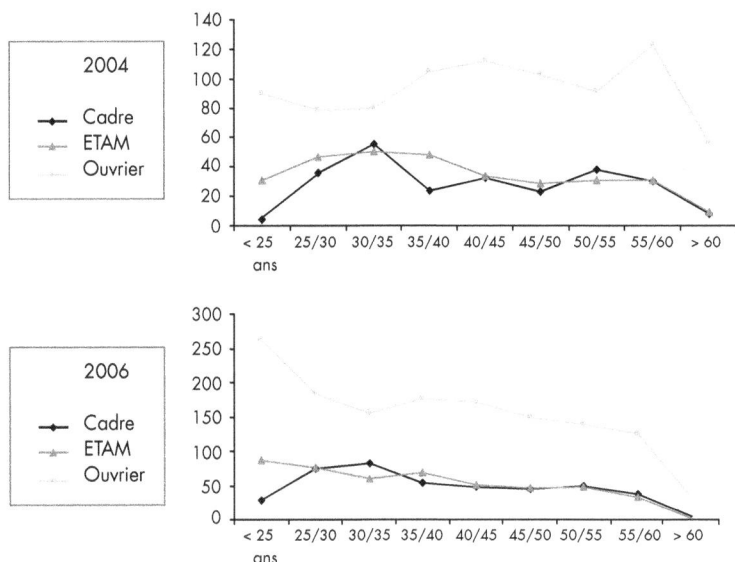

Figure 31.1 – 2004/2006 : évolution de la pyramide des âges

3.1. Cari-jeunes

Pour former ces jeunes sans qualification, l'entreprise a dans un premier temps favorisé le recours aux dispositifs traditionnels tels que l'apprentissage et les contrats de professionnalisation.

Le relatif insuccès de ces dispositifs, et surtout l'ambition de réaliser une formation parfaitement adaptée à la demande de l'encadrement Chantier, a conduit Cari à mettre en place une formation initiale pour les métiers du BTP, notamment les coffreurs-bancheurs et les maçons.

Ce qui au début n'était qu'une expérience a pris le nom de Cari-jeunes (au sens de « jeunes dans le métier ») et s'est en quatre ans déployé dans l'ensemble des régions. En 2006 Cari a obtenu l'homologation par la DDTE de son centre de formation interne.

Le principe est celui de l'alternance entre formation théorique sur un site dédié et pratique sur un chantier. Le jeune est accompagné tout au long de sa formation par un tuteur qui s'implique dès la sélection des candidats.

Le management de ce dispositif par l'équipe RH est assuré par un senior issu du terrain : un Maître Compagnon. Plus globalement, le transfert des savoirs est encouragé avant le départ en retraite des plus expérimentés au travers du tutorat.

3.2. Le tutorat

Le transfert du savoir-faire via le tutorat semble un moyen particulièrement adapté aux métiers des chantiers. Le tutorat permet à « l'ancien » expérimenté de transmettre au « jeune » son savoir être et son savoir-faire. Le choix des tuteurs se fait sur un principe de volontariat (après validation des compétences et formation de tuteurs), certains considérant le partage de leur savoir comme une reconnaissance implicite de leur expertise.

Ce dispositif est toutefois encadré par une charte et un contrat. Ainsi, à la fin du tutorat, il y a une évaluation finale par une commission composée du tuteur, du responsable hiérarchique du tuteur et du responsable des ressources humaines. Si l'avis rendu par la commission est favorable, le tutoré occupe la fonction définie dans le contrat de tutorat. Depuis 2006, 262 tutorats ont été lancés (91 % d'ouvriers), 156 sont terminés et 80 collaborateurs ont atteint l'objectif défini dans le contrat initial. Au total, 110 K€ ont été versés en primes de tutorat.

3.3. La formation interne

Compte tenu des spécificités liées au secteur et à sa sociologie, il est peu à peu apparu nécessaire de développer considérablement une formation interne, conçue et animée en interne.

La formation interne représente la moitié des actions de formation et permet, outre l'adaptation spécifique des contenus aux besoins, le partage de la culture d'entreprise et le développement de réseaux non hiérarchiques.

En 2006, un vaste projet intitulé «vie de chantiers» a permis à tout l'encadrement et la maîtrise de chantier de bénéficier d'une formation de trois jours pour développer et mettre à jour les compétences en matière de gestion et management de chantier.

3.4. Vaincre la résistance au changement

L'une des plus grandes difficultés est de concilier les aspirations et réactions des différentes générations. Les «anciens» voient souvent d'un mauvais œil les «jeunes» recrues qui veulent rapidement accéder à des responsabilités. Il est donc nécessaire de faire évoluer les «anciens» vers les nouveaux modes managériaux.

Un chef de chantier a coutume de constituer une équipe qui le suit de chantier en chantier. Cette équipe est composée de compagnons expérimentés qui ont souvent été «formés» par le chef au travers d'un tutorat informel de plusieurs années. Dans le jargon on appelle cela «le noyau». Aujourd'hui, en formalisant et en contrôlant ces pratiques, la direction de l'entreprise a pour objectif d'accélérer et de décupler le développement des compétences des compagnons. Il s'agit aussi d'amener les compagnons expérimentés à former «pour l'entreprise» et plus uniquement pour leur «noyau». Les chefs de chantier ou maîtres compagnons sont souvent résistants à la «formalisation» et regrettent «le temps d'avant la gestion des Ressources Humaines».

3.5. « Faire grandir » les cadres : une nécessité pour les garder ?

Le manque de candidatures sur les postes qualifiés ne permet pas une sélection très poussée. Le processus de recrutement a été raccourci car dans un environnement aussi concurrentiel, la vitesse de décision est un facteur différenciant efficace. Résultat : seuls les savoir-faire perçus au travers du parcours professionnel sont pris en compte dans la décision d'embauche. Bien que l'attitude soit dorénavant tout aussi importante pour mettre en œuvre une stratégie innovante dans ce secteur conservateur.

Cari s'est d'abord intéressé à ses jeunes cadres à potentiel. En 2006, 23 cadres ont été identifiés comme «jeune à potentiel» (JAP) par leur hiérarchie, et ont suivi pendant un an un parcours de formation et de mises en situation élaboré en partenariat avec l'EDHEC.

Le but était de développer des aptitudes liées au management et d'accélérer l'accès à des responsabilités plus importantes. Un test final (assessment) a permis de décider de promouvoir directement un tiers de ces cadres.

3.6. Identifier les postes clés

Fin 2006, l'absence de compétences clés était en partie responsable des insuffisances de performance de certaines directions régionales. Il a été demandé aux directeurs régionaux d'identifier les manques en postes clés, soit une trentaine au total (directeur d'activité, chef de projet travaux, conducteur de travaux principal et maître compagnon).

Il est intéressant de constater que dans le secteur de la construction cette notion est présente à tous les niveaux hiérarchiques. L'entreprise définit le poste clé comme un «poste dont l'inexistence ou la suppression met en cause la pérennité de l'activité ou du chantier.» Parmi les postes clés celui qui pose le plus de difficultés est celui de maître compagnon.

La mise en place d'une cellule de recrutement spécifique à destination des postes clés perdure encore aujourd'hui. Le déficit de postes clés est désormais inférieur à quinze personnes, avec un objectif de moins de cinq en permanence. Cette notion a permis une prise de conscience sur la nécessité de recruter en permanence sur ce type de poste et surtout d'accélérer le développement des compétences des collaborateurs à potentiel.

3.7. Les maîtres compagnons: des talents indispensables et trop peu nombreux

Les maîtres compagnons font vivre sur les chantiers des valeurs de respect de la sécurité et des règles de l'art, de fraternité et d'attachement à l'entreprise. Au-delà de la légitimité acquise auprès des compagnons, le maître compagnon est, selon sa fiche de fonction, «(celui) qui organise et suit la réalisation de tout un chantier et coordonne plusieurs chefs de chantier. Il est le pivot du chantier car il est à la fois, un manager, un organisateur et un gestionnaire de ressources tant humaines que matérielles.»

Les entreprises de construction ont vite compris que l'enjeu le plus important repose sur les maîtres compagnons. Après des décennies au cours desquelles les métiers manuels n'ont cessé de se dévaloriser dans l'esprit des jeunes et de leurs parents, il est apparu crucial de développer et fidéliser les compagnons. Ce poste est accessible sans diplôme, mais avec une expérience de dix ans minimum comme chef de chantier.

Chez Cari, il est apparu que le «vrai patron du chantier» n'est, en effet, ni le chef de projet ou le conducteur de travaux mais plutôt celui qui est respecté et écouté par les compagnons: le maître compagnon. Aussi, l'entreprise a particulièrement mis l'accent sur le développement de la fonction de maître compagnon. Peu mobiles, ils sont particulièrement difficiles à recruter. L'entreprise est passée en quatre ans de 5 à 40 maîtres compagnons. Pour cela, le «corps» des maîtres compagnons a été créé. Ils sont réunis une fois par an et suivis régulièrement par un maître compagnon devenu chef de projet formation au sein de la DRH. Celui-ci est aussi à l'initiative d'un programme d'accompagnement des meilleurs chefs de chantiers qui après un suivi pouvant aller jusqu'à deux ans obtiennent le statut de maîtres compagnons.

4. Conclusion

Des décennies de dépréciation du travail manuel ont entraîné un tarissement des vocations pour les métiers de la construction. Aujourd'hui les compétences disponibles sont insuffisantes face aux besoins des entreprises : un besoin estimé à 100 000 personnes par an. Cette pénurie amène à réaliser que le talent des compagnons mérite d'être connu et reconnu afin de susciter de nouvelles vocations.

Il reste aujourd'hui à gérer ce paradoxe propre au secteur : un bon carnet de commandes, mais pas assez de ressources pour le réaliser. Cari s'est engagé dans des démarches durables de transformation de « bras » en « talents ». Des démarches qui amènent à questionner en profondeur les modes de management et à concilier de multiples contradictions :

- répondre aux exigences de production à court terme tout en investissant dans le développement à moyen et long terme des compétences ;
- recruter et fidéliser des jeunes dont les modes de fonctionnement sont difficilement compatibles avec ceux des seniors qui devront cependant les manager et/ou les tutorer ;
- recruter uniquement sur l'évaluation des compétences techniques pour les managers alors que les évolutions des demandes du marché requièrent de plus en plus de compétences comportementales et l'inverse pour les ouvriers.

Le succès de cette politique est de parvenir à concilier harmonieusement les besoins quantitatifs de ressources avec la qualité des processus de développement des talents. Reste à gagner la bataille de la fidélisation pour qu'économiquement le choix d'une politique RH durable et responsable soit parfaitement légitime.

Chapitre 32

Gérer les talents
des hauts potentiels expatriés

Bernadette FOUQUET
Marc VALAX

Dans un contexte multiculturel de concurrence accrue, les grands groupes internationaux sont de plus en plus nombreux à renforcer leurs dispositifs de gestion spécifique des talents de leurs expatriés ; pour les autres entreprises, notamment de taille moyenne, la mise en place d'un processus d'identification et de développement des hauts potentiels s'apparente à une longue traversée du désert.

La gestion performante des talents par des grands groupes internationaux (avec un fort taux d'encadrement et/ou d'expertise) reste une référence, mais ne se présente pas comme un exercice linéaire qu'il suffit de planifier adéquatement pour que toutes les étapes se déroulent harmonieusement (Heller, 2000). Elle engendre des logiques d'action particulières que les chercheurs et les praticiens doivent distinguer afin de pouvoir souligner les best practices dans toute leur complexité. La description de ces pratiques rend possible la construction de la compréhension et de l'explication de la gestion de la mobilité des hauts potentiels (HP) expatriés sous de multiples facettes et selon une logique de sur mesure adaptée aux profils et aux aspirations des HP.

1. Les multiples facettes de la gestion de la mobilité internationale des hauts potentiels

Les initiatives sont nombreuses dans les grands groupes internationaux pour repérer les talents à l'international et les préparer à prendre la relève des dirigeants de filiales ou de sièges sociaux. La gestion des cadres à haut potentiel, ainsi que la question de l'accès aux postes de dirigeants à leur retour d'expatriation fait apparaître un ensemble de recherches spécifiques décrivant les best practices de gestion internationale des ressources humaines.

1.1 Les évolutions des logiques d'action des hauts potentiels en France

Le thème de la gestion des cadres à haut potentiel n'est pas récent, mais il bénéficie actuellement d'un véritable engouement dans les grands groupes internationaux industriels et de service (Eurostaf, 2005). Les premiers travaux de recherche consacrés à la gestion des cadres à haut potentiel (Tronson, 1969 ; Husson, 1979 ; Gentil, 1991) ont pointé quatre logiques d'action nécessaires envers cette population cadre :

- la nécessité de fidéliser les meilleurs dans un marché des cadres tendu ;
- la complexité grandissante du rôle des dirigeants dans le choix des hommes clés ;
- le fait que faute d'une détection plus large, d'une plus grande prise de risque et d'une meilleure préparation, l'encadrement de haut niveau était insuffisant et vieillissant ;
- les entreprises faisaient trop confiance à des critères externes de sélection comme le diplôme ou le classement à la sortie des grandes écoles («gestion par exception et par élitisme»).

Ce diagnostic dressé durant les années 1980 a orienté dans les années 1990 et 2000 les stratégies de GRH de cette population spécifique dans une logique prévisionnelle. Le caractère segmenté et centralisé dans la détection et le développement des cadres à haut potentiel sont peu à peu devenus des préoccupations prioritaires des directions générales.

Actuellement, la gestion des hauts potentiels vise à renforcer l'optimisation conjointe de trois compétences (Kohonen, 2005) :

- la coordination d'activités complexes (savoir saisir une situation organisationnelle dans sa globalité) ;
- la définition rapide des finalités (être capable en temps limité de définir un cap à atteindre à l'international par rapport à la concurrence) ;
- l'anticipation réaliste (savoir gérer collectivement des missions prospectives en étant capable de voir aussi loin que large).

Les attentes clairement exprimées par les directions générales s'orientent alors vers une demande renforcée d'un «pouvoir multiplicateur rapide» du cadre à haut potentiel dans la gestion des activités qui lui sont confiées, d'une «maturité élevée au travail» dans la gestion des équipes et d'une mobilité géographique et fonctionnelle avec un développement de compétences transversales (Caligiuri, 2001).

La gestion de ces managers (qui évoluent plus vite que les autres) stipule que les hauts potentiels ne se satisfont plus d'une carrière type normée à l'international. L'individualisation des exigences et des attentes implique une personnalisation des prévisions de carrière où la mobilité internationale appelle des changements importants dans les pratiques des directions des Ressources Humaines (DRH) (Bolino, 2007).

1.2. Les nouveaux défis des DRH à l'international

De nombreux DRH à l'international posent principalement l'expatriation selon un problème d'écart de rémunération et de maîtrise des coûts, sans se positionner clairement sur le terrain de la législation, de l'implication organisationnelle et de la fidélisation des cadres à haut potentiel (Mc Call, 1997).

Les solutions gestionnaires envisagées, comme la réduction de la durée d'exposition à l'étranger avec des missions de courtes durées ou encore le «local plus»[1] et le commuting[2], comportent des risques[3]. Dans les formes de mobilité internationale à la mode, la gestion induite de l'expatriation par une novation de contrat de travail n'est pas sans susciter des réserves (cercle Magellan, 2008).

Si les DRH semblent perplexes à l'idée de pouvoir anticiper efficacement le retour de mobilité, un nouveau courant de pensée tendant à revoir l'esprit même de l'expatriation des hauts potentiels pourrait trouver sa place. Il s'agirait de faire évoluer les esprits des entreprises «latines», trop paternalistes, vers une gestion à l'anglo-saxonne, plus flexible. En outre, la notion de rentabilité de l'expatriation des hauts potentiels devrait être mieux appréhendée. Certes, l'expatriation coûte cher aux entreprises et le fait de voir démissionner un cadre à haut potentiel à qui on n'a pas pu proposer un poste correspondant à ses nouvelles compétences peut être envisagé comme un mauvais investissement.

Or, il pourrait être intéressant de faire un calcul au cas par cas : un cadre à haut potentiel qui a des compétences avérées pour optimiser la gestion d'une filiale à l'étranger et a engendré des millions d'euros de chiffre d'affaires et de résultats

---

1. Le «local plus» s'inscrit dans une logique de réduction des coûts des mobilités internationales. Cette forme de contrat, très proche de la localisation dans le pays d'accueil, comporte l'attribution d'avantages en nature. Le local plus se distingue de l'expatriation par sa forme juridique et des avantages moindres.
2. Le commuting consiste en des allers-retours réguliers (hebdomadaires ou mensuels) proposés aux salariés entre leur lieu de travail à l'étranger et leur domicile. La logique de l'expatriation familiale n'est pas activée, car le salarié est géré selon une approche de célibataire géographique.
3. Deux voies semblent se dessiner au niveau des grands groupes européens : soit la fuite devant les responsabilités via des montages juridiques de plus en plus hasardeux, soit une prise de conscience de l'ensemble des responsabilités de l'employeur vis-à-vis du cadre à haut potentiel, qui dans ce cas se sent protégé mais doit attendre un certain temps son expatriation et affronter une baisse des avantages financiers immédiatement perceptibles.

est un bon investissement pour l'entreprise, son expatriation est déjà rentabilisée[1].
Cette gestion internationale plus performante des hauts potentiels expatriés consisterait ainsi à faire prendre des responsabilités mutuelles (DG-DRH-HP) et non de
s'en débarrasser sur une gestion gré à gré (souvent sources d'inégalités au sein des
équipes ; les conditions obtenues dépendant largement des talents de négociateur
de l'intéressé et du relationnel dont il peut bénéficier dans l'entreprise).

Un nouveau signe fort vient de quelques grands groupes internationaux qui, lassés des
échecs des formes à la mode ou standard d'expatriation, reprennent une vision avan-
tageuse de la mobilité internationale en attribuant un package complet comprenant
des avantages nombreux à leurs cadres à haut potentiel.

2. Du sur mesure pour les hauts potentiels expatriés

Dès 2003, alors que les politiques de mobilité « locale plus » étaient à leur apogée,
une autre tendance, plus complexe, a commencé à se dessiner pour les hauts
potentiels expatriés : le sur mesure (une adaptation au profil et aux aspirations de
chacun des HP). La question de la gestion sur mesure des cadres à haut potentiel
croît en complexité du fait des objectifs de la mobilité à l'étranger (un développement de carrière et une contribution à l'intégration organisationnelle passage
essentiel pour accéder à une fonction dirigeante).

2.1. Les programmes spécifiques à la mobilité internationale des talents juniors

Les programmes implémentés dans des groupes de cosmétique capillaire ou du
secteur du gaz et des fluides témoignent de la préoccupation de la gestion des
talents des jeunes cadres à haut potentiel (qu'ils soient encore à l'université ou
dans des écoles, ou bien déjà intégrés dans un premier emploi). Le profil des personnes sélectionnées intègre de jeunes diplômés (Master ou MBA) ayant moins
de deux ans d'expérience, bilingues anglais, mobiles à l'international, ouverts aux
autres cultures et dotés d'un fort potentiel évolutif. La plupart de ces jeunes cadres
à haut potentiel viennent de zones émergentes, Asie (Chine, Inde, Taïwan, Japon),
Amérique (Brésil, Mexique, Argentine) ou Russie. L'objectif est de faciliter les transferts de compétence des pays émergents vers les pays matures et de permettre aux
bénéficiaires de ces programmes de mieux appréhender la culture du groupe et de
se créer un réseau au sein du groupe.

Les conditions de mobilité proposées sont des conditions d'expatriation dans la

1. Le nombre de salariés qui démissionnent dans les deux ans suivant un retour d'expatriation est
deux fois supérieur à la moyenne.

mesure où le contrat est localisé dans le pays d'origine afin de faciliter la continuité de carrière du jeune à haut potentiel. Les questions de protection sociale (maladie, retraite, prévoyance) sont également prises en compte avec beaucoup d'attention.

Deux politiques se dessinent dans le cadre de ces programmes :

▶ le jeune cadre à haut potentiel est rattaché à un programme de prévoyance et de retraite international généralement géré off shore. Cette pratique est surtout utilisée par les sociétés anglo-saxonnes et américaines dont la carrière va essentiellement s'effectuer à l'international avec un ancrage difficile dans un pays déterminé (pétrole ou ingénierie par exemple) ;

▶ le jeune cadre à haut potentiel bénéficie de la protection sociale de son pays d'origine en procédant à des affiliations à titre volontaire dans le cas où la législation le permet – ce qui est notamment le cas en France et en Belgique.

Des avantages en nature incitatifs sont aussi proposés.

Ainsi une société française internationale, leader dans le secteur du ciment et des matériaux de construction propose du sur mesure avec notamment :
- un maintien de la retraite dans le pays d'origine (pays de l'employeur) ;
- une couverture médicale internationale si la couverture locale est insuffisante ;
- un voyage annuel dans le pays d'origine à partir de la deuxième année ;
- des frais de garde-meubles ;
- une prime d'installation forfaitaire et limitée.

La carrière du haut potentiel junior est anticipée de façon précise et son évolution figure dans la politique d'expatriation.

La plupart des politiques précisent clairement la durée qui oscille entre 18 mois et 2 ans, 3 ans maximum dans certains grands groupes. L'affectation suivante aura lieu soit au siège, soit à l'étranger dans un autre pays. Il ne sera pas possible de poursuivre la mission sur place sauf à perdre la qualité de membre du programme. Si la deuxième affectation a eu lieu à l'étranger, la troisième aura lieu au siège, le passage régulier au siège étant un élément incontournable de cette politique.

Bien que la mise en œuvre de ces nouvelles politiques soit relativement récente il est cependant possible de faire un premier bilan. Si au cours des années 2004-2006 les départs de juniors HP ont concerné 5 % des départs en expatriation, soit 150 départs dans la société du secteur du ciment, des difficultés subsistent.

2.2. Les tensions organisationnelles dans la gestion des talents

Comment concilier le besoin de développer des talents dans les entreprises avec l'impératif d'efficacité demandé dans l'instant présent ? Est-il réellement possible de gérer les carrières à n-3, n-4 ou n-5 ? Bloquer un poste de direction générale pour un haut potentiel dont le retour de mobilité est prévu d'ici trois ans semble difficilement concevable.

Au lieu de présenter l'expatriation des hauts potentiels juniors et seniors comme objectif de carrière, les grands groupes ne devraient-ils pas considérer qu'il s'agit d'une simple parenthèse professionnelle ? Ou encore, ne faudrait-il pas revenir à un système d'incitations financières, comme il était d'usage pour motiver les expatriations en Afrique dans les années 1980 ? À l'instar de ce qu'ont déjà fait certaines entreprises françaises dans le passé, pourquoi ne pas revenir à l'ancien modèle d'expatriation selon lequel certains cadres à hauts potentiels passaient la totalité de leur carrière à l'étranger ?

Certaines entreprises ne trouvant pas de poste au siège à la mesure des nouvelles compétences du salarié décident de renouveler sans cesse l'expatriation.

> Citons le cas d'un cadre à haut potentiel qui avait été expatrié quatre ans au Canada et aux États-Unis pour une entreprise française de métallurgie. À l'étranger il était responsable de deux usines et d'un réseau commercial comptant une centaine de personnes. Au retour, le siège lui propose un poste fonctionnel rattaché au directeur marketing France. Il accepte ce poste et s'efforce d'y trouver un intérêt alors que les fonctions qu'il occupait à l'étranger étaient bien plus vastes. Après un an, il décide de changer de poste. Soucieuse de ne pas se priver de ses compétences, l'entreprise lui propose de repartir cette fois en Chine sans pouvoir le stabiliser au sein de la direction générale. La réponse de la DRH est ici technique et non managériale. Elle s'inscrit dans une logique économique sans afficher une logique d'intégration du haut potentiel ni une gestion des carrières anticipées.

Des principes de contingence (adaptation aux contextes), de cohérence et de stratégie d'intégration voire d'empowerment à long terme s'avèrent nécessaires pour rendre la gestion des hauts potentiels performante (Ehin, 1995, Gebert, 2006). Il est essentiel d'instaurer un véritable climat mobilisateur dans le groupe international. Le premier pas pour évoluer vers un processus d'empowerment consiste à reconnaître que les managers à haut potentiel interagissent avec leurs collaborateurs pour atteindre les objectifs de l'organisation avec une volonté de délégation et d'implication du top management (Anderson & Huang, 2006).

3. Conclusion : quels talents pour les entreprises de demain ?

Face à la pénurie de cadres à haut potentiel, les DRH ne seront-ils pas de plus en plus confrontés à un retour inéluctable de la négociation individuelle ?

Les hauts potentiels, conscients du fait qu'ils sont et seront en situation de force sur les marchés émergents (Brésil, Russie, Inde, Mexique, Chine), n'hésiteront pas à demander – voire à exiger – des avantages supérieurs à ceux qui leur seront proposés dans le cadre des politiques de mobilité. Sur le futur marché de l'emploi à l'international, les employeurs seront bien souvent amenés à céder afin de garder dans leurs effectifs des salariés talentueux ayant fait l'objet d'investissements importants et dont l'entreprise aura besoin pour assurer son développement ou la succession de son équipe dirigeante. Si une valeur éthique domine, la charte ou politique de mobilité sera respectée dans ses grandes lignes et des aménagements seront négociés dans le cadre de l'avenant de transfert ou de mobilité. C'est par le biais du contrat que l'on va déroger aux conditions applicables à tous en fonction de la situation particulière de chacun (deux allers-retours par an au lieu d'un, logement d'un standing supérieur à celui prévu, prise en charge des enfants pour la scolarisation, les voyages aller/retour dans le cadre des familles recomposées, etc.).

Gérer les hauts potentiels est bien une question de performance pour l'entreprise et d'adoption d'une approche systémique des RH. Au-delà de la formation et de l'accompagnement des talents, c'est le renouvellement des entreprises qui est en jeu, donc leur pérennité. L'enjeu est capital.

Chapitre 33

Les politiques et pratiques face au contexte juridique

Mireille FESSER-BLAESS
Jacques BROUILLET

Avant de répondre à l'habituelle interrogation du «Comment faire?», il paraît nécessaire de revenir sur trois points préalables si l'on veut éviter certaines dérives de notre époque où le réflexe tend à l'emporter sur la réflexion, le «résonnement» (bruit médiatique) sur le raisonnement, visant à introduire de nouveaux modes de management. Voici les trois questions :

– s'accorder sur le sens donné aux mots, en l'occurrence ici, le mot «talent» et autres expressions souvent utilisées comme (faux) synonymes ;
– examiner pourquoi le problème se pose ;
– analyser pour quoi, c'est-à-dire avec quelle finalité, on recherche les talents

1. Le poids des mots et le choc des réalités : du « pourquoi reconnaître les talents » au « pour quoi en faire ? »

1.1. Qu'est-ce que le talent ?

Il convient tout d'abord de s'entendre sur le sens donné aux mots[1] : quelles sont notamment les distinctions à établir entre talents, aptitudes, expertises et compétences ? Le talent est-il de l'ordre du don ou de l'acquis ? Telle est la question essentielle posée par Pierre Mirallès (Mirallès, 2007).

---

1. En effet, le droit social se révèle, en la matière, une branche du droit conjugal dans la mesure où l'on découvre que les malentendus résultent d'abord bien souvent du fait qu'on ne s'accorde pas sur le sens donné aux mots.

De son côté, Robert Salais (Salais, 2006) reprend et développe le concept de «capacités» (issu des travaux du prix Nobel Amartya Sen), fondé sur la liberté réelle des individus et sur l'esprit d'innovation de l'entreprise, qui pourraient être une alternative au modèle «tout libéral» actuellement en vigueur en Europe.

Ce qui compte, ce n'est pas l'évaluation de la situation sociale et économique d'un individu, qui peut se faire à partir de ses résultats financiers, mais c'est de savoir ce que chacun peut concrètement arriver à faire, du point de vue de sa liberté de choix et avec les ressources qui lui sont données[1].

Il nous faudrait donc davantage prendre en compte l'être humain en sa qualité de personne enracinée dans ses collectifs de travail, politiques, associatifs, familiaux. Il ne s'agirait pas de promouvoir l'individualisme au sens libéral, mais de reconnaître le sujet de droit au lieu de le réduire à un objet collectif de droit. C'est-à-dire retrouver le sens de sujet donné par Kant «à la personne considérée comme le support proprement dit du droit» et non pas en rester à la notion de *subjectus* (soumis) (Brouillet, 2000).

Ces références visent à inciter chacun à se forger sa propre conception, afin de mieux aborder les questions telles que :

- pourquoi on s'accorde désormais à considérer que nous sommes effectivement engagés dans une guerre des talents et pourquoi faut-il se préoccuper de gérer le talent dans l'entreprise ?
- pour quoi faudrait-il le reconnaître et le stimuler ?

1.2. Pourquoi se préoccuper de la gestion du talent dans l'entreprise ?

Dans un système de flexicurité où l'autonomie, l'initiative, la polyvalence s'imposent désormais comme des atouts, la notion de lien de subordination inhérent à la définition même du contrat de travail doit nécessairement être révisée. Il nous faut savoir réinventer le contrat de travail pour en faire un outil de gestion des talents, ce qui implique nécessairement une dose d'individualisation de la convention, une acceptation de la négociation des clauses déterminantes – sans pour autant dériver vers les pratiques discriminatoires (Brouillet, 1992-2001).

En tout cas, l'un des premiers talents à stimuler lors d'un recrutement devrait être cette capacité de négocier son propre contrat, qui devient la preuve de sa faculté d'autonomie, du sérieux de la compétence proclamée et le gage de la performance face aux clients, fournisseurs, collègues, etc. mais, aussi, de sa volonté d'investissement dans l'entreprise ou du moins, d'acceptation de sa finalité et ses valeurs.

---

1. Cf. la notion de talent depuis Virgile (70/19 avant JC) dans l'Épilogue «À chacun ses talents» en passant par la Bible et certaines fables de Jean de la Fontaine, où l'on retrouve cette vision du «talent donné» à l'origine et à chacun, mais qu'il convient de faire fructifier…

Quand cessera-t-on de considérer le salarié comme incapable ou impertinent lorsqu'il demande des explications sur les modalités de sa coopération, alors qu'on lui reconnaît la possibilité d'engager sa famille pour l'acquisition d'un logement avec un crédit de vingt ans «négocié» avec son agent immobilier, son banquier et son notaire… toute profession qui n'a pas nécessairement un privilège de crédibilité supérieur à celui que devrait avoir un DRH ?

Et pourtant, comment peut-on expliquer le réflexe de suspicion déclenché chaque fois qu'un DRH propose un contrat ou, pire encore, une modification de celui-ci ?

1.3. Pour quoi faudrait-il reconnaître et stimuler l'expression des talents ?

Dans la compétition internationale accrue entre les entreprises, mais aussi en raison de la concurrence désormais instaurée entre les salariés eux-mêmes, il importe de plus en plus de savoir distinguer les locomotives des wagons, c'est-à-dire de stimuler chacun à faire valoir sa capacité de développer son propre talent, dès lors qu'il contribue à la progression de l'équipe.

Un talent strictement individuel n'aurait a priori ni sens, ni utilité dans une activité impliquant un objectif par nature collectif. En sens inverse, l'absence de reconnaissance du talent propre à chacun est non seulement une perte de «valeur ajoutée» pour la collectivité, mais se révèle une nouvelle forme de frustration et de démotivation pour des collaborateurs qui cherchent de plus en plus à le faire valoir… en dehors de l'entreprise !

C'est cette finalité visant à assurer, à la fois, le développement de la personne et de l'équipe qu'il convient de privilégier.

2. Contraintes et atouts juridiques permettant la reconnaissance et le développement des talents

2.1. Contraintes législatives et évolutions jurisprudentielles

Le code du travail

Le code du travail regorge littéralement de prescriptions, tant en ce qui concerne le recrutement d'un collaborateur que le déroulement de sa carrière. Aucun DRH ne peut ignorer les principes fondamentaux en la matière :

- «à travail égal, salaire égal» ;
- non-discrimination ;
- respect des droits de la personne et des libertés individuelles,

Mais, force est de reconnaître que ces principes sont parfois difficiles à mettre en œuvre. On retrouve là, en quelque sorte, le même type de problématique que dans le monde du commerce où la règle est d'interdire les pratiques discriminatoires et donc d'imposer des conditions générales de vente… alors que la réalité consiste à savoir faire la différence. À cet égard, l'invocation de plus en plus fréquente devant les tribunaux de l'art. L.1121-1 du code du travail se révèle une source de nombreux contentieux. Par ailleurs, et depuis la loi de 1971 concernant l'obligation pour l'employeur de financer la formation professionnelle permanente, la responsabilité de l'entreprise en matière de formation n'a cessé de s'accroître.

La jurisprudence

La jurisprudence n'a fait, depuis lors, qu'encourager cette évolution tendant à transformer ces multiples prescriptions légales relevant de l'obligation de moyen en une véritable obligation de résultat[1]. Le juge semble désormais s'appliquer à étendre son contrôle du pouvoir disciplinaire de l'employeur (instauré par la loi du 04.08.1982) à celui de son pouvoir gestionnaire, par un renforcement du rôle des représentants du personnel. Ainsi, outre le droit à l'«information et consultation» préalable du comité d'entreprise… on a vu surgir des recours parallèles (et exponentiels) du CHSCT lui-même.

En ce qui concerne la mise en œuvre des procédures d'évaluation du personnel[2], la cour de cassation estimant que celles-ci étant par elles-mêmes «anxiogènes» (!), non seulement le CE mais également le CHSCT auraient dû être préalablement consultés.

On avait déjà eu un premier aperçu du contrôle des juges sur certaines pratiques considérées abusives en matière d'évaluation des performances, notamment à l'occasion de l'affaire IBM s'inspirant de la méthode de ranking préconisée par Jack Welch, ex-PDG de General Electric, en visant à éliminer chaque année 10 % des salariés les moins bien notés. Il est vrai que cette forme de «décimation» paraît critiquable (Brouillet, 02.2003).

Une difficulté particulière concerne l'évaluation des représentants du personnel dont les heures de délégation sont importantes : la situation est encore plus complexe pour des cadres ou des commerciaux bénéficiant d'une part variable de leur rémunération.

---

1. Ainsi, après les arrêts concernant l'obligation de résultat relative à l'amiante (18.11.2003 et 14.06. 2006), puis le tabac (29.06.2005) – arrêt du 23 novembre 2005 et arrêt du 21 juin 2006 – la cour de cassation étend désormais cette obligation de résultat aux «risques psychosociaux» (Snecma 05.03.2008 n° 06-45.888).
2. Cass. 28.11.2007, Groupe Mornay, *Semaine Sociale Lamy* 10.12.2007.

Alors que la cour d'appel de Grenoble avait considéré que l'appréciation du supérieur estimant que « sa présence irrégulière ne permet pas un management correct et une implication satisfaisante de sa part (...) ne démontrait pas de mesures discriminatoires », la cour de cassation juge le contraire et condamne l'entreprise à indemniser l'intéressé, même s'il n'est pas démontré qu'il a été pénalisé.

2.2. Le débat sur l'évaluation des talents

D'une manière générale, les débats sur l'opportunité et/ou la portée de ces entretiens d'évaluation ne sont pas près de cesser entre ceux qui considèrent que l'entretien d'évaluation doit être déconnecté de celui concernant les augmentations de salaire, et ceux qui estiment que les deux sujets sont naturellement liés... Pour notre part, nous adhérons d'autant plus à cette liaison, qu'il nous paraît non seulement regrettable que l'évolution de la rémunération individuelle ne fasse pas (plus souvent) l'objet d'un entretien et/ou d'un avenant, mais aussi parce que cette absence de formalisation prête le flanc à des contestations sur le caractère discriminatoire, à défaut d'apporter des éléments « objectifs ».

Combien de fois sommes-nous amenés, en tant qu'avocat, à tenter de faire admettre par le conseil de prud'hommes l'insuffisance professionnelle ou la non-atteinte d'objectifs pour un salarié qui a eu une bonne évaluation ou qui n'a « bénéficié » d'aucune évaluation ni reçu aucun objectif clairement exprimé ?

3. Quels outils pour reconnaître et développer les talents ?

Ces observations étant faites, on ne peut achever cette réflexion sans quelques considérations pragmatiques susceptibles d'atténuer – sinon éliminer – les contraintes ou difficultés évoquées ci-dessus.

3.1. Lors du recrutement

Tout d'abord, au stade du recrutement, il convient de définir et donc de communiquer – notamment aux IRP – des procédures transparentes. Celles-ci nous paraissent, de surcroît, pouvoir être différenciées selon les postes concernés, ne serait-ce que par référence à l'article L.1221-1.

Il importe aussi de proposer le schéma d'un contrat de travail avant la fin de la procédure de recrutement et... de favoriser sa (véritable) négociation.

3.2. Lors de la période d'essai

Il est en outre nécessaire de porter désormais un autre regard sur la période d'essai. Celle-ci, en effet, n'apparaît pas correspondre aux nécessités d'une époque où il convenait de démontrer qu'on avait la qualification (formation, expérience, savoir-faire...) requise pour le poste : en principe, les moyens mis en œuvre lors de la procédure de recrutement (service interne, cabinet externe, tests, etc.) devraient apporter une meilleure garantie. Et, on ne peut s'empêcher, en qualité de conseil, de constater que bien souvent la rupture d'un essai résulte, au moins, pour une grande part d'un recrutement bâclé !

C'est pourquoi nous préconisons (et bien sûr selon les cas) l'usage d'une période probatoire. Celle-ci ne nous paraît pas, en effet, devoir être limitée à l'hypothèse parfois envisagée par certaines conventions collectives à l'occasion d'une «promotion», avec possibilité de «retour à la case départ». D'autant que ceci se révèle le plus souvent irréaliste... tant pour celui qui se trouve ainsi discrédité que pour celui qui l'a (déjà) remplacé. Par contre, il semble de plus en plus justifié (au-delà ou à la place d'une période d'essai pour un salarié débutant, ou en dehors d'une période d'essai pour un candidat expérimenté) de prévoir une période probatoire dont la durée est fixée en considération des spécificités (création de poste, redressement d'une situation difficile, développement, etc.) et donc en fonction d'objectifs précis qui seront périodiquement contrôlés.

Cette formule que nous avons intégrée dans de nombreux contrats bien avant l'accord ANI de janvier 2008 sur la rupture conventionnelle est un «outil» malheureusement peu répandu alors qu'il est parfaitement adapté à de nombreuses situations et pourrait éviter bien des procédures désagréables visant «à trouver» un motif de rupture (pour la justifier).

3.3. En cours de contrat

Lors de l'exécution du contrat de travail, il n'est pas sans intérêt d'organiser aussi, en cours de contrat, des tests spécifiques et/ou des bilans de compétence permettant d'apprécier l'évolution des capacités. Mais il convient de se garder de rompre un essai sans avoir l'intention de procéder immédiatement au remplacement de l'intéressé. À défaut, on ne pourra échapper à une condamnation pour rupture abusive, dans la mesure où l'on apporte ainsi la preuve d'avoir confondu l'adaptation au poste avec une modification de celui-ci ou, pire encore, une suppression de l'emploi.

3.4. Rémunérer les talents

Enfin, concernant la reconnaissance du talent et de sa rémunération, il convient de mieux savoir mettre en œuvre les outils disponibles concernant d'une part, la classification, et d'autre part, les politiques d'individualisation de la rémunération.

La classification

Concernant la classification, il est parfaitement possible de faire une différence entre des salariés occupant le même poste. C'est ce qu'a toujours admis la cour de cassation dès lors que l'employeur peut faire valoir des éléments objectifs concernant «la différence de qualité de travail invoquée»[1]. À l'inverse, elle condamne un employeur qui ne pouvait pas justifier de cette objectivité, dès lors que l'intéressé avait fait l'objet d'un entretien d'évaluation élogieux, plusieurs années auparavant… puis n'avait plus eu d'entretien. Ce qui nous ramène à l'intérêt de mieux formaliser ces entretiens d'évaluation et ne pas feindre d'ignorer leur impact sur la classification ou la rémunération.

L'individualisation de la rémunération

Quant à l'introduction d'une part variable dans la rémunération, il nous apparaît que non seulement celle-ci est légitime, mais nécessaire, paradoxalement par une juste appréciation du principe «à travail égal, salaire égal». Le problème en la matière est que l'entreprise ne sait pas suffisamment, d'une part, gérer cette apparente contradiction et, d'autre part, «sécuriser» la problématique consistant à faire varier le variable!

Concernant le risque de discrimination, il convient, en effet, non seulement d'intégrer le critère d'appréciation objective (et donc d'être capable de justifier d'éléments prédéterminés et connus, ce qui implique là encore une communication sur les outils mis en œuvre), mais il faut aussi savoir conjuguer et lier de manière mesurable les dimensions collectives et individuelles, quantitatives ou plus qualitatives. Or, c'est tout l'art du DRH et de son conseil que de parvenir à ce type d'harmonisation qui est, somme toute, la finalité même du droit et du contrat de travail.

D'où l'intérêt de mieux maîtriser la technique du «contrat de travail évolutif» en trois parties :
- la partie proprement contractuelle ;
- l'annexe informative recueillant les dispositions relevant du statut collectif (tel que le préconise d'ailleurs désormais la loi de 2004) ;
- l'annexe organisationnelle regroupant les décisions qui relèvent du seul pouvoir gestionnaire d'employeur.

4. Conclusion

En conclusion, c'est bien par une nouvelle approche du droit du travail et une meilleure contractualisation des relations sociales que l'on peut espérer mieux concilier l'économique et le social et rétablir un véritable «contrat de confiance» favorable à l'émergence et la reconnaissance de tous les talents et du talent de chacun.

---

1. Cass. Soc. 8 novembre 2005.

Chapitre 34

Du bilan de compétences au bilan des talents et vertus

Michel JORAS

«Mythe, construction ou réalité» (Minet, 1994), «attracteur étrange» (Le Boterf, 1994), «concept-valise» (Gilbert, Parlier), capital immatériel, état ou processus, flux ou stock, individuelle ou collective, la compétence persiste à envahir la sphère éducative et le monde économique et social, en particulier à travers la gestion prévisionnelle des emplois et des compétences (GPEC) et le dispositif du bilan de compétences.

1. Évaluer les compétences

1.1. Les dispositifs d'évaluation de la compétence

> «La GPEC est une démarche apparue dans les années 1980 par laquelle l'organisation recherche l'adéquation, qualitative et quantitative, à moyen terme, de ses besoins et de ses ressources en personnel. La GPEC met en œuvre les concepts de compétences et d'emploi type associés aux outils de la gestion prévisionnelle des effectifs» (Peretti, 2008).

L'accès au dispositif «bilan de compétences» (Joras, 2008), élément d'un droit constant depuis 1991, donne aux actifs, salariés ou non, la possibilité, librement et confidentiellement, de faire le point, le bilan, à la fois sur leurs acquis, à partir de points d'appuis, et sur leurs attentes pour élaborer et développer projets professionnels et personnels, garants de leur avenir, dont ils sont porteurs.

Cette obligation de faire le bilan en dehors de la situation de travail, où sont mobilisées les compétences du travailleur, contribue à diligenter des processus d'évaluation spécifiques, constitutifs des centres prestataires de bilan, qui sont réglementés par la loi du 31 décembre 1991 du code du travail.

Le défi imposé aux centres prestataires repose sur une réalité que les compétences individuelles, mises en action au profit des compétences collectives, richesse essentielle de toute organisation, sont des produits de l'éducation et de la formation, les résultats de l'apprentissage ; elles doivent être décelées, développées, évaluées, validées dans des situations de vie au travail.

1.2. Les composants de la compétence

Les compétences de tout individu se sont réalisées dans un contexte à la fois social, politique, économique et culturel. Les conditions de vie et de santé individuelles ont participé à ce «construit» personnel.

Les compétences professionnelles s'appuient sur les capacités, les aptitudes, habiletés, dons individuels. Ressources de base de l'individu, les capacités peuvent être individuelles, méthodologiques, physiques, manuelles, artistiques mais aussi d'adaptation, d'initiative...

Actuellement, au sein de la sphère de la gestion des ressources humaines (GRH), un consensus se dégage pour définir les composants de la compétence qui sont :
- les savoirs ou connaissances spécifiques et transverses ;
- les savoirs mis en pratique, savoir-faire, aptitudes ;
- l'intelligence personnelle et professionnelle, les capacités ;
- les attitudes comportementales, les savoir-être-avec ;
- l'envie, la volonté de mettre en œuvre ses compétences et de les développer lorsque l'employeur en donne les moyens.

2. Les compétences et le changement

Lors d'une démarche GPEC, ou à partir d'un constat fait dans le bilan de compétences, les compétences constituent une qualification, un acquis, une employabilité (selon le dispositif de la validation des acquis de l'expérience) ; elles sont repérables dans le Répertoire opérationnel des métiers et des emplois (Rome, créé en avril 1993), dans le code des catégories professionnelles (PCS) de l'Insee, et, en accord avec la loi de modernisation sociale du 17 janvier 2002 sur la validation des acquis de l'expérience, dans un Répertoire national des certifications professionnelles (RNCP).

Les compétences ainsi référencées traduisent les éléments du passé, éventuellement du présent, mais en aucun cas n'offrent la capacité à entrer dans le futur incertain, tel que le souligne la conclusion de l'ouvrage collectif *L'Avenir du travail*[1] :

---

1. Jacques Attali (dir.), 2007.

> « La responsabilité de la collectivité des hommes consistera surtout à préparer les générations suivantes à occuper des emplois qui n'existent même pas encore aujourd'hui dans nos imaginations ; ils engendreront et formeront les chercheurs qui découvriront les innovations dont découleront les applications qui rendront nécessaires de tels emplois. »

Dans le monde de la globalisation actuelle de l'économie où les frontières nationales s'effacent devant l'emploi délocalisé, l'expatriation des centres de direction et de gouvernance, de production, et en accord avec la prise en compte des principes du développement durable, les compétences doivent être complétées par des savoirs de résilience, des savoirs culturels, des savoirs éthiques c'est-à-dire des talents et des vertus, que jadis déjà soulignait la Déclaration des droits de l'Homme et du Citoyen du 26 août 1789 dans son article 6 :

> « Tous les citoyens, étant égaux à ses yeux [la loi], sont également admissibles à toutes dignités, places et emplois publics, selon leur capacité et sans autre distinction que celle de leurs vertus et talents. »

3. Les nouvelles compétences

3.1. Talents et vertus, couple des nouvelles compétences

Face à l'incertitude des connaissances, des compétences capables de répondre aux besoins futurs et incertains, les recruteurs recherchent des «forts potentiels» capables de répondre aux changements que refuse tout organisme, toute organisation sachant qu'ils agressent l'équilibre durement atteint, inquiètent l'avenir attendu, remettent en cause les avantages acquis, perturbent les cultures individuelles et collectives. Les changements engendrent une «maladie invisible» qui se présente sous l'aspect de trois syndromes :
– le refus, qui engendre la peur, le stress, une «souffrance» ;
– l'intégrisme, qui ne veut rien changer ;
– l'adhésion, enthousiaste souvent dévorante et dévastatrice du néophyte qui veut tout transformer.

En sus des composants, des compétences classiques telles qu'exposées ci-avant, trois nouveaux savoirs devraient être repérés, analysés, évalués lors de ce «nouveau bilan de compétences» proposé, à savoir, le bilan des talents et vertus :
– savoirs de résilience ;
– savoirs culturels ;
– savoirs être éthiques.

3.2. Savoirs de résilience

> « La résilience est l'aptitude à "rebondir", c'est-à-dire être suffisamment résilient pour anticiper les changements nécessaires et satisfaire à la fois les exigences de la relation de travail et les propres attentes

professionnelles et personnelles des salariés. La résilience ne concerne pas seulement cette capacité de l'individu à encaisser des chocs de carrière professionnelle mais surtout sa capacité à anticiper la survenue de ces chocs et à s'engager dans une voie qui soit satisfaisante pour lui.» (Albert, 2003)

3.2. Savoirs culturels

Face au métissage des cultures, des marchés, de l'emploi, le «talentueux» devra comprendre l'autre, autrui, dont les principes fondamentaux de l'activité professionnelle sont les mêmes, mais qui s'interprètent, se déclinent selon des us et coutumes propres à chaque peuple, chaque ethnie voire chaque branche professionnelle. «Savoir entendre, pour s'entendre, sans s'entendre» exprime ce savoir.

3.3. Savoir être éthiques

Les vertus[1] appliquées aux activités professionnelles s'expriment sous le terme de déontologie :

«La déontologie est un discours d'accompagnement de la vie quotidienne qui vise à éclairer l'individu sur ses propres intérêts, et la communauté entière sur la manière dont elle doit exercer la «sanction» c'est-à-dire la nature de la surveillance mutuelle qu'exige l'impératif d'utilité des conduites.» (Laval, 2007)

Le couple des savoirs culturels et des savoir être éthiques consiste à respecter les «codes», c'est-à-dire les «us et coutumes» informels mais éléments choisis de la culture de toute entité organisée :
– hiérarchiques, les codes servent à marquer la place de chacun dans la hiérarchie, les «distances» entre l'un et l'autre, les règles de conversation, les préséances, etc. ;
– affinitaires, les codes définissent les liens à tisser, à respecter entre les collègues, les autres services, les «petits chefs», les «minorités», le sexe opposé.

Le respect de ces codes de savoir être avec l'autre permet d'éviter les conflits, le stress, la souffrance éthique.

Pour répondre à ces obligations comportementales, l'individu utilisera souvent ses «compétences cachées», armes de sa confiance en soi, afin de se soustraire à un conformisme qui restreint sa personnalité porteuse de son «potentiel talentueux et vertueux» (Elart-Bellier, 2004).

---

1. «Dispositions fermes, constantes, de l'âme à faire le bien et fuir le mal. Vertus professionnelles…», *Dictionnaire Bescherelle*, 1885.

4. Conclusion vertueuse, pour une évaluation des talents et vertus

L'évaluation des talents et vertus dont les éléments abordent le futur immédiat, le futur possible, consiste à découvrir le «potentiel» d'une personne apte à occuper un emploi/métier «futurible» là ou ailleurs, demain ou plus tard.

Dotés des outils classiques que sont les tests, des méthodes utilisées par les assessment centers qui tendent à être valides, fiables et adaptés, les centres prestataires de bilan de compétences – devenues alors des talents et des vertus – auront à déceler les composants de la personnalité potentielle du talentueux, ensemble de qualités et aptitudes difficiles à cerner, à mesurer que sont les «Big Five» des psychologues :
- O : ouverture à l'expérience ;
- C : caractère consciencieux ;
- E : extraversion ;
- A : agréabilité ;
- N : neuroticisme[1].

Évaluer le «talentueux» pour l'aider à faire émerger ses compétences reconnues et/ou découvertes afin d'ajuster sa stratégie professionnelle et/ou personnelle, à partir de ce nouveau bilan appuyé par une «validation d'acquis» devrait être une mission essentielle de la fonction RH (DRH, recruteurs, formateurs).

Les outils, les processus, les démarches restent à perfectionner, sinon à inventer ; sans doute devrait-il être fait appel aux nouveaux experts de la «neurologie comportementale» naissante (Vincent, 2008).

Évitant de participer à une «société de connivence et de privilèges» (Attali, 2008), DRH, recruteurs seront les garants de leurs propres talents et vertus, basés sur un code éthique exigeant professionnalisme, responsabilité, équité, intégrité, confidentialité, confiance.

---

1. Contraire de la stabilité émotionnelle, disposition à ressentir des émotions même désagréables.

Chapitre 35

La guerre des talents n'aura pas lieu

Zahir YANAT

Cette contribution se pare d'un titre à la fois provocateur et prescriptif. Notre conviction se fonde sur le credo selon lequel les talents sont partout disponibles. Mais, au-delà de notre sentiment personnel, cette conviction fait-elle consensus ? Et quels prérequis devraient être mobilisés pour y parvenir ? Avant de proposer une réponse à ces deux questions, il convient de préciser notre approche des talents.

1. Essai de définition

Le talent est ce degré d'excellence que l'on atteint dès lors que l'on est confronté à une sollicitation externe. Selon cette définition, il n'y aurait pas de talent sans comparaison avec autrui. C'est l'existence de l'autre qui révèle notre talent. Cette conception se rapproche de celle de Pierre Mirallès (2007) qui définit le talent comme «excellence plus différence». Pour lui, «si la compétence d'un individu se définit par ce qu'il sait faire, son talent est caractéristique de ce qu'il sait faire mieux que les autres». Ingham (2006) définit le concept de talent en le rapprochant du concept de stratégie d'affaires. Ainsi le talent peut recevoir des définitions aussi variées que :

- personnes occupant des postes de leadership ;
- personnes occupant des postes clés ;
- personnes d'expériences avec des capacités particulières, des réseaux ou des relations interpersonnelles difficiles à remplacer ;
- personnes possédant des habilités rares sur le marché du travail ;
- personnes réalisant des performances hors du commun ;
- personnes disposant d'un grand potentiel pour occuper d'autres postes dans l'organisation.

En ce sens, nous dit Ingham, le talent est un concept qui inclut la notion de compétences. Les compétences clés d'un leader, si elles ne sont pas innées, s'acquièrent dans le cadre d'une démarche permanente de développement professionnel et personnel. Les principales compétences clés à acquérir ou à développer pour cultiver le talent du leader généralement retenues par les entreprises sont :

- compétences métier : le leader talentueux fait preuve du savoir-faire et a des compétences techniques d'un expert dans son domaine de responsabilité ;
- compétences stratégiques : le leader talentueux développe les stratégies et actions de son service ou de sa direction en cohérence avec la vision de son groupe ;
- compétences business : la passion du client constitue un principe fondamental pour le leader talentueux qui comprend les besoins de ses clients et partenaires internes ;
- compétences relationnelles : le leader talentueux intègre activement l'aspect humain dans sa fonction ;
- compétences managériales : le leader talentueux assume la responsabilité de ses performances et de celles de ses collaborateurs ;
- compétences d'exécution : le leader talentueux se mobilise pour obtenir des résultats et réussir ;
- compétences de conduite du changement : le leader talentueux a une attitude positive envers les changements au sein de l'entreprise.

À la lumière de ces définitions quelle réponse pouvons-nous alors proposer aux deux questions soulevées en introduction ?

2. L'affirmation selon laquelle la guerre des talents n'aura pas lieu fait-elle consensus ?

Nous ne disposons pas de résultats statistiques d'enquêtes pertinentes et nous adoptons le parti pris de nous situer sur le plan du débat épistémologique en répondant par l'affirmative et en évoquant successivement l'évidence managériale et la preuve anthropologique.

2.1. L'évidence managériale

L'entreprise moderne s'est construite sur une vision mécaniste et newtonienne qui fait de l'homme un rouage d'une sorte de gigantesque machine.

La taylorisation des disciplines a suivi ce même principe. Chacun dans l'entreprise devait avoir sa fonction strictement définie et l'organisation était divisée entre des directions correspondant à autant de disciplines et d'expertises bien séparées.

L'entreprise moderne actuelle, en situation de globalisation caractérisée par la complexité des marchés, des produits innovants, l'évolution des valeurs des consommateurs et la pression concurrentielle, est contrainte de changer en profondeur son mode d'organisation et de fonctionnement pour gagner en créativité et en réactivité. L'acquisition et le développement des compétences constituent alors une source de talents évidente.

Selon cette conception, l'entreprise s'appuie sur des principes d'action orientée résolument vers une culture de performance plutôt que vers une culture de moyens.

Cette philosophie de l'action au quotidien n'est pas sans rappeler la conception grecque de la «*métis*», cette forme d'intelligence particulière qui associe tactique et esprit de finesse. Elle nous suggère de rechercher la preuve de notre affirmation (selon laquelle la guerre pour les talents n'aura pas lieu) dans l'anthropologie.

2.2. La preuve anthropologique

La pratique du don et contre-don nous enseigne que la nature des relations humaines peut s'adosser sur des valeurs de confiance, d'amour, d'amitié. Certes, l'histoire est riche d'événements violents et de guerres, et Hobbes, dans le *Leviathan*, nous rappelle que «l'homme est un loup pour l'homme».

Mais ne peut-on pas retenir également des moments de paix, de collaboration et de partenariat efficace, lorsque l'intelligence est mise au service de la performance partagée ? Georges Vigneux (2001) nous rappelle avec pertinence – en parlant de la métis – que la justesse du coup d'œil est aussi importante que l'agilité de l'esprit. Il applique la métis au monde moderne en citant l'exemple «du navigateur en mer ou celui du parcours dans le désert, là où les chemins ne sont plus tracés et où il faut sans cesse deviner la route et viser un point à l'horizon lointain».

Autre exemple : le bricolage, qui est une forme moderne de la métis des grecs. Dans bien des pays on est obligé de se débrouiller avec les moyens du bord, de ruser avec les règles en vigueur, de manifester une certaine inventivité dans l'usage des matériaux pour parvenir à ses fins.

Ainsi, nous pouvons mettre en évidence managériale et prouver par l'anthropologie que la guerre pour les talents n'aura pas lieu. Encore faut-il inscrire notre parti pris dans un contexte de prérequis.

3. Les prérequis pour construire le consensus

Ces prérequis portent sur deux dimensions : la dimension managériale et la dimension anthropologique.

3.1. La dimension managériale

Il s'agit ici de s'inscrire dans une démarche de rupture du modèle taylorien. Ce modèle pousse à l'extrême la division du travail, traite le travail comme un objet séparé des personnes et isole les opérateurs, empêchant ainsi les talents de s'exprimer et de s'échanger en toute liberté, comme il sied dans une économie de marché.

Favoriser les approches de coopération et d'innovation signifie adopter une logique d'organisation qualifiante. Selon cette alternative, l'activité industrielle sera conçue sur une base communicationnelle. Chaque salarié pourrait ainsi se projeter dans l'avenir. Il s'agit de permettre aux salariés de réélaborer les objectifs de leur activité professionnelle et de veiller au traitement de l'action industrielle de façon événementielle.

Dans ce contexte, l'obligation triennale, introduite par la loi de cohésion sociale du 18 janvier 2005, de négocier sur la gestion prévisionnelle des emplois et des compétences, constitue un outil de gestion à la disposition du leader talentueux.

Certes, la situation du leader n'est pas toujours simple. Beaucoup ne sont pas suffisamment préparés à leur mission, et ce n'est pas un hasard si les formations au leadership, voire au coaching, comptent parmi les plus demandées pour augmenter ou faire accoucher les talents cachés.

3.2. La dimension anthropologique

Il s'agit de parier sur la transformation de l'ensemble de la vie en entreprise en un contexte de respect, de partage et d'appropriation. Pour ce faire, trois enjeux devront en permanence interpeller le leader talentueux pour réussir la mobilisation, l'implication et la fidélisation des salariés dans la paix sociale.

- Premier enjeu : une posture et une pratique éthique du leader. Il s'agit de l'exemplarité suggérée par Emmanuel Kant d'«agir de telle sorte que tu puisses également vouloir que ta maxime devienne une loi universelle» ou, plus proche de nous, l'invitation de Hans Jonas, «agis de façon que les effets de ton action soient compatibles avec la permanence d'une vie authentiquement humaine sur terre (…) et de façon que les effets de ton action ne soient pas destructeurs pour la possibilité future d'une telle vie».
- Deuxième enjeu : une politique du développement humain. Cette politique sera la traduction d'une culture de résistance. C'est-à-dire du refus de la fatalité, une culture de l'utopie, c'est-à-dire de la foi en un avenir réalisable («*I have a dream*») et d'une culture de la régulation c'est-à-dire de la nécessaire référence à des règles assumées et complémentaires de la créativité.
- Troisième enjeu : une politique de la reconnaissance. Il existe une large palette de signes de reconnaissance du salarié (Yanat, in Peretti 2006) en dehors des incitations salariales de fidélisation : formation, statut, carrières, employabilité,

management de proximité. On s'attachera non seulement à mettre en œuvre des pratiques managériales mais aussi en amont à s'appuyer sur des valeurs humanistes universelles au sens développé par Fernand Braudel (1975) : « Une façon d'espérer, de vouloir que les hommes soient fraternels, les uns à l'égard des autres. »

Dans ce contexte, la confiance constituera une valeur sûre. Une confiance fondée sur une relation pure (Giddens 1987). Cette relation est recherchée pour ce qu'elle peut apporter aux partenaires engagés dans une logique de reconnaissance mutuelle de leur identité propre.

4. Conclusion

En guise de conclusion, nous retiendrons que le talent des talents consiste bien à « traquer » – chez les leaders comme chez les salariés – des habiletés permettant un échange favorisant la construction de la paix sociale et une stratégie d'évitement de guerre souterraine ou explicite. L'entreprise, dès lors, sera un lieu de gestion mobilisatrice et de synergie. Il s'agit, au total, de contribuer à la naissance, au sein de l'entreprise de l'homme total avec ses affects, son histoire, ses attentes c'est-à-dire un acteur éthique et porteur de sens.

C'est sous cette condition que nous pourrons réaffirmer, avec optimisme mais sans angélisme, que la guerre des talents n'aura pas lieu.

.

Chapitre 36

« Talent Mindset », ou comment développer les talents

Catherine VOYNNET FOURBOUL
Corinne FORASACCO

Non sans rappeler le «phénomène compétences» des années 1970, une nouvelle vague déferle depuis le début des années 2000 et s'affirme comme une des préoccupations majeures exprimées par les entreprises dans une formule souvent non nuancée «de guerre des talents». Attirer, fidéliser, développer les talents est ainsi devenue une des priorités du management des ressources humaines.

En effet, beaucoup d'efforts ont été portés depuis quelques années sur la mise en place en entreprise d'une gestion des compétences, même si la réalité des pratiques demeure très hétérogène. De surcroît, il est opportun aujourd'hui de se demander si le caractère justement très analytique et l'objet prévisionnel n'atteignent pas leurs limites. Pour reprendre une analogie avec les approches de développement personnel de John Patrick Golden, il semble que les entreprises évoluent dans leurs critères de désirabilité en valorisant moins systématiquement la prévisibilité, les processus, la planification – en résumé tous les aspects structurants – au profit de la réactivité, l'adaptation, la souplesse. Cette demande fait écho à une vision plus étendue et plus subtile des compétences. Cette subtilité nous semble justement capturée par le concept de talent.

À partir d'une revue de littérature et d'une recherche qualitative menée auprès de quelques entreprises françaises, nous proposons une réflexion sur la façon de développer les talents dans l'entreprise. Compréhension des attentes des différentes populations concernées, renouvellement des approches de développement et approche systémique des conditions de réussite permettent d'identifier les voies favorables à l'émergence d'une réelle culture du talent en entreprise.

1. Des talents au talent

1.1. Le talent dans toutes ses dimensions

La définition du talent est polysémique, et à ce titre offre suffisamment d'espace pour permettre ce que la logique de compétences n'offre pas : un réservoir fluide et riche de possibilités qui correspond davantage à ce que l'on peut retirer de la richesse humaine. Il faut cependant noter que la plupart du temps (en particulier dans les approches anglo-saxonnes) la notion de talent est associée à celle de hauts potentiels, avec en cible une capacité d'occuper des postes de direction. Même si ces deux notions comportent des différences de sens, nous les associerons largement dans notre réflexion car les illustrations de développement observables concernent à ce jour plus spécialement le segment de population des potentiels.

L'accélération des cycles, l'hypercompétitivité des marchés, l'internationalisation de tous les business, la complexité des organisations, l'évolution du lien social ont considérablement modifié les types et niveaux d'exigences attendus des ressources humaines : renforcement des exigences de qualité, flexibilité, réactivité et nouvelles dimensions telles l'innovation, la gestion de l'incertitude − voire de l'irrationnel.

1.2. Le talent dans l'organisation

Le talent se caractérise par l'emploi d'un style personnel qui permet de créer une différence dans l'accomplissement professionnel. Ce style personnel résulte du savoir être de la personne, de sa personnalité et échappe à toute forme classique de normalisation. L'individu talentueux est ainsi un individu qui développe de l'excellence et également de la différence (Mirallès, 2007).

Le Corporate Leadership Council propose une catégorisation du potentiel, en trois facteurs qui doivent être présents en même temps : capacités, ambition et engagement. Transposer cette catégorisation au talent suppose d'être particulièrement vigilants aux facteurs de mobilisation du talent, très liés aux besoins et attentes des acteurs concernés.

Si le talent est le propre de l'individu, l'entreprise a cependant un rôle fondamental dans son expression. Potentiel de création de valeur, facteur de différenciation, le talent est un actif : il doit être exposé au risque de se déprécier.

2. Pour une entreprise de talents

Si des dimensions nouvelles, fréquemment communes à différents environnements et souvent liées au savoir être et aux personnalités, constituent des composantes fondamentales du talent, ce dernier demeure cependant très interdépendant du contexte où il s'exerce.

2.1. Une attention à porter au cadre organisationnel

Il a été couramment observé que, malgré leurs qualités intrinsèques, les talents ne trouvent le bon format de leur expression que dans un cadre favorable qui tient dans la conjugaison d'efforts :

- du côté managérial : avec des modes de management qui laissent l'espace à une forme de libération de la parole et de l'action, qui facilitent et encouragent le fonctionnement en réseau et les dynamiques collectives, des dirigeants qui acceptent − voire stimulent − la prise de risques ;
- du côté des Ressources Humaines, avec la mise en œuvre de modes et dynamiques nouvelles de management des personnes et de leurs parcours professionnels, associée à la lisibilité donnée à ces démarches.

2.2. Pour une évolution des pratiques de repérage et de gestion des talents

L'approche par le développement

Les pratiques évoluent en effet d'une identification des talents sommaire, via une approche par les organigrammes de remplacement, à une préparation plus fluide et dynamique des évolutions des organisations et des successions. Les entreprises adoptent notamment un repérage des potentiels qui n'est plus définitif, leurs listes des hauts potentiels sont mises à jour régulièrement par un comité réunissant un ensemble de parties prenantes telles que les dirigeants, les managers locaux, la direction des ressources humaines. Ces potentiels sont regroupés dans un vivier qu'il s'agit de développer.

C'est ainsi que, dans un objectif de conservation et d'enrichissement de la valeur de ce capital humain, les entreprises performantes croisent le développement du leadership avec leurs processus d'organisation des successions. Et si les plans de succession se concentrent encore généralement sur quelques positions au sommet, le développement du leadership commence bien en aval aux premiers niveaux de management (Conger Fulmer, 2003). Dans cette même logique d'anticipation, les potentiels reçoivent des affectations qui comportent suffisamment de défis pour les exposer véritablement.

Cette approche par le développement a pour but de soutenir le pipeline entier (figure 36.1) des talents au travers de l'organisation (Charan & alii, 2001). Elle peut s'établir par exemple dans un premier temps par la capacité à effectuer des transitions dans une logique de pipeline : du passage 1 (manager soi • manager les autres), au passage 6 (manager une filiale • manager l'entreprise).

Cette approche suppose aussi, au-delà de la gestion des potentiels, de dessiner une conception plus vaste des talents, concernant à la fois les dimensions managériales et les expertises (en particulier celles identifiées comme stratégiques et/ou touchées par la rareté).

L'identification du talent pourra également être le produit de l'observation d'une aspiration à autre chose, qui peut être la capacité à rejoindre un cercle, une catégorie supérieure ou une expertise métier. Cette conception permet de capturer un vivier beaucoup plus large des talents, d'être dans une logique de gestion de la mobilité, posture vertueuse à la fois pour les entreprises et les individus (figure 36.1).

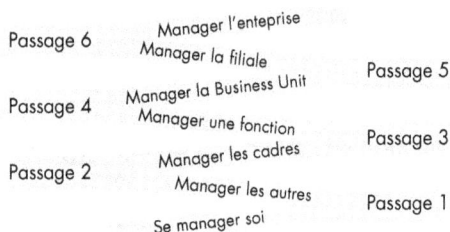

Source : Charan & alii 2001, traduit et augmenté.

Figure 36.1 – Accompagner le cheminement dans le pipeline

Les ressources humaines, dans leur rôle de pilotage des processus de gestion et de développement peuvent aussi contribuer à la mise en œuvre de structure et processus originaux.

Citons par exemple le « conseil de développement des talents » (Talent Development Advisory Committee) (Rothwell Kazanas, 2004). Le but de cette structure, composée de dirigeants et de représentants des ressources humaines, est d'établir des priorités et des lignes directrices pour la sélection, la planification, le développement et l'évaluation des systèmes de développement des personnes.

Donner une visibilité sur les parcours professionnels et les carrières

La communication est une véritable attente des talents qui n'ont pas toujours conscience des mécanismes de gestion et des attentions portées à leur cheminement. Ainsi, chez L'Oréal, il est remarqué que lorsqu'un dialogue étroit s'installe sur la gestion de carrière, les personnes ne partent pas, même avec une offre de salaire attractive.

Demeurent encore de nombreuses hésitations des entreprises à communiquer sur les plans de succession, voire sur les hauts potentiels. Les arguments évoqués sont souvent d'éviter la démotivation de ceux qui ne font pas partie des talents, de ne pas générer une trop grande pression sur les personnes repérées (EADS) ou la peur de créer de l'arrogance (Axa Technip). Mais de plus en plus se développent la transparence et la règle du jeu de remise en cause du «statut» chaque année (Schneider Electric Technip) (Bournois & Alii, 2007).

3. Dessine-moi un talent

Dans les pratiques d'entreprises, le développement proprement dit n'est pas systématiquement valorisé et mesuré. Il est pourtant un des leviers majeurs de renforcement du capital humain.

3.1. Une condition de réussite : diffuser un nouvel état d'esprit managérial

Ce développement nécessite un véritable état d'esprit, car il doit imprégner tout le réseau managérial afin d'être véritablement efficace. Sont ainsi concernés la culture d'entreprise, le domaine des valeurs et des croyances. Le développement des talents concerne plus encore le management que la fonction ressources humaines.

Force est de constater que dans les entreprises où se déploient des processus ressources humaines pourtant aboutis, la gestion des talents pourrait être améliorée très sensiblement en obtenant une implication managériale. Non seulement il est attendu que les dirigeants consacrent du temps aux différents dispositifs de gestion de carrière, mais également que les discussions soient suivies d'engagement.

Les entreprises devront ainsi de plus en plus chercher à obtenir un véritable engagement de la ligne managériale à cette nouvelle donne, en fixant les responsabilités et en pensant une valorisation de cette posture. Par exemple, la bonne gestion des talents peut devenir un critère d'évaluation à inclure dans la prime d'objectif des dirigeants.

3.2. Les meilleures pratiques de développement des talents

Les démarches de développement se démarquent de la formation dans son acception traditionnelle pour concerner l'expérience encadrée au plus près des besoins du talent. Il s'agit de varier les formes d'apprentissage, d'organiser la progression par l'action, l'expérience, la mise en situation, d'avoir recours à l'accompagnement managérial, au tutorat ou au mentorat.

Au-delà des compétences techniques, développer les talents en suscitant leur compréhension de l'environnement, stimuler leur créativité, leur agilité, favoriser l'expression de leur intelligence émotionnelle, leur apprendre à bien réagir à des injonctions paradoxales, inciter à la prise de risque seront des objectifs incontournables de ces actions de développement. Ces mêmes démarches, attentives aussi aux dimensions d'engagement et de coopération seront employées au niveau individuel et collectif.

L'apprentissage par l'expérience et la mobilité

L'apprentissage par l'expérience constitue probablement l'une des meilleures pratiques d'expression et renforcement des talents. Il contribue à l'émergence de l'entreprise apprenante. Il comprend une série d'activités de développement et de mise en situation tels que l'apprentissage par l'action, les missions de dépassement (stretch assignment), la mobilité transfonctionnelle et globale, la promotion accélérée, etc. Cette forme d'apprentissage nécessite une participation active de l'encadrement à tout niveau.

La diversité des situations est l'une des clés de la réussite de ce type de programme, qui inclut la possibilité d'une affectation limitée en termes de durée (six mois souvent) ou sur des projets alternés toutes les six semaines, ceci afin d'observer comment les talents réagissent notamment à des situations de tension, quels sont leurs atouts mais aussi leurs besoins de développement.

> Areva met en place des expériences diverses au sein d'équipes projets (sur sites, au siège social ou à l'étranger). Des expériences très courtes apparaissent aussi, comme par exemple l'opération interne de découverte des métiers de l'entreprise intitulée « Vis mon job » mené par Konica Minolta en France.

En outre, le foisonnement d'expériences, ainsi que la possibilité d'être investi de suffisamment de responsabilités, permettent de susciter un environnement propice à l'excitation et à la motivation des personnes.

L'action learning

Les universités d'entreprise ont fréquemment pour vocation de servir de support à l'apprentissage par l'action. Elles développent dans ce cadre des programmes qui consistent à confier des missions à des talents, en général hauts potentiels et cadres supérieurs dans des périmètres qui tendent à s'élargir.

> Un exercice classique de ces pratiques consiste par exemple en l'organisation d'un travail en équipes sur un thème souvent confié par la direction générale pour une durée significative (période d'un à six mois généralement). Les équipes sont chargées de recueillir de l'information pertinente, d'interviewer des experts et des clients sur le sujet, de passer en revue les meilleures pratiques d'entreprises. Le travail et les recommandations sont ensuite présentés formellement devant un comité de dirigeants qui a pour objectif la mise en œuvre des propositions (Eli Lilly, Bank of America, Dow Chemical, GE, and Dell).

Ces universités sont aussi des lieux d'expression et de développement du talent collectif au travers de sessions de « talent storming ».

Le focus est ainsi largement mis dans ces démarches sur les postures d'ouverture, de transversalité, de coopération. Ces dimensions vont parfois jusqu'à s'exprimer dans l'ingénierie et l'animation des programmes qui peuvent être confiées aux managers eux-mêmes. Ainsi des managers travaillent pour d'autres managers ; c'est la logique développée notamment au sein du groupe Caisse d'épargne avec la GCE Business School.

Dans d'autres cas, les programmes proposés visent à accompagner des situations ou changements de situations professionnelles. Dans l'exemple de l'université d'entreprise d'EADS (Corporate Business Academy), l'objet est aussi le développement des dirigeants et des hauts potentiels, au moyen des programmes Fast et Expand. Fast est conçu pour les Managers ou Senior Managers de talent en poste ; Expand est étroitement lié à l'accompagnement des transitions professionnelles : passage d'une position de Senior Manager à celle d'Exécutive.

D'une manière générale, ces programmes de leadership permettent de promouvoir une meilleure compréhension culturelle à travers les différentes entités des groupes, de fournir des expériences d'apprentissage transfonctionnel pour des populations à potentiel.

Le mentorat

Le mentorat, est une démarche plus émergente qui peut prendre des formes différentes. Il s'agit d'une relation d'apprentissage collaborative et réciproque entre deux ou plusieurs individus. L'un est le mentor, qui porte la responsabilité d'apporter un soutien au mentee (la personne mentorée) sur la base d'objectifs d'apprentissage définis ensemble. Le mentorat est par nature inscrit dans le développement personnel et professionnel (Zachary, 2005). Souvent (mais pas exclusivement) ce rôle est exercé par un membre appartenant à l'organisation, le plus fréquemment souvent choisi pour son expérience, son appartenance au cercle des dirigeants ou des talents qui ont fait leurs preuves.

L'impact du mentorat est particulièrement significatif pour les talents, car cette expérience encourage à donner le meilleur de soi, contribue de fait au succès de l'entreprise, et développe un sentiment d'appartenance à une communauté.

À partir de l'examen des bonnes pratiques, nous pouvons établir un cadre utile à ceux qui souhaitent mettre l'accent sur le développement des talents avec l'objectif de développer une réelle culture du talent (figure 36.2).

IDENTIFIER
LES TALENTS

Définir les critères
de talents critiques
(management et expertise)
en fonction des besoins

Comité de carrière
avec engagement
de la ligne managériale

Préférer l'approche
succession à celle
de remplacement

Valoriser
la mobilité interne

Chercher inlassablement
les talents

TALENT MINDSET :
INFUSER LA MENTALITÉ
DES TALENTS
DANS LA CULTURE
ORGANISATIONNELLE

Interroger les présupposés
en décalage
avec l'esprit « talent » :
un dirigeant est un éducateur

Engagement des dirigeants
dans les programmes
de développement
(Participation active
aux enseignements, facilitation
des projets d'apprentissage
par l'action)

Articulation et mise en cohérence
avec les systèmes de rémunération,
les paramètres de management

ASSIGNER
DES ACTIVITÉS
DE DÉVELOPPEMENT

Conseil de développement
des talents

Itinéraires des développement
« learning maps »

Université d'entreprise
avec animation
par les leaders
des différents
programmes

Pilotage et feed-back

Mission et dépassement,
apprentissage par l'action

Parcours de mobilité

Mentorat

DÉCISION DE
SUCCESSION

Faire vivre un vivier
de talents

Favoriser la diversité
(femmes, minorités)

Être attentif au rythme
de rotations sur les postes

ACCENTUER
LA VISIBILITÉ
DES TALENTS

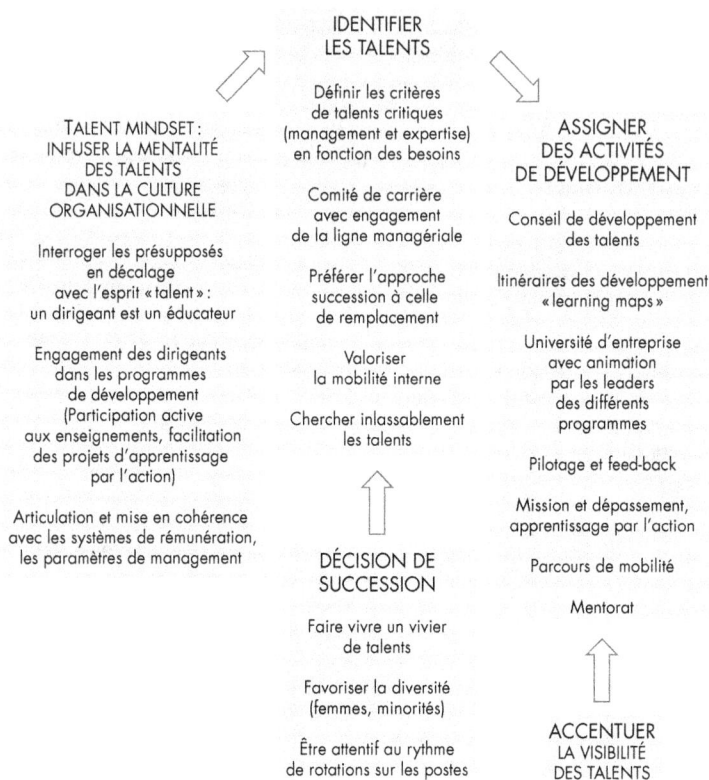

Figure 36.2 - Les actes de développement des talents

4. Conclusion : et si la guerre des talents pouvait se résoudre avec les armes « féminines » du développement ?

À ce jour, même si les entreprises affirment d'une manière quasi unanime être engagées dans une guerre des talents, peu d'entre elles développent des approches globales, cohérentes et étendues de gestion et de développement du talent.

Les dispositifs concernant les hauts potentiels se sophistiquent, les programmes de développement du leadership s'étendent, s'étoffent. Mais toutes les entreprises ont des progrès à faire en matière d'ancrage business de leur action d'une part et d'anticipation d'autre part, cela afin d'identifier clairement leurs besoins plus exhaustifs en termes de talents critiques en termes de leadership mais aussi pour les populations d'experts.

Une autre faiblesse est observée à propos de l'insuffisance d'articulation des démarches et outils ressources humaines et management, condition sine qua none pour une couverture plus large de la gestion et du développement des talents. La segmentation, notamment des populations ne doit pas en effet exclure l'approche globale et la cohérence.

Nos recommandations portent ainsi largement sur le nécessaire développement d'une capacité de prévision, que nous qualifierons d'«agile» car il est fondamental de conserver une flexibilité aux démarches et outils mis en place et de pouvoir faire évoluer les frontières des viviers pour faire face à la volatilité des situations d'activité de l'entreprise.

Les voies de développement quant à elles, ont du sens à se centrer sur les personnes dans toutes leurs dimensions, à prendre appui sur un développement personnel fort, une construction autour du leadership. Un talent, pour lequel l'entreprise va veiller à une succession d'expositions à des situations variées, doit développer sa capacité à pouvoir agir hors de sa zone de confort et pour ce faire, renforcera utilement son équilibre global.

Du côté des Ressources Humaines, le défi sera de formaliser les parcours types stimulants, donner de la lisibilité sous la forme d'itinéraires ou «learning map». Le développement des talents, centré sur les personnes, doit être aussi attentif à sa capacité d'introduire, de créer des temps et espaces de partage et de communauté, facteurs de performance. Ce périmètre «communautaire», terreau de talent, socle d'affermissement de la confiance en soi et en l'organisation jouera en outre un rôle évident de fidélisation.

Enfin en termes de logique, si certes la guerre des talents évoque des stratégies d'intimidation et de domination, les meilleures solutions qui consistent à développer une culture du talent en entreprise nous semblent parfois aux antipodes de la façon dont le problème est posé. Ainsi, au lieu de se placer dans des démarches dites «masculines», les entreprises gagneraient très probablement à employer des approches relevant des stéréotypes dits «féminins» visant le respect, les bénéfices mutuels, les soins et la responsabilité, toute méthode douce apportée aux personnes qui leur sont chères (Piderit, 2007). Cette coopération transformative n'est-elle pas une voie nouvelle et constructive du développement des talents?

Chapitre 37

Développement des talents : l'exemple du groupe Caisse d'épargne

Laurent CHOAIN

> *« Le talent c'est la hardiesse, l'esprit libre, les idées neuves. »*
> **Tchekhov**

Affirmer « Tous talentueux ! » ne prend pas le même sens dans toutes les entreprises. Dans un groupe de service de 50 000 personnes, multiséculaire, à statut coopératif, où le taux de turn-over est très bas (en moyenne inférieur à 5 %) et où la promotion interne est la règle, mais qui intègre aussi chaque année plus de 2 500 nouveaux collaborateurs, ce sujet est le cœur de la politique de ressources humaines.

« Tous talentueux », dans le groupe Caisse d'épargne, n'est pas un constat mais une ambition dont la mise en œuvre repose sur trois fondamentaux :

– le statut coopératif, combiné à une taille moyenne croissante des entreprises constituant le groupe, favorise la tentation d'une gestion « locale » des talents. Le premier principe, c'est que dans un groupe décentralisé, la priorité à la promotion interne doit aller de pair avec la mobilité interentreprises, sous peine de sclérose et d'attrition des potentiels ;

– le deuxième principe, extensible aux entreprises de service, où l'attitude est la pierre angulaire du potentiel, c'est l'attention apportée par les dirigeants à l'identification, la sélection et la reconnaissance des talents – y compris par-dessus les lignes hiérarchiques et les équipes RH ;

– enfin, il n'est pas possible de « travailler » directement les talents. La réponse n'est pas dans la formation, mais dans le management intermédiaire, et une politique de développement massif des talents passe par une valorisation de la responsabilité des managers de proximité dans leur rôle de détection et d'attention permanente.

Ces deux derniers principes ne sont pas contradictoires ; ils trouvent leur osmose dans une idée très simple : sur le long terme, le talent d'une entreprise se mesure à l'aune exclusive de la qualité de son management.

1. Talent, mobilité et diversité d'expériences

Une grande entreprise américaine a popularisé dans les années 1990 un mantra de recrutement, d'évaluation et de développement des collaborateurs reposant sur trois critères simples et intangibles, quel que soit le métier ou le niveau de responsabilité dans l'entreprise : « *Smart, work hard, get things done* ».

Tout réfléchi, « Smart » ne veut pas dire autre chose que talentueux. Mais toutes les entreprises ne sont pas égales devant la facilité à recruter ou retenir des talents. La vraie ligne de démarcation, c'est celle qui sépare l'acquisition de talents du développement de talents ; et là, la profession se divise.

1.1. Aligner et ajuster...

D'un côté se rangent les DRH «process», qui investissent considérablement sur «l'alignement stratégique» et la consistance des pratiques managériales. Cette approche correspond bien à des modèles d'entreprises centralisées, et donne à la fonction RH une place dominante dans le management direct des talents. Paradoxalement, dès lors que les process sont bien en place, il est nécessaire de veiller à ce que les professionnels RH n'aient pas un profil «process», de sorte qu'un système mécaniste efficace conserve une dynamique et une proximité relationnelle forte.

D'un autre côté, on trouve les DRH «relationnels», qui donnent systématiquement la priorité aux lignes de management opérationnel et font reposer sur leurs équipes RH la flexibilité et l'ajustement des process, sans les établir en dogmes intangibles. Paradoxalement, les équipes RH dans ce cas ont un rôle dans l'administration du management des talents, plus que dans leur management direct. Ce modèle est adapté aux entreprises de service, et de manière générale aux entreprises décentralisées et exige de porter une attention permanente :

– à l'implication des dirigeants opérationnels dans les questions de développement des ressources humaines et singulièrement dans la détection et l'accompagnement des talents ;
– à l'animation de la filière RH en la concentrant sur des actions à forte valeur ajoutée, privilégiant un rôle de facilitation, plus que de régulation, du management des talents.

1.2. ... ou favoriser la mobilité fonctionnelle

Cette deuxième approche a deux conséquences sur la filière RH : y accroître la part des cadres et des hauts potentiels à l'intérieur d'un effectif «optimisé», et favoriser une organisation par projets de deux ou trois ans plutôt que par grandes directions classiques (affaires sociales, formation, emploi, etc.).

Le focus de la filière RH doit alors devenir la mobilité fonctionnelle – conjuguée naturellement dans un grand groupe multi-entreprises avec la mobilité géographique – des managers à potentiel, ensuite des potentiels non encore managers, enfin mais plus accessoirement de l'ensemble des collaborateurs.

S'il faut donner deux indicateurs clefs de pilotage correspondant à cette approche, ce sont les suivants :

- le facteur d'exportation de talents : c'est le nombre de collaborateurs, sur une période donnée, qui ont quitté une unité (entreprise, département, direction) pour rejoindre une autre entité du Groupe avec une promotion
- la part de budget de formation consacrée à des actions non directement destinées à renforcer la compétence dans le poste mais l'employabilité de moyen-long terme.

2. Un dirigeant, c'est quelqu'un qui développe des dirigeants

2.1. Une anecdote…

Le président de la chaîne internationale d'hôtels de luxe Kempinski, intervenant devant les directeurs généraux de ses hôtels pour expliquer la nouvelle politique RH de l'entreprise, raconte l'anecdote suivante.

J'étais alors un jeune directeur général d'un grand hôtel parisien ; le chef des pompiers de l'hôtel me demanda une entrevue particulière. «Monsieur Wittwer, me dit le pompier, je voudrais travailler dans l'hôtellerie.» «Vous êtes le chef pompier d'un des plus grands hôtels de Paris.» «Oui, mais mon rêve, c'est d'être dans le lobby, d'accueillir des clients…» Après quelques minutes de réflexion et d'échange, je lui ai proposé le marché suivant : «Je vais vous nommer pour trois mois assistant concierge. Si ça marche, vous poursuivrez votre carrière et vous serez un jour un grand concierge. Si par contre ça ne marche pas, alors vous retrouverez immédiatement votre poste de chef des pompiers, dans lequel nous vous apprécions tous.»

Récemment, en revenant vingt ans après dans cet hôtel, le chef pompier devenu concierge s'est dirigé vers moi et m'a chaleureusement remercié de lui avoir offert, vingt ans plus tôt, la chance de faire le métier qui l'habite encore aujourd'hui.

Revenant à ses directeurs généraux, Reto Wittwer leur posa la question suivante : «Que se serait-il passé si le chef pompier était allé voir le chef du personnel de l'hôtel ? Et donc selon vous, qui est responsable de l'émergence des talents dans vos hôtels ?»

2.2. Le développement des talents n'est pas l'affaire des RH !

De fait, le développement des talents n'est en réalité pas une affaire de RH. C'est la responsabilité première des dirigeants qui disposent pour cela des principaux atouts :

- ils savent de l'intérieur ce qu'exige d'être dirigeant ou simplement manager ;
- ils ont le pouvoir de dire oui sans atermoiement ;
- ils sont généralement plus synthétiques qu'analytiques, et cherchent à voir comment utiliser le potentiel de celles et ceux qui les entourent, plutôt que ce en quoi ils auront des limites dans leur action future.

Dans le groupe Caisse d'épargne, les dirigeants sont au cœur de tous les processus d'identification, de sélection, de recommandation, d'accompagnement et de formation des talents.

2.3. Ne pas surdéterminer la gestion par les compétences

Mais la plus grande qualité des dirigeants dans le management des talents, c'est qu'ils savent ne pas surdéterminer ce qui constitue encore trop aujourd'hui l'alpha et l'oméga d'une politique RH : la gestion par les compétences.

Anticipatrice ou prévisionnelle, la gestion par les compétences, qui a permis de grandes avancées en décalant le dialogue social, s'avère souvent antithétique avec le développement des talents. La question n'est bien sûr pas de rejeter le contenu de la gestion par les compétences, qui est d'ailleurs assez tautologique (on peut inclure dans les «compétences managériales» beaucoup d'éléments qui ne sont pas du registre d'une compétence mais d'un talent, pour ne pas dire d'une inspiration).

Très peu de dirigeants de haut niveau s'intéressent à la gestion des compétences ; la plupart d'entre eux sont d'abord préoccupés par la pérennité de l'entreprise, plus que par sa productivité instantanée, qui dans leur esprit est l'affaire du «Chief Operating Officer», voire du DRH. Et la question des talents dans l'entreprise est au cœur de la préoccupation de pérennité, non de productivité.

Dans une logique de gestion par les compétences, le chef pompier ne serait jamais devenu un formidable concierge…

3. Créer chez les managers de proximité une culture de développement des talents

3.1. Une culture insuffisamment développée

C'est le point crucial et névralgique d'une politique de développement des talents. Si le deuxième principe, qui concerne les dirigeants, est plutôt «généralement accepté » – même s'il est encore inégalement appliqué –, très peu d'entreprises font l'effort de développer une culture managériale globale autour du développement des talents. À cela plusieurs raisons :

- beaucoup de managers le sont « par hasard » ; compétents ou simplement motivés, attirés par un statut et un meilleur couple « autonomie/reconnaissance », une quantité croissante de managers peine à s'identifier dans la durée au rôle moderne, productiviste et motivateur qu'on leur décrit. Vivant un système imparfait à leur égard, ils sont des vecteurs suspicieux des légendes sur le développement des talents dans l'entreprise ;

- le développement des talents n'est presque jamais un objectif affiché et valorisé dans l'appréciation des managers de proximité, en particulier dans les réseaux commerciaux ;

- il ne faut pas développer plus de talents qu'il n'y a d'opportunités, faute de quoi ils partiront et la démotivation se répandra.

3.2. « 100 % managers »

Le groupe Caisse d'épargne s'est lancé dans une expérience unique – à la fois inédite mais peu reproductible car très lourde – visant à créer une culture managériale forte : « 100 % managers ». La créativité est à tous les étages de la mise en œuvre de cette idée simple, et elle peut se résumer dans ce principe : on ne crée pas une culture managériale par une action de formation, mais par l'échange direct et organisé des managers entre eux.

Le principe en est donc simpliste : réunir par groupes de 70, dans une convention sans unité de temps, les quelque 6 000 managers (pas les cadres, mais les responsables d'équipes) du groupe à l'occasion d'un séminaire permettant d'aborder quatre fondamentaux de management : le rôle du manager dans la qualité de service, le rôle du manager dans la politique de rémunération, le rôle du manager dans la communication et la gestion des risques psychosociaux au travail, et le rôle du manager dans la détection et la promotion des talents à tous les niveaux de l'entreprise.

En abordant avec les managers la question de la détection, mais aussi de la rétention des talents, on touche à un point sensible : les études montrent systématiquement que l'attrition des collaborateurs à potentiel tient principalement à un mode de management inadapté. Sur ce genre de sujets sensibles, la réceptivité des managers à des messages « top-down » est très faible et génère des comportements défensifs.

Sans être une panacée, la méthode « Tupperware », qui consiste à faire débattre entre eux les managers, permet d'ouvrir des espaces de prise de conscience et de conviction, atténuant les mauvaises pratiques. L'attention portée par les dirigeants à cette question de l'attrition des talents permet de dépasser le stade de la discussion de type «café du commerce».

La mise en place d'un système d'entretien déporté par un autre manager, six mois après la sortie du collaborateur, permet d'atteindre plusieurs objectifs :

- sensibiliser par porosité les managers à la rétention et au développement des talents : en réalisant un entretien avec l'ex-collaborateur d'un autre manager, l'interviewer se retrouve dans une situation d'apprentissage décontextualisé ;
- l'expérience montre que les ex-collaborateurs sont sensibles à cette démarche : l'image employeur s'en trouve renforcée ;
- des expériences réussies de «re-recrutement» après ces entretiens créent une dynamique positive pour l'ensemble de l'entreprise.

4. Conclusion

L'histoire des directions des ressources humaines en France est structurée autour de quelques grandes avancées, souvent inspirées par des industries spécifiques qui ont su faire évoluer de grands modèles d'organisation où la question de la compétence était centrale. Ces modèles ont trouvé un écho réel dans les administrations et un corpus réglementaire est venu soutenir cette approche.

Néanmoins, un triptyque vient bousculer les repères : l'international, les services et les talents.

- L'international tout d'abord, qui «écrase» les particularismes nationaux et oblige à avoir une vision dépouillée mais globale de la fonction RH, favorable à l'implication des dirigeants dans les questions de développement humain plutôt qu'à la maîtrise des affaires sociales.
- Les services ensuite, où de bons process industriels ne remplaceront jamais l'importance du management de proximité dans la qualité de l'acte de service joué par le collaborateur et perçu par le client.
- La logique des talents enfin, beaucoup plus confuse mais aussi porteuse que la logique analytique des compétences, et qui nécessite une implication déterminante – soutenue en permanence par les dirigeants – des managers de proximité, ce qui est la marque de fabrique des entreprises enthousiasmantes.

Chapitre 38

Une nouvelle lecture du talent à l'aune de l'approche « capital humain »

Alexandre GUILLARD
Josse ROUSSEL

> *« La raison d'être d'une organisation est de permettre à des gens ordinaires de faire des choses extraordinaires. »*
> Peter Drucker

On peut prendre toute la mesure de l'enjeu du management des talents par les entreprises en retraçant l'apparition des dispositifs que celles-ci leur ont dédiés spécifiquement. Le plus souvent placées sous la houlette du directeur des ressources humaines ou, dans certains cas, rattachées directement à la direction générale, les fonctions de gestion de talents sont nées en partie dans le sillage des années 2000, pour ensuite connaître un relatif reflux et atteindre aujourd'hui une certaine maturité (Bournois, Point, Rojot, Scaringella, 2007).

Avec le papy-boom et le vieillissement de la population active, le problème du transfert des savoirs et de la relève des compétences ainsi que la question des talents revêtent une importance singulière. C'est particulièrement vrai dans les secteurs de la banque et de l'assurance. En outre, les transformations profondes que connaissent ces métiers en termes d'orientation clients, d'industrialisation et, plus globalement, de refonte de la chaîne de valeur, engendrent une demande nouvelle des cadres clés (Observatoire des métiers de l'assurance, 2006).

La combinaison des enjeux du papy-boom et de la pénurie actuelle de talent sur certains segments clefs d'emplois (financiers, comptables, actuaires, gestionnaires dans le secteur de la banque et de l'assurance) remet au premier plan la question de la « guerre des talents » selon la fameuse expression popularisée il y a une dizaine d'années par le cabinet anglo-saxon McKinsey (Michaels, Handfield-Jones, Axelrod, 2001). Dans ce contexte, on peut prévoir que les entreprises soient fortement tentées de se lancer dans une surenchère qui pourrait ressembler au concept de «course aux armements» issue de la théorie des jeux, c'est-à-dire des stratégies d'escalade fortement préjudiciables pour l'ensemble.

1. Principes de l'approche «capital humain» appliquée aux talents

1.1. Les limites des approches usuelles des talents et des conceptions psychologisantes

Face à ces nombreux défis, quelle approche adopter? La littérature ne manque pas sur le sujet. Il suffit pour s'en convaincre de recenser le nombre de publications, d'articles, de colloques et de formations consacrés au leadership et au talent depuis les cinq dernières années, malgré le caractère récent de l'étude du sujet et la fragilité dont souffre encore le concept sur le plan scientifique.

Il n'est pas besoin d'un inventaire exhaustif pour relever la prééminence des conceptions de nature psychologisantes. Cela reste particulièrement saillant dans la littérature managériale, qui, malgré des oscillations, reste très largement influencée par le mythe de l'homme providentiel – «Talent Myth», pour reprendre le titre du fameux article de Malcolm Gladwell (Gladwell, 2002) critiquant la vision de McKinsey (2001). On peut aussi relever la séduction qu'exercent les théories dites des «traits psychologiques» dans le domaine du leadership.

Ces approches nous semblent particulièrement inadaptées pour intégrer les défis systémiques, collectifs et organisationnels que soulève le management des talents. C'est précisément l'objet de l'approche capital humain, telle que nous la concevons, que de tenter d'y répondre, ce que nous allons développer dans ce chapitre.

1.2. Une grille de lecture issue de l'analyse économique

L'articulation entre capital humain et talent apparaît clairement dès lors que l'on se représente un talent comme un individu doté de compétences et d'aptitudes qui ont de la valeur pour l'organisation. L'approche capital humain consiste ainsi à changer le regard que nous portons sur les compétences en nous appuyant sur une grille de lecture issue de l'analyse économique, à la fois rigoureuse et féconde.

Cette approche a le mérite de nous faire prendre conscience qu'un talent, à l'instar d'un capital, doit être développé, notamment par l'investissement en formation, mais qu'il peut également se déprécier.

Le caractère humain de ce capital rend sa gestion délicate. Celle-ci requiert de la rationalité bien sûr, mais aussi de l'empathie. Une gestion d'autant plus délicate que la valeur d'un talent dépend tout autant de la qualité de l'organisation au sein de laquelle l'individu évolue que de ses compétences strictement personnelles. L'approche capital humain appliquée à la gestion des talents permet de prendre conscience de l'étroite imbrication entre les compétences individuelles et les procédures organisationnelles.

1.3. Capital humain : de quoi parle-t-on ?

Le capital humain d'un individu se définit donc surtout par les connaissances et compétences que ce dernier maîtrise. Ces connaissances et compétences se sont accumulées tout au long de la scolarité, au cours des diverses formations suivies et à l'occasion des expériences vécues (Fuente et Ciccone, 2002).

On peut en distinguer trois composantes essentielles (Fuente et Ciccone, 2002) :
– les compétences générales (alphabétisation, calcul de base, capacités d'apprentissage) ;
– les compétences spécifiques liées aux technologies ou aux processus de production (programmation informatique, entretien et réparation des pièces mécaniques par exemple) ;
– les compétences techniques et scientifiques (maîtrise de masses organisées de connaissances et de techniques analytiques spécifiques).

Partant, les gestionnaires s'efforcent d'identifier comment la firme peut construire et développer des compétences et des routines organisationnelles performantes.

Le capital humain joue un rôle fondamental dans la mesure où, d'une part, il correspond aux connaissances que les collaborateurs mettent à la disposition de l'entreprise et où d'autre part, il permet de développer les compétences et d'améliorer les procédures, notamment par l'innovation. En effet, les ressources humaines disposent d'un stock de connaissances qu'elles peuvent augmenter (formation) ou utiliser pour en créer de nouvelles (innovation) tant en matière de procédures de gestion, de brevets industriels comme de compétences managériales.

Au sein de l'entreprise, le capital humain tisse des liens féconds tant avec le capital organisationnel – compétences collectives, routines organisationnelles, culture d'entreprise – qu'avec le capital relationnel – capital confiance auprès des clients, fournisseurs et investisseurs – (Burlaud, 2000). Cette représentation est proche de celle proposée par Edvinson et Malone (1997) articulant les notions de capital structurel, de capital clients et de capital humain. La littérature managériale et gestionnaire met quant à elle en avant des représentations du capital humain pertinentes du point de vue de la gestion des talents.

2. Développer le capital humain spécifique à la firme

2.1. Un objectif prioritaire

Le développement du capital humain spécifique à la firme devient de plus en plus un objectif prioritaire pour la plupart des entreprises. Pour de nombreux chercheurs (Stewart, 1997 ; Foray, 2000), la montée en puissance de l'économie de l'information et de la connaissance signifie que le processus de création de richesse au sein des firmes repose davantage sur les connaissances que sur les actifs physiques. Le capital humain est appelé à jouer un rôle de plus en plus crucial comme source de l'avantage concurrentiel. Plus précisément, si l'on reprend la typologie du capital humain distinguant le capital humain général de celui spécifique à la firme (Hatch et Dyer, 2004), ce dernier type devient le contributeur clé de l'avantage concurrentiel.

Le capital humain spécifique à la firme accumulé par les collaborateurs de l'entreprise (connaissances liées à des procédés et ou des équipements spécifiques à une firme en particulier) n'a que très peu de valeur dans une autre firme. En conséquence, si les collaborateurs ne sont pas incités à investir dans le développement de ce type de capital humain, ils renâcleront à développer des connaissances spécifiques à la firme et préféreront des connaissances génériques ou liées à une expertise professionnelle clairement délimitée, afin de développer un capital humain qui ne perde pas de valeur en «sortant» de la firme.

2.2. Les systèmes d'incitation

Les firmes capables de mettre en place un système d'incitation au développement du capital spécifique à la firme, disposeront d'un avantage concurrentiel durable. Par ailleurs, si les firmes investissent dans le capital humain spécifique à la firme, c'est qu'il est le plus souvent lié à des méthodes ou à des équipements eux-mêmes spécifiques. Il leur faut donc former les collaborateurs à ces méthodes et à l'utilisation de ces équipements.

Dès lors, il s'agit de mettre en place un système d'incitations qui, d'une part, permet à la firme de protéger les investissements qu'elle réalise dans le développement du capital humain spécifique à la firme, et d'autre part, encourage les salariés à également investir dans le développement de ce type de capital humain.

La participation des salariés au capital de l'entreprise («employee ownership») est une solution intéressante pour Robinson, Wilson et Zhang (2002). Ils montrent, à partir d'une recherche réalisée sur 600 entreprises britanniques, que celles dotées des stocks de capital humain et physique les plus spécifiques privilégiaient une participation des salariés au capital financier de l'entreprise. Le salaire sert en quelque sorte à rémunérer le capital humain générique et spécifique à la tâche des collaborateurs, alors que la participation au capital financier de l'entreprise permet de «rémunérer» la fraction spécifique à la firme du capital humain.

Au-delà des nécessaires investissements en formation, une politique de développement des talents devra déployer un système de rémunération suffisamment incitatif pour amener les collaborateurs à développer leur capital humain notamment dans la composante spécifique à la firme.

3. Quelques enseignements et pistes de travail pour le futur

L'approche capital humain, comme nous venons de le montrer, est une nouvelle façon de rendre compte de la valeur du talent. Sur un plan pratique, certains enseignements peuvent être tirés pour les managers et les professionnels des ressources humaines. Nous nous limitons à quelques pistes de réflexion conçues principalement en fonction de ce que nous percevons de l'état actuel des pratiques des entreprises.

3.1. Mettre en œuvre une nouvelle mesure de la compétence des talents

Comme on l'a vu, l'approche capital humain modifie considérablement le type de mesure classique pratiquée dans la plupart des organisations et défendue par bon nombre de départements de ressources humaines. Malgré les progrès accomplis avec la gestion des emplois et compétences (GPEC), la vision par poste et par fonction individuelle reste en effet très prégnante. Nous avons montré que cette vision ne permet pas de comprendre la contribution du talent en termes de création de valeur.

L'approche capital humain introduit une mesure davantage stratégique du talent : ce dernier, inséré dans un ensemble de procédures organisationnelles critiques, doit «activer» les ressources organisationnelles (procédures, méthodes, routines, etc.) pour se révéler pleinement. Aussi entraîne-t-elle un nouveau type d'évaluation des compétences. Les managers ne sont plus évalués seulement sur la base de leur fiche de fonction (méthode classique), mais sur celle de leurs compétences clés par rapport à la stratégie de l'entreprise et sa déclinaison en matière de capital humain. Elle recouvre largement le principe de la méthode dite *balanced scorecard*, ou tableau de bord équilibré (Kaplan et Norton, 1992). La force de ce type d'évaluation est de renforcer la cohérence entre le pilotage de l'entreprise, celui du capital humain et le management des talents.

In fine, cette approche peut permettre de donner des éléments de mesure de l'impact en termes de valeur de chaque talent, que l'on peut traduire à deux niveaux :

en premier lieu, l'impact direct ou indirect sur les revenus de la contribution des talents par rapport aux objectifs ; en second lieu, le coût de développement et d'entretien des talents.

3.2. Élargir la vision des potentiels et des talents

Un autre intérêt de l'approche capital humain est de diversifier la base d'investigation et de détection des talents. Celle-ci opère à tous les niveaux de l'organisation pour identifier et soutenir tous les contributeurs clés à la valeur au sens large. Dans cette optique, on s'intéressera en particulier au middle management, à certains postes d'employés et aux experts dont la filière est souvent ignorée au profit de la (seule) voie d'excellence que représente la filière du management.

Des analyses documentées sur les réseaux en entreprise (graphe de réseaux) peuvent permettre de mettre en évidence ces contributeurs peu visibles au travers des organigrammes classiques.

3.3. Poursuivre le travail sur les processus et la mobilisation des leviers organisationnels

L'approche par les processus au sein des fonctions RH est de plus en plus fréquente, du fait des exigences croissantes d'efficacité, de productivité et de performance qui pèsent sur ces dernières. Elle semble encore de portée limitée dans le domaine spécifique des talents. L'enjeu est double :

◗ appliquer les méthodes d'optimisation et d'analyse de la valeur en faisant appel aux différents registres du balanced scorecard, par exemple sur les processus supports du management des talents (attirer, développer, perfectionner, retenir), en gardant bien à l'esprit les dimensions contextuelles et systémiques que nous avons évoquées ;

◗ agir sur les conditions contextuelles de valorisation des talents par un dialogue incessant et fécond entre les professionnels RH et les managers, de façon à maximiser le capital humain spécifique à l'entreprise.

3.4. Promouvoir l'innovation organisationnelle au service des talents

Cela découle là aussi d'un des postulats de l'approche capital humain et de son principe de développement de l'employabilité. Si développer les talents, c'est réunir les conditions pour les faire émerger, cela doit passer aussi par un travail spécifique et permanent de réflexion autour des modes d'organisation les plus pertinents pour maximiser le talent individuel et collectif. Dans cette perspective, des modèles valorisant l'autonomie, la prise d'initiative et la créativité, comme par exemple celui des équipes dites autonomes (Tonnelé, 2007), peuvent s'avérer particulièrement adaptés pour assurer le défi du développement du talent. Cela nécessitera néanmoins un travail conséquent pour vérifier les conditions de mise en œuvre, en particulier l'alignement des différentes parties prenantes, à commencer par les managers et les professionnels RH et, au-delà, la compatibilité de ce mode d'organisation avec le style de management.

4. Conclusion

L'approche capital humain telle que nous l'avons définie devrait aboutir à redéfinir la vision du talent et de sa mesure. À tout le moins, elle devrait pouvoir contribuer à enrichir la question des conditions d'émergence des talents, en remettant l'accent sur la dimension organisationnelle inter-reliée avec le développement individuel. Son application suppose néanmoins plusieurs paramètres difficiles à réunir :

» un abandon des prémisses des approches classiques du management des talents donnant la primauté à l'individu sans tenir compte du rôle de l'organisation ;

» un renouvellement des méthodes de gestion des compétences dans une optique davantage stratégique ;

» une vision souple et ouverte des dirigeants : reconnaissant le capital humain, et restant humble devant ce défi permanent du développement et du management dans la durée des talents du futur.

Mais ne nous leurrons pas : cette transformation est loin encore d'avoir été accomplie par l'ensemble des entreprises. Elle ne pourra être menée sans une coopération efficace entre managers et professionnels RH, assistés dans certains cas par des experts en organisation. C'est en définitive avec le concours de tous les acteurs que pourra être réalisée l'ambition que porte le titre du présent ouvrage : « Tous Talentueux ».

Chapitre 39

Développer les talents : une affaire interne et/ou externe…

Jean-Pascal ARNAUD
Jean-Marie PERETTI

Certaines entreprises considèrent la gestion des talents comme une affaire strictement interne. Elles mettent en place des dispositifs pour identifier, développer, faire évoluer et fidéliser les talents en fonction de leurs besoins actuels et futurs. Elles privilégient le marché interne des talents en limitant au maximum les échanges avec le marché externe des talents. Elles sont réticentes à recruter à l'extérieur des talents qui n'ont pas été cultivés en interne. Elles mettent en œuvre des pratiques de rétention et de fidélisation qui réduisent les risques de départ. Et, pour éviter les risques de perte de talents ou de développement de talents en dehors de leurs besoins spécifiques, elles limitent parfois au maximum le recours à des intervenants externes. Elles préfèrent assurer avec des moyens et des équipes internes l'essentiel des activités qu'implique un management des talents.

D'autres entreprises ont une vision plus ouverte. Elles acceptent que des collaborateurs développent des talents qu'ils, éventuellement, mettront en œuvre dans d'autres structures. Elles recherchent des candidats talentueux qui ont démontré leur excellence dans d'autres entreprises. Elles s'appuient sur des partenariats avec des prestataires externes sur toute la chaîne des activités que nécessite un management dynamique des talents.

Ce chapitre aborde deux thèmes : le rôle des acteurs externes dans le management des talents et le marché, strictement interne ou plus large, des talents.

1. La contribution des acteurs externes pour développer des talents dans l'entreprise

1.1. Les deux dimensions du talent

La responsabilité d'une direction des ressources humaines, dans le domaine du management des talents, consiste fondamentalement à :
- déceler les talents, participer, contribuer à cette détection des talents, depuis l'étape fondamentale du recrutement ;
- faire s'exprimer ces talents, en évolution permanente, dans un rapport de proximité avec toutes les personnes de l'entreprise.

Pour un DRH, il y a dans le mot « talent » d'une part une idée de don, d'aptitude qui renvoie aux termes de compétences et de capacités, mises en œuvre ou potentielles, chez chaque collaborateur et, d'autre part, une notion de goût, d'inclination, de motivation et de désir. La fonction RH doit donc prendre en compte ces deux dimensions.

La direction des ressources humaines, dans l'ensemble des pratiques que nécessitent la détection et l'expression des talents, n'agit évidemment pas avec ses seuls moyens. Au-delà des processus internes, elle doit pouvoir profiter d'une expertise, d'un regard et d'une analyse externes.

1.2. Cinq axes de développement des talents

▷ Développer au sein de l'entreprise un management de réelle proximité, qui sache être à l'affût des possibilités d'évolution des compétences et des motivations de chaque salarié. Le manager doit être le « premier RH », celui qui détecte et développe les talents de ses collaborateurs. Il doit donc être choisi, formé et évalué sur cette compétence managériale. La DRH peut s'appuyer sur des expertises externes sur ces trois points. Des consultants peuvent l'aider à détecter les compétences managériales des futurs managers, à construire les actions de progrès managérial et à intégrer dans les grilles d'évaluation les critères appropriés. L'offre des prestataires externes pour chacun de ces points est abondante et de qualité.

▷ Organiser l'ouverture permanente des espaces de travail dans lesquels ces talents vont émerger. À travers les pratiques de mobilité, de formation et de promotions, l'entreprise contribue de façon plus ou moins forte au développement, lent ou rapide, des talents de ses collaborateurs. Des pratiques qui ne répondent pas aux attentes de nouvelles classes d'âge voulant disposer en permanence d'espaces de progrès et de développement de leurs compétences, présentent deux risques : départs de l'entreprise entraînant l'appauvrissement de son capital humain, et démotivation, désengagement et démobilisation des salariés limitant la performance. Le recours à des experts extérieurs permet de réaliser des missions d'audit des dispositifs existant, de les remettre à plat et de construire une entreprise qui rend talentueux chacun de ses collaborateurs.

❧ Permettre l'expression mesurable de ces potentialités dans la considération objective de la performance. L'exigence de mesure, omniprésente dans les entreprises et de plus en plus dans la fonction RH, s'impose tant pour la performance que pour le potentiel. Pour construire des instruments de mesure fiables, la DRH peut s'appuyer sur des expertises externes – encore que, sur ces deux points, les progrès à réaliser sont importants.

❧ Autoriser le déploiement des désirs d'évolution exprimés par les personnes de l'entreprise. Ceci signifie prendre en compte les aspirations des salariés en leur offrant des perspectives internes, si le contexte le permet, ou externes lorsqu'elles ne sont pas compatibles avec les activités actuelles et futures de l'entreprise. Un support externe peut favoriser l'expression des désirs, leur traduction en PPP (projets professionnels personnels) et leur intégration dans le cadre de la GPEC de l'entreprise. Il peut permettre aussi un accompagnement sur des projets externes dans le cadre de politiques d'essaimage, d'aide à la création d'entreprise ou à la reconversion.

❧ Accompagner les encadrants dans leur appréciation des performances et potentiels de leurs collaborateurs. Le rôle clé des managers nécessite le développement de leurs compétences managériales et en particulier de leur capacité à évaluer la performance et le potentiel. Le support externe peut prendre la forme de construction d'outils, d'actions de formation, de coaching et d'accompagnement.

1.3. Le recours aux compétences extérieures

Pour organiser le management des talents, il est fondamental de :
- révéler les potentiels ;
- les révéler souvent à eux-mêmes ;
- les développer tous (à tout niveau et dans chaque catégorie de salariés) ;
- rechercher en permanence les potentiels nouveaux qui vont pouvoir s'exprimer dans l'entreprise.

Cela nécessite de savoir questionner, reformuler régulièrement une vision anticipatrice des besoins et potentialités souhaitables dans l'organisation. Le recours à des compétences externes dans le recrutement, dans la formation, dans l'évolution des organisations, dans l'accompagnement ou le coaching, est nécessaire. Il exige pour réussir un haut niveau de confiance entre le commanditaire interne et le partenaire externe. Cette confiance se bâtit dans la durée, dans le vécu d'expériences communes, dans des échanges de qualité qui seuls permettent d'établir un positionnement respectif clair. Cela seul facilite la lucidité des analyses, des diagnostics et permet la bonne mise en perspective par l'intéressé lui-même des initiatives qui sont prises à son égard.

L'aller-retour poste/personne constitue un fondamental de la gestion des ressources humaines. Le recours à l'extérieur est particulièrement pertinent pour amplifier l'expression objective des désirs des personnes, avec une mise en recul objective et spécialisée, que n'autorise pas toujours la relation hiérarchique. La mise en rapport avec l'extérieur permet l'ouverture d'autres voies d'évolution qui peuvent être réorientées à l'intérieur de l'organisation.

Pour paraphraser une expression chinoise, «le chemin est le but» et il semble fondamental de participer, de l'intérieur comme de l'extérieur, à une ouverture des chemins (de carrière) possibles. Tous ces chemins peuvent ne pas se limiter au périmètre actuel ou futur de l'entreprise. Dans certains cas se pose également la question de l'orientation vers l'extérieur.

2. Le marché des talents : interne et/ou externe ?

Les entreprises qui ont une politique active de management des talents se posent trois questions :
- Faut-il se limiter à l'emploi de talents décelés et développés dans l'entreprise, ou s'enrichir de talents révélés dans d'autres structures dont on confie la recherche à des cabinets d'approche directe, des chasseurs de tête ?
- Faut-il contribuer à développer tous les talents de collaborateurs, y compris ceux qui seront mis en œuvre en dehors de l'entreprise ?
- Faut-il rendre talentueux ses collaborateurs au-delà de ses besoins propres et travailler ainsi pour les autres entreprises ?

2.1. Recruter sur le marché externe

L'évolution rapide des besoins de talents spécifiques impose de plus en plus fréquemment le recrutement externe de cadres expérimentés au sein d'entreprises qui, dans un environnement plus stable, recrutaient des viviers de jeunes, les formaient et géraient leurs carrières de façon à satisfaire en interne l'ensemble de leurs besoins.

Ces «parachutages» soulèvent généralement deux questions :
- les conditions accordées au nouveau pour l'attirer sont-elles perçues comme équitables par les anciens ?
- les perspectives d'évolution interne de certains collaborateurs fidèles ne sont-elles pas menacées ?

Lorsque l'entreprise qui, traditionnellement, assurait l'adéquation quantitative et qualitative des talents grâce à un marché interne alimenté par un recrutement de débutants modifie cette politique elle remet en cause le contrat psychologique passé avec les anciens et doit en maîtriser toutes les conséquences.

Les entretiens annuels d'appréciation, les entretiens professionnels, les entretiens d'orientation, les bilans professionnels et les bilans de compétences font parfois ressortir que les talents que le salarié souhaite développer ne correspondent pas avec les besoins futurs de l'entreprise. Certes, le salarié peut réaliser son projet en utilisant les dispositifs existants et, en particulier, le congé individuel de formation (CIF). L'entreprise peut aussi accepter de favoriser le développement de talents non professionnels ou au service de projets professionnels externes de ses collaborateurs.

Trois arguments sont mis en avant :

- la responsabilité sociale de l'entreprise nécessite d'offrir à chacun de ses salariés de larges possibilités d'épanouissement et de réalisation ;
- les actions en faveur de quelques projets individuels ont, pour un coût limité, un impact important sur l'image d'employeur de choix et l'attractivité de l'entreprise ;
- l'attention et le respect portés aux aspirations de chacun favorisent l'implication de tous.

2.2. Transformer les « espoirs » en « étoiles »

L'entreprise qui a une politique très active de développement des talents peut obtenir ainsi un vivier de personnes talentueuses qui dépasse ses besoins actuels et futurs. L'entreprise recrute de nombreux « espoirs » (potentiel fort et performance initialement faible) et les transforme en « étoiles » (potentiel et performance forts). Ces étoiles progressent mais, à un moment, certaines peuvent se retrouver sur un plateau de carrière. Conserver ces étoiles auxquelles on ne peut assurer une évolution appropriée de carrière présente des risques. Dans l'entreprise elles sont devenues « piliers » (performance forte mais potentiel faible) et, en cas de désengagement de leur travail, elles peuvent se transformer en « branches mortes » (performance et potentiel faibles). Il semble préférable de favoriser sa trajectoire d'étoile dans d'autres contextes. L'entreprise réputée pour développer les talents de ses collaborateurs qui pourront ensuite valoriser en externe leurs années passées chez un employeur de référence a une attractivité forte. Elle recrute de bons potentiels qu'elle rend talentueux.

3. Conclusion

Les entreprises qui acceptent que des collaborateurs développent des talents qu'ils pourront mettre en œuvre à l'extérieur, qui favorisent la révélation des talents au-delà de leurs seuls besoins, qui n'hésitent pas à rechercher des candidats talentueux qui ont démontré leur excellence dans d'autres entreprises ont des avantages compétitifs dès lors que ces pratiques s'inscrivent dans une politique active de management des talents. Pour réussir cette politique, elles s'appuient sur des partenariats avec des prestataires externes sur toute la chaîne des activités que nécessite un management dynamique des talents.

Chapitre 40

Le cocooning : protéger les talents pour les conduire à la performance

Pierre MIRALLES
Laurent NICOLLIN

Commentant les revers de l'équipe de France de rugby dans sa Coupe du Monde 2007 – et s'étonnant en particulier des contacts permanents des joueurs avec la presse durant toute la compétition – Raymond Domenech (sélectionneur de l'équipe de France de football) note que «c'est peut-être dans la protection de nos joueurs que nous autres footeux sommes en avance sur nos collègues du rugby». Observation qui expliquerait peut-être l'écart entre les résultats obtenus par nos sélections nationales dans ces deux sports… Mais en quoi ces considérations concernent-elles le gestionnaire ? Et surtout quels enseignements peut-on tirer du sport professionnel en matière de gestion des talents ? Partant du principe que le talent est au cœur de l'univers du sport professionnel, les réflexions qui suivent associent un manager sportif et un chercheur en gestion, pour attirer l'attention sur un ensemble de pratiques peu connues, et pourtant importantes dans leurs effets sur les résultats des organisations. Ces pratiques, que nous sommes convenus de désigner par le terme de «cocooning», visent avant tout à protéger les talents contre les agressions de l'environnement et à les maintenir dans un état de plaisir et de confiance, pour créer les meilleures conditions pour la performance.

1. La protection des talents

1.1. Confiance et performance

Dans l'univers de compétition féroce qu'est le sport de haut niveau, tous les acteurs s'accordent sur un point, c'est la confiance qui apparaît comme le facteur déterminant de la haute performance de l'athlète, c'est elle qui «fait la différence» entre concurrents de niveau équivalent. Mutatis mutandis, il en va de même pour de nombreux professionnels qui mettent leurs talents au service de la performance des organisations auxquelles ils collaborent. Mais voilà ! Inspirer à ces collaborateurs une complète confiance dans leurs capacités, les amener à être pleinement efficaces, et même à se surpasser aux moments importants, tout cela est bien difficile à obtenir de façon régulière et répétée.

À cette fin, des « technologies du soi » comme le coaching ont été mises au point, spécialement dans le monde sportif, et se répandent dans les organisations pour permettre aux sujets d'acquérir progressivement la maîtrise de leurs émotions, pour développer leur potentiel et les armer en vue d'affronter avec assurance le risque et le changement. En dépit de leur diversité, toutes ces pratiques sont sous-tendues par une hypothèse fondatrice : chaque individu porte en lui les conditions de son succès. Le talent appartient à l'individu (Mirallès, 2007), et le rôle de l'organisation consiste surtout à développer ce talent, lui permettre de s'exprimer au mieux, en l'accompagnant dans la prise de conscience et la libération de ses potentialités.

Mais, revenant au sport, il apparaît que la confiance n'est utile à la performance que si elle rend possible la concentration des ressources du sportif sur l'instant de l'exploit, c'est-à-dire sur l'objet et les circonstances exactes où celles-ci doivent être pleinement mobilisées, et non leur dispersion en actions et émotions extérieures (voire nuisibles) à la performance. Ainsi de l'excès de confiance, qui relâche la volonté, distend la vigilance, pousse à la facilité, et au final conduit le plus souvent à l'échec.

1.2. Permettre au talent de s'exprimer

C'est pourquoi il convient de compléter l'action du coach, centrée sur les « états internes » du sujet, par un travail spécifique sur les rapports entre le sujet et son contexte d'action – ses « conditions de travail » en quelque sorte – et plus généralement sur l'ensemble des facteurs « externes ». L'objectif n'est autre que de conditionner l'individu pour l'atteinte de la performance – c'est-à-dire très précisément le placer dans les meilleures conditions pour exprimer la totalité, le meilleur de ses ressources, au moment opportun. L'ensemble des pratiques et des techniques qui concourent à ce conditionnement à partir du contrôle des facteurs externes au sujet, nous le désignons par le terme de cocooning (ou « dorlotage »).

Au fond, la finalité principale du cocooning est d'assurer la protection du talent contre les sollicitations ou incommodités extérieures, et donc de le focaliser sur ses objectifs et sur ses tâches. Si le dorlotage est une composante de la préparation à l'exploit, sa visée est cependant plus globale. Bien souvent, le cocooning peut aussi être vu comme une dimension des stratégies de rétention mises en œuvre par les organisations qui emploient des talents : il en constitue la composante affective, complémentaire de la composante instrumentale (Thévenet, 2000) que constituent par exemple des salaires exorbitants.

Parlant des champions sportifs, Chamalidis (2000) compare le dorlotage dont ils sont l'objet à un «enveloppement psychologique» et l'assimile à une forme de dépendance. En effet, cocooner les talents, c'est en général les placer dans une «bulle» isolée du monde extérieur dans laquelle leur seul objectif sera précisément l'activité (l'objet de leur talent) et leur seul souci celui de se maintenir dans l'état d'activation optimale de leurs ressources. Le dorlotage n'est pas incompatible avec le maintien de la pression extrême causée par les exigences de la compétition, mais il en est au contraire la contrepartie. Ainsi, saura prendre les risques opportuns l'individu rassuré sur ses talents personnels, confiant dans les résultats de ses efforts, et donc protégé des perturbations aussi bien extérieures qu'intérieures.

1.3. Atteindre l'état de performance

Il s'agit pour cela d'atteindre l'«état de performance» : nous empruntons ce terme au psychologue Moragues (1994) qui désigne ainsi l'état psychique des athlètes au moment de l'exploit sportif. Cet état psychique favorable à la performance extrême, qui s'apparente à la grâce, est fait de présence à soi et au monde environnant, en même temps que d'abandon aux sensations corporelles du mouvement et de la dépense physique. Il est donc simultanément concentration et plaisir, maîtrise technique et relâchement psychique.

On peut étendre l'usage de cette belle expression à toutes sortes d'activités : l'état de performance désignerait ainsi les dispositions personnelles les plus favorables à l'obtention des meilleures performances par le sujet, et la fonction de la préparation consisterait donc à créer les meilleures conditions pour que les individus de talent atteignent au moment voulu cet état de performance.

À l'extrême de cette conception, lorsque la grâce est là, la performance ne peut que suivre... C'est en tout cas ce qu'exprime Yannick Noah s'adressant à l'équipe du PSG alors en plein doute :

> « La grâce c'est d'être dans le moment. Être prêt pour l'instant le plus important. Ce n'est pas gagner qui rend heureux : on est d'abord heureux, ensuite on gagne, parce qu'on a su être heureux ensemble. »[1]

2. La gestion des émotions

Dans une telle perspective, la gestion des émotions présente un caractère crucial. À observer les pratiques des organisations sportives, celle-ci se décline selon deux volets complémentaires : d'abord la protection des athlètes par rapport aux perturbations extérieures, ensuite le dosage de certaines stimulations.

---

1. *L'Événement du Jeudi*, 16 mai 1996.

2.1. Protéger les talents

Isoler les athlètes à certains stades de leur préparation ou en compétition, c'est une constante que l'on observe dans tous les sports, individuels ou collectifs.

> À partir du moment où le footballeur devient un bien précieux, « il vit dans une sorte de cocon car le club lui demande de ne s'intéresser qu'au ballon, lui fournit son appartement, prend en charge une partie de ses factures et les billets d'avion pour retourner chez lui. »[1]
> « Le maternage exercé sur les sportifs de haut niveau correspond à une façon de renforcer leur sentiment de toute-puissance qui est l'une des bases de l'exploit sportif, à savoir que l'athlète qui a l'impression que rien ne peut lui arriver est souvent celui qui accomplit les exploits, là où d'autres hésitent, doutent. »[2]

Cette protection, allant dans le sens du renforcement de la confiance, prend des formes extrêmement variées et sophistiquées, l'imagination des responsables semblant sans limite. Bixente Lizarazu (ancien champion du monde de football) raconte comment les déplacements du Bayern Munich sont organisés de telle sorte que les joueurs aient en permanence le sentiment d'« être à la maison » : c'est le même, conduit par le même chauffeur qui les conduit habituellement à l'entraînement et les attend toujours à la descente d'avion. Leurs chambres d'hôtel ont été systématiquement décorées de la même manière que leur centre d'entraînement. Le même cuisinier – et ses petits plats – les accompagne à travers toute l'Europe…[3]

Évoquant la préparation du Mondial 1998 par l'équipe de France de football, Aimé Jacquet note également que :

> « Dans cette mécanique complexe qu'est la vie d'un groupe de sportifs de haut niveau, de mauvaises conditions de séjour (sommeil, nutrition, environnement, etc.) peuvent ruiner une préparation par ailleurs rigoureuse [...]. Il faut aussi se protéger des agressions inopinées, parfois anodines en apparence, qui peuvent perturber gravement le groupe. »[4]

Tous ces éléments participent de la «toile d'araignée à la fois professionnelle et amicale qui enveloppe deux mois d'existence commune». Il est intéressant de noter que le même terme d'«enveloppement» revient sous la plume du coach sportif et sous celle du psychanalyste. À la fois protection et mise en situation de dépendance, l'enveloppement pratiqué par les organisations sportives à l'égard des

---

1. Wahl et Lanfranchi (1995).
2. Chamalidis (2000).
3. *France Football*, 7 octobre 2003.
4. 1999. A. Jacquet fait aussi référence aux conditions d'entraînement, aux équipements (spécialement aux chaussures des joueurs), etc. Il décrit avec un grand luxe de détails «la bulle» de Clairefontaine (centre d'entraînement et de résidence des équipes de France de football) et la minutie des aménagements permettant le confort et l'isolement des joueurs et du staff.

athlètes participe d'une politique délibérée de rétention jouant sur l'attachement du sportif à la structure «maternante».

2.2. Doser les stimulations

Mais si le confort, et surtout l'isolement, des athlètes (leur «mise au vert») apparaît nécessaire à leur concentration, celle-ci doit aussi être stimulée en permanence, notamment lors des longues phases de récupération – voire d'inactivité – inhérentes aux grands rassemblements que sont une Coupe du Monde de football ou des Jeux olympiques. Toute activité connaît ses temps forts et ses temps faibles. Durant ceux-ci, les stimulations peuvent être très diverses, l'important étant de ne jamais laisser la place à des «vacances» de l'emploi du temps qui pourraient s'avérer propices au doute.

> Ainsi, durant le Mondial 1998, Jacquet met l'accent sur le besoin de «ménager, dans nos deux mois de vie en collectivité, des plages d'ouverture et de décompression indispensables, notamment dans la relation des joueurs avec leur famille, mais aussi en les faisant assister à des spectacles ou en animant des activités ludiques.» Dans cet agenda, rien n'est laissé au hasard : «Il était essentiel que le joueur se sente toujours dans un cadre déterminé, afin qu'il ne puisse jamais «flotter», se demander où nous en étions, où nous allions». Gratifications, célébrations, «surprises» en tous genres sont là pour créer un niveau optimal de satisfaction et de plaisir, mais aussi pour tenir le groupe en éveil et y maintenir le minimum de tension indispensable à l'orientation psychologique vers la compétition.

Tous ces éléments participent d'un climat, d'une atmosphère, que les sportifs estiment propice à la meilleure expression de leurs talents.

2.3. L'ambiance de travail

Cette notion d'atmosphère de travail a été explorée en dehors du monde sportif. Pour Trognon et Dessagne (2003) par exemple :

> «Une équipe adéquate à son activité, parfaitement constituée, utilement dirigée et opérant dans un environnement organisationnel qui la soutient ne trouvera cependant sa pleine mesure que si elle baigne dans une ambiance ou un climat favorable. (...) Elle comprend notamment son cadre, ses relations avec l'extérieur, son organisation interne et son fonctionnement formel et informel, ainsi que les règles, normes et valeurs sur lesquels il repose».

L'ambiance de travail apparaît donc comme un facteur environnemental essentiel à la concentration des talents. C'est dans ces conditions que le groupe joue pleinement sa fonction sécurisante. Car le groupe de pairs «représente, dans l'ascèse de la préparation du sportif, la référence maternelle chaleureuse, le pôle référentiel de confirmation de l'identité individuelle et sociale» (Chamalidis, 2000).

Les chercheurs de l'INRS parlent d'un état émotionnel général dit «émotion d'arrière-plan». Les émotions d'arrière-plan (expression dont le sens est voisin de la notion d'humeur) contribuent à définir notre état mental et à conférer à notre vie en groupe sa tonalité générale. Ces états, selon qu'ils sont favorables ou défavorables, jouent le rôle d'amortisseur ou d'amplificateur du fonctionnement émotionnel des individus. En effet, face à un événement externe, le système nerveux réalise automatiquement (et le plus souvent inconsciemment) une analyse émotionnelle globale, qui provoque une réaction somatique.

C'est ainsi que certains événements apparemment anodins peuvent avoir des effets émotionnels importants s'ils contribuent à reconfigurer un état émotionnel provoqué par des événements traumatisants. C'est notamment le cas lorsque l'individu se remémore (effet de rumination) ou anticipe (peur de ce qui advient) une situation à partir de facteurs de contexte ténus. Ces mécanismes étant admis, on comprend mieux comment l'isolement du monde extérieur et la création d'une «bonne ambiance» favorisent la concentration et protègent des stimulations négatives. C'est aussi ce qu'affirme Bandura lorsqu'il observe que «les individus sont plus enclins à s'attendre à du succès quand ils ne sont pas troublés par une activation désagréable que lorsqu'ils sont tendus et agités organiquement». Par conséquent, «les techniciens auront plutôt tendance à adopter une tactique d'évitement par rapport aux émotions désagréables». Parmi ces activations désagréables, la fatigue, la mauvaise humeur et le stress jouent bien sûr un rôle particulièrement important.

3. Hygiène de vie et bien-être

3.1. La récupération physique et mentale

Si le souci de l'environnement et de l'emploi du temps de l'équipe participe d'une démarche générale de protection des talents, il en va de même dans la sphère privée de la notion d'«hygiène de vie». Ce terme évoque le caractère quasi monacal de l'existence des sportifs de haut niveau : pas de sortie, sieste quotidienne obligatoire, diète alimentaire scrupuleuse…

En fait, le concept recouvre largement celui de récupération au sens large. Il s'agit tout simplement, par le respect d'une stricte discipline de vie, de permettre à la personne de reconstituer ses ressources consommées dans l'effort. Et même de les accroître, puisque l'alternance soigneusement étudiée de phases de sollicitation et de repos a pour effet, par le simple jeu des mécanismes naturels d'adaptation, de renforcer le potentiel de base – c'est ce que savent tous les éducateurs. La récupération physique et mentale passe très souvent par la création et le maintien d'un cadre familial stable et sécurisant. Ainsi Wahl et Lanfranchi (1995) notent que le footballeur professionnel, pour échapper à la pression de la compétition ou simplement la compenser, cherche «le repli au sein de la famille, où il espère trouver compréhension et indulgence». Pour la même raison, la plupart des sportifs se marient jeunes, et sont encouragés à le faire, pour trouver une certaine stabilité.

Ainsi, que les champions aient conscience de leur responsabilité propre dans la création des conditions de la performance se repère facilement par leur comportement, à la fois dans l'acte technique de la préparation, et à l'extérieur du champ sportif, dans la sphère privée.

Pour Chamalidis (2000) «la discipline et surtout l'économie de l'investissement jouent les rôles principaux en dehors du talent naturel que chaque sportif fait valoir dans ses efforts de réussite. Par l'économie de l'investissement, j'entends l'intelligence utilisée dans l'affrontement quotidien de la vie sportive (entraînement, alimentation, compétition, gestion du temps et des relations…) et extra-sportive (vie affective, études, hygiène de vie…).»

Cette forme d'intelligence constitue une dimension essentielle dans la gestion du projet sportif – comme dans toute gestion de carrière de professionnel.

3.2. Des comportements ritualisés

Elle n'est cependant pas exclusive de comportements frisant parfois l'irrationnel. À cet égard, les procédés utilisés par les sportifs pour évacuer le stress de la compétition ou reconstituer leurs forces prêtent parfois à sourire. Ainsi de la superstition et du fétichisme, qui s'expriment par exemple dans les actions et gestes d'avant match, mais aussi dans le choix des équipements ou de l'aspect physique. Dans un univers hautement incertain, ces gestes ou rituels sécurisent ou motivent l'athlète et constituent aussi un mécanisme original de concentration sur la compétition à venir. Ils ne doivent donc pas faire l'objet de jugements trop hâtifs : à leur manière, ils participent du chemin vers l'état de performance.

Il en va de même de pratiques au contenu apparemment technique, comme la «revue des fondamentaux» (un musicien parlerait de ses «gammes»), dont la fonction est plus complexe qu'il n'y paraît de prime abord. Bien sûr, elle contient d'abord la visée de l'entretien d'une habileté particulière par le moyen de la répétition du même geste. Mais la répétition dans l'exécution d'une tâche qu'on sait bien faire implique l'idée de routine, voire de rituel, qui présente un indéniable bénéfice psychologique par son caractère rassurant et la confiance qu'elle fait naître. C'est pourquoi après un échec sportif, on entend très souvent les entraîneurs demander à leurs athlètes de «revenir aux fondamentaux», c'est-à-dire au fond à une activité routinière, susceptible de faire renaître petit à petit le sentiment de maîtrise après l'épreuve du doute. Enfin, associer la notion de jeu à ce travail répétitif sur les «gammes», qui serait susceptible d'engendrer monotonie et baisse de motivation, revient à faciliter le retour de l'expérience du plaisir, c'est-à-dire encore une émotion fondatrice de la motivation vers l'activité.

4. Conclusion

Partant de ces considérations sur la protection des talents, on peut s'interroger sur le passage au premier plan, dans le champ de la GRH, des réflexions sur les conditions de travail, le bien-être au travail, ou encore la notion de développement durable appliquée aux ressources humaines. Ne s'agit-il pas au fond d'un retour aux origines ? Vauclin (2006) observe que les lois sociales en France au XIXe siècle naissent de l'idée que l'homme au travail est une ressource précieuse, car simultanément fragile (accidents et maladies peuvent remettre en cause sa disponibilité) et instable (notamment pour l'industrie, à cette période historique).

Ne peut-on pas en dire autant des talents à notre époque ? Menacés par le stress, le surmenage, voire le burn-out, et les agressions de tous ordres qu'occasionne l'activité professionnelle, ils sont aussi courtisés par les entreprises, qui pratiquent souvent à leur égard la surenchère salariale, et les entraînent vers des formes parfois extrêmes de mobilité et d'instabilité professionnelle. Malgré un fonds commun, il demeure cependant (au moins) une différence profonde entre les deux approches – et c'est bien sûr la place et l'impact de l'individu dans l'atteinte de la performance.

L'ouvrier du XIXe était comme un appendice de sa machine, entièrement à son service, et c'est seulement dans la mesure où son travail valorisait l'outil de production que l'on portait attention au maintien de son aptitude. Les talents d'aujourd'hui sont au centre des processus productifs : c'est de la mobilisation de leurs ressources singulières que découle la valeur créée par les organisations. De ce fait, leur bien-être au travail est devenu une condition essentielle de la performance.

Partie 4

Le développement des talents ailleurs dans le monde

Chapitre 41

Développer les compétences interculturelles : le groupe Bosch

Christoph BARMEYER
Éric DAVOINE
Andréa GÜSEWELL

Pour les entreprises multinationales, la globalisation des activités implique un défi RH majeur, celui de l'internationalisation des postes de travail à tous les niveaux. La gestion des talents à l'international concerne les cadres dirigeants expatriés ou les acheteurs traitant avec des fournisseurs étrangers, les secrétaires devant répondre à des mails venant de différents coins du globe, et les opérateurs de chaînes de montage globalisées travaillant en interaction avec un autre site de production. De plus en plus de collaborateurs sont amenés à travailler dans un contexte interculturel ou multiculturel, et la diversité des méthodes de travail et des styles de communication engendre régulièrement des malentendus interculturels pouvant ralentir ou bloquer la chaîne de valeur (Adler, 2002). À côté du développement de compétences linguistiques, le développement de compétences interculturelles connaît un certain succès auprès des multinationales qui visent une meilleure qualité de leurs coopérations internationales.

Le groupe allemand Bosch, ou Robert Bosch GmbH, offre une belle illustration d'une stratégie de développement de compétences interculturelles intégrée et déclinée à différents niveaux. Bosch est un groupe dont les activités sont depuis longtemps tournées vers l'international (en 1913 le groupe réalisait déjà 82 % de son activité commerciale à l'étranger) et peut être considéré en Allemagne comme un des pionniers pour la formation à l'interculturel. Dans les dernières années, le groupe a développé un programme ambitieux de développement de compétences interculturelles visant l'ensemble de ses collaborateurs. Mais c'est surtout dans la complémentarité de différentes mesures permettant de construire un contexte de « culture d'entreprise » propice à un développement collectif et à une valorisation de ces compétences que le groupe Bosch nous paraît le plus exemplaire.

1. La notion de compétence interculturelle

1.1. Une notion aux contours flous

Développée à l'origine dans le cadre de recherches nord-américaines sur la communication interculturelle, la notion de compétence interculturelle est une notion aux contours souvent flous qui regroupe toutes les attitudes, traits de personnalité, connaissances et aptitudes qui permettent à l'individu de faciliter sa communication ou son interaction avec des individus venant d'autres environnements culturels (Ogay, 2000). Malgré l'existence de plusieurs modèles, il reste difficile de définir une liste exhaustive et unique des compétences concernées et on peut pour cette raison préférer parler de compétence interculturelle au singulier plutôt qu'au pluriel. Des approches plus récentes (Thomas et al., 2008) utilisent la notion voisine d'intelligence culturelle pour qualifier la capacité à développer le comportement approprié dans un environnement culturel différent.

1.2. Une notion tridimensionnelle

Les compétences interculturelles peuvent être classées en fonction des trois dimensions affective, cognitive et comportementale. Le tableau 41.1, construit à partir d'une synthèse de la littérature, propose un ensemble de compétences clés ou de composantes de la compétence interculturelle, classées en fonction de ces trois dimensions.

On trouvera regroupées dans la dimension affective des caractéristiques personnelles relatives à la sensibilité de l'individu et à sa capacité à ressentir et à transmettre des émotions positives avant, pendant et après l'interaction interculturelle. Dans cette catégorie, l'ouverture d'esprit est par exemple la capacité de reconnaître et d'accepter qu'il existe des points de vue différents du sien et que cette diversité de points de vue peut être positive.

Dans la dimension cognitive, on peut classer différents types de connaissances : les connaissances linguistiques d'abord, mais aussi les connaissances des systèmes culturels nationaux ou des dimensions culturelles (distance hiérarchique, individualisme, universalisme, style de communication…) qui fournissent des repères aux interactions. On peut aussi considérer la conscience de soi (*self-awareness*) comme composante de cette dimension cognitive, lorsqu'il s'agit de se positionner soi-même par rapport aux principales dimensions culturelles.

Dans la dimension comportementale, on peut classer toutes les aptitudes qui permettent à l'individu d'appliquer et de mettre en pratique ses connaissances ainsi que de contrôler ses comportements.

Tableau 41.1. – Composantes clés
de la compétence interculturelle

Dimension affective (attitudes, valeurs, sensibilité)	Dimension cognitive (notions, savoir, compréhension)	Dimension comportementale (facultés, aptitudes, action)
Empathie	Connaissance des systèmes politiques, sociaux, économiques, managériaux	Aptitude à appliquer les connaissances cognitives
Ouverture d'esprit	Connaissance des dimensions culturelles	Aptitude à communiquer
Distanciation	Connaissances des langues étrangères	Aptitude à mettre en pratique ses connaissances linguistiques
Attitude de non-jugement	Conscience de soi	Aptitude à la méta-communication
Tolérance à l'ambiguïté		Flexibilité comportementale
Tolérance à la frustration		Autodiscipline
Polycentrisme		

(Synthèse réalisée à partir de Barmeyer 2008, Bolten 2001, Ogay, 2000)

Il existe plusieurs inventaires interculturels construits sur la base de ces caractéristiques permettant de cartographier et de mesurer de manière relativement fiable les compétences et le potentiel d'individus (Barmeyer, 2008). Cette approche de la compétence interculturelle est particulièrement utile pour sélectionner de futurs expatriés ou pour détecter des besoins de développement et de formation.

2. Contexte du développement des compétences interculturelles chez Bosch

2.1. Une multinationale entre identité allemande et diversité

Le groupe Bosch est un groupe d'origine allemande, acteur majeur du marché mondial de l'équipement automobile, dont le siège historique est à Stuttgart. Le groupe Bosch emploie environ 271 000 salariés dans plus de 50 pays, dont environ 41 % travaillent en Allemagne. Son chiffre d'affaires est en 2007 de plus de 46 milliards d'euros, dont plus de 70 % sont réalisés à l'étranger. Conscient de son identité d'entreprise à la fois allemande et internationale, le groupe affiche la diversité culturelle (*Kulturelle Vielfalt*) comme une de ses sept valeurs clés : «Nous sommes conscients de notre identité régionale et culturelle et considérons en même temps la diversité comme un atout et une condition pour notre succès international.»

Le groupe a défini sa culture d'entreprise à l'aide d'un outil : la « House of orientation », un outil qui décline vision, compétences clés et valeurs, visant à servir de cadre de référence commun, au-delà de la diversité culturelle et multinationale du groupe, pour la politique de développement du personnel et de l'organisation. Le groupe définit dans cet outil une culture normative avec des références claires à une culture de métier, à son origine allemande et à sa vocation internationale : « Nous, collaborateurs, sommes liés ensemble dans le monde entier par nos valeurs vécues au quotidien. Nous puisons dans cette diversité de cultures une force supplémentaire. » Dans le même esprit, le groupe a développé des directives pour une politique de GRH internationale ambitieuse comprenant plusieurs volets (Bosch, 2005) :

- le développement des managers à travers des expériences de mobilité internationale ;
- le renforcement, à tous les niveaux hiérarchiques, des échanges entre les collaborateurs de différents sites nationaux ;
- une politique de mobilité incluant un accompagnement des expatriés pendant le séjour à l'étranger et au moment du retour ;
- une politique linguistique comprenant non seulement la formation à l'anglais et la formation aux langues des pays et des cultures cibles d'expatriation, mais aussi des cours de langue allemande pour tous les collaborateurs ayant une autre langue maternelle ;
- une politique de développement de managers pour toutes les filiales nationales permettant de constituer des équipes de direction mixtes dans lesquelles les managers locaux seraient majoritaires.

2.2. La mobilité internationale au sein du groupe

L'évolution des chiffres et de la structure de la mobilité internationale est exemplaire pour comprendre l'évolution de cette politique de GRH internationale. Au début des années 1990, la politique d'expatriation du groupe pour les séjours de plus de 18 mois à l'étranger ne concerne qu'environ 300 salariés, principalement des cadres supérieurs, et exclusivement pour des expatriations de la maison mère vers les filiales étrangères.

Aujourd'hui, la mobilité par séjour de plus de 18 mois concerne plus de 1 500 salariés du groupe : près de 60 % sont encore des expatriations de la maison mère vers les filiales étrangères, le reste concerne des « impatriations » des filiales étrangères vers la maison mère, mais aussi des transferts de filiale à filiale d'une zone géographique à l'autre. Cette pratique actuelle de mobilité est plus proche d'un modèle géocentrique de coordination (Heenan et Perlmutter, 1979), caractérisé par la volonté d'intégrer la diversité des cultures locales dans une entité globale au sein de laquelle l'interdépendance des filiales étrangères et de la maison mère est forte.

Dans le modèle géocentrique, comme dans les pratiques actuelles du groupe Bosch, la mobilité n'est limitée ni aux cadres supérieurs, ni aux séjours de longue durée : derrière les 1 500 séjours de longue durée se cache un iceberg de séjours courts, de réunions de coordination d'équipes internationales de projets et surtout une multitude de contacts internationaux quotidiens à tous les niveaux de l'organisation. Les politiques contemporaines du groupe Bosch vont certes dans le sens du modèle géocentrique de Heenan et Perlmutter mais la culture du groupe reste encore marquée par l'identité et la culture nationale de la maison mère, ce qui s'explique partiellement par l'avantage stratégique majeur que représente l'image du « made in Germany » dans le secteur automobile international.

3. La politique de développement des compétences interculturelles

Dans le cadre de sa politique de GRH internationale, le groupe a souhaité explicitement renforcer les compétences interculturelles de ses collaborateurs pour améliorer la qualité de la coopération entre les filiales et les joint-ventures du groupe ainsi qu'avec les partenaires extérieurs. Ce développement va se décliner en deux volets principaux : d'une part une offre de formations intégrée et conçue pour différents publics cibles et d'autre part le renforcement d'un dispositif d'échanges à l'intérieur du groupe, assimilable à un dispositif de gestion de la connaissance.

3.1. La formation continue

Le premier volet du développement des compétences interculturelles est la formation continue. Le groupe propose trois types de formations en fonction de trois publics cibles : les collaborateurs ayant des contacts réguliers avec des partenaires étrangers internes ou externes au groupe, les futurs expatriés, et les membres d'équipes internationales (virtuelles) de projet (Bosch C/HD, 2005).

- Les objectifs de formation du premier groupe seront principalement le développement de compétences interculturelles générales (par exemple les compétences linguistiques ou la sensibilité culturelle) adaptées à un contexte de travail spécifique. Ce type de formation concerne une majorité de collaborateurs et ne s'adresse pas exclusivement à un public de cadres.

- La formation au travail en équipe (virtuelle) multiculturelle est également offerte à un public plus large que celui du seul encadrement. Ce type de formation vise particulièrement les collaborateurs de projets transversaux à dimension internationale qui n'auront pas forcément de mobilité au cours de projet (les réunions des groupes projet pouvant avoir lieu à Stuttgart) et qui risquent d'être moins sensibles que d'autres à ces questions interculturelles. Ces séminaires contiennent du contenu et des exercices liés à des compétences interculturelles générales mais appliquées au contexte spécifique du travail en équipe multiculturelle.

▶ Enfin, la formation des expatriés consiste en un cycle de formation qui commence par une préparation interculturelle pour l'expatrié et sa famille. Cette préparation comporte des éléments généraux sur l'interculturel et sur le pays hôte ainsi que sur les différents aspects de l'adaptation. La deuxième phase est suivie pour l'Allemagne par un workshop d'intégration pour les expatriés et leurs familles. Au retour, l'expatrié et sa famille participeront également à un workshop de réintégration. La dernière phase du cycle est l'intervention d'un ancien expatrié comme « country advisor », ce dernier sera invité à partager son expérience du pays en intervenant dans des séminaires de formation ou comme interlocuteur pour les futurs expatriés ainsi que dans des workshops de partage d'expériences.

« Travailler avec des collègues et partenaires allemands » est un séminaire important pour les collaborateurs venant d'autres pays ; il les prépare à la coopération avec leurs collègues allemands de Bosch au siège et dans les filiales. Ce séminaire comporte des informations générales sur l'Allemagne, une présentation des dimensions classiques de la recherche interculturelle, des éléments théoriques de réflexion sur l'impact de la culture nationale sur les pratiques quotidiennes d'une entreprise (Bosch), sur les stéréotypes et sur les incidents critiques. Une seconde partie est axée sur les aspects pratiques de la coopération avec les Allemands : la gestion des réunions, les présentations, la gestion de projet, les négociations, la gestion de conflits et le leadership. Ce séminaire s'adresse à tous les collaborateurs « impatriés » à leur arrivée en Allemagne, mais aussi aux cadres des filiales étrangères. Concernant les séminaires spécifiques aux différents pays, différentes méthodes seront utilisées pour essayer de toucher les dimensions affective, cognitive et comportementale de la compétence interculturelle. Certains séminaires seront toutefois plus axés sur une compétence cognitive (par exemple, « connaître l'Inde »), d'autres viseront une compétence plutôt comportementale (par exemple « négocier avec des Américains » ou « atelier de développement d'équipe germano-indienne ») et un troisième niveau, celui du coaching et des ateliers d'échange ou de conseil sur des problèmes concrets, visera plus fortement une dimension de réflexivité et d'amélioration de la sensibilité culturelle.

3.2. Les dispositifs d'échange

Le deuxième volet de la stratégie de développement des compétences interculturelles consiste dans un ensemble de dispositifs d'échange et de mise en réseau visant un meilleur partage et un meilleur approfondissement de connaissances au sein du groupe sur les questions interculturelles :

▶ il existe une quinzaine de rapports pays en langues allemande et anglaise contenant des informations culturelles et pratiques sur les pays cibles des mobilités internationales. Ces rapports sont réactualisés régulièrement, disponibles et téléchargeables par les futurs expatriés sur le site du service de formation ;

▶ un vivier d'anciens expatriés a été formé pour intervenir dans le cadre de séminaires de formation. Certains de ces spécialistes pays interviennent dans des workshops de perfectionnement ou de conseil sur des cas spécifiques ;

▶ la mise en place d'un forum intranet («News Net») avec de l'information pays ;

▶ la programmation de rencontres d'échange entre impatriés de certains pays (par exemple Japon ou Chine) au siège du groupe ;

▶ les feed-backs de retour de mobilité sont transmis de manière systématique aux mentors ou parrains qui ont accompagné les expatriés dans leur phase d'intégration locale.

Ces différentes mesures permettent de construire au sein du groupe une compétence interculturelle de manière collective et fortement contextualisée tout en communiquant de manière régulière sur l'existence de différences. Ces dispositifs permettent également de favoriser l'échange et le dialogue entre différents groupes nationaux, différents sites et différents niveaux hiérarchiques et de valoriser les connaissances et les compétences acquises lors de mobilité internationale.

Toutefois, la direction RH du groupe est consciente que le développement de compétences interculturelles ne saurait avoir un effet durable qu'avec l'intégration aux outils de management du groupe. La DRH du groupe travaille actuellement à une intégration de plusieurs compétences interculturelles dans le modèle de compétences, lequel se décline dans plusieurs autres outils du groupe.

4. Conclusion

Le développement des compétences interculturelles au sein du groupe Bosch est intéressant à plusieurs titres.

Il illustre tout d'abord très bien l'évolution des besoins de développement de l'entreprise multinationale : les talents de l'international ne sont plus seulement ceux des hauts potentiels et des cadres supérieurs, l'international touche de plus en plus de niveaux hiérarchiques et ce sont souvent les niveaux hiérarchiques inférieurs qui sont le moins bien préparés.

L'évolution de la structure de la mobilité internationale de 1990 à 2005 est également exemplaire de tendances lourdes que l'on observe également dans les multinationales françaises.

De plus, le groupe a développé progressivement un ensemble cohérent de formations et de dispositifs de renforcement qui permettent d'assurer de manière durable une construction contextualisée de ces compétences.

Enfin, et c'est peut-être la leçon la plus importante à tirer pour les multinationales françaises, le groupe Bosch a également une forte conscience de sa double identité d'entreprise multinationale à la fois globale et allemande et les collaborateurs venant d'autres pays sont formés en conséquence de manière systématique à la coopération interculturelle, ce qui permet de maintenir une réflexion et un dialogue permanent sur la valeur clé de la diversité et sur l'identité du groupe.

Chapitre 42

La gestion de la relève : le cas Cascades Inc.

Jean-Claude BERNATCHEZ
Claude COSSETTE

Le vieillissement de la population canadienne et donc, dans l'entreprise, de la main-d'œuvre, ont soulevé une préoccupation à l'égard d'une meilleure prise en charge de la relève dans les organisations. Les entreprises exportatrices performantes, comme Cascades, souhaitant protéger leur position concurrentielle au plan international sont particulièrement impliquées dans cette démarche. Créée vers le début des années 1960, Cascades n'a jamais cessé de se développer, et la problématique de la relève a toujours fait partie de la vision managériale.

Relever les ressources humaines d'une organisation implique une préparation adéquate où les processus traduisent des objectifs clairs. La question de la relève est celle du développement de l'entreprise, lequel ne peut être dissocié de la formation des individus qui la composent. Compte tenu de la dynamique complexe soulevée par la gestion de la relève, il importe de construire un modèle d'analyse susceptible de faciliter la compréhension optimale de l'ensemble des déterminants propres à l'obtention de résultats durables.

1. La relève chez Cascades : une stratégie innovante

1.1. Objectifs du plan de relève

Le plan de relève s'inscrit dans un cadre de gestion stratégique des ressources humaines. Il vise globalement trois objectifs fondamentaux :

– fidéliser les ressources à potentiel élevé en soutenant valablement leur carrière ;
– pourvoir les postes stratégiques devenus vacants en privilégiant les ressources internes, c'est-à-dire immédiatement accessibles ;

© Groupe Eyrolles

- faire en sorte que l'entreprise capte la main-d'œuvre qualifiée – expérimentée ou non.

La fidélisation des ressources en place est un élément préalable signifiant. En effet, plus les ressources de l'entreprise seront intéressées à rester dans l'entreprise plutôt que de la quitter, moins les efforts et les coûts de la relève seront importants. A priori, rien de plus valable qu'une ressource compétente et motivée déjà disponible sur place.

Par ailleurs, il est plus facile pour un décideur de remplacer une ressource à la base qu'une ressource stratégique. Idéalement, les coûts seront moins élevés si la compétence provient naturellement de la base de l'organisation. Par conséquent, le recrutement s'adresse spécialement aux ressources de la base, et cette dernière sert notamment à alimenter les ressources stratégiques requises dans les hautes sphères de l'organisation. La relève fournit alors l'opportunité d'établir une politique active de promotion interne, laquelle est un facteur important de motivation des ressources humaines.

Finalement, la relève ne peut globalement s'actualiser avec une perspective unique de promotion interne. C'est ainsi que l'entreprise doit demeurer attractive afin de capter aisément des ressources compétentes, à hauts potentiels ou stratégiques à l'externe.

1.2. Une gestion stratégique des ressources humaines

La gestion de la relève chez Cascades s'inscrit dans un cadre de gestion innovante et stratégique des ressources humaines dans une société aux prises avec une forme de crise des générations (Audet, 2004). Le concept de stratégie trouve alors sa meilleure utilité. En effet, d'une part, l'entreprise doit prévoir l'effet d'une sortie massive de ses meilleures compétences et d'autre part, elle doit se repositionner sur le marché du produit.

Au-delà de la dynamique rapprochée de gestion de la relève, c'est plutôt de la gestion stratégique des connaissances ou du savoir de l'entreprise dont il s'agit (Davenport, 1999 ; Ermine, 2003). Au fond, la dynamique de la relève s'inscrit dans un cadre plus vaste de gestion des âges (Lamonde et al., 2002) car, à plusieurs égards, toute entreprise représente un sous-système de la société dans laquelle elle est insérée.

Mais, comme le démontre l'approche Cascades, tous les savoirs n'ont pas à être transférés car ils n'ont pas une valeur équivalente dans l'organisation. Le savoir d'hier ne sera pas obligatoirement utile demain, d'autant que la turbulence des marchés impose une réévaluation constante de la banque de savoirs organisationnels. Par conséquent, la gestion stratégique de la relève transite, chez Cascades, par une intégration au projet d'affaires. En effet, c'est le projet d'affaires qui sert de guide dans l'identification des savoirs stratégiques. Considérant l'importance de l'enjeu, il ne saurait d'ailleurs en être autrement.

La préoccupation à l'égard de la relève concerne tous les postes de l'entreprise. Toutefois, compte tenu de l'énergie et des coûts en cause, la gestion de la relève s'adresse d'abord aux titulaires de postes dits à hauts potentiels. C'est là que les opérations propres aux processus managériaux liés à la relève prennent racine. Ces processus concernent divers programmes tels que le recrutement, l'intégration, le développement et la fidélisation des ressources humaines (Boumrar, 2004). En outre, la gestion de la relève implique bon nombre d'aspects techniques et humains (Saba, 2003).

Sur une force active approximative de 14 000 employés, environ 760 ont été considérés comme exerçant un poste clé ou stratégique, soit 5 %. C'est dans ce contexte qu'il fallait définir un plan d'action et en assurer le suivi. Par ailleurs, la majorité des ressources humaines dites « clés », dans le cadre du plan de relève, recevront, sur une base concertée, un programme de développement personnel. Par l'intermédiaire dudit plan de développement personnel, il est prévu qu'environ 70 % des postes clés soient pourvus par des ressources internes à moyen terme soit sur une période de deux années.

2. Gestion de la relève chez Cascades

2.1. Axes d'interventions

La gestion de la relève renvoie essentiellement à trois axes distincts au plan des ressources humaines (Wilhelmy, 2007) :

- le premier consiste à les générer ou les renouveler. Il faut alors identifier les nouvelles compétences requises et réexaminer les compétences en place ;
- le deuxième propose de capitaliser ou bénéficier de l'usufruit des compétences des ressources acquises. Il s'agit alors de formaliser le savoir ;
- le troisième impose de diffuser ou transférer les compétences proprement dites. Cela requiert notamment de les rendre disponibles d'un point à un autre dans l'entreprise selon un principe de communauté de pratique (Tremblay, 2005).

Dans une perspective de relève, le savoir n'est pas une propriété individuelle. Par conséquent, il se développe par l'intermédiaire de réseaux d'affaires internes et externes, formels ou informels selon le contexte en cause. Le savoir est alors un produit collectif. Il se construit et se développe par l'intermédiaire de groupes internes qui deviennent naturellement ce qu'il est convenu d'appeler des communautés de pratique (Wenger et al., 2002) juxtaposées à un mode de mentorat (McAdam et Cuerrier, 2003).

2.2. Processus de la relève

◗ Le processus de relève chez Cascades concerne d'abord les postes « clés » ou stratégiques de gestion. Cela requiert une mise à jour annualisée des organigrammes de relève proprement dits. La démarche est sensible, dans la mesure où les titulaires des postes de managers dans l'entreprise ne sont pas identifiés comme possédant la même importance. En clair, dans une perspective de gestion de la relève, certains managers sont considérés comme essentiels et d'autres non.

◗ Des comités de relève sont mis en place dans les divers groupes Cascades. La gestion de la relève est animée par un comité de relève ou un groupe mandaté pour assurer son dynamisme et sa réalisation. Le rôle de ce comité consiste essentiellement à déterminer les priorités du programme de relève et valider les postes dits « clés » ou stratégiques, lesquels postes doivent préférablement être pourvus par des ressources compétentes accessibles à l'interne. Il s'agit alors d'établir et de surveiller l'évolution d'un processus managérial susceptible d'atteindre ses fins propres.

◗ Le niveau de rétention des postes clés propose une grille dite « de risques » tenant compte d'un certain nombre de variables, comme les départs volontaires ou en retraite. À cet égard, il est nécessaire d'évaluer les besoins des postes clés ou des comités dits de gestion.

◗ Les trois phases précitées créent le programme de relève proprement dit, laquelle débouche logiquement sur deux catégories de relève, interne et externe.

◗ La validation des candidatures est une opération délicate. Elle se réalise en considérant les profils actuel et futur de Cascades.

◗ L'évaluation des compétences est établie au moyen d'une grille appropriée ou l'ensemble des besoins à la fois des individus concernés et de l'entreprise sont conciliés.

◗ Reste alors l'opération d'évaluation du potentiel. Les individus à haut potentiel étant connus, il s'agit de gérer adéquatement leur évolution dans l'entreprise.

◗ Le plan de développement personnel se construit en tenant compte des mandats des individus choisis. Le coaching autant que la formation sont alors sollicités.

◗ La phase de gestion finale de la relève se concrétise par un répertoire de candidats réputés compétents pour assumer l'un ou l'autre des postes clés identifiés. Il revient au Comité de relève de gérer le processus.

3. Modèle d'analyse

Une compréhension juste de la gestion de la relève transite par une grille d'occurrence des départs de l'organisation par rapport à l'importance des postes en cause.

Par exemple, si le poste devenu vacant est considéré comme étant peu important, la problématique liée au remplacement de son titulaire est moindre que si ledit poste était stratégique et lié directement à la réalisation de la mission de l'organisation. La situation est différente si un poste, jugé essentiel, perd son titulaire. Dans ce cas, il faudra prévoir d'urgence le remplacement du détenteur du poste en cause.

Par conséquent, la gestion de la relève est étroitement liée à l'évolution de l'entreprise dans ses dimensions à la fois interne – main-d'œuvre – ou externe – clientèle. Par ailleurs, le développement de clientèles exerce une pression sur l'interne de l'entreprise, qui doit en quelque sorte se transformer continuellement. Cette dynamique relationnelle entre l'évolution des postes par rapport à celle de leurs titulaires est présentée dans le tableau 42.1.

Tableau 42.1 – Relation entre les postes à pourvoir et leur importance pour l'entreprise

| | | Importance des postes à pourvoir pour l'entreprise | |
		Faible	*Élevée*
Occurrence des postes à pourvoir	*Faible*	Faible	Modérée
	Élevée	Faible	Élevée

Le tableau 42.1 établit quatre situations au plan de la relève. Si l'occurrence du départ d'un employé et l'importance accordée à son poste sont faibles, nul besoin de s'intéresser véritablement à la relève de son titulaire. A contrario, il faudra véritablement investir de l'énergie créatrice (Nonaka et Taleuchi, 1997) pour remplacer les employés qui occupent des postes importants et dont le départ est éminemment prévisible. Entre ces deux situations limites, se retrouvent des situations intermédiaires. Par exemple, le poste est très important mais il n'est pas prévu que son titulaire le quitte. Il est aussi possible que bon nombre de départs s'effectuent dans un contexte où le poste est modérément important ou peu important. Dans ce dernier cas, une opération de planification des ressources humaines est tout de même requise, dans la mesure où il est peu concevable que l'entreprise maintienne en son sein, des postes évalués comme peu stratégiques.

La gestion de la relève concerne donc tous les postes de travail, mais les opérations de recrutement et de formation s'imposent dans une situation de départs anticipés dans un cadre d'utilité élevée.

4. Conclusion

La gestion de la relève est un processus managérial important qui concerne au premier chef les ressources à potentiel dans l'organisation. La relève fait le pont entre l'antériorité de l'entreprise et son développement futur, d'où la nécessité de bien saisir ce qui a fait antérieurement la force de l'entreprise afin de déduire valablement ce qui fera son avenir.

Intégré aux stratégies d'affaires de Cascades, le processus de relève permet de dégager un certain nombre de constats :

- le plan de relève est spécialement sollicité en phase de restructuration et de redressement ;

- chaque composante ou groupe de Cascades est responsabilisée face au plan de relève ;

- le processus de relève n'est pas implanté également dans tous les groupes Cascades ainsi que dans tous les postes clés. En effet, chaque composante de l'entreprise possède ses propres réalités et défis ;

- le remplacement interne des ressources est plus avantageux pour diverses raisons, notamment une économie financière, une meilleure rétention et fidélisation des ressources humaines concernées et le maintien de la culture Cascades.

La réalisation de la relève se situe à la jonction des contextes interne et externe de l'organisation. L'un ne va pas sans l'autre. Le mérite d'un plan de relève est sa capacité à prendre en compte les besoins des clientèles – anciennes et nouvelles – et de les juxtaposer aux ressources humaines nécessaires – actuelles et futures. La réussite de l'entreprise impose que les premiers besoins, ceux des clientèles, transcendent toujours les seconds, ceux des employés. Il y va de la survie du plan d'affaires.

Qui dit gestion de la relève, dit processus de gestion propres à l'assurer. Néanmoins, quel que soit le processus managérial en cause, la réalisation de la relève est issue de la juxtaposition de deux facteurs incontournables que sont l'occurrence des postes à pourvoir et l'importance desdits postes. À cela s'ajoute une dimension temporelle qui augmente le caractère sophistiqué de l'ensemble. En effet, la relève vise autant les postes futurs de l'organisation que ses postes actuels. C'est donc par l'intermédiaire d'une dynamique de planification exhaustive des ressources humaines que la gestion de la relève prend tout son sens.

Chapitre 43

Exploration et extraction de talents au sein de Shell Tunisie

Olfa ZERIBI-BENSLIMANE
Hichem KACEM
Soufyane FRIMOUSSE

Cette contribution trouve son origine dans une double rencontre, l'une entre deux universitaires, l'autre avec un expert professionnel exerçant son activité au sein d'une firme multinationale dans le secteur de la distribution pétrolière. Cette occasion a permis de créer un véritable forum où les échanges d'idées parfois antithétiques mais souvent conciliatrices, ont débouché sur des interactions intenses. L'objet de ce chapitre est de faire émerger librement les cognitions de l'expert, canalisées dans l'entreprise. Le texte se présente comme l'aboutissement d'un entretien renfermant des questionnements divers et des éléments de réponses tels qu'ils ont été relatés fidèlement.

À travers cet entretien sur le thème directeur du talent, l'objectif recherché est d'appréhender le sens et les significations fournis par l'expert, confronté au quotidien à des actions et des initiatives locales in situ. Le choix de cette approche répond au besoin de comprendre le processus par lequel se construit le déroulement d'une activité professionnelle localisée. L'ensemble des significations du témoignage démontre non seulement qu'elles émergent de l'action, parce que profondément ancrées dans des pratiques, mais qu'elles s'incarnent dans des conditions circonstancielles particulières, puisqu'elles sont totalement en rapport avec la situation factuelle. L'entretien révèle un contenu riche et foisonnant d'idées, de concepts, d'initiatives et de démarches innovantes.

1. Logique de la «compétence» vs logique du «talent»

1.1. Le contexte

L'entreprise Shell de Tunisie opère dans le pays depuis 1922 et assure une présence active au service de l'économie tunisienne. L'expert occupe le poste de directeur du réseau des stations-service depuis 2000 et coache une jeune équipe de 39 personnes. Notre expert a essentiellement adapté la stratégie du réseau Shell de Tunisie, inspirée de celle du «Group» tout en déclinant une approche locale gagnante fondée sur des actions concrètes à forte performance pour «Shell/Partenaires/Clients» (trilogie du gain) étayée par la vision DCA (Discipline/Courage/Achèvement). Son rôle est de mettre en confiance ses collaborateurs en vue de leur permettre de délivrer les résultats escomptés et de contrecarrer les actions de la concurrence en faisant valoir durablement l'esprit d'équipe et la satisfaction des clients.

1.2. Une logique de création de valeur

De l'avis de l'expert, pour détecter les fonctions et les postes créateurs de valeur et nécessitant un capital important en compétences et talents, il faut que l'ensemble des parties prenantes se mette d'accord implicitement sur une forme relationnelle établie sur le conseil, la sensibilisation et la fidélisation à la marque, plutôt que sur la valeur intrinsèque des produits. La création de la valeur se traduit par le recrutement de manière pérenne de clients maintenus par la fidélisation.

Dans cette logique de valeur, les résultats, martèle-t-il, doivent être perçus comme étant une conséquence d'efforts en matière de compétence et de talents, et non le but suprême d'une entreprise. Le directeur du réseau nous a révélé que, contrairement aux idées reçues, la compétence au sein de l'entreprise n'est pas facilement reconnue entre les collègues. Il est, en effet, difficile d'avouer qu'un employé est de compétence supérieure à un autre, sauf pour de rares exceptions où la nature du travail spécialisé impose un savoir technique spécifique. La frontière fixant le périmètre de la compétence entre les différents collègues n'étant pas évidente, elle ne peut déboucher, à terme, que sur une situation de démotivation. Pour illustrer ce propos, il a recours à une métaphore sportive : «Les athlètes sprinters des 100 mètres, par exemple, ne volent presque jamais leur leadership.»

1.3. La face cachée du talent

À ce stade du récit, l'interviewé nous dévoile la face cachée du talent :

> «Il en ressort donc que la compétence s'acquiert mais que le talent reste, dans de larges proportions, inné parce qu'il contient cette notion de génie ou d'ingéniosité latents que tout un chacun doit et peut avoir en lui. Bien sûr, une bonne combinaison de compétence et de talent serait une valeur ajoutée

importante pour l'entreprise. L'éclosion du talent nécessite un management suffisamment flexible qui allie le formel et l'informel. Compétences et talents doivent être les critères de promotion et de développement de carrière et non l'ancienneté ou l'âge.»

Afin de comprendre dans quelle mesure on a recours aux compétences et/ou aux talents dans les différents domaines d'activité de l'entreprise, l'expert ajoute que «le domaine de compétence est tout ce qui est envisageable, prévisible, rationnel et traduisible en performances reconnues». Il peut donc être envisagé comme un répertoire de solutions disponibles dans un stock où l'on peut puiser pour répondre à des problèmes similaires.

Ainsi, dans sa capacité à créer, à imaginer ou à innover, le talentueux est susceptible de faire gagner du temps et de l'argent à l'entreprise, en détectant rapidement des niches de profitabilité. De plus, le talent n'est ni localisé dans la hiérarchie, ni confiné dans un domaine d'activité particulier.

2. Déceler et attirer les talents

2.1. Les pratiques de recrutement et de gestion

Le secret du talent s'exprime, selon son expression, à travers «un team de rêve, une équipe de choc» qui, malgré les divergences de chacun, doit œuvrer pour l'épanouissement collectif en faisant contribuer individuellement chacun. L'émergence de la gestion des talents s'explique par la recherche accrue de hauts potentiels, le renouvellement générationnel, la rareté et le besoin de diversité dans certains domaines, les changements profonds des modes de travail et enfin l'internationalisation des entreprises.

Le transfert des pratiques de recrutement et de gestion des talents peut être local, mais il sera mené selon les procédures définies par la maison mère. Cette dynamique correspond à une approche universaliste.

L'application de pratiques répond aussi à des logiques mimétiques. Il s'agit d'adoption cérémoniale avec un faible niveau d'intériorisation et d'adhésion (Taylor et alii, 1996). Les pratiques opérationnalisées par l'entreprise pour attirer les talents sont inspirées de celles de la maison mère. Le management des talents est donc susceptible de s'inscrire dans un processus d'hybridation.

2.2. Le cas de Shell Tunisie

L'expert accrédite ce fait en affirmant que Shell Tunisie, en tant que multinationale, dispose d'un arsenal technique remarquable pour attirer et reconnaître des talents en se positionnant d'emblée dans les forums universitaires pour faire valoir ses activités, drainer l'élite et la recruter au sein de la communauté des diplômés.

Les recruteurs doivent être accrédités à la conduite d'un entretien structuré d'embauche. L'acronyme PAR (potentiel au recrutement) définit si le candidat répond non seulement au besoin d'aujourd'hui mais serait apte dans le futur à postuler à des postes plus importants, en Tunisie ou ailleurs. Pour les candidats «Letter Classified», une validation se fera par des responsables de Shell Group sous la dénomination de «profil exportable».

3. Accompagner les talents

3.1. Gérer le déséquilibre entre l'offre et la demande de compétences

La guerre des talents génère un déséquilibre entre l'offre et la demande de compétences dans un contexte marqué par la concurrence entre les entreprises pour recruter les meilleurs. La globalisation oblige les entreprises à avoir une vision internationale de l'activité et des ressources humaines stratégiques (managers de haut niveau et d'experts). La gestion des talents permet aux entreprises d'attirer, mais aussi de gérer, de développer et de consolider les talents et les compétences. Le management des talents comprend la détection/sélection, la composition d'équipe, l'accompagnement/développement et la protection/rétention du talent.

> « Dans le monde professionnel il faut savoir oser changer de bas en haut comme de haut en bas, compte tenu de l'instabilité de l'environnement socio-économique national et international. »

Pour préciser davantage son idée, l'expert énonce comment les transitions devraient se dérouler selon une élaboration coordonnée en matière de formation, communication, intéressement sur la performance, implication dans la décision, visibilité de carrière, lecture du paysage économique des pays dont les entreprises sont dans l'excellence opérationnelle, etc. : «Un processus qui mette en confiance le personnel et lui offre les garanties pour un redoublement d'effort reconnu et récompensé.»

3.2. Permettre à chacun de développer ses talents

> « Je préfère encourager mes collaborateurs à prendre une certaine autonomie dans l'accomplissement de leur travail. Partant du principe que chacun a les moyens de se surpasser et dispose d'aptitudes naturelles ou acquises à la conduite de ses affaires, je pousse volontairement aux raccourcis, quitte même à accepter qu'ils fassent des erreurs (une erreur peut ne pas se répéter quand elle est commentée, documentée et reconnue)… Outre les rôles assignés pour les collègues, je trouve toujours les moyens de nommer un « champion » pour de petits projets génériques pour rendre toute action transverse, visible et effective. »

La répartition de base des talents et des compétences n'étant pas égalitaire, il appartient à l'entreprise de permettre à chacun de développer ses talents et de les développer en interaction avec les autres, qui eux disposent d'autres talents. Les extraits suivants permettent de mettre en évidence les mécanismes sélectionnés par l'entreprise pour faire partager les connaissances et les compétences au niveau du groupe. L'exploration des mécanismes de développement des compétences et des talents dans les différentes fonctions de gestion, et tout au long du processus fait «faire contre mauvaise fortune, bon cœur». Le développement des compétences se fait sur la base d'un bilan qui livre les écarts par rapport aux exigences du poste et débouche sur un plan de formation ciblé. En revanche, la formation sur le tas se fait, une fois le besoin détecté, par le coaching et le parrainage informel, où le plus compétent dans un domaine précis servira de relais envers l'apprenant. Pour le développement de carrière d'un talentueux potentiellement apte à prendre d'autres responsabilités, un apprentissage sera prévu; l'essentiel étant de détecter les best practice pour les partager, les améliorer et les disséminer afin d'en faire bénéficier le plus grand nombre.

Pour approfondir ce questionnement, le directeur du réseau a relaté un cas tiré de son expérience personnelle. Les résultats plaidant en leur faveur, ils ont, ses équipes et lui-même, capitalisé encore et toujours sur le volet «people». À chaque réunion, ils ont tenté de créer une dynamique de team building en passant parfois deux à trois jours en dehors de leurs bases dans le but de raffermir cette rage de vaincre et de préparer une vision de club plutôt que celle d'une direction commerciale unie et réunie par le seul critère de performances financières et/ou commerciales. Dans cette optique est organisée une réunion inédite dans un bus. Le principe consistait à mettre toute l'équipe en tenue Shell pour visiter plusieurs stations. Le cadre de travail de chaque station à visiter prévoyait des projections des résultats et des plans d'action. Même les collègues les plus sédentaires furent invités et d'autres personnes de la société furent associées à l'aventure… Tout au long de cette exploration active, ils ont allié travail et détente. Le taux de participation était beaucoup plus fort que celui réalisé lors de réunions classiques, les jeunes recrues furent «bizutées» en vue de les intégrer rapidement dans le groupe, et il y eut même plusieurs découvertes de talents cachés de quelques collaborateurs.

Le développement des talents a pour fondement la gestion des compétences, de la formation et de la communication. Il contribue à dissiper un certain esprit de méfiance en vue de libérer le savoir-faire des forces vives au sein des organisations et de diriger ses acteurs autour «d'un rêve commun.» À l'inverse, «la marginalisation d'employés entache le climat social et constitue un frein à la bonne marche de toute entreprise qui se veut durablement compétitive…».

4. Préserver les talents de demain

Quelques pistes issues de ces entretiens...

◗ Le projet à entreprendre, tout en préservant quelques instrumentations managériales, serait en premier lieu d'octroyer davantage de confiance aux responsables directs, qui connaissent mieux que quiconque leurs collaborateurs.

◗ L'aspect culturel doit être incrémenté dans tout critère à considérer dans un projet de valorisation des ressources humaines. D'après son témoignage, «je suggère des séances de sensibilisation des aspects RH par petits groupes pour identifier les obstacles physiques, psychologiques et les moyens demandés pour une meilleure productivité.»

◗ «Un benchmarking avec les entreprises dont la gestion du volet RH est reconnue comme étant une best practice...»

◗ «La mécommunication est également une source de blocage et de dysfonctionnement important, or s'exprimer librement peut parfois créer des tensions supplémentaires quand les compétences en matière d'écoute ne sont pas réunies.» Les structures rigides et cloisonnées où le chef a systématiquement raison dans ce qu'il entreprend sont révolues, lui-même doit être évalué par le biais du 360°.

◗ «Faire adhérer les ressources de l'entreprise à ses objectifs et projets futurs avec des mots justes et vrais... toute la politique de salon est nuisible au climat social qui, par le biais de l'information informelle, risque de faire écrouler l'édifice compact de l'entreprise.» À titre d'exemple, organiser des forums sur la concurrence auquel participeraient des membres du back-office fournirait des résultats impressionnants du fait de leur double statut d'employés et de clients par ailleurs.

Igalens et Roger (2007) affirment qu'un DRH doit se préoccuper du pouvoir d'expression et d'action de ses salariés. Cette créativité réclame une autonomie et une reconnaissance des droits de réagir et de penser. Les espaces personnels, hors de toute emprise organisationnelle et le droit à la différence sont également importants. Dès lors, l'informel, le culturel, les loisirs et le relationnel seraient des sources inépuisables de création de richesse.

5. Conclusion

De façon formelle, tout prête à croire que les talents découverts seront bien pris en charge demain. Pourtant, les opportunités offertes par le marché, les promesses non réalisées, l'impatience des talentueux eux-mêmes, toutes ces conditions font qu'il est difficile d'avoir une planification rationnelle des talents sur le long terme.

Il faut admettre que, dans une multinationale, le pourcentage des talentueux ayant accédé à un statut programmé et projeté est finalement faible, puisque les plans de rétention ne sont pas particulièrement motivants pour engager les postulants à s'investir dans la firme pour l'avenir. Comme le précise Capelli (2008), il est de toute façon impossible d'évaluer et d'estimer la demande de talents sur le long terme à cause de l'incertitude. Il préconise donc le développement des talents en interne, tout en prospectant sur le marché du travail.

Sur cet aspect, le directeur du réseau affirme que ce sont les contraintes contextuelles qui déconsidèrent la reconnaissance de talent et témoigne que «la concurrence interne – sous couvert d'émulation –, l'immédiateté d'une promotion (motivation statutaire et pécuniaire), les notions de flou dans la gestion des RH, de nuage de positionnement sur le salaire et les avantages matériels, faussent les débats sur la gestion cohérente de talents à terme.»

Pourrait-on dire que le talon d'Achille de plusieurs entreprises est constitué par une gestion approximative des talents confirmés qui finiront par partir et par s'exprimer ailleurs qu'au sein de leurs propres entités?

Chapitre 44

Le développement des talents dans les entreprises en Bulgarie

Albena VASSILEVA
Ognian DASKALOV
Silvia TZANOVA

À l'époque actuelle, marquée par la mondialisation, le pragmatisme et le débat sur l'avenir d'une Europe élargie et d'un monde sans frontières, repenser le sort des talents et les attitudes face aux talentueux dans le contexte local de la Bulgarie est nécessaire. Nous proposons quelques éléments de réflexion sur le développement des talents dans les entreprises bulgares :

1. Approches du terme de « talent »

1.1. Approche étymologique

Le terme « talent » (*talant,* en bulgare) traduit pour les Bulgares d'aujourd'hui l'idée de don, d'avantage reçu de Dieu, d'aptitude particulière. De nos jours, la lecture étymologique du mot talent (poids de 20 à 27 kilogrammes, dans la Grèce antique ; monnaie de compte équivalent à un talent d'or ou d'argent) n'est réservée qu'aux spécialistes. Au contraire, l'enseignement de la parabole des talents dans l'Évangile selon Matthieu s'adapte parfaitement aux différentes prises de position face à différentes interrogations : « Que fais-je avec ce don reçu de Dieu ? Est-ce que je dois le garder pour moi-même ? Est-ce que je le partage avec les autres ? Quels sont mes sentiments à l'égard du talent d'autrui ? »

1.2. Approche psychologique

Nous pouvons, en particulier, distinguer deux types de « talentueux » : fierté dédaigneuse et intelligence froide, d'une part, esprit d'ouverture et générosité, d'autre part. La diversité des talentueux se traduit également par leurs plans d'action et leurs stratégies, leurs demandes et leurs attentes, leurs modes d'expression. Les uns s'orientent directement vers le but, d'autres comptent sur l'appui de quelqu'un, d'autres encore restent dans l'expectative. Il y a des talents qui passent inaperçus. L'heureux concours des circonstances, qui n'est pas le seul fruit du hasard, fait d'un candidat le bon candidat, au bon endroit, au bon moment.

1.3. Approche chronologique

Les attitudes face aux talents ne sont pas invariables. Nous pouvons mentionner l'attitude de refus quant au talent vu comme «un fait diabolique» et l'attitude de stimulation du talent par l'élaboration de programmes à long terme pour le recrutement et la création de conditions adéquates pour leur développement.

À l'époque de la Guerre froide, le régime communiste/socialiste place ses ressources financières dans la recherche scientifique, les arts et le sport. «La fin justifie les moyens», ce principe machiavélique, règne en maître. Or, la fin ne respecte pas les valeurs humanistes. L'objectif primordial serait la mise en valeur des avantages du régime communiste/socialiste par la création de conditions favorables pour l'épanouissement des talents.

Les critères pour reconnaître le talent sont peu adéquats. Le régime cocoone des talents qui ne sont pas réels, mesurables et effectifs. Toutefois, de vrais talents ne sont pas rares à cette époque. Certains sont partisans convaincus des idées communistes/socialistes, ce qui ne minimise pas leurs aptitudes particulières. Le problème s'impose pour les représentants du groupe des vrais talents qui ne sont pas enclins à faire des compromis avec leurs convictions en opposition avec la doctrine communiste et socialiste. De tels talentueux entrent en désaccord avec le régime et subissent les sanctions du système par la politique répressive de l'État. Certains d'entre eux émigrent pour des raisons d'ordre politique et sont traités par le pouvoir de traîtres et de vénaux.

2. Les talents face à la transition démocratique

2.1. De la dépendance politique à la dépendance économique

La période de la transition du régime communiste vers la démocratie revêt un intérêt particulier pour les analystes en matière de ressources humaines. Dans ce contexte d'émancipation spirituelle, les talents deviennent susceptibles d'opérer des choix. On peut à bon droit se demander s'il s'agit de choix effectués en pleine liberté : la dépendance politique cède le terrain à la dépendance économique ce qui devient un problème très lourd pour les talentueux.

Le pouvoir financier est concentré entre les mains de gens peu nombreux après une période courte. Ces gens ne connaissent pas les mécanismes de management des talents. Ils ne sont pas encore sensibilisés au profit économique et à la rentabilité de l'investissement dans l'acte de chercher, de découvrir, d'amener au développement des talents et de les protéger.

Dans ces conditions-là, une partie des talentueux adhère au groupe des émigrés économiques à la quête de champs propices à leur épanouissement. Ces talents audacieux acceptent le défi, ils refusent les rythmes lents des changements positifs dans le mode de vie et de réalisation professionnelle en Bulgarie.

Une autre partie des talentueux, tout aussi audacieux, mais plus optimistes quant aux rythmes des changements en Bulgarie, préfère ne pas quitter leur pays. Ces talentueux ne restent pas les bras croisés. Ils se mettent à chercher des voies pour mettre en œuvre leurs aptitudes. Certains créent leurs entreprises. D'autres se dirigent vers les grandes organisations, les fondations en espérant profiter des opportunités pour développer leurs talents, pour faire carrière et être convenablement rémunérés selon leur apport personnel.

2.2. L'arrivée des entreprises étrangères

La période 1990-1995 est celle de la mise en place de grandes sociétés étrangères, banques, compagnies d'audit, sociétés d'assurance, sociétés de commerce, producteurs ayant un marché mondial reconnu. Ces structures s'imposent comme le groupe des grands employeurs qui occupent le terrain et attirent les talents au détriment des structures bulgares créées selon la procédure raccourcie, privatisation ou autre.

C'est aussi la période de l'éclosion des petites entreprises. Leur champ d'action est étendu, mais leurs possibilités financières sont modestes.

Une situation paradoxale apparaît. La recherche de jeunes cadres, qualifiés et talentueux excède l'offre. Les petits employeurs augmentent la rémunération en vue de recruter les professionnels aux potentialités requises. Les grands employeurs – bulgares et étrangers – jouent sur les opportunités liées à la carrière et au nom, ce qui s'avère attrayant pour le CV des talents en herbe. Aussi organisent-ils des concours de recrutement difficiles à gagner et qui mettent les candidats sous tension. On se sert des meilleurs candidats sélectionnés contre une rémunération peu adéquate. Il s'ensuit la déception des jeunes exploités et un revirement d'opinion au profit des petits employeurs.

Les jeunes repensent leurs priorités : le niveau de vie devient une valeur beaucoup plus appréciée que la carrière, dans le système de leurs valeurs. Pour faire concurrence aux grands employeurs, les petits employeurs se voient obligés de faire des dépenses plus importantes pour fidéliser les talents au détriment de leur propre bénéfice. Cette tendance demande des savoir-faire spécifiques de la part des petits employeurs.

2.3. Les difficultés des créateurs d'entreprises

Avec des résultats variables, chaque petit employeur bulgare surgit et persiste dans son entreprise grâce à son talent. Le lancement des petites entreprises en Bulgarie se fait dans le contexte des années 1990 en pleine crise du système bancaire. Le besoin de crédits est inversement proportionnel à la possibilité d'avoir des renseignements sur les possibilités réelles et les modalités pour avoir des crédits.

Les talentueux à l'esprit entrepreneurial s'exposent souvent à des risques en recourant au crédit garanti par hypothèque de leur unique domicile. Les talentueux ont les bonnes idées, mais ne disposent pas de bureau, d'équipement, de collaborateurs, de capitaux et de chiffre d'affaires. Une autre contrainte est l'impossibilité de faire une prévision même à court terme. Le marché ne fonctionne pas normalement. On se perd en conjectures et la logique des processus économiques s'avère déformée. Il s'ensuit des pertes considérables, des faillites montées, des banques qui s'écroulent, une inflation galopante. Seuls les entrepreneurs excessivement astucieux et tenaces résistent à cette situation d'économie manipulée.

Le talent est devant un dilemme : entrer en concurrence avec l'argent sale ou chercher à se réaliser hors du pays. Dans cette période une nouvelle vague de gens de talent, déçus et dégoûtés, partent de leur pays.

2.4. L'importance reconnue des talents

Ceux qui survivent à la parcellisation brusque du marché aspirent à un processus de réglementation et s'efforcent d'aiguiller les affaires sur un chemin normal, conforme à la loi. Les efforts pour survivre dans ce contexte hostile sont peu compatibles avec la réflexion sur le pourquoi et le comment du recrutement et de la motivation du talent.

Les priorités changent peu à peu. Le maintien des positions acquises requiert des équipes professionnelles performantes. Le facteur des ressources humaines devient incontournable. Cependant, l'appréciation du talent reste une chose qui ne va pas de soi : l'offre de cadres hautement qualifiés dépasse la demande, et dans la période 1995-2000 on observe la disponibilité de professionnels qui minimisent leur potentiel et leur talent, et qui les apportent au développement du secteur privé contre une rémunération modeste.

2.5. Les entreprises se sentent plus à l'aise en phase de croissance

La phase de maintien des positions gagnées demande beaucoup plus d'efforts et d'actions bien ciblées. C'est dans cette phase que les savoir-faire et le talent des gestionnaires des petites entreprises ressortent au premier plan. Ils sont déjà expérimentés et ils savent déléguer une partie de leur talent à des membres de leur équipe qui ont les potentialités nécessaires. C'est un processus particulier qui entre en jeu :

le talent aide d'autres talents à s'améliorer. L'entreprise en croissance aspire à la répartition des tâches et des responsabilités entre les membres de l'équipe. Les dirigeants des équipes repensent la gestion du temps et des moyens financiers en vue de développer les talents dans des domaines en connexion avec l'action de l'entreprise.

3. L'économie de marché et la croissance économique

3.1. La concurrence et les talents

La concurrence augmente progressivement. Les petites entreprises doivent maintenir, d'une part, leurs positions économiques, et, d'autre part, doivent garder les cadres formés. L'économie de marché fait réviser les priorités des gens de talent. Ceux-ci ne se contentent plus de chercher et de trouver leur champ de réalisation sans réclamer une rémunération adéquate. Les entreprises mettent en œuvre la veille concurrentielle pour gagner les talents.

Les plus forts sur le plan financier utilisent, non sans résultats positifs souvent, tous les moyens de plaire, au détriment de l'entreprise concurrente. Il en résulte le besoin de protéger les employeurs par des moyens que fournit la loi. Les investisseurs développeurs de talents souhaitent défendre leur investissement.

La loi sur la concurrence essaie de restreindre les choix que les talents souhaitent et peuvent opérer au profit de l'employeur. La loi s'avère juridiquement peu justifiée sur ce point et incompatible avec les droits constitutionnels du travailleur. L'interprétation des textes législatifs concernant certaines conditions prohibées pour les cadres aux postes de dirigeants qui quittent l'entreprise mène à des conflits au préjudice des talents.

3.2. Les défauts de la loi

Les limites des mesures réglementaires pour garantir la rétention des talents, stimulent la recherche d'autres mesures susceptibles de fidéliser les talents. Ainsi offre-t-on un poste de travail à l'un des membres de la famille. La dépendance économique de ce type ne stimule pas forcément le développement du talent. Un autre type de dépendance économique, plus loyal et plus stimulant, est la quote-part qui revient aux intéressés dans la répartition des bénéfices nets réalisés par l'entreprise. Les méthodes de stimulation du talent subissent des modifications et une évolution en fonction de la pénétration du capital étranger et de l'installation des employeurs européens en Bulgarie.

3.3. Développer et protéger les talents

L'année 2006 – au seuil de l'adhésion de la Bulgarie à l'Union européenne, et l'année 2007 – la première année de l'adhésion de notre pays marquent une étape décisive dans l'attitude face au talent. La nouvelle situation qui s'instaure demande la prise en considération de la sauvegarde, de la motivation et du développement du talent.

La prise de conscience de son apport en faveur de la cause de l'entreprise est forte. Dans la nouvelle situation, le jeu de l'offre et de la demande n'est plus au profit des employeurs. L'insuffisance de ressources humaines hautement qualifiées et de valeur incite les employeurs à chercher et à financer d'autres moyens pour la découverte et le développement des talents.

Des nouvelles formes d'interaction s'imposent comme : la bourse d'emploi, les stages en entreprise pour les étudiants, les bourses octroyées aux étudiants, les concours à l'intention des étudiants avec des prix décernés, les formations pour le personnel de l'entreprise, etc. La liste est ouverte et nous espérons que dorénavant la Bulgarie en tant que membre nouvellement élu de l'Union européenne comblera les lacunes en matière de « talentologie ».

4. Conclusion

En guise de conclusion, nous formons le souhait que les talents aient le talent, sur le plan national et international, de respecter les apports des autres sans renier sa propre identité ; d'assumer la responsabilité de vivre de façon appropriée les contacts multi et interculturels auxquels nous sommes aujourd'hui confrontés ; de mettre en pratique leur expertise en tant que citoyens de leur pays et du monde.

Chapitre 45

Le recrutement et la fidélisation des talents en Afrique : l'exemple d'Air Sénégal International

Alain AKANNI
Samba SALL HANNE

> *« Le génie, c'est Dieu qui le donne, mais le talent nous regarde. »*
> Gustave Flaubert

Toutes les firmes accordent une attention croissante aux ressources humaines dans un environnement marqué par la concurrence exacerbée, l'incertitude et l'instabilité. Les avantages compétitifs qui, naguère reposaient sur la maîtrise des coûts, la différenciation des produits, la technologie sont de plus en plus instables. Ils se fondent, de nos jours, sur une combinaison de facteurs dont le principal est la possession d'hommes qui ont du talent.

Qu'est-ce que le talent ? Que doit faire l'entreprise pour attirer, mobiliser et retenir les talents ? Les personnes qui ont du talent n'ont-elles pas besoin d'être sélectionnées et gérées différemment des autres salariés ? Ce chapitre, à travers l'exemple d'une PME sénégalaise évoluant dans le secteur aérien, montre l'intérêt d'une politique de recrutement et de fidélisation des talents.

La littérature managériale est d'abord sollicitée pour évoquer le recrutement et la fidélisation des talents puis la démarche utilisée par Air Sénégal International pour choisir et fidéliser ses collaborateurs talentueux est exposée. Il s'achève par quelques recommandations pour attirer et fidéliser les talents en Afrique.

1. Recruter et fidéliser les talents : un état de la littérature

Les ressources humaines constituent, de nos jours, un facteur déterminant de la compétitivité et de la performance des entreprises (Akanni, 1997). Les firmes doivent donc s'attacher les personnes les plus compétentes, celles qui se distinguent des autres dans la réalisation des tâches productives.

1.1. Le concept de talent : définitions, approches et formes.

Le talent résulte d'une idée de différenciation qui apparaît à la comparaison. Les personnes qui ont du talent sont celles qui se distinguent dans la perfection. Le talent est une capacité reconnue de faire mieux que les autres (Mirallès, 2007). La définition du talent retenue dans une entreprise est une fonction de sa stratégie d'affaires (Ingham, 2006).

Le talent incorpore, outre le terme clé de compétence, d'autres variables et notamment les connaissances, les réseaux, les relations interpersonnelles, les valeurs, la mobilité, la motivation, le potentiel, etc.

Le talent revêt des aspects différents selon que l'on se situe du point de vue de celui qui le possède ou de la firme. Pour l'individu, l'objectif est de tout faire, même au prix de sacrifices, pour éclore et développer son talent et, trouver les meilleures voies pour valoriser ce talent.

Quant à l'organisation, l'objectif est de reconnaître, d'attirer, de retenir les talents qui peuvent lui être utiles, puis, de les fédérer, en mettant chaque talent à la place idoine.

Le talent pose des problèmes de mesure, de valorisation. Comme toute ressource de l'organisation, il a un coût, une valeur. Le talent, notamment sa révélation, dépend d'une série de facteurs, de situations. Ces facteurs de contingence sont nombreux et porteurs d'enjeux : situations de crise, situations économiques, modification des règles de jeu, compétition. Tous les métiers peuvent s'exercer avec du talent, mais le talent n'a pas la même importance dans les différentes situations.

L'existence de différents déterminants du talent et la prise en compte de travaux fondateurs en management, incitent à proposer l'idée de talents génériques :
- talent dans le domaine du management ;
- talent d'influence ;
- talent d'action et de réalisation ;
- talent cognitif ;
- etc.

La maîtrise et l'épanouissement des talents revêtent un enjeu important dans les organisations. Il est donc utile de voir comment les organisations procèdent pour attirer les talents.

1.2. Le recrutement des talents

Le recrutement des talents vise à s'attacher des salariés reconnus comme étant les meilleurs. Recruter et gérer des talents requiert une forme de veille stratégique (Bournois et al., 2000). Certains auteurs introduisent l'idée de guérilla du recrutement (Sullivan, 2008). Le recrutement des talents est constitué d'étapes.

L'identification des postes critiques dans l'organisation

Pour recruter des talents l'entreprise doit anticiper les besoins futurs, avoir un plan cohérent de développement, être proactive, avoir une idée précise de ses futurs besoins humains, matériels et financiers. La stratégie est axée sur les postes critiques dans l'organisation de manière à déterminer les connaissances et habiletés nécessaires pour occuper ces postes.

La détection des talents

Elle se fait par la mise en évidence des talents cachés dans l'entreprise et l'attraction de nouveaux talents. Pour attirer les talents, l'entreprise doit se distinguer des autres. Cela se fait par l'octroi d'un cadre de travail agréable, par des actions pour se faire connaître. Par son histoire, ses réalisations, son image, elle doit donner envie aux talents de la rejoindre. La meilleure stratégie de recrutement à long terme est la construction d'une marque employeur (Sullivan, 2006).

Le choix des talents

Effectué en interne, il consiste pour la hiérarchie à repérer les individus qui se distinguent dans l'accomplissement de leur tâche, qui ont un potentiel d'évolution et à les proposer pour occuper des postes vacants. Le choix des talents à l'externe se fait en général à partir de différentes sources. Quelle que soit la démarche retenue, le choix s'effectue lors d'un entretien avec le postulant au poste. L'entretien est surtout une étape de validation ou d'infirmation des impressions retenues lors des étapes antérieures. Il est conseillé de ne pas imposer, à ces personnes qui aiment se distinguer, des méthodes d'entretien classique. Les discussions permettront de déceler, en sus des compétences du candidat, ses qualités de leadership, sa capacité d'adhésion aux valeurs et à la culture de l'entreprise, sa capacité à se fondre harmonieusement avec l'équipe en place. Au terme de cette phase, l'option peut être prise de recruter la personne.

L'engagement des talents

L'entreprise, une fois la décision de recruter prise, doit convaincre le talent de venir travailler en son sein, de signer son contrat. À cette étape, en fonction de l'importance accordée à la personne, on peut lui proposer d'écrire lui-même sa lettre de proposition d'embauche (Sullivan, 2006), lui demander les éléments qui lui semblent indispensables pour travailler dans de bonnes conditions, pour être vite opérationnel, lui suggérer des collègues avec qui il pourrait travailler harmonieusement etc. Le recrutement achevé, il faut fidéliser le talent.

1.3. La fidélisation des talents

La fidélisation des salariés de l'organisation est une source d'amélioration de ses performances. Elle est l'ensemble des mesures permettant de réduire les départs volontaires (Peretti, 2005). Fidéliser les meilleurs collaborateurs dans un environnement économique compétitif est une gageure pour les firmes. La fidélité du salarié est appréciée par son ancienneté, son désintérêt pour les opportunités professionnelles externes et ses efforts continus (Paillé, 2005).

Les principaux déterminants de la fidélité du salarié sont la satisfaction au travail et l'engagement envers l'organisation. La satisfaction au travail est fonction de l'évaluation par un individu de son travail ou de sa situation d'emploi (Weiss, 2002). L'engagement est une traduction de la disposition d'un individu par rapport à son organisation (Meyer et Herscovitch, 2001).

La fidélisation des talents peut donc s'obtenir par la recherche de la satisfaction au travail et de l'engagement au sein de l'organisation. Elle s'obtient par la politique générale de l'entreprise et des actions spécifiques. Les aspects généraux comprennent le souci de l'entreprise d'intégrer les aspirations des personnes talentueuses, sa capacité à insuffler l'esprit d'initiative, l'importance accordée au climat social et à son amélioration continue, les opportunités claires et alléchantes de carrière au sein de l'organisation.

Les actions spécifiques sont nombreuses : rémunérations attractives et leur révision régulière, primes et gratifications complémentaires à celles prévues par les conventions collectives, avantages en nature incitatifs (logement, véhicule, tickets restaurant, crèche, pressing), avantages financiers (plans d'épargne, intéressements, stock-options), implication dans la prise de décision, formation et développement personnel des salariés talentueux, gestion des carrières et des compétences etc.

Le recrutement et la fidélisation des talents engendrent un cercle vertueux qui conduit à l'amélioration de la performance de l'entreprise. Qu'en est-il dans la pratique à Air Sénégal International ?

2. Le recrutement et la fidélisation des talents à Air Sénégal International

Constituée officiellement le 2 novembre 2000, Air Sénégal International (ASI) est une société à capitaux mixtes détenus à 51 % par la Royal Air Maroc et à 49 % par l'État sénégalais. L'ambition affichée est de devenir la première compagnie de l'Afrique de l'Ouest. Le transport aérien, domaine d'activité d'ASI, est très concurrentiel, marqué ces dernières années par des regroupements, des fusions et des disparitions d'entreprises. Les éléments déterminants de la concurrence dans le secteur sont des équipements performants et adaptés aux conditions du trafic et des ressources humaines qualifiées et déterminées.

Les fondateurs d'ASI ont, dès le départ, accordé une importance fondamentale aux ressources humaines. Un accent particulier a été mis sur le recrutement et la fidélisation des collaborateurs expérimentés et talentueux.

Pour devenir la compagnie de référence en Afrique de l'Ouest, un accent particulier a été mis sur son attractivité, de manière à attirer les meilleurs collaborateurs. Ce souci a conduit à rechercher les éléments indispensables à sa mission et à l'élaboration d'une politique RH ambitieuse.

2.1. Le contrôle préalable de quelques facteurs clés de succès dans le secteur

Deux facteurs clés ont été identifiés par ASI :
- la nécessité d'un partenariat avec une grande entreprise du secteur ;
- l'importance de collaborateurs qualifiés et talentueux.

L'appartenance au groupe Royal Air Maroc a permis à ASI de disposer, dès le démarrage de son activité, d'un réseau puissant, d'offrir à sa clientèle la sécurité d'un grand groupe aérien. La société symbolise le dynamisme d'une jeune compagnie aérienne et l'envergure d'un grand groupe. Elle s'est aussi associée les talents dans tous les métiers du transport aérien. Les collaborateurs sont recrutés sur la base d'un certain nombre de qualités : rigueur et sérieux, motivation, ambition, sens du dépassement de soi, esprit d'équipe, ouverture d'esprit.

ASI s'évertue à créer en son sein un espace heureux, convivial. L'attraction des talents dans l'entreprise est aussi imputable à la politique de ressources humaines.

2.2. Une politique de ressources humaines ambitieuse

ASI y accorde un intérêt particulier car elle fonde sa réussite essentiellement sur la qualité de ses hommes. Elle a donc mis en place une politique de ressources humaines innovante, en adéquation avec les besoins de son personnel et basée sur la proximité et l'écoute des salariés. Ses grands axes visent à favoriser l'emploi dans l'entreprise. La politique de l'emploi est active, fondée sur la recherche de salariés jeunes et compétents et la volonté d'offrir à ces personnes la possibilité de se réaliser professionnellement. Ce souci transparaît dans la variété des métiers proposés, l'accent mis sur l'autonomie, la responsabilité et l'évolution professionnelle. Elle est basée sur le professionnalisme et la satisfaction du client.

Le professionnalisme est illustré par la volonté partagée par les salariés d'offrir au client une qualité de service irréprochable. Ainsi, le respect des normes internationales dans le domaine du transport aérien, la compétence, le savoir-faire, l'esprit d'équipe, la rigueur sont recherchés à tous les niveaux de la compagnie. Les clients satisfaits sont un atout essentiel pour la performance de l'organisation. La compagnie a mis en place un service de suivi de la clientèle qui s'efforce d'améliorer la qualité du service de la réservation à la fin du voyage.

Les pratiques de ressources humaines insistent sur la formation et la gestion des carrières. La formation du personnel est privilégiée. Ainsi, pour rester informée sur les dernières technologies et les innovations dans le domaine aérien, la compagnie participe aux séminaires de formation de la RAM au Maroc et aux sessions de formation des principales organisations de l'aviation civile.

Tout employé peut, sur la base d'un plan de formation annuel, parfaire ses compétences et développer son savoir-faire. La formation continue est favorisée : elle est l'un des moyens qui permettent aux personnes et aux équipes qui conçoivent, fabriquent et vendent les produits et services de l'entreprise d'être au niveau des exigences des clients (Meignant, 2001).

La gestion des carrières est aussi privilégiée. Elle vise l'évolution des collaborateurs en fonction de leurs capacités et des opportunités existantes puis leur fidélisation.

Les plans de carrière sont individualisés. Les responsables des ressources humaines soutiennent le personnel dans la démarche d'élaboration et de réalisation des plans de carrière en collaboration avec la hiérarchie. Les entretiens semestriels permettent de fixer les objectifs de performance et de progrès, de faire le point sur les compétences acquises, les besoins de formation et d'exprimer les souhaits d'évolution. Cette politique dynamique de ressources humaines permet d'engager et de fidéliser les talents.

2.3. Le recrutement et la fidélisation des talents

Les grands traits de la démarche de recrutement

La qualité du recrutement résulte de l'adéquation existant entre la personne recrutée et le besoin immédiat et futur de l'entreprise (Peretti, 2005). Les candidatures en Afrique sont nombreuses lors d'une annonce de recrutement, du fait de la conjoncture économique. Pour certains, cela offre une occasion de «tenter leur chance».

Ce comportement est une source de pollution du processus mais aussi une opportunité pour le recruteur. En effet, il est fréquent de recevoir des candidatures qui, tout en ne répondant pas aux critères requis pour les postes à pourvoir, présentent des profils très intéressants. Cet afflux de candidatures permet d'élargir le choix des candidats potentiels, de constituer une base de données pour les candidatures futures et de trouver des personnes talentueuses. L'entreprise, a par métier, une cellule chargée de détecter les meilleurs candidats.

La procédure de recrutement d'ASI comporte six étapes :

- l'expression du besoin est déclenchée par l'identification par la hiérarchie et le service des ressources humaines d'un besoin à pourvoir. Ces besoins, pour les fonctions opérationnelles, sont décelés par un travail rigoureux et scientifique fait sur la base d'un plan d'encombrement ou plan de charge qui est une description de l'activité des avions à laquelle est associée une programmation de personnel ;
- l'élaboration de la fiche de fonction est une étape essentielle du processus. Une fois établie, la fiche est mise à jour régulièrement et renferme les informations nécessaires à la bonne tenue du poste. Elle sert à la confection de l'annonce d'appel à candidature. L'annonce est diffusée d'abord en interne puis publiée par voie de presse et via Internet (site de l'entreprise) ou sur tout autre support approprié ;
- les dossiers de candidatures sont triés et sélectionnés selon les critères retenus dans l'annonce. On vérifie leur conformité à l'annonce. Le traitement est fait en interne par les services spécialisés et ouvre la voie aux tests ;
- les tests varient en fonction des profils recherchés. On a ainsi des tests de langue, psychotechniques, de connaissance dans un métier, etc. Ces tests sont suivis d'interviews ;
- les entretiens sont conduits par une commission composée du supérieur hiérarchique du poste à pourvoir, du chargé du recrutement à la DRH et d'un cadre qui n'appartient pas forcément au domaine d'activité du poste à pourvoir. Sa présence permet d'avoir un point de vue neutre sur les capacités managériales et les aptitudes comportementales du candidat. La commission peut être étoffée par l'intégration d'un psychologue ou de toute personne jugée utile. La commission est souveraine et toujours composée d'un nombre impair de personnes. Chaque membre dispose d'un guide d'entretien et d'une fiche d'appréciation qui lui permettent de noter le niveau du candidat dans divers domaines. Les points forts et les points faibles sont énumérés et un avis définitif est prononcé. Les entretiens servent aussi à constituer une base de données de «candidatures intéressantes à haut potentiel» pouvant être utiles à la compagnie dans d'autres métiers. Les membres de la commission sont incités à proposer un poste adapté au profil du candidat non retenu. De tels candidats entrent dans «la pépinière», de même que les stagiaires qui ont fait montre de dynamisme et de capacités avérées. Les candidats retenus sont intégrés dans le personnel ;
- un programme d'intégration permet à la recrue de découvrir l'entreprise, ses différents métiers et les personnes qui y travaillent. La phase d'intégration se fait sur son lieu d'affectation. Il est alors parrainé par un collègue désigné par sa hiérarchie. Une première évaluation formelle de ses aptitudes intervient à la fin de sa période d'essai.

Les aspects essentiels de la politique de fidélisation

Air Sénégal International a mis en place un ensemble de mesures pour améliorer le quotidien de ses salariés. L'objectif est de fidéliser les agents et de renforcer le sentiment d'appartenance à l'entreprise. Les actions tournent autour de deux grands volets : des rémunérations et avantages annexes attractifs, et des rituels pour développer le sentiment d'appartenance.

◗ Des rémunérations et avantages annexes incitatifs. Aux rémunérations qui sont assez attractives, il faut ajouter l'accent mis sur les avantages annexes. Ainsi, les avantages octroyés sont conformes aux pratiques du secteur d'activité mais la compagnie se distingue par ses intéressements spécifiques. L'option «avantages sociaux en nature» est privilégiée par rapport à des avantages en terme d'augmentation salariale. S'agissant des avantages récurrents dans le transport aérien, on peut souligner la politique d'octroi de billets gratuits ou à tarifs réduits au personnel et aux familles, la mise en place d'une couverture de santé primaire pour l'agent et les membres de sa famille, le versement d'une prime équivalent à un mois de salaire (treizième mois). Au titre des avantages particuliers, on peut noter l'instauration d'une couverture santé complémentaire pour une meilleure prise en charge des dépenses de santé de l'agent et de ses ayants droit, la retraite complémentaire auprès d'une institution privée qui vient s'ajouter au régime général obligatoire.

◗ Des rites pour asseoir une culture d'entreprise. La compagnie a instauré des événements qui visent à regrouper les travailleurs et célébrer le travail accompli dans l'entreprise. Une fête annuelle permet à la Direction Générale de communiquer au personnel les résultats de l'année écoulée et les objectifs pour l'année à venir et de rendre hommage aux personnes parties à la retraite. Les enfants du personnel ne sont pas oubliés. Le rapprochement des enfants du personnel permet de renforcer chez les parents le sentiment d'appartenance à l'entreprise. À ce titre, une fête est organisée en fin d'année et des cadeaux remis aux enfants. Une colonie de vacances est aussi organisée pendant l'été qui réunit les enfants des agents pendant quinze jours dans un lieu de villégiature au Sénégal ou à l'étranger.

3. Conclusion

À partir de l'exemple d'ASI, une compagnie qui a connu en moins d'une dizaine d'années d'activité un développement fulgurant et, avec quelques réserves, il est possible de suggérer quelques éléments pour recruter et fidéliser les talents en Afrique de l'Ouest.

◗ Une firme qui veut attirer les talents doit se faire connaître par ses réalisations, ses produits. Elle doit œuvrer à l'instauration d'une culture d'entreprise axée sur la qualité des produits et services, la satisfaction du client, le professionnalisme.

▶ La politique de recrutement privilégiera les collaborateurs jeunes, aimant les défis et insistera sur les qualités indispensables aux collaborateurs. La démarche de recrutement doit être claire et basée sur une bonne identification des besoins à pourvoir. Il serait judicieux de mettre en place une commission de recrutement dont les membres sont indépendants de la direction et de bonne moralité.

▶ La politique de ressources humaines favorisera l'autonomie, la responsabilité et l'évolution professionnelle des salariés. La priorité devra être accordée à la gestion des carrières. Les plans de carrière et la formation continue sont indispensables.

▶ Concernant la politique de fidélisation, un intérêt particulier doit être mis sur tout ce qui concourt à l'amélioration des conditions de vie des personnes recrutées. Ainsi, aux rémunérations, il faut penser adjoindre les avantages annexes (accès au logement, couverture santé complémentaire, retraite complémentaire). Il est aussi important de créer les conditions pouvant favoriser l'esprit de famille où la solidarité et l'entraide prévalent.

Des collaborateurs talentueux et organisés peuvent à coup sûr contribuer à l'amélioration des performances des entreprises africaines.

Chapitre 46

Les paradigmes du talent dans les organisations roumaines

Adriana BURLEA-SCHIOPOIU
Alexandra SANDU

Les mutations technologiques rapides et la globalisation justifient la nécessité d'élaborer une stratégie qui développe la capacité des organisations à gérer efficacement et valoriser de manière créative leurs talents.

L'organisation qui dispose des talents capables de se réorienter rapidement vers les activités efficaces pourra faire face, avec succès, aux stratégies offensives de la concurrence. En conséquence, le plan de développement des compétences et des carrières accompagné d'une forte stratégie motivationnelle conduira à la rétention et à la fidélisation des talents dans l'organisation.

1. Les salariés talentueux

1.1. Talents et ressources humaines stratégiques

Les organisations qui désirent progresser doivent assurer le développement des compétences des talentueux par un processus efficace de mobilisation et de valorisation de leur potentiel.

 Les ressources humaines stratégiques sont des catégories de personnel qui :
   - détiennent les fonctions clés dans l'organisation et dont le remplacement sera très difficile ;
   - disposent de connaissances théoriques et pratiques et de certaines compétences difficiles à former ;
   - par leur départ, risquent de produire un déséquilibre important dans la structure organisationnelle de l'entreprise ;
   - possèdent et véhiculent des informations vitales pour l'organisation.

◗ Les talents sont des personnes qui montrent une capacité naturelle ou acquise dans un domaine ou une activité avec une partie prépondérante créatrice.

Il existe entre les ressources humaines stratégiques et les salariés talentueux une étroite liaison : en effet, ces deux catégories de personnels sont importantes pour l'organisation et nécessitent une motivation spécifique fondée sur l'existence d'un plan de carrière bien défini et des contrats de travail personnalisés.

Pour les salariés talentueux, l'accent doit être mis sur l'aspect stratégique des étapes de la carrière et sur l'implication personnelle de chacun afin de réaliser le lien entre avancement et performance économique. Les talentueux, grâce aux compétences et aux aptitudes cumulées, sont considérés comme étant des facteurs vitaux pour la réalisation d'une performance supérieure.

1.2. Les managers

Les managers représentent une catégorie distincte de salariés talentueux. Ils :

◗ disposent d'une pensée stratégique concrétisée par la capacité de percevoir et de comprendre les tendances rapides de changement du milieu, les opportunités de marché, les menaces de la concurrence, les points faibles et les points forts de l'organisation ;

◗ sont en mesure de piloter le changement. Ils ont la capacité de communiquer une vision attractive et stimulante de la stratégie de l'organisation et de susciter la motivation et l'adhésion des partenaires pour la réalisation des innovations ;

◗ possèdent une capacité relationnelle concrétisée par la possibilité d'établir des liaisons avec des réseaux complexes de partenaires et d'exercer une certaine influence sur les personnes dont la coopération est nécessaire à l'organisation mais sur lesquelles ils n'ont pas une autorité formelle (leaders de produits, clients, autorités gouvernementales à tous les niveaux – local, régional, national – et les groupements d'intérêts dans différents pays). Les managers sont talentueux, ils sont aussi les acteurs principaux dans l'élaboration et l'implantation d'un système efficace prédestiné à garder les autres acteurs talentueux dans l'organisation.

1.3. Les types d'engagement

Les opportunités créées dans une organisation pour le développement de carrière des salariés talentueux conduiront à l'évolution de leurs engagements. Dans ce contexte, quatre types d'engagement organisationnel ont été identifiés (Carson, 1999), construits sur la relation des talentueux à l'organisation (Branham, 2005) :

– l'engagement dual : niveau élevé de l'engagement organisationnel et de l'engagement dans la carrière ;

– le non-engagement : niveau réduit de l'engagement organisationnel et de l'engagement dans la carrière ;

- l'engagement carriériste : niveau réduit de l'engagement organisationnel et niveau élevé de l'engagement dans la carrière ;
- l'engagement organisationnel : niveau élevé de l'engagement organisationnel et niveau réduit de l'engagement dans la carrière.

Les trois autres types de l'engagement − affectif, continu et normatif (Allen et Meyer, 1990) − peuvent fournir une réponse aux questions suivantes : pourquoi l'engagement des talentueux s'avère-t-il très différent d'un individu à l'autre ? Pourquoi les talentueux désirent travailler dans une organisation ?

▶ L'engagement affectif est mesuré par l'attachement émotionnel et par le niveau d'implication des talentueux dans leur organisation (Buchanan, 1974 ; Porter et al., 1974 ; Mowday et al., 1982 ; Legge, 1995). Les talentueux, du fait de cet engagement, désirent rester et travailler dans l'organisation. L'engagement affectif est en liaison avec les caractéristiques des talentueux comme l'expérience, ou la loyauté.

▶ L'engagement continu est un engagement imposé, et, dans ce cas, les talentueux sont attachés à l'organisation, non par leur volonté, mais par obligation. Le niveau élevé des facteurs motivationnels comme le salaire, la satisfaction au travail est en corrélation avec le niveau réduit de l'intention des talentueux de quitter l'organisation. L'environnement, par ses particularités, influence l'engagement continu des talentueux (principalement par les caractéristiques du marché du travail, les contraintes légales ou d'autre nature).

▶ L'engagement normatif : les talentueux s'attachent à l'organisation s'ils considèrent que les normes internes leur offrent la possibilité de se développer sur des bases éthiques et morales. En conséquence, les talentueux restent dans l'organisation parce qu'il est équitable et sain d'y rester. La culture, le style de management, les politiques salariales et l'éthique de l'organisation influencent l'engagement normatif.

2. Les paradigmes de la découverte et de la rétention du talent dans deux organisations roumaines

Depuis 18 ans, les organisations roumaines sont engagées dans un contexte de compétition internationale difficile, et, à ce jour, plusieurs d'entre elles ont abandonné et d'autres continuent à se battre pour survivre avec leurs dernières ressources.

2.1. Le contexte

Notre approche présente une évaluation empirique des paradigmes d'identification et de rétention du talent dans deux organisations roumaines appartenant au secteur des technologies de l'information et de la communication (TIC) et au secteur des matériaux de construction, afin de mieux percevoir la relation existant entre les différents types d'engagement et les talentueux situés à plusieurs niveaux. D'autres éléments, tels que le taux d'absentéisme, l'existence d'un management de carrière, ou l'environnement des affaires dans lequel se déroulent leurs activités, ont été utilisés comme référentiels pour la sélection des organisations.

La collecte des données a été élaborée sur la base d'interviews semi-structurés avec les managers et les salariés identifiés comme étant des «talentueux» dans les deux organisations. En fonction de notre objectif, trois critères de l'évaluation du niveau affectif, continu et normatif de l'engagement furent mis à jour : catégories d'âge, niveau de la qualification professionnelle, secteur d'activité.

On parle souvent et facilement de talent, mais quand nous devons découvrir les talentueux dans une organisation nous rencontrons plusieurs barrières liées au subjectivisme et à l'égoïsme.

L'organisation A, dans le domaine des TIC, présente un effectif de 16 salariés, hommes, avec une moyenne d'âge de 33,6 ans. Le plus jeune salarié a 26 ans – il est analyste-programmeur – et le plus âgé a 42 ans – c'est le manager/patron de l'organisation. Tous les salariés ont fait des études supérieures dans le domaine de l'informatique ou des sciences économiques.

L'organisation B, dans le domaine des matériaux de constructions, compte 845 salariés, parmi lesquels 660 sont des hommes (78.1 %) et 185 sont des femmes (21.9 %). La structure des âges pour l'ensemble des effectifs et pour les talentueux est présentée dans le tableau 46.1.

Tableau 46.1 – La structure des âges de l'organisation B

Groupes d'âge	Nombre des salariés	Poids (%)	Nombre des talentueux	Poids/ Échantillon (%)
– 30 ans	87	10.3	2	7.4
31-40 ans	290	34.3	5	18.5
41-50 ans	331	39.2	12	44.5 %
50 ans et plus	137	16.2	8	29.6
Total	*845*	*–*	*27*	*100*

L'analyse de la structure d'âge des salariés des deux organisations révèle deux approches différentes du talentueux :

» l'organisation A considère que chaque salarié constitue une personne avec talent qui est indispensable pour l'organisation ;

» l'organisation B compte 27 talentueux (3.2 %) et la classe d'âge des 41-50 ans est la plus riche en talentueux (12 soit 44.5 %).

Le tableau 46.2 présente la structure des talentueux selon le niveau d'études.

Tableau 46.2 – Niveau d'étude des talentueux
de l'organisation B

Niveau des études	Nombre des salariés	Poids (%)	Nombre des talentueux	Poids échantillon (%)
Ouvriers non qualifiés (O1)	150	17.8	2	17.75
Ouvriers qualifiés (O2)	83	9.8	4	9.82
Niveaux d'études moyens (EM)	532	62.9	9	62.96
Niveaux d'études supérieures (ES)	80	9.5	12	9.47
Total	845	-	27	100

2.2. Les entretiens

Les entretiens furent conduits sur la base d'un guide d'entretien portant sur les aspects de l'engagement des talentueux :

▪ relation entre la nature du travail et les opportunités de développement personnel ;

▪ degré de connaissance des valeurs personnelles des talentueux par leurs supérieurs ;

▪ relation entre la prise de décision basée sur les faits, et le degré de fidélité des talentueux envers l'organisation.

La grille d'analyse du contenu a été construite sur les thèmes suivants :
– les moyens de découverte et de rétention du talent dans l'organisation ;
– les valeurs de l'organisation et les valeurs des talentueux ;
– la sécurité du lieu de travail en liaison avec le salaire ;
– la nature créatrice des activités ;
– les opportunités de développement du talent ;
– l'implication dans la prise des décisions.

3. Les salariés talentueux face à l'organisation

3.1. Implication

L'analyse des entretiens a relevé les faits suivants :
▪ les talentueux de l'organisation A :

- – veulent s'impliquer dans la prise des décisions afin de promouvoir des valeurs créatives et développer la performance économique,
- – ne veulent pas quitter l'organisation pour travailler à l'étranger, car tous considèrent que le niveau du salaire est motivant pour le niveau de vie de la Roumanie. S'ils travaillaient dans un autre pays, le niveau du salaire ne serait pas aussi motivant par rapport au niveau de vie dans ce pays.

◗ Les talentueux de l'organisation B :
- – quels que soient leur âge et leur qualification, sont prêts à quitter l'organisation pour un travail dans un autre pays (spécialement dans les pays de l'Union européenne – France, Allemagne, Italie, Espagne – ou aux États-Unis et au Canada), même s'ils ne travaillent pas dans le domaine d'activité pour lequel ils ont la qualification nécessaire,
- – sont impliqués plus normativement qu'affectivement et sont prêts à accepter une mobilité fonctionnelle.

3.2. Engagement

En conséquence, les salariés talentueux de l'organisation A sont plus engagés affectivement que ceux de l'organisation B, et les talentueux de l'organisation A considèrent comme très important de travailler dans le domaine d'activité dans lequel ils ont étudié.

Les traits dominants des talentueux sont les suivants :

◗ le désir de perfectionnement qui présume la préférence pour les risques prévisibles, le désir d'être le seul responsable de ses résultats, la préoccupation pour une formation continue, un intérêt pour l'innovation et l'efficience ;

◗ le désir d'être influent avec le désir d'impressionner les collègues, les possibilités d'influencer les collègues et leur intérêt personnel et général, la préoccupation pour une bonne réputation ;

◗ la préoccupation de créer un climat favorable pour le travail en équipe est reflétée par une grande réceptivité pour les facteurs affectifs dans les relations du travail et l'aptitude d'établir et de maintenir des relations amicales.

Concernant les moyens de rétention des talentueux, on peut noter que les organisations A et B développent leur propre vision en fonction de leur conception des relations de pouvoir existantes dans leur environnement interne.

La rétention des talentueux au niveau de l'organisation est très difficile à réaliser à cause de facteurs externes – l'évolution interne et internationale du marché du travail (le caractère de rationalité des talentueux met l'accent sur les comportements économiques) – et internes – la mobilité du personnel qui est générée par la modification des motivations de l'individu (l'organisation n'est pas capable d'assurer à l'individu la sécurité matérielle et sociale à laquelle il peut prétendre, mais la complexité comportementale dépend du hasard et de facteurs hypersensibles).

L'absence d'une très forte motivation (professionnelle et sociale) conduit à l'apparition d'un certain opportunisme, la diminution de la loyauté des talentueux, l'absence d'engagement rationnel des talentueux pour le succès de l'organisation, l'impossibilité d'atteindre des niveaux supérieurs de performance économique.

4. En guise de conclusion

Une conclusion majeure de notre étude est que les personnels talentueux ne sont dévoués à l'organisation que dans la mesure où leurs «particularités» sont prises en considération et valorisées de façon créative et seulement pour une brève période. La motivation financière représente une source de rétention du talent dans l'organisation. En conséquence, les managers mettent en place des schémas de rétention pour garder les talentueux dans l'organisation.

Les talentueux considèrent que les autres ne peuvent pas comprendre leur façon de penser et donc que leur liberté de s'exprimer est limitée. Les talentueux ont souvent l'impression qu'ils sont perçus non comme des ressources stratégiques pour l'organisation, mais comme des périls humains. Les talentueux manifestent, en permanence, un respect pour leur travail créatif et, pour eux, la reconnaissance dans l'organisation est très importante. Jamais les talentueux ne réduiront la qualité de leur travail, mais ils peuvent réduire l'engagement affectif pour l'organisation. Ils vivront toujours avec le sentiment de fuir l'environnement qui ne leur permet pas de créer, parce que, pour eux, mettre en valeur leur potentiel créatif est synonyme de liberté individuelle.

Les organisations roumaines ont commencé à considérer leurs talentueux comme des ressources stratégiques. Il s'agit d'adapter les actions de l'organisation à l'individu, et de mettre en place des outils, des méthodes et des moyens efficaces afin de gérer les ressources humaines. Les pressions sont à même de conduire les organisations à investir dans leur avenir et à considérer que l'engagement des talentueux contribuera à accroître leur rentabilité. L'analyse de la diversité de l'engagement des talentueux peut servir de base à une politique sociale plus efficace et adaptée aux besoins des organisations, parce que les valeurs de l'entreprise sont en étroite liaison avec la volonté des talentueux de rester ou non dans l'organisation.

L'organisation qui valorise les talentueux a la possibilité de réaliser ses objectifs et de dominer le milieu concurrentiel.

Chapitre 47

Détecter et fidéliser les talents dans les entreprises au Maroc

Soufyane FRIMOUSSE
Abdel-Ilah JENNANE
Hichem ZOUANAT

Au moment où le Maroc connaît une croissance économique importante et un développement régional soutenu, son potentiel de talents ne répond plus à tous ses besoins en ressources humaines. Cette situation induit une pression sur la gestion des ressources humaines, et par ricochet sur la fidélisation des talents. La problématique de la guerre des hauts potentiels au sein des entreprises se fait sentir au quotidien et prend une place centrale dans les préoccupations des responsables de la fonction Ressources Humaines.

Attirer, retenir, écouter et satisfaire leurs attentes individuelles nécessite une personnalisation de la relation et un pilotage individualisé de leur développement et de leur parcours professionnels. Ce qui exige dorénavant la mise en place d'une véritable structure d'accompagnement des talents. L'entreprise se doit de fédérer de plus en plus d'individus d'âge, de sexe et d'origine culturelle divers. Elle se doit de faire évoluer son management des talents face à une telle diversité. L'hyper compétition, caractérisée par une forte incertitude et une instabilité, relance l'intérêt de la problématique du management des talents. Les technologies ou la maîtrise des coûts ne suffisent plus à maintenir les avantages compétitifs des entreprises. Ces dernières sont amenées à rechercher une combinaison de dimensions organisationnelles et de talents afin de maintenir une longueur d'avance sur leurs concurrents.

La notion de talent recouvre souvent trois dimensions : la performance soutenue, l'existence de compétences personnelles et managériales, et enfin le potentiel de développement. Les talentueux regroupent les hauts potentiels et les collaborateurs performants dotés d'une expertise reconnue. Les premiers correspondent à des cadres plus ou moins confirmés dont l'entreprise pense que l'évolution peut les amener à des postes de dirigeants. Les deuxièmes sont dotés de fortes compétences dans leurs domaines d'activités. Cependant, ils ne sont pas amenés à évoluer vers des postes clés aussi vite que les hauts potentiels (Blanchet, 2005). Le management des talents concerne les jeunes diplômés prometteurs, les gestionnaires confirmés ou les cadres dirigeants. Il est essentiel à la performance des entreprises. La gestion et le développement des talents et des hauts potentiels consiste à :

– détecter et attirer des cadres capables de satisfaire les exigences d'un poste clé ;
– développer leurs compétences en permanence afin d'atteindre les objectifs établis par l'entreprise ;
– fidéliser et développer les compétences des talentueux tout en assurant la succession aux postes clés de l'entreprise.

Ce modèle de management repose donc sur l'émergence et l'entretien d'un vivier de talents.

Le talent est le socle de notre chapitre, il convient donc de définir cette notion. Notre chapitre s'appuie plus particulièrement sur les expériences de management des talents au sein de grandes entreprises au Maroc. Des témoignages de professionnels de la fonction Ressources Humaines alimentent notre analyse.

1. Manager les talents

1.1. Les composantes du talent

Le talent correspond à la capacité à faire mieux et plus vite que les autres. Il s'agit donc d'une notion comparative. Le talent se caractérise principalement par les idées d'excellence, de différence, de création de valeur additionnelle et par les capacités d'anticipation. Le talent s'exprime par des prédispositions exceptionnelles (managériale ou d'expertise) et spécifiques d'une personne. Il participe à la projection de son potentiel et de sa personnalité à travers l'activité professionnelle. Le potentiel est une capacité d'anticipation et d'action ; une possibilité présente chez certains de manière virtuelle. Savoir détecter les talents implique une définition des indicateurs qui amènent à différencier les potentiels des individus et des niveaux qu'ils peuvent atteindre. Le talent permet de faire mieux que les autres, ou tout au moins de se distinguer grâce à son style. Le talent trouve dans la compétition son milieu naturel. L'excellence réclame une volonté de réussir et un investissement élevé en termes de charge de travail.

Le talent s'inscrit dans des dynamiques individuelles et organisationnelles : l'entreprise se doit de créer les conditions nécessaires à l'expression des talents (Mirallès, 2006). Pour Ingham (2006), le talent varie selon la stratégie de l'entreprise. Il peut correspondre aux postes clés, aux capacités particulières, à des réseaux ou des relations interpersonnelles et à la polyvalence. Le talent inclut la notion de compétences et regroupe donc les connaissances, les réseaux, le capital social, la mobilité, les valeurs, la motivation, l'intelligence émotionnelle, le potentiel et la capacité d'adaptation.

1.2. De la dimension individuelle à l'organisation

Le management des talents correspond au recrutement, à la motivation/fidélisation et au développement des compétences spécifiques d'un salarié qui peuvent permettre à l'entreprise de faire la différence. Ce talent contribue à la performance de l'organisation (Frank et Taylor, 2004). Dans cette perspective, l'identification des postes critiques au sein des organisations, la connaissance des compétences exigées pour occuper un poste, l'attraction et la rétention sont des phases fondamentales (Foster, 2005 ; Trottier, 2008).

Selon Mirallès (2007), les entreprises doivent, afin de manager les talents, s'appuyer sur de nouvelles pratiques de gestion. Il s'agit de «scouting» (détection/ sélection), «casting» (composition d'équipe), «coaching» (accompagnement/ conditionnement) et «cocooning» (protection/rétention). Cet ensemble englobe les phases de reconnaissance des talents susceptibles de provoquer la création d'un avantage pour l'organisation, de maintien et de développement. Une démarche de détection des talents s'appuie le plus souvent sur l'évaluation. Les critères retenus sont généralement la performance, l'ambition, le leadership, la capacité à travailler et décider… Les évaluations multi-niveaux et les assessment centers sont les méthodes les plus développées.

Une fois repérés, les talents doivent s'additionner et se combiner afin de se mettre en valeur réciproquement, au lieu de se neutraliser ou se contrarier mutuellement. Cette pratique managériale est désignée par le terme de casting. Un coaching efficace participe à l'identification des axes prioritaires de développement qui permettront d'adopter une dynamique de réussite professionnelle et personnelle. Le coaching s'inscrit comme un processus d'accompagnement destiné à favoriser un environnement de croissance et d'optimisation du potentiel des personnes. Cette situation crée une relation intersubjective spécifique grâce à laquelle l'individu peut détecter ses atouts et écarter les obstacles à son développement. Elle lui permet également d'acquérir de nouvelles compétences et savoirs. Il s'agit de promouvoir et d'orienter les ressources du coaché vers la performance (Angel et Amar, 2006).

1.3. Les leviers d'accompagnement des talents

Au Maroc, les leviers d'accompagnement des talents tournent autour des aspects liés à l'individualisation par le biais de deux processus : la rémunération et le développement.

Les talents sont particulièrement sensibles aux aspects de la rémunération : fixe d'abord (positionnement en haut de la fourchette du marché), Short-Term Incentive ensuite (STI, bonus et commissions en phase avec leurs performances) et enfin Long-Term Incentive (LTI, stock-options, actions gratuites, bonus différés…). Les deux premiers volets sont utilisés pour attirer les talents et le troisième est un instrument de fidélisation, même s'il reste l'apanage des grands groupes. Au-delà de la dimension pécuniaire, les talentueux sont également très attachés aux signes extérieurs d'identification, que sont les périphériques de la rémunération, comme la couverture sociale étendue, la voiture de fonction, la retraite complémentaire, le logement de fonction, les centres de vacances, les loisirs…

Dans le cadre de quelques grandes entreprises, la direction des ressources humaines aligne sa stratégie en fonction de l'âge et du niveau de compétences. Pour les jeunes talents, l'appartenance à un grand groupe et la possibilité d'évoluer rapidement sont des critères fondamentaux de choix. Un cadre à haut potentiel recherche un environnement qui privilégie la responsabilisation et l'autonomie.

> « De plus en plus d'entreprises réservent aux hauts potentiels des parcours de carrière individualisés, des missions variées et des programmes de formation sur mesure », précise un DRH de la filiale marocaine d'une grande multinationale.

Néanmoins, les directions des ressources humaines sont assez prudentes quand il s'agit de réserver un traitement différencié aux talents par crainte d'inéquité et de démobilisation.

> « Il faut éviter de faire des hauts potentiels une catégorie à part entière, ce qui présente le risque de voir émerger une gestion élitiste, qui peut être dangereusement démobilisatrice pour les autres collaborateurs ».

Le management des hauts potentiels fait partie de la stratégie de la gestion des ressources humaines chez Induver, entreprise de fabrication de la verrerie industrielle. « Les critères d'identification des profils à haut potentiel existent. Les profils de compétence sont définis par fonction et sont mis à jour pour s'adapter à l'évolution de l'entreprise », affirme R. Abdelmoumen, son directeur général. La gestion des ressources humaines de la société propose un processus d'évaluation et de suivi à chaque catégorie de personnel, permettant d'assurer le suivi des hauts potentiels. « Chaque processus dispose de ses objectifs et a des indicateurs de suivi de performance. À la fin de chaque exercice, le montant des primes et les augmentations de salaire dépendent des niveaux de performance des indicateurs », explique R. Abdelmoumen.

2. Les conditions de l'excellence des talents : entreprise, individu et société

Les talents peuvent atteindre l'excellence sous certaines conditions. Il s'agit de rechercher au sein de l'entreprise une alchimie entre les ressources personnelles distinctives et complémentaires. Le maintien d'un degré d'intensité est crucial. Il faut que l'entreprise challenge en permanence ses talents, en leur confiant des missions, des projets à haute valeur ajoutée et en fixant des objectifs ambitieux. L'excellence réclame aussi :

- l'existence d'un environnement technique performant : instruments, outils, spécialistes, documentations, infrastructures ;
- la protection du talent des perturbations extérieures ;
- une répartition des rôles équilibrée.

2.1. Faire progresser les talents

La progression du talent ne doit pas être trop rapide afin d'éviter qu'il n'atteigne son « seuil d'incompétence ». Il s'agit d'éviter le syndrome de Peter. Il est également nécessaire d'éviter une trop grande protection du talent. La protection sous forme de bouclier peut se révéler néfaste. Dès que la forme de défense disparaît, le potentiel peut s'effondrer. Cette situation correspond au syndrome de Pygmalion. Le talent est mené par une implication affective et calculée. Sa passion le guide. Cette orientation est cadrée par une relation contractuelle. La rareté de ses compétences lui confère un avantage dans les négociations. Les rapports de force sont déséquilibrés en sa faveur. Le talentueux se fait courtiser. Plus le talent est reconnu, plus sa valeur économique est grande. L'entreprise est ainsi amenée à gérer des divas. La difficulté est accrue car les divas sont individualistes et sensibles à la reconnaissance. (Thévenet, 2007).

2.2. Un climat relationnel favorable

La présence d'un climat relationnel favorable, d'une symbiose et d'une forme d'esprit d'équipe revêt une importance fondamentale dans l'expression des hauts potentiels. Le lien professionnel et relationnel entre les talents doit être fort. Les sportifs de haut niveau le nomment « âme d'une équipe ». Les individualités doivent apprendre à se connaître mutuellement et à se respecter pour créer une véritable cohésion. L'attraction des talents réclame également de la crédibilité.

> « Les managers doivent œuvrer de près à ce que le contenu de leurs communications envers les salariés cadre parfaitement avec la réalité. Dans le cas contraire, le manque de crédibilité sera constaté et influencera inévitablement l'image et l'attractivité de l'entreprise », précise le DRH d'un organisme d'assurance sociale au Maroc.

2.3. La responsabilité individuelle

La personne a une responsabilité vis-à-vis de son talent, qu'elle se doit de préserver, d'assumer et de mettre en valeur. Le talent doit s'exposer afin d'être détecté et se faire courtiser. Il appartient au talent d'être au gouvernement de soi. Il doit se produire lui-même pour bâtir sa vie professionnelle et privée, l'inventer et lui donner un sens.

La gestion des talents se réalise de manière individuelle par la recherche d'identité professionnelle, de travail et de perfectionnement. La volonté de réussite et la résilience sont essentielles. La quête de conditions d'expression et de contextes favorables à la valorisation du talent est également importante. Le talentueux est sommé de se dépasser. Il doit aller au-delà des situations sociales qui peuvent jouer un rôle d'activation ou au contraire d'inhibition des compétences spécifiques. Le culte de la performance s'accompagne souvent de souffrances psychiques. Le talent conquérant est en même temps un fardeau pour lui-même. L'augmentation de responsabilité et d'autonomie rend plus vulnérable (Ehrenberg, 1991, 1995).

2.4. L'équité au sein de l'entreprise

Tous les talents ne peuvent pas s'exprimer au sein des entreprises car la compétition ne peut être parfaite dans une société inégalitaire. On assiste alors à des luttes entre les «tenants» et les «prétendants», et la tension est réelle entre l'égalité de principe des hommes et leur inégalité de fait.

Le «syndrome de Joseph» se déclenche lorsque les collègues du talent deviennent jaloux au point de vouloir s'en débarrasser et lui nuire. Pour M. Benouarrek, DRH de Novartis, ce risque peut être réduit «si on définit dès le départ les critères d'éligibilité biens clairs et communiqués à l'ensemble du personnel et si on construit tout le système de motivation sur la méritocratie, le risque est réduit à néant».

L'équité au sein de l'entreprise est donc nécessaire à l'expression du talent. La rivalité, corollaire de la compétition doit s'effacer au profit de la performance globale. D'où la difficulté car la performance individuelle se doit d'être visible dans le résultat global, les talents revendiquant une part du résultat collectif.

Les critères de sélection et la préparation des talents sont influencés par la dimension culturelle. Chaque pays privilégie certains modes d'accès à des hautes fonctions. L'importance accordée à l'expérience, à l'âge, à la formation, aux qualités personnelles varie selon les cultures nationales et organisationnelles (Roussillon, 2003).

3. Des leaders pour des talents, et des talents de leaders

3.1. La responsabilité des managers

La concurrence internationale exacerbée oblige les entreprises à disposer de talents (Michaels et alii, 2001). Les dirigeants affirment que la gestion des talents relève de leur responsabilité. Elle leur permet d'atteindre leurs objectifs stratégiques. Les leaders donnent l'impulsion. Ils favorisent l'émergence et le développement des talents.

DDI France, spécialiste de la détection et de la valorisation des talents en entreprise, a mené une étude sur le leadership auprès de plus de 4 500 cadres et 900 professionnels des Ressources Humaines à travers quarante-deux pays. Les personnes interrogées citent l'amélioration et le renforcement du niveau des talents comme deuxième priorité de leur poste, la première étant l'amélioration du service proposé aux clients. Ces recherches ont permis d'identifier les compétences clés qui permettent de détecter le potentiel et les performances d'un leader. Ces compétences incluent des aptitudes, des connaissances variées et des qualités personnelles importantes (Bernthal et Dacquet, 2007). Les professionnels des RH estiment que la passion pour les résultats et la capacité à faire ressortir le talent des autres sont les compétences cruciales des leaders.

3.2. Repérer les leaders de demain

Le choix et le suivi des cadres à haut potentiel justifient une attention particulière car leur pouvoir de décision et leur impact sur le fonctionnement actuel et futur de l'entreprise sont importants. Les démarches mises en place visent alors à favoriser le repérage et la préparation des talents, ces derniers étant généralement les futurs dirigeants. Les responsabilités au plus haut niveau exigent de la résistance aux multiples pressions, des capacités de mobilisation d'acteurs variés, des connaissances des métiers, des qualités d'animation et de meneur, une orientation business… La prévision des compétences clés est une tâche difficile car il s'agit d'anticiper les changements. Un processus de gestion des talents réduit l'écart entre les collaborateurs actuellement en poste et ceux dont l'entreprise aura besoin pour répondre aux futurs enjeux. Il s'agit de planification des successions. Le management des talents permet d'identifier très en amont les individus présentant un potentiel très fort de leadership. Certaines entreprises cherchent des cadres talentueux en externe. La prospection en interne est également privilégiée avec une formation au sein même de l'organisation.

Un management des talents doit prendre en compte à la fois le besoin de développement du candidat et les postes permettant d'accélérer sa progression. Sans développement continu et préparation, même un candidat prometteur peut échouer.

Athey (2005) recommande d'établir un diagnostic sur les besoins de l'entreprise. Il s'agit de cibler les compétences nécessaires et d'établir des plans d'actions tels que la collaboration avec des instituts de formation ou la création d'un centre de formation au sein même des entreprises. Ces dernières ne se contentent plus de la prospection ponctuelle. Elles s'orientent vers la mise en place de viviers de talents. Ce constat est confirmé par le DRH de Novartis : «Les grandes organisations ont un plan de succession pour l'ensemble des postes névralgiques. Ce vivier de talents est composé d'éléments à la fois internes et externes.»

4. Conclusion

Manager les talents ne se limite pas à la détection et à la sélection des meilleurs profils ou expertises dans une activité donnée. Le talent met en relation l'individu et l'organisation. La combinaison des talents, les conditions de confiance et la mise en situation de performance constituent des étapes essentielles, au Maroc, comme ailleurs. La compétition sur les talents, au niveau des bassins d'emploi, des différents pays et régions, voire même au niveau mondial s'exacerbera davantage et inéluctablement dans les prochaines années.

Ceci nous interpelle sur la capacité de la fonction RH à répondre aux attentes et exigences de plus en plus accrues des opérationnels et dirigeants. L'ensemble des parties prenantes (DRH, dirigeants, consultants…) se doivent d'être innovants, créatifs et surtout talentueux, pour relever les défis de demain.

Chapitre 48

La gestion des talents dans le contexte économique algérien : exode, immigration et réponses locales

Ghanima ASSAM
Yassine FOUDAD

L'actualité récente au Maghreb en général et en Algérie particulièrement, fournit des cas de départs de cadres mais aussi d'émigration clandestine de jeunes algériens. Ces départs concernent deux types de population :

- l'une, instruite et diplômée, de scientifiques, chercheurs, médecins, cadres, ingénieurs, techniciens ;
- l'autre de jeunes « harragas », à dominante masculine (du terme « harrag » qui signifie brûler en arabe, sorte de desesperados) sans emploi ni perspectives et prêts à tout pour atteindre la terre promise…

Pour les premiers, il s'agit d'une émigration de type « utilitaire » vers des contextes plus attractifs. Pour les seconds ce serait une émigration de survie à haut risque. En effet, selon les statistiques officielles, près de la moitié des émigrants clandestins décéderaient lors des traversées en mer dans les embarcations de fortune. Les motivations sont différentes mais les conséquences sont identiques pour l'économie nationale : perte de compétences et de main-d'œuvre.

Le discours moralisateur et culpabilisant ne permet pas d'éviter une véritable saignée de l'économie nationale, un gaspillage de nos ressources humaines et une grave crise identitaire. Cela interpelle non seulement les politiques et les dirigeants, mais aussi les managers, les universitaires, les chercheurs des deux rives de la Méditerranée.

Le premier paradoxe est que, malgré une bonne situation de l'économie algérienne grâce aux revenus de la rente pétrolière, une croissance moyenne de 5 % ces dernières années, une situation financière excellente et tous les agré-

gats macroéconomiques au vert, coexistent un déficit de main-d'œuvre qualifiée et de compétences dans plusieurs secteurs et un taux de chômage assez
élevé (12,3 % en 2007).

Le deuxième paradoxe est celui de l'appauvrissement des pays du Sud au
profit des pays développés du Nord qui comblent leurs déficits catégoriels
par des programmes «d'immigration sélective et choisie» (France), de quotas
de qualifications professionnelles (Allemagne, Espagne et Canada). Les pays
du Sud deviennent ainsi exportateurs de «talents», et l'institution en 2008
par les pays européens d'une «carte bleue» pour attirer des talents dans les
secteurs déficitaires renforce cette tendance.

Des politiques volontaristes sont nécessaires au niveau macroéconomique et
microéconomique, afin d'attirer, conserver et gérer les talents nécessaires au
développement économique et social du pays.

1. État des lieux

1.1. La fuite des cerveaux

L'Algérie, comme plusieurs pays africains et maghrébins, connaît une situation
inquiétante. La «fuite des cerveaux» prend aujourd'hui la forme d'une véritable
hémorragie. Selon une étude réalisée par un centre de recherche égyptien, le
monde arabe perdrait, chaque année, 50 % des médecins qu'il forme, 23 % de
ses ingénieurs et 15 % de ses scientifiques. Sur l'ensemble des étudiants arabes à
l'étranger, seulement 4,5 % retournent chez eux.

En Algérie, en dépit de l'inexistence de statistiques officielles, le phénomène a pris
une ampleur telle que plusieurs organismes tirent la sonnette d'alarme en citant les
chiffres éloquents. Des dizaines de milliers de cadres, intellectuels et scientifiques,
dont 3 000 informaticiens, ont fui le pays dans les années 1990. Sur un total de
10 000 médecins étrangers immigrés en France, 7 000 sont Algériens. Aux États-
Unis, la communauté algérienne, composée d'environ 18 000 personnes compte
3 000 chercheurs et scientifiques. L'Insee a recensé 99 000 chefs d'entreprise d'origine algérienne en Europe. Sur les 25 pays fournisseurs d'immigrants au Canada,
l'Algérie occupe la troisième place.

Amorcé à la fin des années 1970, cet exode s'est accentué durant les années 1990,
avec la dégradation de la situation sécuritaire, et a pris une telle ampleur que
l'Algérie est aujourd'hui considérée comme un réservoir à la disposition des pays
développés ou émergents, capables de mettre à la disposition de ces talents de
bonnes conditions de travail. Le phénomène, qui touchait auparavant les étudiants
formés à l'étranger s'est progressivement étendu à ceux formés en Algérie.

1.2. De multiples causes

Cette fuite des cerveaux a des causes multiples : l'inadéquation de l'environnement professionnel, la non-reconnaissance de leur statut social et de leurs compétences, les difficultés matérielles et la faiblesse du niveau de développement
technologique du pays constituent autant de raisons objectives d'expatriation des
élites. Les réponses à rechercher doivent donc éviter de survaloriser une seule
variable (ex : les salaires). Il s'agit notamment de définir les besoins en expertise
des secteurs d'activité afin de mieux identifier la demande, cibler le profil de compétence recherché et construire une offre en fonction des besoins en compétences
exprimés par les principaux secteurs d'activité pour limiter au maximum toutes les
déperditions tant sur le plan quantitatif que qualitatif.

Dans le secteur pétrolier, la Sonatrach, compagnie nationale, connaît ces dernières années des départs de techniciens et ingénieurs au profit des multinationales opérant dans le Sud algérien, mais aussi vers les pays du Golfe, pour des
conditions de vie et de rémunérations beaucoup plus attractives. La promulga-
tion d'une circulaire ministérielle interdisant aux cadres de Sonatrach d'exercer
auprès des sociétés pétrolières étrangères sur le territoire algérien n'a pu empêcher ces départs. Grâce à une conjoncture économique internationale favorable, les gestionnaires de cette compagnie ont lancé plusieurs dispositifs pour
juguler ce phénomène et limiter le turn-over élevé des métiers sensibles avec :
– la création d'une bourse de l'emploi ;
– la refonte du système de rémunérations et une amélioration substantielle
des niveaux salariaux ;
– l'amélioration des conditions de travail ;
– des programmes de formation avec de prestigieuses écoles d'ingénieurs et
de management ;
– des avantages sociaux et matériels.

En attendant d'évaluer l'impact de ces mesures sur la rétention des talents dans ce
marché hautement concurrentiel, cette prise de conscience a eu un effet d'entraînement sur d'autres entreprises et secteurs d'activités qui ont ouvert à leur tour des
chantiers de rénovation de leurs politiques de ressources humaines.

2. Quels outils pour conserver les talents ?

La concurrence, interne et externe, sur ce marché de l'emploi particulier a suscité
le développement de plusieurs outils pour faire face à la mobilité et conserver ses
compétences.

Le phénomène de «fuite des cerveaux» touche presque toutes les spécialités.
Pour réduire ce phénomène de déperdition, une interdiction aux cadres d'exercer

auprès d'entreprises privées et internationales a été édictée par les pouvoirs publics en 2004. L'activation de leviers et de stimulants de GRH (meilleurs salaires, conditions de travail, formation permanente, avantages sociaux) apparaît indispensable pour conserver et fidéliser les compétences clés fréquemment convoitées par la concurrence.

Le marché du travail se libéralisant de plus en plus, les entreprises envisagent d'attirer et de conserver les talents en recourant à des mesures internes variées. Les exemples de l'entreprise Sonatrach vis-à-vis de ses techniciens pétroliers et gaziers, de la compagnie Air Algérie avec ses pilotes et des cinq banques publiques – dont la CNEP – vis-à-vis de leur encadrement constituent les cas les plus illustratifs de cette nouvelle tendance.

2.1. Recherche scientifique

Dans ce domaine, gros utilisateur de «matière grise», des conflits sociaux récurrents ont permis de tirer la sonnette d'alarme sur l'état déliquescent de la recherche en Algérie avec une baisse continue du nombre de chercheurs, des départs vers l'étranger, des conditions de travail dégradées et de faibles niveaux de rémunération. Des appels urgents sont lancés de manière récurrente à destination des pouvoirs publics afin de permettre l'augmentation du budget de la recherche scientifique et technologique – actuellement de 0,36 % du PIB – à 1 % à l'instar des pays développés. Le classement médiocre de l'Algérie depuis une décennie, parmi les pays à Indicateur de Développement Humain moyen et le faible nombre de brevets déposés le justifient.

2.2. Secteur bancaire

Ce secteur connaît une insuffisance de compétences à tous les niveaux, du «top au middle management», aussi bien en front qu'en back-office. Ce déficit s'accentue avec l'ouverture régulière d'établissements financiers, de banques et compagnies d'assurances internationales grâce à l'amélioration générale du climat des affaires. La qualité médiocre des services offerts est souvent attribuée au niveau de formation actuel des diplômés. Face à l'insuffisance de compétences spécialisées et à un marché de l'emploi de plus en plus concurrentiel, les banques tentent de «faire revenir au pays» des expatriés et cadres algériens fraîchement sortis des universités occidentales, en prenant part à des salons de recrutement. Les filiales de groupes internationaux se tournent vers l'étranger, notamment la France et le Royaume-Uni, pour acquérir les talents nécessaires malgré les coûts élevés.

D'autres entreprises privilégient la recherche de solutions locales, à l'instar d'un grand cabinet international d'audit et de conseil qui, pour les besoins de son développement, a préféré investir dans le recrutement de jeunes diplômés locaux et organiser leur formation/perfectionnement et leur intégration graduelle dans les équipes d'intervention, avec un coaching de proximité, à la satisfaction des dirigeants locaux.

2.3. Secteur informatique

Malgré un effort de formation considérable, il y a dans ce secteur un déficit à la fois quantitatif et qualitatif. Avec le développement économique, les besoins sont en constante évolution, toutes spécialités confondues. Toutefois, la majorité des ingénieurs informaticiens quittent l'Algérie chaque année : 3 000 informaticiens auraient quitté le pays depuis les années 1990 avec comme principale destination le Canada. Cependant, leur utilisation à des emplois précaires et sous-qualifiés (téléopérateur…) et un turn-over important ont engendré quelques retours. Ce déficit risque de s'aggraver encore avec la croissance économique.

3. Le cas de la CNEP-Banque (Caisse nationale d'épargne et de prévoyance-Banque)

La gestion du personnel de la CNEP-Banque a longtemps été administrative et encadrée par la réglementation (gestion de la paie, traitement des litiges, suivi des obligations légales et élaboration de contrats de travail). Au cours de ces dernières années, elle a connu de profondes évolutions, dictées principalement par la restructuration des banques et les réformes économiques.

Après la modification de son statut juridique en banque universelle, la CNEP-Banque a développé son réseau pour compter aujourd'hui 209 agences et 7 millions de clients. De 726 agents en 1979, les effectifs de la CNEP-Banque sont passés à 3 000 en 1991, 4 000 en 1995, 4 951 en 2004 et 5 199 au 30 avril 2008. Aujourd'hui, la CNEP-Banque compte parmi ses effectifs 47 % de cadres, dont 70 % d'universitaires.

Pour accompagner ces changements, la CNEP-Banque a inscrit dans son premier plan stratégique (2000-2003) une mutation qualitative en matière de gestion prévisionnelle des ressources humaines par le recrutement et l'amélioration de la qualité et du niveau de qualification du personnel, ainsi que la mise en place d'outils modernes servant à la gestion des compétences.

3.1. Élaboration de nouveaux outils

Dans ce cadre, la DRH a élaboré et mis en place des outils tels que la nomenclature des emplois et des fonctions bancaires et les référentiels métiers et compétences.

La nomenclature des emplois et des fonctions bancaires est le premier outil de gestion prévisionnelle des emplois et des carrières, élaboré en 2001, après recensement et analyse des activités de la banque. Ce répertoire a permis de passer d'une logique de poste de travail à une optique de métiers.

Après validation des travaux par un comité de pilotage, la DRH – en coordination avec les experts du programme algéro-européen MEDA-Finances – a finalisé les outils des référentiels métiers et compétences en janvier 2004.

Enfin, la DRH a inscrit comme axe prioritaire dans son deuxième plan stratégique (2004-2008), la mise en place d'un outil fondamental de GPRH, le système d'évaluation des compétences et des performances. Les résultats attendus ont été les suivants :

– déterminer les écarts de compétences entre niveau requis/niveau acquis et en identifier les causes ;
– définir les besoins de compétences de la banque ;
– construire des parcours de professionnalisation et de formation propre à réduire les écarts constatés, par rapport aux cibles requises.

3.2. Recrutement

Ces dernières années la CNEP-Banque a attiré les compétences les plus pointues : 64,2 % des nouvelles recrues sont des universitaires. Plus de 90 % des recrutements concernent les jeunes de moins de 35 ans. Les niveaux bac + 4 continuent leur progression. Les femmes renforcent leur présence et représentent 54 % des recrutements en 2007.

La CNEP-Banque a confié à l'École supérieure de banque l'organisation d'un concours national pour attirer les meilleurs. Le nombre de candidatures était de 1 381, parmi lesquels 153 candidats ont obtenu à l'écrit une note supérieure à 13/20 et ont été retenus pour l'entretien devant un jury composé de la directrice des Ressources Humaines et de cadres de la banque. L'objectif de ces entretiens est d'apprécier les motivations et les aptitudes des candidats. 138 ont été recrutés dans le cadre du plan de recrutement pour l'année 2006. Les meilleurs candidats, répartis par région, ont bénéficié ensuite d'une formation interne à temps plein.

En 2006 et 2007, d'autres concours ont été lancés et ont abouti au recrutement de 60 cadres, répartis en deux promotions. Ils ont bénéficié d'une formation commerciale interne de dix mois, avant leur affectation.

3.3. Formation

Un budget a été alloué pour le parrainage de cadres formés par l'École supérieure de banque d'Alger et par l'Institut de financement et du développement du Maghreb arabe de Tunis. Dès l'achèvement de la formation, ces cadres, tenus par des clauses de fidélité, sont affectés particulièrement à des travaux de conception et de haute technicité. L'élévation du niveau des recrutements, conjuguée à la formation diplômante, fait évoluer le niveau général de qualification de l'ensemble des collaborateurs : 47 % de l'effectif global sont des cadres.

La qualité de la formation du personnel a fortement évolué ces dernières années. Il y a lieu de noter que la banque accorde un avancement de deux échelons aux salariés admis à l'issue d'un cycle de formation en rapport direct avec ses activités. Cette action vise à récompenser l'effort individuel pour l'acquisition des savoirs et l'élévation du niveau de qualification.

3.4. Promotion

La gestion des carrières met en œuvre des plans de professionnalisation et de progression, du recrutement à la cessation de la relation de travail. La promotion interne permet aussi à des techniciens de devenir cadres, grâce à la formation continue (30 % des cadres nommés) avec 37 nominations de directeurs d'agences en deux ans par le biais d'un concours, 47 nominations de chefs de départements et 204 nominations de chefs de services, qui constituent un vivier de managers opérationnels mis à la disposition de l'organisation de la Banque.

3.5. Fidélisation des talents

La CNEP-Banque envisage de formaliser les parcours professionnels, en impliquant les salariés. Dans un environnement bancaire ouvert et un marché de travail attractif, les banques algériennes continuent d'enregistrer une déperdition des compétences bancaires. Les emplois les plus exposés sont les emplois commerciaux, de coordination ou de management opérationnel et informatiques. Un dispositif de sauvegarde et de réhabilitation des rémunérations a été finalisé pour stabiliser les équipes en place ou en cours de consolidation. Ce dispositif porte simultanément sur trois instruments :

- la revalorisation significative de la valeur du point indiciaire en réponse aux écarts salariaux constatés au sein du marché du travail bancaire algérien ;
- la conception et la mise en place d'un mécanisme à caractère sélectif sous la forme d'une «prime de valorisation de l'emploi» destinée à préserver les fonctions rares, sensibles et exposées à la concurrence et à fidéliser les compétences recherchées. Son taux varie entre 8 % et 20 % en fonction de la sensibilité du poste occupé, de la taille de la structure et de son volume d'activités ;
- la rénovation du système actuel de stimulation à travers une prime de performance variable liée à l'atteinte des performances mesurées.

En vue de retenir ses talents, la CNEP-Banque consacre également 3 % de la masse salariale au budget des œuvres sociales pour le bien-être des familles des travailleurs. La CNEP-Banque est parmi les rares organismes bancaires à avoir installé un comité de participation depuis 9 ans, dont deux représentants siègent au Conseil d'administration de la Banque.

La CNEP-Banque envisage pour 2009, dans le cadre de la mise en œuvre d'une nouvelle organisation de la banque, l'utilisation d'autres leviers de motivation :
- développement de formation commerciale pointue ;
- plus d'évolution professionnelle dans les métiers de la banque ;
- responsabilisation et reconnaissance des ressources humaines de la banque.

La CNEP-Banque compte aussi utiliser d'autres leviers de motivation (qualifications, évolutions professionnelles, responsabilités, reconnaissance...).

4. Synthèse et conclusion

Pour stopper l'hémorragie actuelle des diverses populations, des réponses se mettent en place avec des dispositifs nationaux. Le lancement en juin 2008 par le ministère du Travail d'un nouveau dispositif de « soutien à l'emploi » doit encourager et soutenir le recrutement des jeunes diplômés de l'enseignement supérieur, de la formation professionnelle et également les jeunes sans qualification. Des initiatives associatives du Reage (réseau algérien de diplômés d'écoles de gestion françaises) et privées ont permis d'organiser régulièrement des échanges entre candidats au retour et entreprises ayant des offres. À moyen terme, plusieurs expériences internationales en matière de conservation des talents pourraient servir de référence, en l'occurrence le Programme Unesco/HP en Afrique ou les programmes de « retour des élites » expérimentés avec succès en Inde, Corée et Chine.

En complément, des leviers de management des talents et compétences peuvent être activés en matière :

- d'entreprenariat et de création d'entreprise : au même titre que « l'entreprenariat des jeunes » de 18/35 ans, un dispositif similaire devrait être lancé à destination des employés et cadres d'entreprises souhaitant créer leur entreprise, soit dans le cadre des privatisations actuelles, avec « la reprise d'entreprise par les salariés », soit dans le cadre des programmes de sous-traitance et d'essaimage comme déjà expérimenté avec succès par les holdings publics (fin des années 1990) ;

- d'appui à l'employabilité des jeunes par des programmes d'intensification de l'apprentissage (176 052 apprentis en 2007) et des salariés avec l'obligation légale de consacrer à la formation continue un budget minimum de 2 % de la masse salariale ;

- de rénovation de l'ensemble des systèmes de GRH, grâce à l'autonomie des gestionnaires et aussi sous l'impulsion de divers programmes de restructuration industrielle, de privatisations, de mise à niveau des fonctions managériales, de normalisation et d'implantation des systèmes de management de la qualité. La rénovation des systèmes de GRH a permis de mettre en exergue le rôle des ressources humaines dans la gestion des talents «stratégiques» d'entreprise. Celle-ci fait ainsi l'objet d'attentions particulières sans choquer la culture «d'égalitarisme» enracinée depuis des décennies d'économie planifiée et administrée par des outils standard et uniformes (ex : classification des emplois, grilles des salaires, évolution de carrière…). Le rajeunissement des pyramides d'âges permet également d'implanter des dispositifs sans trop de résistances ou autres pesanteurs particulières. Le développement des systèmes de rémunérations, avec des «package» diversifiés permet de rattraper les niveaux maghrébin et méditerranéen. La diversification des mesures pour attirer de nouveaux talents, avec des journées «portes ouvertes», le recueil de candidatures par Internet, des salons de recrutement d'instituts (ex : écoles polytechniques, du commerce) et les projets d'université d'entreprises se développent.

En matière d'exode des compétences et d'immigration clandestine, il n'y a ni fatalisme, ni irréversibilité. Des réponses existent. Les politiques d'emploi et leurs dispositifs de gestion des talents font partie intégrante des stratégies de développement économique. Ainsi, l'acquisition, la rétention et l'éclosion des futurs talents dépendront fortement des dispositifs mis en amont. Ces programmes seront nécessairement intersectoriels au niveau macroéconomique, transversaux au niveau de l'entreprise et internationaux au niveau spatial, avec des passerelles pérennes auprès de la communauté algérienne à l'étranger. La gestion des talents relève en effet de la responsabilité partagée de tous les acteurs dans un système compétitif mondial dominé par des entreprises de plus en plus mobiles et nomades dans toutes les acceptations du terme.

Chapitre 49

Le management des talents
en Asie-Pacifique : des défis inédits

Charles-Henri BESSEYRE des HORTS
Jean-Pascal TRICOIRE

Des observateurs de plus en plus nombreux soulignent aujourd'hui que le véritable défi de nos entreprises sera, dans les années à venir, de savoir attirer et retenir les talents dans le cadre d'une compétition mondiale de plus en plus féroce (Fesser et Pellissier-Tanon, 2007 ; Boudreau, 2005). Cette réalité est encore plus vive en Asie-Pacifique où, comme le soulignait un article de *Business Week* fin 2007, les rythmes de croissance des économies, pour les grandes – Australie, Chine ou Inde – comme pour les plus petites – Thaïlande, Vietnam ou Philippines –, vont être freinés par la rareté croissante des talents managériaux. Dans une perspective similaire, le journal *Le Monde* soulignait en juin 2008 que la pénurie d'ingénieurs devient une menace pour l'économie japonaise avec une situation inconnue jusqu'alors dans l'archipel : chaque ingénieur diplômé avait en 2007 l'assurance d'un choix de 4,26 postes, contre en moyenne 0,98 emploi par diplômé dans les autres branches.

Cette situation préfigure sans doute ce que les vieilles économies occidentales sont susceptibles de connaître dans la décennie à venir. Il ne se passe pas en effet une semaine sans qu'un article ou une conférence n'attire l'attention des décideurs, qu'ils soient directeurs généraux ou DRH, sur l'importance stratégique du management des talents dans des activités de plus en plus dominées par une économie de l'intelligence (Capelli, 2008 ; Boudreau, 2005 ; Foray, 2000).

Face à de telles constatations, on ne peut que s'interroger sur les défis nouveaux que représente aujourd'hui le management des talents dans la zone Asie-Pacifique pour des entreprises mondiales, et notamment françaises, qui n'ont plus d'autre choix que celui d'y investir massivement pour être présentes sur des marchés en pleine explosion. C'est le cas de Schneider Electric pour qui la Chine constitue déjà en 2008 le troisième pays au plan mondial en termes d'effectifs, après la France et les États-Unis.

Pour évoquer les défis du management des talents dans la zone Asie-Pacifique, nous tenterons de répondre aux questions suivantes : qui sont réellement ces fameux talents ? Comment les comprendre dans un contexte asiatique en pleine évolution ? Quels sont les défis inédits du management des talents en Asie-Pacifique ? Quelles réponses apporte Schneider Electric à ces défis du management des talents en Asie-Pacifique ?

1. Qui sont les fameux talents ?

La réponse à cette première question est cruciale pour définir ensuite ce que seront les stratégies à mettre en œuvre pour les attirer et les retenir (Roussillon, 2006).

1.1. Vision élitiste…

La vision la plus courante est celle de l'élitisme dans notre culture latine dominée encore largement par ce que Philippe d'Iribarne appelait, il y a presque deux décennies dans un livre célèbre, *La logique de l'honneur*. N'est défini souvent comme talent que celui ou celle qui est sorti(e) de la « bonne » grande école ou de la « bonne » université. On n'hésite pas en effet encore, dans un certain nombre d'entreprises françaises, à ne considérer comme talents que les hauts – voire les très hauts – potentiels et d'en établir des listes sur le critère de la formation initiale (grande école ou université de rang A), au détriment de profils différents issus souvent de formations moins réputées tout en tenant compte, il faut le reconnaître, du parcours professionnel des heureux élus. Cette approche pose évidemment la question de l'œuf et de la poule : est-on ou devient-on talent ?

1.2. …ou approche par les compétences

Une approche plus globale de la notion de talent émerge, plus nettement dans des cultures anglo-saxonnes il est vrai, en définissant le talent comme celui ou celle qui possède des ressources (compétence, performance, leadership…) qui « font la différence » en combinant l'excellence et la différence (Mirallès, 2007).

Cette conception élargit considérablement la population de collaborateurs qui peuvent, à un titre ou à un autre, être perçus comme des talents quelle que soit leur fonction ou leur position hiérarchique. On ne peut que constater que les entreprises qui ont adopté cette définition élargie du talent sont aussi celles qui réussissent le mieux sur le long terme.

SAS Institute, la plus grande entreprise mondiale non cotée dans le secteur des logiciels informatiques, connaît encore en 2007 une croissance à deux chiffres après 32 années de développement continu. Cette entreprise estime que ses 10 000 collaborateurs sont tous des talents, qui contribuent individuellement et collectivement à son succès auprès de ses clients et des autres parties prenantes. Elle a fait le choix étonnant de ne rien externaliser, considérant que toutes les activités habituellement sous-traitées font également partie du core business, jusqu'à avoir dans son effectif deux artistes dont l'un des rôles essentiels est de faire émerger les talents et de renforcer la créativité à tous les niveaux de l'entreprise.

Sans aller jusqu'à suivre cet exemple extrême, nos entreprises seraient sans doute bien inspirées de revoir leur conception souvent traditionnelle – pour ne pas dire conservatrice – de la notion de talent en privilégiant, entre autres, les actions en faveur de la diversité si en vogue actuellement pour des raisons aussi bien juridiques qu'éthiques. Cette question devient cruciale lorsque l'entreprise s'internationalise en considérant plus ouvertement les talents « venus d'ailleurs ».

2. Comment comprendre les talents dans le contexte de l'Asie-Pacifique ?

S'il semble nécessaire d'élargir considérablement la notion de talent, il n'en demeure pas moins que les entreprises qui développent leurs activités en Asie-Pacifique doivent intégrer le fait que les caractéristiques particulières de l'environnement régional impactent directement le management des talents.

2.1. Un marché du travail volatil

La première de ces caractéristiques est l'extrême volatilité du marché du travail, qui rend obsolète notre conception traditionnelle de la loyauté à l'entreprise : il n'est pas rare d'observer, selon une étude en 2006 du cabinet de chasseurs de têtes Heidrick & Struggles, des taux de turn-over de 25 % (et plus) pour les managers chinois. Cette situation n'a rien à envier à certaines zones de fort développement économique en Inde (par exemple, Bangalore) où des taux de turnover de 30 % à 50 % pour les ingénieurs et managers sont relativement courants, d'autant plus que l'on a observé dans ce pays de grands mouvements de délocalisations d'activités à forte valeur ajoutée de la part d'entreprises mondiales, particulièrement attractives pour les talents indiens, générant ainsi des besoins énormes en talents locaux.

2.2. Le développement des TIC

La deuxième caractéristique est le développement exponentiel des technologies de communication en Asie-Pacifique – y compris en Chine – liées à l'Internet, et en particulier des technologies mobiles (Besseyre des Horts, 2008), qui donnent des capacités nouvelles de mise en relation à ces talents qui, quel que soit le lieu ou l'heure, peuvent échanger voire critiquer leur propre employeur dans le cadre de réseaux sociaux de type Facebook ou MySpace. Cette abolition, permise par les technologies, des barrières de l'espace et du temps n'est pas sans poser des problèmes sur le plan de l'équité externe, car ces talents sont les premiers à surfer sur les sites emplois pour y comparer leur niveau de rémunération et y déposer leur propre CV s'ils (elles) s'estiment injustement traité(e) s.

2.3. L'arrivée sur le marché du travail des générations X et Y

La troisième caractéristique est, comme on l'observe dans d'autres régions du monde, une évolution assez profonde des mentalités qui caractérisent les différentes générations entre celles qui sont issues du baby-boom et les générations X et Y.

La rupture est encore plus brutale en Asie-Pacifique qu'en Occident (à l'exception, il est vrai de l'Australie) : si les talents de la génération du baby-boom – aujourd'hui du papy-boom – ont eu tendance à privilégier la loyauté à l'entreprise et la réussite collective pour construire une carrière relativement stable, ceux appartenant – et ils sont de loin les plus nombreux en Asie-Pacifique dans la catégorie actuelle des talents – aux générations suivantes (X et Y) ne sont plus vraiment sensibles à la conception traditionnelle de la carrière de leurs aînés. Ils (elles) chercheront les opportunités que doit pouvoir leur offrir l'entreprise pour valoriser leur capital personnel, et ceci d'autant plus que l'on leur tient depuis longtemps le discours de la responsabilité de leur carrière (Thévenet, 2002). Cette situation se complique dès lors que l'entreprise s'internationalise, car la compréhension du comportement et des attentes d'un talent chinois ou indien est susceptible de bouleverser profondément les schémas classiques du management des talents.

3. Les défis inédits du management des talents en Asie-Pacifique

3.1. Définir une stratégie régionale

Le premier de ces défis est de définir une véritable stratégie régionale d'attraction et de rétention des talents en identifiant les forces et faiblesses de l'entreprise, notamment en termes de notoriété dans un environnement où, bien souvent, quelques grands noms d'entreprises anglo-saxonnes sont les seuls à être identifiés par celles et ceux que tout le monde s'arrache.

3.2. Faire évoluer les pratiques de management

Le deuxième défi est lié au précédent dans la mesure où la conquête de l'Asie-Pacifique nécessite de la part des entreprises latines – et en particulier françaises – de faire évoluer rapidement leurs pratiques de management en devenant plus... anglo-saxonnes, faute de quoi elles risquent de se voir attribuer une réputation peu flatteuse d'entreprises gérées dans un flou artistique, peu équitables et surtout peu reconnaissantes pour les talents locaux.

3.3. Une créativité permanente

Le troisième défi est celui d'une créativité permanente à l'égard des leviers à mettre en œuvre pour attirer et retenir les talents dans cette région du monde. Le fameux «package» des rémunérations reste de loin – et beaucoup plus qu'en Occident – le premier levier d'attraction et de rétention, mais les autres leviers qui concernent aussi bien les opportunités de développement personnel et professionnel que l'image de l'entreprise – comme le montre, par exemple, le fait de faire partie du classement 2007 des Top Employers en Chine (à Shanghai et Pékin) – sont des pistes intéressantes pour les entreprises. Elles n'ont en effet aucun intérêt à une surenchère salariale mettant aujourd'hui un nombre croissant de rémunérations des managers chinois ou indiens à un niveau comparable à celui de leurs homologues occidentaux ou japonais.

3.4. L'émergence des pôles de compétences

Le quatrième défi est celui de l'émergence en Asie-Pacifique de pôles de compétences à très forte valeur ajoutée qui incite, entre autres, les entreprises à développer de plus en plus des centres de recherches au plus près des importants marchés régionaux. Cette tendance lourde crée des exigences nouvelles dans des situations où le développement dans cette région du monde était auparavant largement fondé sur la délocalisation d'activités de production consommatrices de main-d'œuvre.

Pour les entreprises occidentales confrontées à une telle évolution – voire révolution –, le management des talents devient d'une importance cruciale : de la qualité de leurs managers et ingénieurs dépendra leur capacité de se maintenir et développer sur des marchés de plus en plus concurrencés par des entreprises locales y compris sur le plan des talents. Une entreprise chinoise ou indienne, qui n'hésite plus aujourd'hui à acquérir une entreprise prestigieuse en Europe ou aux États-Unis, devient une option de plus en plus plausible pour les talents locaux qui y voient souvent une chance supérieure pour progresser dans un environnement culturel sensiblement proche que celui qu'ils pourraient rencontrer dans une entreprise occidentale.

4. Les réponses de Schneider Electric face aux défis du management des talents en Asie-Pacifique

Face à ces défis, Schneider Electric a su développer une série de réponses qui font de l'Asie-Pacifique la troisième région mondiale – susceptible de devenir la deuxième région mondiale – pour cette entreprise dans un avenir relativement proche.

4.1. Le Talent Acceleration Program

L'équipe de direction de Schneider Electric Chine, consciente d'être confrontée à une pénurie de talents en raison de la croissance très forte de l'économie du pays, a mis en place un projet TAP (Talent Acceleration Program) visant à :
– détecter les talents dans une population de cadres déjà significative ;
– identifier les écarts entre les besoins anticipés et le potentiel existant dans l'entreprise ;
– accélérer le comblement de ces écarts par un plan de développement spécifique pour les talents potentiels repérés.

Ce projet a également fait prendre conscience au comité de direction de Schneider Electric Chine de l'importance de leur implication personnelle dans la découverte, le repérage et l'accompagnement du développement des talents. Il a été récompensé par un trophée international à la fin de 2007.

4.2. Le programme Marco Polo

Le programme Marco Polo, mis en œuvre depuis plusieurs années chez Schneider Electric, y compris bien entendu dans les pays comme la Chine et l'Inde, vise à donner aux nouveaux talents une exposition internationale dès la sortie de l'université, avant de leur offrir un poste dans leur pays d'origine. Le but est de les familiariser dès leur arrivée avec une approche multiculturelle afin d'être plus efficaces dans des positions les amenant fréquemment à s'interfacer avec d'autres cultures. Aujourd'hui plus de 600 jeunes ont bénéficié d'une expérience Marco Polo.

4.3. L'internationalisation de la recherche

Avec deux centres de R & D en Chine et un autre en Inde, Schneider Electric a franchi très tôt l'étape constituant à internationaliser sa recherche, tant le groupe est persuadé que les bonnes idées proviennent de partout. La création d'un centre de R & D est un indicateur fort d'une volonté d'investissement profond et durable dans un pays et donc des perspectives de carrière que le pays est à même d'offrir dans toutes les filières.

5. Conclusion

Ces réponses sont des exemples de stratégies locales mises en œuvre par Schneider Electric pour tenter de répondre aux défis inédits du management des talents dans la zone Asie-Pacifique, mais ces derniers sont très loin d'être épuisés lorsqu'on constate le développement actuel du groupe dans cette région du monde et en Australie, en particulier, où les acquisitions récentes ont fait croître très rapidement les effectifs au cours des dernières années avec l'enjeu fondamental de rétention des talents.

Conclusion

L'hyperbole des talents

Maurice THÉVENET
Dominique VERCOUSTRE

Dans un ouvrage récent (Boudreau, 2007), on propose de faire du «talent» la nouvelle référence de la gestion des ressources humaines, son pivot, son concept central. On ne devrait plus parler de gestion des ressources humaines, mais de gestion des talents. La proposition ne manque pas d'intérêt : on sait que les dénominations de la fonction qui traite des personnes dans l'entreprise ne durent jamais très longtemps. On a parlé des relations sociales, du personnel ou des ressources humaines, mais c'est toujours provisoire. En parlant de ressources humaines, on se prend maintenant à s'excuser – ou du moins expliquer – que les personnes *ont* des ressources plutôt qu'elles n'en *sont*. Le «talent» serait alors le relais nécessaire pour revivifier en permanence une fonction qui, à la différence des autres semble avoir un besoin permanent de renouveau. Y a-t-il derrière cette revendication quelque chose de sérieux, ou simplement l'hyperbole classique de ceux qui régulièrement annoncent des approches ou concepts révolutionnaires ? Assiste-t-on maintenant à la révolution des talents, après en avoir annoncé la guerre (Michael, 2001) ?

Le talent évoque une monnaie, en fait une mesure de poids de métal qui a fourni la source étymologique à de nombreuses monnaies comme le thaler ou le dollar. C'est dans d'autres domaines pourtant que prospère le mot. Dans celui de l'art évidemment, c'est le moyen de caractériser la qualité et l'originalité d'un artiste, en fait tout ce qui fait de lui quelqu'un d'unique. Certains voient dans l'évangile de Matthieu l'origine de l'intérêt pour la notion de talent. Dans cette parabole, un maître avant de s'en aller, confie 5, 2 et 1 talents à chacun de ses serviteurs. À son retour il s'enquiert de ce que les donataires ont fait de leur talent. Le premier les a fait fructifier et il peut les rendre avec 5 talents supplémentaires correspondant à son gain. Le second en rend 2 de plus. Quant au troisième, il assure à son maître qu'il a pris soin du talent donné en le cachant dans la terre et qu'il peut ainsi le lui rendre… Deux notions du talent apparaissent ici : d'une part tout le monde en est doté même si c'est en quantité différente. D'autre part, le talent doit être développé, travaillé : il faut le faire fructifier.

C'est à partir de cette vision que l'on cherche à définir la particularité des dons de chacun, mais aussi des politiques et démarches organisationnelles permettant de toujours développer les talents disponibles : le titre même de cet ouvrage semble prendre ce parti, à l'opposé de l'approche selon laquelle la DRH doit être seulement concentrée sur le repérage des seuls talents importants pour la réussite des stratégies de l'entreprise (Boudreau et al., 2007). La notion de « talent » est donc objet de débat. Trois questions au moins doivent être abordées pour le nourrir et éclairer les pratiques en ce domaine.

Premièrement, on peut chercher les raisons de ce fort intérêt pour les talents. Les mots nouveaux ne s'imposent jamais du seul fait de la volonté d'un auteur ou d'un gourou du management. Deuxièmement, on peut examiner les pratiques concrètes de gestion qui semblent répondre à l'émergence de cette notion nouvelle. Enfin, on peut mesurer sinon les limites, du moins les points d'attention qui ne devraient jamais être oubliés dans l'approche des talents.

1.   Pourquoi s'occuper des talents ?

Quand chacun s'accorde à utiliser un mot peu usité auparavant, c'est généralement que des problèmes nouveaux se posent qui demandent d'aborder les problèmes de gestion de manière différente. L'apparition des « talents » dans les discours et approches managériales n'est donc pas anodine et il s'agit d'en préciser les causes d'apparition.

1.1. Le besoin de compétences spécifiques

Les « talents » expriment le besoin de savoir-faire ou de compétences très spécifiques, soit parce qu'elles sont rares, soit parce qu'elles sont trop originales pour être référencées dans les grilles habituelles de compétences des entreprises. Peut-être faut-il également y voir le fait que des référentiels de compétences ne peuvent que s'avérer trop étroits pour tenir compte de besoins nouveaux en compétences spécifiques. Mieux encore, le développement d'organisations, de technologies ou activités nouvelles rend nécessaire de nouveaux emplois et savoir-faire que les répertoires classiques de compétences ne permettent pas de prendre en compte.

Dans l'apparition de la notion de « talent », il y a aussi sans doute la reconnaissance des limites d'une certaine gestion des compétences qui a été considérée comme la nouvelle frontière de la gestion des ressources humaines ces quinze dernières années.

1.2. Les bouleversements démographiques

Les talents apparaissent quand on commence à prendre en compte les bouleversements démographiques à venir dans les pays développés. Du fait de la difficulté de renouveler les classes d'âge partant en retraite, les entreprises vont toutes au même moment avoir besoin des mêmes compétences, qui acquièrent ainsi de la rareté. Si l'on associe ce changement démographique à l'apparition de secteurs nouveaux, on cherche à exprimer avec le «talent» la nécessité de pratiques de GRH rompant avec la gestion prévisionnelle traditionnelle.

1.3. L'individualisation de la gestion des ressources humaines

Les «talents» expriment le mouvement profond d'individualisation de la gestion des ressources humaines. La préoccupation des talents[1] apparaît surtout dans de grandes entreprises qui ont dû profondément changer ces dernières décennies. Pour ce faire, le contrat social interne a fondamentalement évolué : d'une forme collective privilégiant la loyauté et la relation forte et à long terme entre la personne et l'entreprise, on est progressivement passé à une force de travail plus diversifiée avec un développement d'une contractualisation très personnalisée.

L'émergence des talents se situerait surtout dans ce genre de situations, comme si elle illustrait une approche plus individuelle des ressources humaines : en témoignent ces politiques ne cherchant plus à former des potentiels en interne, mais plutôt à repérer sur le marché les compétences spécifiques et originales pouvant répondre aux besoins de l'entreprise.

1.4. Le besoin de reconnaissance des salariés

Enfin le terme de «talent» permet aussi de répondre aux besoins de reconnaissance de très nombreux salariés. Si chacun se considère – assez normalement – comme le centre de l'univers, quand on rencontre de plus en plus de fortes individualités, des divas au sein des organisations, le terme de «talent» permet en quelque sorte de les reconnaître.

---

1. O'Toole, J, Lawler, EE III. *The New American Workplace*. New-York : Palgrave Macmillan, 2006. Cet ouvrage analyse les principaux résultats d'une étude sur le travail aux États-Unis, conduite avec la même méthode trente ans après la célèbre étude *Work in América* lancée par le gouvernement américain en 1972-1973.

2. Les pratiques de gestion des talents

2.1. Les caractéristiques du talent

La notion de «talent» n'a d'importance que si elle invite à modifier les modes de gestion et requiert également des pratiques de gestion particulières. Pour mieux connaître ces pratiques, il est important de partir de la conception de ces talents par les DRH eux-mêmes. Une enquête personnelle auprès de DRH montre qu'ils définissent le talent à l'aide de trois caractéristiques principales :

- la rareté : les talents sont peu nombreux, autour de 5 % de l'effectif ;
- l'originalité : les talents ont des compétences tout à fait spécifiques, originales, particulières, de celles qui ne pourraient figurer dans un référentiel de compétences, puisque l'on ne saurait mesurer chacun sur des critères aussi rares ;
- une sorte de revendication à être développé : pour certains DRH, au-delà d'une caractéristiqe, c'est la véritable définition du talent que de ne pas être figé.

2.2. Les pratiques de gestion des talents

Il existe trois pratiques de base : la détection, l'attraction et la rétention. Ces questions de base sont évidemment liées à l'individualisation citée plus haut ; les talents sont associés à des personnes particulières et ce sont des pratiques d'individualisation de la GRH qui sont concernées.

- La question de la détection est complexe. Elle n'exige pas seulement des outils mais plutôt une qualité de suivi et de management des personnes et également un certain goût du risque et du courage dans leur gestion. Et on se rend bien compte en la matière des limites des outils et techniques de GRH : la meilleure détection, seuls les managers peuvent l'effectuer.
- L'attraction des talents renvoie à de nombreuses démarches dirigées vers l'extérieur pour entretenir une image, apparaître comme une des bonnes entreprises pour lesquelles travailler ; cela requiert des relations permanentes avec les écoles et le marché du travail mais aussi une active politique d'image.
- Quant à la rétention, cela renvoie à toute une palette de politiques de RH classiques qui concernent la rémunération, mais aussi la gestion des carrières, le coaching, la formation.

Avec la globalisation, le marché du travail s'internationalise. Il implique en outre davantage de mobilité, de fluidité, de passerelles entre les métiers et les carrières. Beaucoup d'entreprises françaises et européennes sont en concurrence pour attirer et recruter des professionnels dans tous les pays et particulièrement dans les pays émergents.

Or, un des gros enjeux des DRH avec leur direction, c'est de faire en sorte que le projet d'entreprise soit le plus attractif possible, c'est-à-dire qu'il présente une vision et des valeurs partagées sur les modes de fonctionnement. Le management doit porter ces valeurs et donner du sens au métier de chacun, de façon que la contribution de chaque collaborateur soit clairement identifiée, reconnue et valorisée.

2.3. Les actions de développement

Il y a une seconde catégorie de pratiques qui ressortissent normalement à la gestion des talents : les actions de développement. Il semble que les Anglo-Saxons mettent plus directement l'accent sur cette dimension. Un talent est quelque chose à développer. En ce sens, ils constituent par leur seule existence une sorte de revendication vis-à-vis de la gestion des ressources humaines : que faire pour pleinement développer le potentiel qu'ils représentent.

On s'aperçoit là encore qu'une véritable approche des talents exige non seulement l'individualisation de chacune de ces pratiques, mais surtout la composition d'un bouquet de pratiques organisées, combinées. Certes, les universités d'entreprises ont bien réussi à diffuser la stratégie et à aider à la constitution de réseaux internes si importants pour le fonctionnement des organisations modernes ; elles ont su également développer des programmes à destination des cadres à fort potentiel. Si l'on prend la notion de « talent » au pied de la lettre, leur développement représente des enjeux d'une autre complexité. Elle exige aussi des gestionnaires de ressources humaines d'un autre niveau de professionnalisme.

2.4. Inventer de nouvelles pratiques

Les dirigeants doivent identifier d'autres pistes pour conserver leurs meilleurs éléments, car la rémunération n'est qu'un levier de l'implication, ne pas hésiter à confier des challenges à risque avec un accompagnement circonstancié comme un mentor particulier, un coaching, des formations qualifiantes types MBA, etc.

Il est donc fondamental d'être à l'écoute de nos talents et d'individualiser la gestion des hommes et de trouver le bon « incentive ».

Certains considèrent aujourd'hui (Boudreau, 2007) que la notion de talent devrait révolutionner la gestion des ressources humaines. En prenant la comparaison de l'émergence de la fonction financière vis-à-vis de la comptabilité, ou du marketing vis-à-vis du commercial, ces auteurs considèrent que le temps est maintenant venu qu'une véritable science de la décision relaie ou complète une approche simplement fonctionnelle de la gestion des ressources humaines. La prise en compte des talents devrait constituer le vrai conducteur des décisions en matière de ressources humaines. La stratégie de l'entreprise devrait pouvoir être traduite en termes de « talents » nécessaires pour sa réussite et l'ensemble des décisions se prendraient avec le seul critère de contribution réelle au succès de cette stratégie.

Une telle vision romprait, selon les auteurs, avec plusieurs approches qu'ils estiment infructueuses. Parmi elles, ils soulignent une gestion des talents qui ne serait qu'un sacrifice à la mode, ou une approche trop fonctionnelle de quelques pratiques spécifiques ajoutées à la GRH actuelle. Pour les auteurs, une «vraie» gestion des talents ne devrait surtout pas partir du principe que tout le monde en dispose et qu'il faut augmenter de manière universelle les talents présents chez chacun.

Ces changements que nous apporte le choc démographique que nous allons connaître devront amener les DRH à être créatifs et innovants, le partage d'expérience sera fondamental pour s'enrichir mutuellement et ce au niveau national aussi bien qu'au niveau international. Le DRH se trouve à une place privilégiée car il doit fédérer, motiver, développer et convaincre. Il lui faut séduire pour attirer et donner à l'autre une envie durable. Ensuite le rôle du manager sera de plus en plus de savoir animer, anticiper et motiver, au-delà de l'expertise produit qui est de moins en moins un critère d'évaluation et d'appréciation. Le mot clé sera : fidéliser

3. Au-delà des talents

Si l'on ne cède pas complètement à la tentation de voir dans les talents le concept nouveau qui range au placard de l'Histoire les autres approches des ressources humaines, on peut d'ores et déjà réfléchir aux dangers et limites de cette approche, voire aux autres aspects de la réalité qu'il ne faudrait jamais oublier en abordant la question des talents. Trois risques majeurs pourraient être cités.

3.1. Le risque de la sophistication

À trop vouloir rechercher à tout prix des talents ou attribuer un succès futur à des compétences exceptionnelles, on peut tomber dans le piège de la personne providentielle quand on attend tout d'une personnalité ou de savoir-faire extraordinaires. Il est donc toujours sain et raisonnable de ne jamais oublier en matière de travail les trois fondamentaux[1] que sont la compétence, le professionnalisme et l'engagement. Ceux-ci ne doivent pas être réservés – ou exigibles – des seuls stars talentueuses : c'est ce que des pratiques de GRH et un mode de management corrects devraient s'efforcer en permanence de développer.

3.2. Le risque de la séparation

C'est celui qui conduirait à envisager la gestion des talents comme un domaine séparé. On se mettrait alors à élaborer et techniciser des pratiques et des outils en oubliant les deux fondements de telles pratiques : les valeurs et le management. Gérer des talents n'est pas une fin ni un bien en soi, c'est un ensemble de pratiques qui peuvent s'avérer cohérentes ou non avec une certaine conception de la personne dans l'entreprise – c'est-à-dire ses valeurs. Mais gérer des talents est impensable sans que l'ensemble de la ligne managériale, dans ses pratiques quotidiennes, puisse et veuille la faire fonctionner correctement.

© Groupe Eyrolles

---

1. Thévenet, M. *Compétence, Professionnalisme, Engagement*, www.rhinfo.com, avril 2006.

3.3. Le risque de l'illusion

À trop mettre l'accent sur les talents, on peut véhiculer l'idée que le succès découle du don, de la pépite, du gène du succès dont disposerait le talentueux. Par exemple, chez les enfants, on ne cesse de chercher leurs talents, partant du principe qu'il doit bien en exister un.

Si l'on n'y prend garde, un des effets pervers est de considérer que le travail a bien peu d'importance. Il ne faudrait jamais oublier que le talent ne va jamais sans beaucoup de transpiration, dans l'art par exemple. Il ne serait pas inutile qu'il en aille de même dans les entreprises, où des talents devraient non seulement faire leurs preuves, mais aussi beaucoup travailler eux-mêmes à les développer.

4. Conclusion

Aujourd'hui, beaucoup de jeunes sélectionnent les entreprises en fonction de leur projet lié à l'environnement, à son positionnement sur la diversité ou ses engagements par rapport à la société. Souvent ils s'informent sur les intentions et actions des entreprises dans ce domaine. Cela, aussi, devient un élément différenciant. C'est un fait que le développement durable, par exemple, est un vecteur de mobilisation, puisqu'il est porteur de sens d'une part et qu'il met les collaborateurs en proximité directe avec leur environnement d'autre part.

D'où l'importance d'être cohérent sur le projet, la vision, les engagements, les modes de fonctionnement, le type de management et tout ce qui fait la gouvernance de l'entreprise. À mon sens, les dirigeants ne peuvent qu'être exemplaires, mais cela devient de plus en plus difficile dans un monde où l'on peut penser que tout est permis. Les talents de demain seront très exigeants, et le tri pourrait se faire naturellement, au détriment de ceux qui n'ont pas de réponses claires à apporter ou qui n'appliquent pas les règles de base de déontologie.

Le levier de management, c'est que les personnes puissent trouver du sens. Les politiques RH se sont adaptées pour développer une stratégie plus globale, le plus souvent autour de trois objectifs :

- attirer les talents : rendre l'entreprise la plus attractive possible pour les plus talentueux – et là nous devons être très imaginatifs ;
- développer les talents : développer les compétences individuelles et la motivation des managers, développer des politiques de mobilité internationale, carrière rapide, internationalisation des parcours, programme de formation individualisée… ;
- retenir les talents : programme « compensation and benefit », leadership dont la finalité principale est de retenir les meilleurs managers.

Bibliographie

Adam S. (2004), *Principe de Dilbert*, First.

Adams G.A., Prescher J., Beehr T.A. et Lepisto L. (2002), «Applying work-role theory to retirement decision-making», *International Journal of Aging and Human Development*, vol. 54, n° 2, pp. 125-137.

Adams J.S. (1963), «Toward an understanding of inequity», *Journal of Abnormal and Social Psychology*, n° 67, pp. 422-436.

Adler N. (2002), *International dimensions of organizational behavior*, Cincinnati, Thomson Learning.

Agocs C., Burr C., (1996): «Employment equity, affirmative action and managing diversity: assessing the differences», *International Journal of manpower*, Vol. 17, n° 4, pp. 30-45.

Akanni A., (1997), *Culture d'entreprise et performance des entreprises au Sénégal*, thèse de doctorat, Caen.

Albert E., Bournois F., & al (2003), *Pourquoi j'irai travailler*, Eyrolles.

Albert E. (2007), «Les Pièges de l'entretien d'évaluation», *Enjeux-Les Échos*.

Alis D. (1997), Conflits de rôles et régulations autonomes du personnel en contact avec la clientèle: le cas des agents généraux d'assurance, Thèse de doctorat en Sciences de Gestion, Université d'Aix-Marseille III.

Allen N. and Meyer J. (1990), «The measurement of antecedents of affective, continuance and normative commitment to the organization», *Journal of Occupational Psychology*, Vol. 63, pp. 1-18.

Allio R. (2003), «Interview: Noel M. Tichy explains why the virtuous teaching cycle is integral to effective leadership», *Strategy & Leadership*, Vol. 31, N 5, pp. 20-6.

Amauger-Lattes M.-C., I. Desbarats, C. Vicens (2007), «Étude sur l'évolution des dispositions concernant les seniors ainsi que les critères d'âge et d'ancienneté dans quelques accords de branche», Rapport au Conseil d'Orientation des Retraites élaboré par le LIRHE.

Amosse T. (2003), «Interne ou externe, deux visages de la mobilité professionnelle», *INSEE Première*, n° 921.

Anderson R.E., Huang W. (2006), «Empowering Salespeople: Personal, Managerial, and Organizational Perspectives», *Psychology & Marketing*, 23 (2), pp. 139-159.

Angel P., Amar P., (2006), *Le coaching*, Que sais-je? PUF.

Argyris C., (1970), *Participation et Organisation*, Paris, Dunod.

Argyris C., Schön D. (1978), *Organizational Learning: a theory of action perspective*, Addison Wesley, Reading.

Athey R. (2005), « The talent crisis : how prepared are you ? », *Strategic HR Review,* vol. 4, n 5.

Athey R. (2008), « *Nous sommes en 2008 : savez-vous où se trouve votre talent ?* », Étude de Deloitte Research.

Attali J. (2008), *300 décisions,* Documentation française.

Attali J. (2008), *L'avenir du travail,* Fayard.

Aucouturier A.-L. (2001), « La formation continue est arrivée près de chez vous », *Premières Synthèses,* n° 43.2, DARES.

Audet, M. (2004), *La gestion de la relève et le choc des générations,* Monographie, ÉNAP, Montréal.

Authier M. (2005), « Le management des seniors, ou comment ménager les « vieux » ? », *Journal du Management,* 20 avril 2005.

Autume (d') A., J.-P. Betbèze, J.-O. Hairault (2005), « Les seniors et l'emploi en France », *Rapport du Conseil d'analyse économique,* La Documentation française, n° 58.

Bachelard O. (2007), « Le diagnostic Ressources Humaines : un outil de sensibilisation des dirigeants de PME », Actes Université de Printemps de L'IAS, Moscou, 17, 18 & 19 mai.

Bachelard O., Abord de Chatillon E. (2008), « La santé, sécurité au travail en PME », in P. Louart P., M.A. Villette, *La GRH en PME,* Paris, Vuibert, collection recherche AGRH.

Ballet J. et de Bry F. (2001), *L'entreprise et l'éthique,* Paris, Seuil.

Ballet J., de Bry F. (2004), « Responsabilité sociale de l'entreprise et gestion des ressources humaines : la parité hommes/femmes et le plafond de verre », Congrès de l'Association francophone de gestion des ressources humaines (AGRH), Montréal.

Bandura A. (1980), *L'apprentissage social,* Bruxelles, Mardaga.

Bandura A. (2003), *Auto-efficacité. Le sentiment d'efficacité personnelle,* Paris, De Boeck.

Barmeyer Ch. (2008), « Les compétences interculturelles », in Waxin, Barmeyer (coord.) : « Gestion internationale des Ressources Humaines », *Liaisons,* Paris 2008, pp. 209-248.

Barney J. (1991), « Firm Resources and Sustained Competitive Advantage », *Journal of Management,* 17 (1), pp.99-120.

Barus-Michel J. (1990), *Le temps et la distance dans les relations sociales,* Temporalistes, n° 13, janvier, pp. 9-15.

Bateson G. (1977), *Vers une écologie de l'esprit,* Paris, Seuil.

Bateson G. (1980), *La Nature et la pensée,* Paris, Seuil.

Baumard P. (1996), *Prospective à l'usage du manager,* LITEC.

Beaud S., Pialoux M. (2003), *Violence urbaine, violence sociale,* Fayard.

Behaghel L. (2005), « Les seniors entre formation et éviction », *Connaissance de l'emploi,* CEE, n° 14.

Behaghel L. et Greenan N. (2005), « Training and Age Biased Technical Change : Evidence from French Micro Data », Document de travail du CREST, n° 6.

Behaghel L. et Greenan N. (2006), « Changement technologique et formation tout au long de la vie », *Revue économique,* vol. 57, n° 6, pp. 1351-1382.

Behr (von) M. (2002), *Erhöhung der Globalisierungsfähigkeit kleiner und mittlerer Unternehmen*, ISF, München.

Bellanger L. (2003), *Comment managent les grands coachs sportifs*, ESF.

Benayoun R., Boulier C., & al. (1972), *Approches rationnelles dans la gestion du personnel*, Paris, Dunod.

Bennett M. J. (1994), «Towards Ethnorelativism : A developmental Model of intercultural Sensitivity», in Paige, R.M. (Ed.) : *Education for the Intercultural Experience*, Yarmouth, Maine, Intercultural Press, pp. 21-71.

Bergadaà M. (1999), «Strategic decisions and implementation : PRODIN™, a prospective dialectic interpersonal method», *Journal of Business Research*, vol. 45, n°2, pp. 211-220.

Bergadàa M. (2001), «Les mutations de l'entreprise : métiers commerciaux, NTIC, Interface Client», *Actes du Forum Prospective Métier*, Paris-Dauphine, 20 sept.

Bergadaà M., Bernard J. (1998), «La révolution vente et ses enjeux organisationnels», *Décisions Marketing*, n° 13, janvier-avril, pp. 37-45.

Berger G. (1964), *Phénoménologie du temps et prospective*, PUF.

Bernthal P.R., Dacquet. G. (2007), *Leadership forecast 2005/2006*, étude Development Dimensions International-DDI.

Besseyre des Horts C.-H. (2008), *L'entreprise mobile : comprendre l'impact des nouvelles technologies*, Paris, Pearson Education.

Besseyre des Horts C.-H. (1989), «Une tentative de comparaison des pratiques de gestion prévisionnelle des ressources humaines», *Personnel* n° 306, juillet.

Biche B., Desbois A., Le Monnier J., Monteiller Y. (2000), *Les groupements d'employeurs, une innovation économique et sociale*, Paris, l'Harmattan.

Blanchard K. (1998), *Éthique et Management*, Paris, Éditions d'Organisations.

Blanchet E. (2005), «La gestion des talents ne se limite pas aux futurs dirigeants», *Journal du Management*.

Blau, P. M. (1964), *Exchange and Power in Social Life*, New York, John Wiley & Sons.

Boffa-Comby P. (2008), «Impératif mixité dans l'entreprise», *L'Expansion Management Review*, n° 128.

Boffa-Comby P. (2007), *Promouvoir les talents – Hommes Femmes Entreprises : la combinaison gagnante !*, Paris, Eyrolles.

Boje D. (2001), *Narrative Methods for Organizational and Communication Research*, Sage, London.

Bolino M.C. (2007), «Expatriate Assignments and Intraorganizational Career Success : Implications for Individuals and Organizations», *Journal of International Business Studies*, 38, 819-835.

Bolten J. (2001), Interkulturelle Kompetenz, Thüringen : Landeszentrale für politische Bildung.

Bonnewitz P. (2002), *Premières leçons sur la sociologie de P. Bourdieu*, Paris, Presses Universitaires de France.

Bosch, C/HDL2 (2005), *Guidelines for Intercultural Training at the Robert Bosch Group*, document interne.

Bosch, C/HMP (2005), *International Human Resources Policies,* Stuttgart.

Boudreau J.W. Ramstad P.M. (2007), *Beyond HR. The new science of Human Capital,* Harvard Business School Press.

Boudreau, J. W. (2005), «Talentship and the New Paradigm for Human Resource Management: From Professional Practices to Strategic Talent Decision Science», *Human Resource Planning,* vol. 28.

Boumrar C. (2004), *Le management des hauts potentiels: identifier, recruter, intégrer, développer et fidéliser,* Paris, Dunod.

Bournois F., Point S., Rojot. J., Scaringella J-L. (2007), *RH – Les meilleures pratiques CAC 40/ SBF 120,* Paris, Éditions d'Organisation.

Bournois F., Romain P.J. (2000), *L'intelligence économique et stratégique dans les entreprises françaises,* IHDN, Économica.

Bournois F. Roussillon S. (coord.) (1998), *Préparer les dirigeants de demain: une approche internationale des cadres à haut potentiel,* Paris, Éditions d'Organisation.

Bournois, F., Roussillon, S. (dir.) (1998), *Préparer les dirigeants de demain. Une approche internationale de la gestion des cadres à haut potentiel,* Paris, Éditions d'Organisation.

Boyer L. (1996), «Recentrage of firms», *Gestion 2000,* n° 2, pp. 105-116.

Boyer L., Saettle L. (1999), «La prospective métier», Cahier de recherche, IAE Caen.

Boyer L., Scouarnec A. (1999), *Les nouveaux marchands,* EMS.

Boyer L., Scouarnec A. (2002), «Job prospective: definition, interest and methodology», wWorking paper, DMSP.

Brabet J. (1996), *Repenser la GRH,* Économica.

Branham, L. (2005). *The 7 Hidden Reasons Employees Leave: how to recognize the subtle signs and act before it's too late,* Amacon, Price House Coopers

Braudel F. (1975), *Écrits sur l'histoire,* Paris, Flammarion.

Bressé P. (2006), *Propriété industrielle au service de l'innovation,* Paris, Nathan.

Briner T., Kiefer R.B. (1998), «Managing retirement-rethinking links between individual and organization», *European Journal of Work and Organizational Psychology,* n° 7, pp.373-390.

Brouillet J. (2000), «Le sujet et la fourmi», *Annonces de la Seine,* avril.

Brouillet J. (2000), «Actionnariat salarié: management d'une mode ou mode de management?», *Semaine Sociale Lamy,* 30.10.

Brouillet J., (2001), «Savoir réinventer le contrat de travail», *Cahiers du DRH,* 09.03.2001.

Brouillet J. (2003), «Évaluation des performances: tir au pigeon ou maillon faible?», *Personnel.*

Brunet F., Richet-Mastain L. (2002), «L'âge des salariés joue surtout à l'embauche», *Premières Synthèses,* n° 15.3, DARES.

Bry (de) F. (2004), «Les femmes dans l'entreprise. Un problème de responsabilité sociale», Colloque de l'Institut des Auditeurs Sociaux (IAS), Luxembourg, août 2004.

Bry (de) F. (2005), «La persistance des inégalités professionnelles: du «plafond de verre» aux bonnes pratiques», *Entreprise Éthique,* octobre.

Bry (de) F., Ballet J. (2007), «L'éthique féministe: quels apports pour la responsabilité sociale de l'entreprise», article in J.C. Dupuis et C. Lebas (coord.), *Le management responsable*, Économica.

Buchanan B. (1975), «To walk an extra mile», *Organisation Dynamics*, vol. 3, pp. 67-80.

Buckingham M., Coffman (2008), *Manager contre vents et marées. Développer les talents dans l'entreprise*, Pearson, Village Mondial.

Buisset C., propos recueillis par Allour C. (2005), «Le sens donné au travail est un facteur essentiel de non-détérioration de la santé», *Travail et Changement, Gérer les âges : quel avenir pour les quinquas ?*, n° 302, mai- juin.

Burke M. (1998), *Valeurs féminines, le pouvoir de demain*, Paris, Village mondial.

Burlea-Schiopoiu, A. (2004), *Management des ressources humaines. Théorie et pratique*, Universitaria Craiova.

Cadin L., Guérin F., Pigeyre F. (2003), *Gestion des Ressources Humaines. Éléments de théorie* (2ᵉ éd.), Paris, Dunod.

Caillé A. (2007), *La quête de reconnaissance*, Les Découvertes.

Caligiuri P., Di Santo (2001), «Global Competence : What ist, and can it be developed through global assignment ?», *Human Resource Planning*, vol. 24, n° 3, pp. 27-35.

Caliguiri P., Di Santo V. (2001), «Global Competence : What is it an dit can be developed through Global Assignments ?», *Human Resource Planning*, 24 (3), pp. 27-35.

Cannon W.B. (1932), *The wisdom of the body*, Norton, New York (1932).

Cappelli P. (2008) «Talent management for the twenty-first century», *Harvard Business Review*, mars, pp. 74-81.

Cappelletti L., Noguera F. (2005), «Le développement durable de la valeur du temps de travail humain : une réponse à la mondialisation», *Revue Management et Avenir*, n° 6, pp. 183-200.

Cappelli P. (2008), «Talent management for the twenty-first century», *Harvard Business Review*, mars.

Capron M. (2005), «Les nouvelles responsabilités sociétales des entreprises : de quelles «nouveautés» s'agit-il ?», *La Revue des Sciences de Gestion*, n° 211-212, janvier-avril, pp. 47-54.

Carbonnel A., Roux K. (2006), «L'engagement, un statut positif pour l'erreur dans l'apprentissage du management», *Revue Internationale de Psychosociologie*, vol. 12, n° 28, pp. 39-55.

Carre P. (2007), «Formation des seniors : spécificité ou continuité ?», Congrès International AREF, Strasbourg.

Carré P. (2005), «Formation des seniors, spécificité ou continuité ?», *Personnel*, n° 464, novembre.

Carson J.B., Tesluk P.E., Marrone J.A. (2007), «Shared leadership in teams : an investigation of antecedent conditions and performance», *Academy of Management Journal*, vol. 50, n° 5, pp. 1217-1234.

Carson K.D., Carson P.P., Roe C.W., Birkenmeier, B.J. and Phillips, J.S. (1999), «Four commitment profiles and their relationships to empowerment, service recovery, and work attitudes», *Public Personnel Management*, vol. 28, n° 1, pp. 1-15.

Catalyst (2004), *Connecting corporate performance and gender diversity*.

Cazes (1986), *L'Histoire des Futurs*, Paris, Seghers.

Centre des Jeunes Dirigeants, (2004), *Les groupements d'employeurs : une innovation pour créer des emplois et développer les PME.*

Cerdin J.-L. (2008), «De l'expatriation traditionnelle aux nouvelles formes d'expatriation», in Cazal, Chevalier, Davoine, Louart (coord.), Paris, Vuibert.

Cerdin J-L., Colle R., Peretti J-M. (2005), «La Fidélisation des salariés par l'entreprise à la carte», *Revue de Gestion des Ressources Humaines*, 55, 2-21.

Chamalidis M. (2000), *Splendeurs et misères des champions*, VLB.

Chanal V. & alii. (2005), «Les personnes innovantes ont-elles besoin d'une GRH spécifique ? Une étude exploratoire», *Gestion 2000*, mars-avril 2005.

Chapelier Emmanuelle, Sartori Dominique et Schmidt Géraldine (1999), «Détection, évaluation, gestion du potentiel des cadres et des cadres à potentiel», dans Gilbert P. et Schmidt G., *Évaluation des compétences et situations de gestion*, Économica.

Charan R., Drotter, S., Noel J. (2001), *The Leadership Pipeline*, Jossey-Bass, San Francisco.

Charles E., Bethell-Fox (1992), «La sélection et le recrutement par les compétences» in Mitrani A., Des Compétences et des hommes.

Chassard J., Passet O. (2005), «Faut-il craindre une pénurie de main-d'œuvre qualifiée», *Sociétal*, n° 49.

Chen G.-M., Starosta W. J. (1996), «Intercultural communication competence : A synthesis», in B. R. Burleson (Ed.), *Communication yearbook 19*, Thousand Oaks, CA, Sage. Kühlmann, Stahl, pp. 353-383.

Christin J., Peretti J-M. (2005), «L'intention de départ à la retraite des seniors. Partiront ? Partiront pas ?», *Personnel*, n° 464, pp. 49-54.

Christin J., Peretti, J.-M. (2006), «Perceptions du travail chez les cadres du secteur privé français à l'approche de la retraite», Actes du XVIIᵉ Congrès de l'AGRH, 16-17 novembre 2006, Reims.

CIPD (2007), *Employer Branding : a no-nonsense approach.*

Cloutier E., Lefebvre S., Ledoux E. (2002), «Transfert de connaissances entre générations : le cas de l'usinage», in Lamonce F. (coord.), *La gestion des âges. Face à face avec un nouveau profil de main-d'œuvre*, Québec, PUF, pp. 57-68.

Colle R. (2006), *L'influence de la GRH à la carte sur la fidélité des salariés : le rôle du sentiment d'auto-détermination*, Thèse de Doctorat, IAE d'Aix-en-Provence, université d'Aix-Marseille III.

Conger, J., Fulmer R. (2003), «Developing your leadership pipeline», Harvard Business Review, vol. 81, n 12, pp. 76-90, 2003.

Conseil économique et social (2006), «Plan national d'action concerté pour l'emploi des seniors 2006-2010», Conférence nationale sur l'emploi des seniors, 6 juin.

Conseil économique et social (2002), *Les groupements d'employeurs : un outil pour la croissance et l'emploi ?*, 27 novembre.

Cox T., Blake S. (1991), *Managing Cultural Diversity : implications for organizational competitiveness*, Academy of Management Executive, vol. 5, n° 3, pp. 45-56.

Crosby L.A., Evans K.R., & Cowles D., (1990), Relationship Quality in Services Selling : an interpersonal influence perspective, *Journal of Marketing*, 54, 7, pp. 68-81.

Crozier M., Fiedberg E. (1977), *L'Acteur et le système. Les contraintes de l'action collective*, Paris, Seuil.

Cuevas F. (2002), *Les compétences des managers et contradictions*, Université de l'Institut International de l'Audit Social (Actes).

Dalichoux J., Fadeuilhe P. (2005), *Les groupements d'employeurs*, Rueil-Malmaison, Éditions Liaisons.

Darmon R-Y. (1993), *Management des ressources humaines commerciales*, Économica.

Davenport T (1999), *Human Capital*, San-Francisco, Jossey-Bass.

Defelix C. (2003). «Ce que gérer les compétences veut dire», pp. 121-128, in A.-M. Guénette, M. Rossi, J.C. Sardas (coord.), *Compétences et connaissances dans les organisations*, Lausanne, SEES, 2003.

De la Fuente A., Ciccone A. (2002), *Le capital humain dans une économie mondiale sur la connaissance*, rapport pour la Commission européenne.

Dejours C. (2007), «Le rendez-vous manqué de l'entretien d'évaluation», *Liaisons Sociales Magazine*, décembre.

Delaye R. (2006), *Le cadre, actif intangible dans le processus de réussite des jeunes de banlieue*, thèse de doctorat, IAE, université de Corse.

Delhaxhe A., Brasseur S., Cuche C., Steinberger M. (2006), *Mesures éducatives spécifiques pour la promotion de tous les talents en Europe*, Commission européenne, Direction générale de l'éducation et de la culture, unité européenne d'Eurydice, Bruxelles.

Deloitte R. (2008), *Nous sommes en 2008 : savez-vous où se trouve votre talent?*, site Internet.

Deminal P. (2004), *Classification – Qualification – Compétences*, Éditions Liaisons.

Derr B. (1987), «Managing High Potentials in Europe : some cross-cultural findings», *European Management Journal*, 5 (2), pp. 72-80.

Derr B., Jones C., Toomey E. (1998), «Management High Potential Employees : Current practices in Thirty-Three US Corporations», *Human Resources Management*, 27 (3), 273-290.

DGEFP (2007), *Bilan des accords GPEC signés en 2005 et 2006*.

Di Romualdo T. (2003), «Talent Constellations or Talent Communities. Choosing the Right Talent», october 16, http://wistechnology.com/articles/295.

Dietrich A., Cazal D. (2003), «Gestion des compétences, savoirs tacites et production de connaissances», *Les Cahiers de la Recherche du CLAREE*.

Dietrich A., Parlier M. (2007), «Les accords de gestion prévisionnelle des emplois et des compétences : une technologie visible?», *Revue de gestion des Ressources Humaines*, n° 66, octobre/novembre/décembre.

Dodier N. (1986), «Corps fragiles – la construction sociale des événements corporels dans les activités quotidiennes de travail», *Revue Française de Sociologie*, vol. 27, pp. 603-628.

Donnatien G. (2003), *Le knowledge management, mythe ou réalité?*

Drucker P.F. (1999), *L'avenir du management*, Paris, Village Mondial.

Dubet F. (1987), *La galère, jeunes en survie*, Fayard.

Dubet F. (2002), *Le déclin de l'institution*, Seuil.

Dubois M., Defelix C., Retour D. (1997), «GPEC : gestion prévisionnelle en crise ?», in *GRH en crise*, Montréal, Presses HEC.

Dubois P.L., Jolibert A. (1998), Le Marketing : fondements et pratique, Économica, 3ᵉ édition.

Duchénaut B., Orhan M. (2000), *Les femmes entrepreneurs en France*, Paris, Seli Arslan.

Duthilleul A. (2007), «Suivi de la situation de la France au regard des indicateurs de Lisbonne», Communication au Conseil économique et social, 13 février.

Duyck J-Y. (2002), «Crise et Discours : quelques réflexions autour du «mot du Président»», in Collectif, *Sciences de Gestion et Pratiques managériales*, Paris, Économica, pp. 199-208.

Duyck J-Y., Guérin S. (2006), «Rajeunir le regard sur les seniors : un essai de typologie des représentations des seniors. Le cas de la CNCE», in *Management et Avenir*, Paris, Inseec, 260 p.

Eagly A.H., Carli L. L. (2007), «Women and the Labyrinth of Leadership», *Harvard Business Review*, september 01.

Earley P. C., Ang S. (2003), «Cultural Intelligence : individual interactions across cultures», Stanford University Press, 379 p.

Ehin C. (1995), «The Quest for Empowering Organizations, Some Lessons from our Foraging past», *Organization Science*, 6 (6), 666-671.

Ehrenberg A. (1991), *Le Culte de la performance*, Paris, Calmann-Lévy.

Ehrenberg A. (1995), *L'Individu incertain*, Paris, Hachette.

Einsenberger R., Huntington R., Hutchinson S., Sowa D. (1986), «Perceived organizational support», *Journal of Applied Psychology*, vol. 75, N° 1, pp. 51-59.

El Khezzari M. (2006), «Les hauts potentiels aiment se faire courtiser», L'Économiste.

Élart-Bellier S. (2004), *Le Savoir être en entreprise*, Paris, Vuibert.

Ermine J-L. (2003), *La Gestion des connaissances*, Paris, Hermès Science – Lavoisier.

Excousseau J-L., (2000), *La mosaïque des générations. Comprendre les sensibilités et les habitudes des français*, Éditions d'Organisation.

Falcoz C. (1999), «La carrière classique existe encore. Le cas des cadres à haut potentiel», *Annales des Mines*, juin, pp. 4-11.

Fauconnier P. (2005), *L'Éducation au service des élites, la fabrique des «meilleurs»*, Paris, Seuil.

Fayol H. (1916), *Administration industrielle et générale*, Paris, Dunod (réed. 1970).

Feather N.T., Rauter K. (2004), «Organizational citizenship behavior in relation to job status, job insecurity, organizational commitment and identification, jobs satisfaction and work values», *Journal of Occupational and Organizational psychology*, 77, pp. 81-94.

Ferrier O. (2002), *Les très petites entreprises*, Bruxelles, De Boeck.

Fesser M., Pellissier-Tanon A., (2007), *Les Hauts potentiels ? Quelles qualités pour les dirigeants de demain*, Éditions d'Organisation.

Foray D. (2000), *L'Économie de la connaissance*, La Découverte.

Foster L., (2005), «Confronting the global brain drain», *Knowledge Management Review*, vol. 8, n 5, pp. 28.

Frank F. D., Taylor C. R., (2004), « Talent management : trends that will shape the future », *Human Resource Planning*, vol.27, n° 1, p. 33.

Frimousse S., Peretti. J.M. (2006), « L'émergence d'une gestion des ressources humaines hybride au Maghreb », *Revue Française de Gestion*, sept., vol. 32, n° 166, pp. 149-158.

Frontreau A. (2006), *Le management par la confiance*, Arnaud Franel Éditions.

Gallet O., Roudet B., (coord.) (2001), *Les Valeurs des jeunes*, L'Harmattan.

Galton F. (1892), *Heriditary genius*, London, Macmillan.

Gauron A. (2000), *La formation tout au long de la vie*, Paris, La Documentation française.

Gautie J. (2005), « Maintenir les seniors en emploi », *Connaissance de l'Emploi*, CEE, n° 15.

Gebert D., & alii (2006), « Empowerment in the Context of Transformational Change : A Study of Acquisitions and Privatizations in Eastern Europe », *Journal of Leadership and Organizational Studies*, 12 (3), pp. 101-118.

Gelot D., Minni C. (2002), « Formation continue et insertion : un taux d'accès élevé et des formations qualifiantes après la fin des études », *Premières Synthèses*, n° 10.2, DARES.

Gentil B. (1991), « La question du potentiel humain au sein de la gestion des cadres », *Entreprise et Personnel*, working paper.

Gibbons R., Waldman M. (2004), « Task-specific human capital ». American Economic Review. vol 94 (2), pp. 203-207.

Giddens A. (1987), *La constitution de la société, éléments de la théorie de la structuration*, Paris, PUF.

Giddens A. (1994), *Les conséquences de la modernité*, L'Harmattan.

Gilbert P. (2006), *La gestion prévisionnelle des Ressources Humaines*, Paris, La Découverte.

Gilles, M., Loisil F. (2005), La gestion des âges. Pouvoir vieillir en travaillant, Lyon, ANACT.

Girod-Seville M. (2004), « Pour que la mémoire organisationnelle soit toujours un atout », *Revue Française de Gestion*, vol. 30, n° 149, 69-75.

Gladwell M. (2002), « The Talent Myth », *The New Yorker*, July 22.

Godet M. (1991), *De l'anticipation à l'action. Manuel de prospective et de stratégie*, Paris. Dunod.

Goleman D. (1995), *Emotional Intelligence*, New York, Bantam Books.

Goleman D. (1998), *Working with Emotional Intelligence*, New York, Bantam Books.

Gollac M., Volkoff S. (2000), *Les Conditions de travail*, Paris, La Découverte.

Gonot P.F. (1996), « Dynamique des systèmes et méthodes prospectives », *Futuribles*, n° 2.

Goulding, C. (2005), « Grounded Theory, ethnography and phenomenology : a comparative analysis of three qualitative strategies for marketing research », *European Journal of Marketing*, 39, pp. 294-308.

Goux D., Zamora P. (2001), « La formation continue en entreprise continue de se développer », *INSEE Première*, n° 751.

Graimand A. (2006). « L'appropriation des démarches et outils de gestion des connaissances en organisation. Des excès du rationalisme à la construction du sens », pp. 47-71 in

C. Defélix, A. Klarsfeld et E. Oiry (coord.), *Nouveau regards sur la gestion des compétences*, Paris, Vuibert.

Granovetter M. (1973), «The strength of weak ties», *American Journal of Sociology*, vol. 78, n° 6, pp. 1360-1380.

Granovetter M. (1985), «Economic action and social structure: the problem of embeddedness», *The American Journal of Sociology*, vol 91, n° 3, pp. 481-510.

Greenberger, E., Steinberg L.D., Vaux A., et McAuliffe, S. (1980), «Adolescents who work: Effects of part-time employement on family et peer relations». *Journal of Youth and Adolescence*, 9, pp. 189-202.

Groves K. S. (2007), «Integrating leadership development and succession planning best practices», *The Journal of Management Development*, vol. 26, Iss. 3; pg. 239.

Groysberg B., Nanda N., Nohria N. (2004), «The risky business of hiring stars,» *Harvard Business Review*, may, vol. 82, n° 5, pp. 93 – 100.

Guérin S. (2007), *L'invention des seniors*, Paris, Hachette.

Guérin F. (2005), «Redonner une place aux quinquas dans l'entreprise», *Travail et Changement*, n° 302, mai-juin.

Guérin S., Fournier G. (2004), *Manager les quinquas*, Éditions d'Organisation, Paris.

Guiddens A., (1987), *La Construction de la société*, Paris, Puf.

Guillemard A.-M. (2003), *L'âge de l'emploi. Les sociétés à l'épreuve du vieillissement*, Paris, Armand Colin.

Hamel K., Breen B. (2006), *The future of management*, Harvard Business School Press.

Hatch N.W., Dyer J.H., (2004), «Human capital and learning as a source of sustainable competitive advantage», *Strategic Management Journal*, 25: 1155-1178.

Hatem F. (1996), *Introduction à la Prospective*, Économica.

Hatem F., Préel B. (1995), *Pour une prospective participative*, Ronéo, BIPE-Conseil.

Heenan D., Perlmutter H. (1979), *Multinational organization development*, Addison Wesley.

Helfer J.P., Kalika M., Orsoni J. (2005), *Management, stratégie et organisation*, Paris, Vuibert.

Heller K.A., Mönks F.J., Sternberg R.J., Subotnik R.F. (2000), *International Handbook of Giftedness and Talent*, Pergamon Press.

Henriet B. (2003), «Management et managers, actualité d'une relation», in Allouche J. (coord.), *Encyclopédie des Ressources Humaines*, Paris, Vuibert, pp. 855-861.

Hill E.S., Bahniuk M.H., Dobos J., Rouner D. (1989), «Mentoring and other communication support in the academic setting», Group and Organization Studies, vol. 14, p. 355.

Hobfoll S. E. (2001), «The Influence of Culture, Community, and the Nested-Self in the Stress Process: Advancing Conservation of Resources Theory», *Applied Psychology*, 50 (3), 337-421.

Hobfoll S.E. (1989), «Conservation of resources», *American psychologist*, 44, 513-524.

Hollandt. X. (2007), «La performance de l'entreprise augmente avec le taux d'actionnariat des salariés», *Entreprise et carrières*, 16.12.2007.

Hollenbeck K. (1990), «Dislocated worker human capital depreciation and recovery», *Upjohn Institute Staff Working paper*, n° 90-04.

Honneth A. (2007), *La Lutte pour la reconnaissance*, Paris, Éditions Cerf.

House J.S. (1981), *Work, Stress and Social Support*, Addison-Wesley, Reading, MA.

Hubbard E. (1999), «Diversity and the Bottom Line: Facts, Figures and Financials», *Diversity Factor*, vol. 7, n° 4, pp. 29-33.

Huselid M. A, Becker B.E., Beatty R.W. (2005), *Tableaux de bord sociaux: Mesurer la contribution des salariés à l'exécution de la stratégie*, Paris, Village Mondial.

Husson M. (1979), «La notion de potentiel», *Entreprise et Personnel*, working paper.

Huyez-Levrat G. (2008), *Le faux consensus sur l'emploi des seniors*, Centre d'études de l'emploi, notice de rapport.

Igalens J. (2007), «L'analyse du discours de la responsabilité sociale de l'entreprise à travers les rapports annuels de développement durable des entreprises françaises du CAC 40», *Finance Contrôle Stratégie*, vol. 10, n° 2.

Igalens J. (2008), *100 mots pour la gestion des ressources humaines*, Que sais-je? n° 3804, Paris, Puf.

Igalens J., Roger A. (2007), *Master Ressources Humaines*, Éditions ESKA.

Ingham J. (2006), «Closing the talent management gap», *Strategic HR Review*, vol. 5, n° 3, p. 20.

Inghram J., «Closing the talent management gap», *HR Review*, vol 5, n° 3, p. 20.

INSEE (2007), «Femmes et hommes. Regards sur la parité», Références.

Itzin C., Phillipson C. (1994), «Age barriers at work», *Equal Opportunities International Patrington*, vol. 13, Iss. 6-7, p. 64-73.

Jacquet A. (1999), *Ma vie pour une étoile*, Paris, Robert Laffont.

Johansen A. (2005), «Salariés âgés: comment surmonter la démobilisation?», *Personnel*, n° 464, novembre.

Jolivet A. (1999), *Entreprise et gestion de la main-d'œuvre vieillissante: organisation, discrimination*, thèse de doctorat en sciences économiques, université de Paris 1-Panthéon Sorbonne.

Jolivet A. (2001), «Vieillissement, salaire et la demande de travailleurs âgés», *Travail et Emploi*, n° 88.

Joras M. (2008), *Le Bilan de compétences* (4e édition), Que sais-je? n° 2975, Puf.

Jouvenel (de) B. (1970), «Prévision et action», *Analyse et Prévision*, 9, 178-184.

Jubin B., Lignières J. (2007), «Nos cerveaux sont-ils en fuite?», *Gazette de la Société et des Techniques*, n° 44, novembre.

Julien P.A. (Dir.) (2005), *Les PME. Bilan et perspectives* (3e édition), Presses Inter Universitaires du Québec.

Jurkiewicz C-L. (2000), «Generation X et the public employee», *Public Personnel Management*, 29, 1, 55-74.

Kahn A., Godin C. (2008), *L'Homme, le Bien et le Mal*, Stock.

Kaplan R.S., Norton D.P. (1992), «The Balanced Scorecard – Measures that Drive Performance», *Harvard Business Review*, vol. 70, n° 1.

Karasek R. (1979), «Job demands, job decision latitude and mental strain: Implications for job redesign», *Administrative Science Quarterly*, 24, 285-306.

Karasek R., Theorell T. (1990), *Healthy work: stress, productivity, and the reconstruction of working life*, New York, Basic Books.

Katz R. (1974), «Skills of an effective administrator,» *Harvard Business Review*, september-october, pp. 90-101.

Kerlan F. (2007), *Guide pour la GPEC*, Paris, Eyrolles.

Kim S.H. (2005), «Factors affection state information technology employer turnover intentions», *American Review of Public Administration*, 35, 2, pp. 137-156.

Kohonen E. (2005), «Developping Global Leaders through International Assignments: A Identity Construction Perspective;» *Personnel Review*, 34 (1), 22-36.

Kur E., Bunning R. (2002), «Assuring corporate leadership for the future», *Journal of Management Development*, vol. 21, n° 9, pp. 761-79.

Laine F. (2003), «Les seniors et la formation continue: un accès général limité mais avec de grandes différences selon les situations professionnelles», *Premières Informations et Premières Synthèses*, n° 12.1, DARES.

Lambert S. (2002), *Comment manager les comportements?* Éditions Liaisons.

Lamonde F., Audet M., Bernard M., Laflamme R., Larocque A., (2002) La gestion des âges. Face à face avec un nouveau défi de main-d'œuvre, PUL, Québec.

Lamy M., Sarfati F. (1997), «Le recrutement des cadres», in *Encyclopédie de Gestion*, Simon Y. et Joffre T. (Dir.), 2ᵉ édition, tome III, Économica.

Laval C. (2007), *L'Homme économique*, Paris, Gallimard.

Lawrence P.R. et Lorsch J.W. (1973), *Adapter les structures de l'entreprise*, Paris, Éditions d'Organisation.

Lazarus R. S., Folkman S. (1984), *Stress, Appraisal, and Coping*, New York, Springer.

Le Bon J. (1997), «Contribution des vendeurs aux activités de veille marketing et commerciale: d'un cadre conceptuel aux opportunités de recherche», *Recherche et Applications en Marketing*, vol. 12, pp. 5-24.

Le Boterf G. (1994), *De la compétence, essai sur un attracteur étrange*, Paris, Éditions d'organisation.

Le Boterf G. (2002), *Développer la compétence des professionnels*, Paris, Éditions d'Organisation.

Le Cohu P. (2004), «Emploi des seniors: nouvelle donne», *Les Cahiers du DRH*, n° 102, pp. 2-7.

Le Goff J.P. (1995), *Le Mythe de l'entreprise*, Paris, La Découverte.

Le Goff J.P. (2004), *Du silence à la parole. Une histoire du droit du travail des années 1830 à nos jours*, Presses universitaires de Rennes

Legge K. (1995), *Human Resource Management, Rhetoric's and Realities*, Macmillan, Basingstoke.

Leroux E. (2004), *L'externalisation dans le domaine des Ressources Humaines des forces de vente: un test de modèle d'agence*, thèse de doctorat de sciences de gestion, IAE de Corte.

Leroux E., Peretti J-M. (2007), *Contrat et Externalisation des forces de vente: supports indispensables à la gouvernance relationnelle*, 9ᵉ université de printemps de l'IAS (Moscou, 25, 26 et 27 mai 2007).

Leroux E., Frimousse S., Peretti J.-M. (2008), «La diversité des hommes au sein des forces de vente», *Management & Avenir*, n° 18.

Lesourne J. (1989), *The enterprise and its future*, Masson.

Linhart D. (1992), «Des travailleurs en attente d'emploi», in Tremblay D.-G. (dir.), *Travail et société. Une introduction à la sociologie du travail*, Laval, Éditions Agence d'Arc, pp. 501-517.

Loisil F., Sarazin B. (2005), «Des entreprises face à leurs seniors», *Travail et Changement, Gérer les âges: quel avenir pour les quinquas?*, n° 302, mai-juin.

Loos-Baroin J. (2006), «De la gestion des seniors à la gestion des âges: quelques enseignements de comparaisons internationales», *Management et Avenir*, n° 7, janvier.

Lozier F. (2006), «Compétences individuelles, collectives et stratégiques. Articulation problématique pour les managers de premier niveau», 33-45, in Defelix C., Klarsfeld A., Oiry E., *Nouveaux regards sur la compétence*, Paris, Vuibert.

M'Bengué, (2004), «Management des savoirs», *Revue Française de Gestion*, vol. 30, n° 149, pp. 13-31.

Maffesoli M. (2008), *Iconologies, Nos idol@tries postmodernes*, Albin Michel.

Mahé de Boislandelle H. (1998), *Dictionnaire de Gestion*, Économica.

Marbot E. (2001), *Le sentiment de fin de vie professionnelle chez les plus de 50 ans: définition, mesure et déterminants*, thèse de doctorat, IAE d'Aix-en-Provence, Université d'Aix-Marseille III.

Marbot E. (2007), «Compétence: la référence de la gestion des emplois», in *Fonctions RH. Politiques, métiers et outils des ressources humaines*, Thévenet, Dejoux, Marbot, Bender Paris, Pearson Education.

Marbot E., Komisarow C. (2005), «Reconnaître les seniors au travail», in Peretti J.-M. (coord.), *Tous reconnus*, Paris, Éditions d'Organisation, pp. 271-276.

Marbot E., Peretti J.-M. (2006), *Les seniors dans l'entreprise*, 2ᵉ édition, Paris, Pearson Education France.

Marchesnay M., Carrier C. (2005), «Stratégie de la PME», in Julien P.A. (dir.), *Les PME. Bilan et perspectives*, 3ᵉ édition, Presses Inter Universitaires du Québec, pp. 183-215.

Marioni P. (2007), «Les seniors et la formation professionnelle», Colloque «Age et travail», DARES, pp. 69-75.

Martory B. (2001), *Contrôle de gestion sociale*, 3ᵉ édition, Vuibert.

Martory B., Crozet D. (2003), *Gestion des Ressources Humaines*, 5ᵉ édition.

Maupassant (de) G. (1888), *Pierre et Jean*, Ed. Paul Ollendorf.

Mc Call M.W. (1997), *High Flyers*, Harvard Business School Press.

McAdam D., Cuerrier C. (2003), *Le mentorat et le monde du travail au Canada: recueil des meilleures pratiques*, Montréal, Éditions de la fondation de l'entrepreneuriat.

Meignant A. (2001), «Manager la formation», in Peretti J.-M. (dir.), *Tous DRH*, 2ᵉ édition, Paris, Éditions d'Organisation.

Melkonian T. (2002), *L'appréciation managériale des cadres supérieurs et dirigeants: en quête de justice, de soutien et d'exemplarité*, thèse de doctorat en sciences de gestion, Université Panthéon-Assas Paris II.

Mercier L., Loisil F. (2005), «Une entreprise allemande mise sur les seniors», *Travail et Changement, Gérer les âges : quel avenir pour les quinquas?*, n° 302, mai-juin.

Meyer, Herscovitch (2001), «Commitment in the Workplace toward a general model», *Human Ressource of Management Review*, 11, pp. 299-326.

Michaels E., Handfield-Jones H., Axelrod B. (2001), *The war for talent*, Boston, Harvard Business School Press.

Minet F., Parlier M., de Witte S. (1994), *La compétence, mythe, construction ou réalité?*, Paris, L'Harmattan.

Mintzberg H. (1973), *The Nature of Managerial Work*, Prentice Hall. Trad. (2002), *Le Manager au quotidien, les dix rôles du cadre*, Paris, Éditions d'Organisation.

Mirallès P. (2007), «Le management des talents», in *Talents et compétences*, L'Harmattan.

Mirallès P. (2007), «La gestion des talents : émergence d'un nouveau modèle de management?», *Management et avenir*, n° 11, janvier, p. 29-42.

Mispelblom Beyer F. (2006), *Encadrer, un métier impossible?*, Paris, Armand Colin.

Mitrani A. & alii (1992), *Des compétences et des hommes. Le management des RH en Europe*, Paris, Éditions d'Organisations.

Moati, S. (2007), «Faut-il craindre le vieillissement?», *Alternatives Economiques, hors-série : L'état de l'économie*, n° 72.

Montaigne C. (2006), «Les banques face à leurs seniors», *Les Échos*, 25 avril.

Moragues J. (1994), *Psychologie de la performance sportive*, thèse de doctorat, Université Paul Valéry, Montpellier.

Mowday R., Steers R. and Porter L. (1982), *Employee-organisation Linkages : The Psychology of Commitment, Absenteeism and Turnover*, Academic Press, London.

Nauze-Fichet E., Tomasini M. (2002), «Diplôme et insertion sur le marché du travail : approches socioprofessionnelle et salariale du déclassement», *Économie et statistique*, n° 354.

Nicole-Drancourt C., Roulleau-Berger L. (2001), *Les Jeunes et le travail, 1950-2000*, Paris, PUF.

Noe R.A. (1988), «An investigation of the determinants of successful assigned mentoring relationships», *Personnel Psychology*, vol. 41, n° 3, pp. 457-82.

Nonaka I., Takeuchi H. (1997), *La Connaissance créatrice, la dynamique de l'entreprise apprenante*, Bruxelles, De Boeck.

O'Brien G. E., Feather N.T. (1990), «The relative effects of unemployment et quality of employment on the affect, work values et personnal control of adolescents», *Journal of Occupational Psychology*, 63, 151-165.

OCDE (2003), «Upgrading workers'skills and competencies», *Perspectives de l'emploi*.

Ogay T. (2000), *De la compétence à la dynamique interculturelles*, Bern, Peter Lang.

Osty F. (2002), *Le désir de métier*, PUR.

Paillé P. (2005), «La fidélité au travail : éléments conceptuels sur la relation employé – organisation», *Gestion 2000*, nov-déc. 2005.

Paradas A. (2007), «Mutualiser la formation et le recrutement dans les PME : une variété de réponses», *Revue des Sciences de Gestion, Direction et Gestion*, n° 226-227.

Paradas A. (2008), «Proximité représentative et responsabilité sociale dans les TPE», in *Les Très Petites Entreprises. Un management de proximité*, Torres O., Jaouen A. (coord.), Hermès Lavoisier.

Patrick G. (2006), *La gestion prévisionnelle des emplois*, La Découverte,

Peffer J., Sutton R. (2007), Faits et foutaises dans le management. Méthode systématique pour démolir les demi-vérités pernicieuses et les croyances idiotes qui empoisonnent trop souvent la vie des entreprises…, Vuibert (traduction, 1re parution américaine 2006).

Peretti J.-M. (2008), *Dictionnaire des Ressources Humaines*, 5e édition, Paris, Vuibert.

Peretti J.-M. (2008), *Gestion des Ressources Humaines*, 15e édition, Paris, Vuibert.

Peretti J.-M. (2008), *Ressources humaines*, 11e édition, Paris, Vuibert.

Peretti J.-M. (2007), «Les DRH focalisés sur les compétences-clés», *Liaisons Sociales magazine*, novembre.

Peretti J.-M. et alii (2005), *Tous reconnus*, Paris, Éditions d'Organisation.

Peretti J.-M. et alii (2006), *Tous différents*, Paris, Éditions d'Organisation.

Peretti J.-M. et alii (2007), *Tous DRH*, 3e édition, Paris, Éditions d'organisation.

Péron-Bois M. (2008) «Art et Science», colloque 30e anniversaire de la revue *Sciences de Gestion*, ISEOR-IAE de Lyon, avril.

Perrini F. (2006), «SMEs and CSR theory: evidence and implications from an Italian perspective», *Journal of Business Ethics*, 67, pp. 305-316.

Peter L.-J., Hull R. (1969), *The principle of Peter*, William Morrow and Compagny. Traduction: *Le principe de Peter*, Le Livre de Poche.

Piderit S.K., Fry R.E., Cooperrider D.L. (2007), *Handbook of Transformative Cooperation*, Stanford Business Books.

Pijoan N. (2007), *L'emploi des seniors: comprendre les logiques de gestion par l'analyse des représentations: le cas du secteur du service à la personne âgée*, thèse sciences de gestion, Montpellier, 353 p.

Plane J.M. (1999), «Considérations sur l'approche ethno-méthodologique des organisations», *Revue française de Gestion*, n° 123, mars-avril-mai 1999, pp. 44-53.

Plane J.M. (2003), *Théorie des Organisations*, Paris, Dunod.

Plane, J. M. (2006), «La démographie à la rescousse de la protection sociale en France», *Problèmes économiques*, n° 2.925, 6 juin.

Plassart P. (1989), «Sur la piste des meilleurs», *Liaisons Sociales Mensuel*, n° 40, juin, p. 38.

Point S. (2007), *Les RH, premières ressources de l'entreprise? Entre salariés modèles et modèles de salariés*, Congrès AGRH 2007, Fribourg.

Porter L. Steers, R. Mowday, R. and Boulian, P. (1974). «Organisational commitment, job satisfaction and turnover among psychiatric technicians», *Journal of Applied Psychology*, vol.59, pp. 603-9.

Proulx S., Poissant L., Sénécal M. (2007), *Communautés virtuelles: penser et agir en réseau*, Montréal, Presses Universitaires Laval.

Prud'homme L., Bournois F. (2007), «La diversité des âges et le choc générationnel», in Peretti J.-M. (dir.), *Tous différents*, Éditions d'Organisation, pp. 33-44.

Quairel F., Auberger M.N. (2005), «Management responsable et PME: une relecture du concept de responsabilité sociétale de l'entreprise», *Revue des Sciences de Gestion, Direction et Gestion*, n° 211-212, pp. 111-126.

Quintreau B. (2002), «Salariés: jetables après 50 ans?», *Pour*, n° 175, pp.7-11.

Ranjard P. (1999), «L'école fabrique d'élitisme», *Libération*, recommandation 1248 du Conseil de l'Europe relative à l'éducation des enfants.

Rawls J. (1971), *Théorie de la justice*, Paris, Seuil.

Reicheld F. (1996), *L'effet loyauté*, Paris, Dunod.

Retour D. (2002), «La gestion des compétences, quoi de neuf pour l'entreprise?», *MCS*, automne, pp. 7-8.

Revault d'Allonnes M., *Le pouvoir de commencements*, Paris, Seuil.

Reynaud J. D. (1988), «La régulation dans les organisations : régulation de contrôle et régulation autonome», *Revue Française de sociologie*, XXIX, 1988, n° 1, pp. 5-18.

Reynaud J. D. (1989), *Les règles du jeu. L'action collective et la régulation sociale*, Paris, Armand Colin.

Richard O. (2000), «Racial diversity, business strategy, and firm performance : A resource-based view», *Academy of Management Journal*, vol. 43, pp. 164-177.

Robinson G., Dechant K. (1997), «Building a Business Case for Diversity», *Academy of management Executive*, vol. 11, n° 3, pp. 21-31.

Rocard M. (2007), «Le capitalisme éthique», *Le Monde*, 10.01.

Roger A., Tremblay M. (1992), *La gestion de la relève dans les entreprises, Revue Gestion*, vol. 17, n° 3, septembre.

Roger A., Tremblay M. (1998), «Plafonnement objectif et subjectif de carrière, satisfaction et stress au travail», *Cahier de recherche CIRANO*, n°98s-24.

Rosen, Jerdee (1977), «Too Old or not too Old?», *Harvard Business Review*, vol. 55, n° 6.

Rothwell W. J., Kazanas H. C. (2004), *The Strategic Development of Talent*, Human Resource Development Press.

Rouilleault H. (2007), Anticiper et concerter les mutations : rapport sur l'obligation triennale de négocier, *La Documentation Française*, septembre.

Roussillon S. (2006), «La gestion des cadres à potentiel», in Alluche J., *Encyclopédie des ressources humaines*, pp. 67-77.

Ruiller C. (2007), «Construction d'une échelle de la perception du soutien social, premiers résultats d'une étude de cas sur un Centre Hospitalier», 18e congrès annuel de l'AGRH, Fribourg.

Saba T. (2003), «La planification de la relève démystifiée : les aspects techniques et humains à considérer», *Effectif*, vol 6, n° 1, janv-mars, pp. 18-26.

Sackman S.A. (1997), *Cultural Complexity in Organizations*, Thousand Oaks, Sage.

Sainsaulieu R. (1987), *Sociologie de l'organisation et de l'entreprise*, Dalloz.

Salais R. (2006), *Développer les capacités des hommes et des territoires en Europe*, Anact.

Savall H., Zardet V. (1995), *Maîtriser les coûts et les performances cachés*, 3e édition, Paris, Économica.

Savidan P. (2007), *Repenser l'inégalité des chances*, Paris, Grasset.

Schwartz Y., Durrive L. (2003), *Travail et Ergologie. Entretiens sur l'activité humaine*, Toulouse, Octares.

Scouarnec A. (2001), «Regards sur la fonction Marketing: vers la création d'un observatoire des métiers», 1er forum de prospective des métiers, IAE de Caen.

Scouarnec A. (2002), «Exercice de prospective appliqué au DRH marocain: analyse du champ des possibles entre l'acteur confisqué et le créateur de valeur», in Scouarnec A. et Yanat Z. (dir.), *La GRH au Maghreb*.

Scouarnec A., Veniard A. (2005), «À la recherche d'un management des Ressources Humaines performant», Gestion 2000, mai-juin, pp 101-119.

Serieyx H. (1984), *L'Entreprise du 3e type*, Paris, Seuil.

Sérieyx H. (2004), *Coup de gueule en urgence*, Paris, Eyrolles.

Seyle H. (1950), *The Stress of Life*, New York, McGraw-Hill.

Shaw J.B., Grubbs L.L. (1981), «The process of retiring: organizational entry in reverse», *Academy of Management Review*, vol. 6, n° 1, p. 41-47.

Shore L.M., Wayne S.J. (1993), «Commitment and employee behaviour: comparison of affective commitment and continuance commitment with perceived organization support», *Journal of Applied Psychology*, 78 (5), pp.774-780.

Siegrist J. (1996), «Adverse Health Effects of High Effort/Low Reward Conditions», *Journal of Occupational Health Psychology*, 1, 27-41.

Simon H.A. (1983), *Administration et processus de décision*, Paris, Économica.

Simons T. (2006), «Behavioral Integrity: The perceived Alignment between Managers, Words and Deeds as a Research Focus», *Organization Science*, vol. 13, n° 1, p. 18-35.

Smola K.W., Sutton C. (2002), «Generational differences: Revisiting generational work values fir the new millennium», *Journal of Organizational Behavior*, 23, pp. 363-382.

Spence L.J., Schmidpeter R., Habisch A. (2003), «Assessing social capital: small and medium sized enterprises in Germany and the UK», *Journal of Business Ethics*, 47 (1), p. 17-32.

Stanfeld S.A., Fuhrer R., Shipley M.J., Marmot M.G. (1999), «Work characteristics predict psychiatric disorders: prospective results from Whitehall II Study», *Occupational and Environmental Medicine*, vol. 56, p. 302.

Stern D., Stone J.R., Hopkins C., Mc Million M. (1990), «Quality of student's work experience et orientation toward work», *Youth & Society*, 22, 263-282.

Stewart T. (1997), *Intellectual Capital: The new wealth of organisations*, Nicholas Brealey Publishing.

Sullivan J. (2006), «La guérilla du recrutement», *Workforce Management*, web conference, 22 juin.

Sullivan S.E. (1999), «The changing nature of careers: A review and research agenda», *Journal of Management*, 25: 457-484.

Surville (de), F. (2005), «L'âge est celui de la motivation», *Personnel*, n° 464, novembre.

Sutton R. (2007), *Objectif zero, sale con*, Paris, Vuibert.

Taylor S., Beechler S., Napier S. (1996). «Toward an integrative model of strategic International Human Resource Management», *Academy of Management Review*, 21.

Testa (2001), «Organizational Commitment, Job satisfaction and Efforts in the Service Environment», *The Journal of Psychology*, 135, 2, pp. 226-236.

Thévenet M. (2002), *Le plaisir de travailler*, Paris, Éditions d'Organisation.

Thévenet M., Dejoux C., Marbot E., Bender A.F. (2007), *Fonctions RH, politiques, métiers et outils des ressources humaines*, Pearson education.

Thomas T.T., Ganster D.C. (1995), «Impact of family-supportive work variables on work-family conflict and strain : a control perspective», *Journal of Applied Psychology*, vol.80, n° 1, pp. 6-15.

Tikkanen T. (2006), «Mixité des âges, une chance pour les entreprises», *Travail et Changement, Privilégier les compétences à tous les âges*, n° 309, juillet/août.

Tisseron S. (2008), *Virtuel, mon amour – Penser, aimer, souffrir à l'ère des nouvelles technologies*, Paris, Albin Michel.

Tjerck H. (1992), «Le management intégré des ressources humaines», in Mintrani A. et alii., *Des compétences et des hommes*.

Tonnelé A. (2007), *Équipes autonomes. Guide de mise en œuvre*, Paris, Eyrolles.

Torres O. (2008), «Approche descriptive de la spécificité de gestion des PME : le mix de proximité», in Filion L.J. (dir.), *Management des PME. De la création à la croissance*, Pearson Education.

Treich L. (1926), *L'esprit de Rivarol*, Paris, Gallimard.

Tremblay D.G. (2005), «Les communautés de pratique : une analyse différenciée selon le sexe et le mode d'apprentissage», *Éducation et francophonie*, vol.33, n° 1, pp. 140-164.

Trognon A., Dessagne L. (2003), «Quels sont les facteurs qui influencent la réussite d'une équipe de travail?», in Levy-Leboyer J., *La psychologie du travail*, Éditions d'Organisation.

Tronson J. (1969), «Le développement de la carrière dans la grande entreprise», Librairie Générale de Droit et de Jurisprudence.

Trottier M. (2008), «La gestion des talents : nouveau concept ou intérêt renouvelé pour la gestion de la relève?», *Observatoire de gestion stratégique des ressources humaines*, ESG-UQAM.

Ulrich D., Brockbank W. (2005), *The HR value proposition*, Harvard Business Press.

Valeyre A., Lorentz E. (2005), «Les nouvelles formes d'organisation du travail en Europe», *Connaissance de l'Emploi*, CEE, n° 13.

Vauclin S. (2006), «Santé/sécurité au travail et gestion des ressources humaines : histoires parallèles et recoupements», in Abord de Chatillon E. et Bachelard O. (dir.), *Management de la Santé et de la Sécurité au Travail*, L'Harmattan.

Vigneux G. (2001), *Les jeux des ruses*, Seuil.

Vincent J.D. (2008), *Le cœur des autres*, Plon.

Volkoff S. (1989), «Le travail après 50 ans : quelques chiffres et plusieurs inquiétudes», in «Vieillissement et travail», *Le Travail Humain*, vol. 52, n° 2, juin, pp. 97-116.

Volkoff S. Molinier A.-F., Jolivet A. (2000), «Efficaces à tout âge. Vieillissement démographique et activités de travail», *Centre d'études de l'emploi*, dossier 16, 126 p.

Vygotski L. (1997), *Pensée et langage*, Paris, La Dispute.

Wahl A., Lanfranchi P. (1995), *Les footballeurs professionnels*, Hachette.

Weiss H. (2002), «Deconstructing job satisfaction. Separating evaluation, beliefs and affective experiences», *Human Ressource management Review*, 12, pp.173-199.

Wenger E., McDermott R., Snyder W.M. (2002), *Cultivating Communities of Practice: A Guide to Managing Knowledge*, Boston, Harvard Business School Press.

Wickham S., Cova B. (1996), *Stratégie d'incertitude*, Paris, Économica.

Wilhelmy A. (2007), *La gestion de la relève*, Thèse, ÉNAP, Montréal, 155p.

Winnubst J. A. M., Buunk B. P., Marcelissen F. H. G. (1988), «Social support and stress: Perspectives and processes», in S. Fisher, J. Reason (Eds.), *Handbook of life stress, cognition and health*, Chichester, England: Wiley.

Woodward J. (1970), *Industrial Organization; Behavior and Control*, Oxford University Press.

Wtterwulghe R. (1998), *La PME. Une entreprise humaine*, Paris-Bruxelles, De Boeck Université.

Yanat Z. (2006), «Sommes-nous tous reconnus?», in Peretti J.-M., *Tous Reconnus*, Paris, Éditions d'Organisation.

Yoon J., Thye S.R. (2000), «Supervisor Support in the Workplace: Legitimacy and positive affectivity», *Journal of Social Psychology*, 140 (3): 295-316.

Zachary L. J. (2005), *Creating a Mentoring Culture*, John Wiley & Sons.

Zamora P. (2006), «Changements organisationnels, technologiques et recours à la formation dans les entreprises industrielles», *Revue Economique*, vol.57, n° 6, pp. 1235-1257.

Zarifian P. (2001), «Le modèle de la compétence», Paris, Éditions Liaisons.

Zeyl A., Dayan A. (2003), *Force de vente*, 3e édition, Paris, Éditions d'Organisation.

Zohar D. (1990), *The quantum self. Human nature and consciousness defined by the new physic*, Library of Congress in Publication Data.

Zoll R. (1992), *Nouvel individualisme et solidarité quotidienne. Essai sur les mutations socio-culturelles*, Kimé.

Index

www.ingramcontent.com/pod-product-compliance
Lightning Source LLC
Chambersburg PA
CBHW060534220326

41599CB00022B/3510